Dorothee Schmitz-Köster

»Deutsche Mutter, bist du bereit …«

AF641227

atb aufbau taschenbuch

Dr. Dorothee Schmitz-Köster, geboren 1950, Studium der Germanistik, Philosophie und Sozialwissenschaften in Bonn, arbeitet seit 25 Jahren als Buch-Autorin und Radio-Journalistin in Bremen und Berlin.

Dorothee Schmitz-Köster hat ehemalige Lebensborn-Heime in Deutschland und Norwegen besucht, mit vielen Zeitzeuginnen und Zeitzeugen gesprochen, umfangreiche Archivstudien betrieben – und daraus ein genaues Bild vom Alltag der Organisation und von den Menschen gewonnen, die mit dem Lebensborn zu tun hatten. Sie schildert die Motive von Müttern, die in den Heimen ihre Kinder auf die Welt brachten, und von Lebensborn-Angestellten. Außerdem zeichnet sie Schicksale von ›Lebensborn-Kindern‹ nach – von Frauen und Männern, die sich bis heute mit der Last ihrer Geburt auseinandersetzen. Denn viele sind immer noch auf der Suche nach ihren Wurzeln und versuchen, das Schweigen der Mütter zu durchbrechen. Dass sie dabei alte Verletzungen aufreißen, auf sorgfältig gehütete Familiengeheimnisse stoßen, staatlicher Willkür und geheimdienstlichem Missbrauch begegnen – damit müssen sie rechnen, und damit rechnen sie auch.

In ihren Büchern, in einer Ausstellung, in Artikeln und Radio-Features setzt sich Dorothee Schmitz-Köster auch mit dem Mythos von der »nationalsozialistischen Zuchtanstalt« und mit der »Rassenpolitik« auseinander und eröffnet so neue Perspektiven auf Frauen, Alltag und Ideologie im Nationalsozialismus.

Für die erweiterte Taschenbuchausgabe hat die Autorin den Text durch viele neu erschlossene Dokumente und durch weitere Biographien ergänzt – vor allem von Lebensborn-Kindern, die in der DDR aufgewachsen sind.

Dorothee Schmitz-Köster

»Deutsche Mutter, bist du bereit …«

Der Lebensborn und seine Kinder

atb aufbau taschenbuch

Mit 40 Abbildungen und 31 Faksimiles

FSC
www.fsc.org
MIX
Papier aus verantwortungsvollen Quellen
FSC® C083411

ISBN 978-3-7466-7085-0

Aufbau Taschenbuch ist eine Marke
der Aufbau Verlag GmbH & Co. KG

2. Auflage 2011
© Aufbau Verlag GmbH & Co. KG, Berlin
Erweiterte und neu bearbeitete Ausgabe.
Die deutsche Erstausgabe erschien 1997 im Aufbau Verlag
Umschlaggestaltung morgen, Kai Dieterich
unter Verwendung eines Fotos von Robert H.,
das ihn und eine Kinderschwester im Säuglingssaal
von »Heim Friesland« zeigt
Satz LVD GmbH, Berlin
Druck und Binden CPI – Clausen & Bosse, Leck
Printed in Germany

www.aufbau-verlag.de

Inhalt

Anhang

Ich danke
den Lebensborn-Müttern und den ehemaligen Lebensborn-Angestellten, die mir von ihren Erfahrungen mit der Institution berichtet haben,
den Lebensborn-Kindern, die mir ihre Lebensgeschichten erzählt und Dokumente und Fotos zur Verfügung gestellt haben, die mich bei der Recherche unterstützt und manchmal auf neue Gedankenpfade gebracht haben,
Uwe Geffken und Johannes Perthen, die mir die Türen zu Hohehorst geöffnet haben, und Hans-Werner Liebig, von dessen Einsatz für Hohehorst ich profitieren konnte,
Georg Lilienthal, Kåre Olsen, Lars Borgersrud und Christl Wickert für Information und Beratung,
den Standesämtern in Schwanewede, Nordrach und Steinhöring für ihre Auskünfte,
den Archiven in Bremen, Osterholz-Scharmbeck, Stade, Berlin, Koblenz, München, Bad Arolsen und Oslo für die Unterstützung meiner Arbeit,
Marlis Ehl für ihre Hilfe bei den Recherchen in Norwegen,
Peter Asmussen für sein Interesse, seine Unterstützung, seine Liebe.

Vorwort zur erweiterten Taschenbuchausgabe

Gibt es denn immer noch etwas über diesen Lebensborn zu recherchieren, fragen Kollegen und Kolleginnen gerne, wenn sie mitbekommen, dass ich wieder einmal von einem Interview mit einem Lebensborn-Kind zurückkomme. Wann hörst du endlich damit auf?, wollen besorgte Freunde wissen, die das Gefühl haben, ich hätte mich in das Thema verrannt. Wenn ich den Letzten davon überzeugt habe, dass diese Organisation keine »Zuchtanstalt« war, gebe ich dann gerne zurück. Oder: Wenn meine Datenbank über »Heim Friesland« komplett ist. Oder, schon ziemlich genervt: Wenn alle Beteiligten tot sind und ich niemand mehr ausfragen kann.

Im Ernst: Es gibt immer noch neue, überraschende Informationen über den Lebensborn. Zum Beispiel im Archiv des Internationalen Roten Kreuzes, das erst seit ein paar Jahren seine Türen für Betroffene und für die Forschung geöffnet hat. Dort liegen sage und schreibe 102 Ordner mit Dokumenten zum Thema Lebensborn, und jeder enthält schätzungsweise 400 Blatt! Ein spannendes Material – gerade was »Heim Friesland« betrifft, das Lebensborn-Heim am Stadtrand von Bremen, das den Fokus des vorliegenden Buches bildet. Da gibt es skurrile Dokumente wie eine detaillierte Auflistung, wer aus welchem Grund wie viel Gramm Kaffee bekommen hat – Kaffee war im Krieg rationiert, auch für eine nachts arbeitende Hebamme. Und ein paar Seiten weiter entdeckt man eine Korrespondenz über ein behindertes Lebensborn-Kind, das in eine Tötungsanstalt verlegt wurde. Neben dem rührenden Bittbrief einer Lebensborn-Schwester, die ihr Kind mit in Urlaub nehmen wollte, aber keine Erlaubnis dazu bekam, finden sich erschreckend viele Krankenstatistiken, die den guten Ruf der Entbindungsheime in Frage stellen …

Die Dokumente sind aber nur das eine. Was mich immer wieder neu fasziniert, sind die Begegnungen mit Menschen, die in Kontakt mit der Organisation waren, als Mütter, als Angestellte, als Lebensborn-Kinder. Es gibt tatsächlich noch ein paar sehr alte Frauen, die bereit sind, endlich von ihrer Zeit im Lebensborn-Heim zu erzählen – und die ein verblüffend gutes Gedächtnis haben. Und dann sind da die »Kinder«, Frauen und Männer zwischen 65 und 75, die in einem der Lebensborn-Heime geboren sind oder eine Zeit lang dort untergebracht waren. Auch sie wollen ihre Geschichte erzählen und sich austauschen – wenn sie einmal beschlossen haben, das jahrzehntelange Schweigen zu beenden. Und dabei wird klar: Keine Biographie gleicht der anderen, jede fügt der Geschichte der Organisation eine Facette hinzu. Erst vor kurzem erfuhr ich von einem Lebensborn-Kind, dessen Vater nach der Arithmetik der Nationalsozialisten »Halbjude« war. Ist das möglich, in einer Anstalt, die Ariernachweis, Gesundheits- und Erbgesundheitszeugnis zu Aufnahmekriterien gemacht hatte? Die Antwort ist hier und heute (noch) nicht möglich – aber eine neue spannende Forschungsaufgabe zeichnet sich ab.

An Fragen fehlt es auch sonst nicht, denn jede Lebensgeschichte, die ich bisher kennengelernt habe, weist Leerstellen auf, die die Betroffenen schon lange beschäftigen, beunruhigen, quälen – und auf die sie endlich eine Antwort haben wollen. Wenn jemand keine Dokumente über seine Geburt besitzt und aus Erzählungen seiner Mutter nur weiß, dass er in einem Ort namens Bad Polzin geboren ist, dann ist klar, dass er nach Belegen sucht. Auch dafür, dass »Bad Polzin« gleichbedeutend mit Lebensborn-Heim ist. Vielleicht gelingt der Beweis, wenn er seine Säuglingsfotos mit Fotos anderer Lebensborn-Kinder vergleicht, die mit Sicherheit wissen, dass sie aus diesem Heim stammen? Oder wenn einer im Familienkreis immer gehört hat, seine (dazu schweigende) Mutter habe ihn nicht nur im Lebensborn-Heim untergebracht, sondern sie habe dort auch gearbeitet und weitere Kinder bekommen – dann ist klar, dass er endlich wissen will, ob er Lebensborn-Geschwister hat und wo sie geblieben sind.

Mich stecken diese Fragen an. Weil ich sehe, wie fundamental sie sind und wie dringend Antworten gebraucht werden. Und weil ich gerne recherchiere und mich in Einzelheiten vertiefe – um diese dann zu einem immer klarer werdenden Bild der SS-Organisation Lebensborn zusammenzusetzen. Einer Organisation, die eine raffinierte Politik betrieb, indem sie Frauen in schwierigen Lebenssituationen Hilfsangebote machte, tatsächlich aber das Ziel verfolgte, die »arische Rasse« zu vermehren, eine »neue Elite« zu schaffen, die die Welt beherrschen sollte. Dazu waren ihr viele, auch grausame Mittel recht. Nur: Die gelenkte Zeugung, die gezielte Zusammenführung von ausgesuchten Frauen und Männern gehörten nicht dazu.

Das herauszuarbeiten und immer wieder klarzumachen ist mir wichtig. Zum einen geht es um nichts Geringeres als historische »Wahrheit«, so problematisch dieser Begriff auch sein mag. Wenn die Mechanismen deutlich sind, nach denen das NS-System funktioniert hat, lassen sich diejenigen, die sich als seine Nachfolger verstehen, eher außer Gefecht setzen. Dass sie über Befruchtung nachdenken und Fertilisationsforschung betreiben (wollen), verweist auf das vorhandene Gedankenkontinuum. Zum anderen geht es um die Lebensborn-Kinder, die eben nicht aus der »Zuchtanstalt« kommen, sondern allenfalls aus schwierigen Familienverhältnissen oder aus Nazi-Elternhäusern. Für sie ist das Gerede von der »Zuchtanstalt« beschämend, verletzend, verstörend. Auch deshalb schreibe ich dagegen an – und genau deshalb könnte ich manchmal verzweifeln, wenn wieder ein Spielfilm gezeigt wird, in dem »arische Rassedamen« sich für den Führer befruchten lassen. Oder wenn auf YouTube Songs zu sehen und zu hören sind, die »Lebensborn.

Fucking for Hitler« heißen oder die eine erotische Frauenstimme »ich brenne, ich brenne« flüstern lassen, nymphomanische Lust von »Zuchtmüttern« suggerierend. Oder wenn ein Roman oder ein großer Zeitungsartikel mit dem Bild der »Zuchtanstalt« kokettiert – weil sie sich besser verkaufen in unserer durchsexualisierten Gesellschaft? »Es gibt so viele Mythen über den Nationalsozialismus, die wie festgenagelt in den Köpfen sitzen«, meinte einmal ein Kollege wie zum Trost. »Du wirst den Lebensborn-Mythos auch nicht zum Verschwinden bringen.«

Alleine wird mir das sicher nicht gelingen – aber ich setze nach wie vor darauf, dass Aufklärung wirkt. Deshalb diese überarbeitete, erweiterte Auflage und der Versuch, die vielen Informationen aus Dokumenten und Lebensgeschichten zu verarbeiten, die ich in den letzten acht Jahren zusammengetragen habe. In dem deutlichen Bewusstsein, dass die Recherche nicht zu Ende ist. Und dass auch die Fragen nicht aufhören.

Dorothee Schmitz-Köster, Berlin und Bremen im Juni 2010

Erste Annäherung

Tabu und Projektionsfläche

Schülerinnen schreiben ihre Jahresarbeit über den Lebensborn. Studenten wählen das Thema für ihren Magister oder Master. Ein Jugendverband erarbeitet in monatelanger Kleinarbeit eine Ausstellung ... Das Thema Lebensborn ist in der Enkelgeneration angekommen. Und es ist offensichtlich attraktiv. Weil es einen regionalen Bezug gibt. Weil man Zeitzeugen begegnet. Junge Frauen beschäftigt der Aspekt der Geburt und Geburtshilfe. Dabei ist allen klar, dass der Lebensborn mit der SS, mit dem »Schwarzen Orden« zu tun hatte. Und dass diese »verbrecherische Organisation« – so das Urteil des Nürnberger Gerichtshofs 1946 – verantwortlich für Mord und Massenvernichtung war, für Terror, Raub und Zerstörung, im Namen der »Rasse«* und auch ohne diese Pseudo-Legitimation. Aber mit dem Schrecken, den dieses Wissen erzeugt, verbindet sich beim Thema Lebensborn etwas Prickelnd-Doppeldeutiges, etwas Anrüchig-Verruchtes, das neugierig macht, das fasziniert. Nicht nur junge Leute.

Sicher rührt diese Anziehung von der Aura des Geheimnisvollen her, die den Lebensborn von Anfang an umgab. Schließlich war die Organisation 1935 auch deshalb gegründet worden, um Frauen Orte anzubieten, an denen sie unter

* Begriffe wie »Rasse«, »arisch«, »minderwertig« etc., aus denen die NS-Ideologie die Legitimation ableitete, Menschen zu klassifizieren, in den Untergang zu schicken oder als Ideal zu vergöttern – solche Begriffe setze ich zum Zweck der Distanzierung in Anführungsstriche. Titel oder Namen wie Reichsführer SS oder Rasse- und Siedlungshauptamt würde ich ebenfalls gern wie ein Zitat behandeln. Aus Gründen der Übersichtlichkeit lasse ich hier aber die Anführungszeichen fort – bitte aber darum, sie mitzudenken.

dem Deckmantel der Verschwiegenheit eine Schwangerschaft austragen und das Kind zur Welt bringen konnten. Auf Wunsch hielt der Lebensborn auch den Kindesvater geheim – und die Existenz des Kindes. Die Mutter konnte es weggeben, ohne dass Außenstehende davon erfuhren: kein Verwandter, kein Standesbeamter, kein Jugendamt und keine Vormundschaftsbehörde.

Die Aura des Geheimnisvollen reichte jedoch über diese Programmpunkte hinaus, umfasste nicht nur Schwangerschaft, Geburt und Verbleib eines Kindes, sondern auch die Zeugung. Schon in der NS-Zeit gab es Spekulationen und Gerüchte über die Entstehung der Lebensborn-Kinder. Schließlich galten sie als durch und durch »arisch«, und ihre Eltern waren nach dem »strengen erbbiologischen Ausleseprinzip der Schutzstaffel« ausgesucht worden, wie eine Informationsbroschüre des Lebensborn erklärte.[1] Deutete das nicht darauf hin, dass die SS auch bei der Entstehung dieser Kinder eine Rolle spielte? Hatte nicht Heinrich Himmler, Reichsführer SS und oberster Schirmherr des Lebensborn, SS-Männer und »deutsche Frauen und Mädel guten Blutes« aufgefordert, Kinder zu zeugen – ohne Rücksicht auf Sitte und Moral, nur »im Glauben an den Führer und im Willen zum ewigen Leben unseres Blutes«?[2]

Es kann nicht anders sein: Die Lebensborn-Heime müssen »Edelbordelle« gewesen sein, in denen die »Zuchtbullen der SS« – Ausdrücke, die schon in der NS-Zeit kursierten – mit ausgesuchten Mädchen und Frauen zusammengebracht wurden, um Nachwuchs für die »arische Elite« zu zeugen.

Eine derartige Praxis hat in den Lebensborn-Heimen nicht stattgefunden – das ist wissenschaftlich längst nachgewiesen. Die Häuser waren keine »Zuchtanstalten«, keine Orte gelenkter Zeugung. Trotzdem haftet ihnen dieses Image nach wie vor an. Warum? Was machte und macht die Vorstellung so attraktiv, dass sie bis heute in den Köpfen herumgeistert und neugierige Fragen provoziert? Die Verbindung von Macht und Unschuld, die im Bild von den schwarz uniformierten SS-Männern und den blonden Mädchen steckt – wobei die Betonung auf Mädchen liegt und den beteiligten Frauen gern mädchenhafte Naivität attestiert wird. Ist es die Konstellation: Die Schöne und das Biest? Eine Allegorie, die hier für das deutsche Volk und die NS-Diktatur steht und eine Form von »Vergangenheitsbewältigung« darstellt, die als Erklärungsmuster die Verführung durch das Böse anbietet? Oder ist es die unterstellte Verbindung von »sex and crime«, die sexuelle Fantasien bedient?

Vielleicht steckt auch die Ahnung dahinter, dass der Wunsch nach einem perfekten Kind, das durch gentechnische Verfahren immer »machbarer« zu werden scheint, hier einen Vorläufer hat. Einen Vorläufer, der trotz grundlegender Verschiedenheit etwas von der Arroganz dieser Idee und der Gefahr des Missbrauchs sichtbar macht.

Das Bild von den schwarz uniformierten Männern und den blonden Mädchen, die in luxuriösen Häusern auf Befehl »arischen Nachwuchs« produzierten, lebt jedenfalls mit erstaunlicher Hartnäckigkeit weiter. Immer wieder habe ich erlebt, dass Menschen mit großer Vehemenz an dieser Vorstellung festhielten und sich regelrecht weigerten, sie aufzugeben. Dabei war ihre Informations- und Argumentationsbasis häufig schmal: ein Roman, den sie vor vielen Jahren gelesen hatten, ein alter Spielfilm, ein Geschichtsbuch, das auf einer halben Seite das Thema Lebensborn abhandelte. Oder ein Gerücht, von dem die Eltern oder Großeltern erzählt hatten …

Zeitungen, Bücher, Filme, Internet

Bei der Durchsicht deutschsprachiger Publikationen über den Lebensborn fällt auf, dass sich Wissenschaftlerinnen und Wissenschaftler deutlich zurückhalten – von der Nachkriegszeit bis heute. In Zeitungen und Zeitschriften, im

Radio und Fernsehen, in Kinofilmen, Romanen und Sachbüchern sieht die Sache dagegen anders aus.

Die publizistische Debatte wurde 1947/48 von Gerichts-Berichterstattern eröffnet. Damals standen vier Mitglieder des Lebensborn-Vorstands[3] vor dem Internationalen Militärgerichtshof in Nürnberg, angeklagt wegen »crimes against humanity«, »war crimes« und – mit Ausnahme von Inge Viermetz – »membership of a criminal organization«, also Mitgliedschaft in der SS. Im letzten Punkt wurden die drei Männer schuldig gesprochen, bei den übrigen Anklagepunkten kam es zum Freispruch, weil die Richter den Lebensborn als karitative Organisation ansahen.[4] Eine fatale Fehleinschätzung.

Die zweite Bericht-Serie folgte 1950, als dieselben Vorstandsmitglieder vor die Münchner Hauptspruchkammer zitiert wurden. Diesmal wurden Gregor Ebner und Max Sollmann allerdings verurteilt: zu einigen Wochen Zwangsarbeit, Geldstrafen und Verlust von bürgerlichen Ehrenrechten. 1955 schließlich geriet der Lebensborn ein drittes Mal in die Schlagzeilen: Damals befasste sich der Deutsche Bundestag mit der Organisation. Abgeordnete und Regierung debattierten über das Schicksal der unehelichen Lebensborn-Kinder und beschlossen, Pflege- und Adoptivkinder in ihrer sozialen Umgebung zu belassen. Es sei denn, die biologischen Eltern würden gefunden.

Drei Jahre später, 1958, veröffentlichte der Journalist Will Berthold in der damals noch seriösen Illustrierten »Revue« eine Artikelserie über die Organisation. Wenig später wurde er von Filmproduzent Artur Brauner als Drehbuchautor engagiert, und Anfang 1961 kam in der Bundesrepublik ein Film mit dem Titel »Lebensborn« in die Kinos. Er erntete heftigen Protest, vor allem von Seiten der HIAG (Hilfsgemeinschaft auf Gegenseitigkeit), einer Organisation ehemaliger Angehöriger der Waffen-SS. Schaukästen wurden demoliert, Kinobesitzer forderten Polizeischutz an oder setzten Vorstellungen ab, die Zeitungen erlebten eine Le-

Filmplakat

serbrief-Schwemme, und der Filmproduzent bekam Anzeigen wegen Rufmord und Verleumdung. Heute würden solche Reaktionen als Erfolg verbucht, damals waren sie ein Skandal.

Brauners Film zeigt eine dramatische Liebesgeschichte auf

der Folie des Lebensborn, in den die Beteiligten mehr oder weniger ahnungslos hineingeraten, die begeisterten BDM-Mädchen genauso wie die Soldaten und SS-Männer, die offiziell zu einem »biologischen Lehrgang« abkommandiert sind. Die Mädchen wissen zwar, dass sie »dem Führer ein Kind schenken« sollen – sie wissen aber nicht, dass sie zu diesem Zweck mit einem Mann verkuppelt werden, den ein »Rassenspezialist« für sie ausgesucht hat. Als das klar wird, regt sich Widerstand. Ein Mädchen bringt sich um; Held und Heldin aber, inzwischen ein Liebespaar, fliehen aus dem Lebensborn-Heim, in dem sie ein Kind zeugen sollten. Entfliehen können sie der Organisation allerdings nicht: Der Mann wird von der SS auf der Flucht erschossen, die Frau kommt ins Gefängnis und entgeht der Hinrichtung nur, weil der Krieg gerade zu Ende ist. Ihr Kind, im Gefängnis geboren und umgehend ins Lebensborn-Heim verfrachtet, findet sie nicht wieder. Kein Happy End also, stattdessen das Bild einer bis ins Letzte durchorganisierten »Zuchtanstalt«.

Ob dieser Film bis in die DDR vordrang und Anlass zu einer anderen Interpretation gab? Wie auch immer: Vier Jahre später (1965) veröffentlichte der Schriftsteller Benno Voelkner in einem Rostocker Verlag seinen Roman »Die Schande«. Darin ist der Lebensborn nur ein Kapitel unter vielen – aber es ist offensichtlich das erste Mal, dass dieses Thema in der DDR medial aufgegriffen wurde. Voelkner erzählt eine Klassenkampfgeschichte, in der sich der Protagonist zum Kommunisten entwickelt. Und ausgerechnet dieser junge, körperbehinderte Mann gerät als Verwalter in ein Lebensborn-Heim, wo arisch anmutende Polinnen SS-Männern als Sex-Objekte zur Verfügung stehen und gleichzeitig als Zuchtmütter herhalten müssen. Auch hier gibt es eine Liebesgeschichte zwischen dem Protagonisten und einer der Frauen, die sich gegen die ihr zugedachte Rolle wehrt. Ihr seelischer Schutz ist das Kind, das sie mit dem Protagonisten bekommt. Der Lebensborn nimmt es ihr allerdings fort, wie er jedes Kind einkassiert, das im Heim geboren wird. Aber es gibt ein Happy End – Vater, Mutter und Kind kommen wieder zusammen, dank der Kommunistischen Partei.

1975 – vierzig Jahre nach der Gründung des Lebensborn, dreißig Jahre nach seinem Ende – veröffentlichte ein Münchner Verlag zwei Unterhaltungsromane,[5] außerdem erschienen ein umfangreiches Sachbuch und eine Fernseh-Dokumentation. Und wieder war Will Berthold zur Stelle. Diesmal mit einem »Tatsachen«-Roman, wie es im Untertitel heißt – vielleicht wird das Buch deshalb bis heute in Diskussionen als Quelle genannt. Tatsächlich liefert Berthold ein Stück Unterhaltungsliteratur, das mit einer griffigen Mischung aus trivialem Liebesroman und Kriegerromantik arbeitet. Auch hier erscheint der Lebensborn als Organisation, die Mädchen und Männer zur Zeugung arischen Nachwuchses zusammenbringt. Diesmal sind die beteiligten Frauen allerdings noch ahnungsloser als im Film. Sie wissen nur, dass sie dem Führer ein Opfer bringen sollen – und wollen.

Die beiden Protagonisten des Buches, schon vor ihrer Lebensborn-Zeit ein Liebespaar, haben ein besonders hartes Schicksal. Sobald sie begreifen, worum es geht, versuchen sie sich der Organisation zu entziehen, geraten dabei aber an einen bösartigen SS-Führer, der ihnen das Kind raubt. Zum Ausgleich liefert der Autor einen versöhnlichen Schluss: Nach dem Krieg finden die beiden Protagonisten ihren kleinen Sohn wieder, und der polnische Junge, den sie bis dahin für ihr Kind hielten, kehrt zu seiner leiblichen Mutter zurück.

Zu dieser melodramatischen Story bildet die Publikation von Marc Hillel und Clarissa Henry ein markantes Gegengewicht.[6] Die beiden französischen Journalisten brachten in Deutschland die erste Untersuchung heraus, die sich auf Dokumente und Aussagen von Zeitzeugen stützt. Unter anderem machten sie die ehemaligen Lebensborn-Funktionäre Inge Viermetz, Max Sollmann und Gregor Ebner ausfindig und sprachen mit ihnen. Das Ergebnis war mager: Die drei beteuerten, Frauen in einer Notlage geholfen zu haben, und beriefen sich immer wieder auf das Urteil des Nürnberger Gerichtshofs, der den Lebensborn als karitative Einrichtung eingeschätzt hatte.

Trotzdem gelang es Hillel und Henry, als Erste ein umfassendes Bild von der Geschichte und der Politik des Lebensborn zu zeichnen. Sie bezogen nämlich auch die Gründung von Heimen in Österreich, Norwegen, Frankreich, Belgien und Luxemburg ein und schilderten die »Eindeutschungs-Aktionen« in den besetzten Ländern des Ostens. Dort wurden unter dem Vorzeichen »germanischer Rassenpolitik« polnische, tschechische und slowenische Kinder »guten Blutes« gewaltsam aus ihren Lebenszusammenhängen gerissen, zwangskaserniert und »umerzogen«. Versehen mit neuen (falschen) Papieren brachte man sie schließlich nach Deutschland – unter anderem in Lebensborn-Heime.

In einem Punkt stimmten Hillel und Henry allerdings mit den Autoren älterer Publikationen überein. Auch die beiden Franzosen hatten offensichtlich ein festes Bild der Organisation im Kopf, als sie mit ihrer Untersuchung begannen: das Bild von den schwarz uniformierten Männern und den blonden Mädchen, die in Lebensborn-Heimen »arischen« Nachwuchs produzierten. Hillel und Henry versuchten, dieses Bild zu belegen, indem sie den Begriff der »Schwester« uminterpretierten, indem sie unzuverlässige Zeugen zu Kronzeugen machten, indem sie überall Tatorte zu entdecken glaubten. Damit schrieb ihre Arbeit noch einmal das Lebensborn-Bild fort, das durch Gerüchte, Unterhaltungsindustrie und Presse seit Jahren Nahrung bekam.

Es sollte noch einmal zehn Jahre dauern, bis die erste wissenschaftliche Untersuchung in Deutschland veröffentlicht wurde.[7] Ende der siebziger Jahre forschte der Historiker Georg Lilienthal im Archiv des Internationalen Suchdienstes in Bad Arolsen, im Bundesarchiv Koblenz, im Berliner Document Center und im Archiv des Auswärtigen Amtes nach Lebensborn-Akten – und fand umfangreiche Bestände. Auf der Grundlage dieser Akten gelang Lilienthal eine präzise und detaillierte Analyse des Lebensborn e. V. Er konnte belegen, dass die Organisation keineswegs eine karitative Einrichtung gewesen war. Sie diente vielmehr als »Instrument der nationalsozialistischen Rassenpolitik«, ihr Ziel war die »Auslese und Sammlung arischen Blutes«. Und noch etwas konnte der Historiker nachweisen: Gerüchte über die Kinder-Zeugung in Lebensborn-Heimen kursierten zwar schon während der NS-Zeit, aber für eine entsprechende Praxis gibt es keine Belege, nicht einmal einen Hinweis darauf. Heinrich Himmler und andere Funktionsträger des Lebensborn hätten, so Lilienthal, eine solche Praxis zwar angedacht, sie aber »aus Angst vor der negativen Einschätzung durch die öffentliche Meinung« aufgegeben und auf die Zeit nach dem (gewonnenen) Krieg vertagt.[8] Damit widerspricht Lilienthals Untersuchung allen Gerüchten und Spekulationen, die seit Jahrzehnten über die »gelenkte Zeugung« unter Lebensborn-Regie kursierten und kursieren.

Als ich selbst in die Archive ging[9] und dort eine Unmenge von Lebensborn-Dokumenten auf den Tisch bekam, in originaler Papierform oder als Mikrofiches, auf Filmrollen gespeichert oder digitalisiert, bestätigten sich Lilienthals Ergebnisse immer wieder. Statistiken, Sitzungsprotokolle, Informationsbroschüren, Verfügungen, Korrespondenzen, »Rasse«gutachten etc. lieferten eine Fülle von Informationen und Details: von der politischen Schulung bis zum Speisezettel, von der Beschwerde einer Oberschwester bis zur genauen Anweisung für den Ablauf einer Namensgebungsfeier. Einen Hinweis auf gelenkte Zeugung oder gar einen Beleg dafür habe auch ich nicht gefunden.

Bei dieser Arbeit wurde mir allerdings klar, dass es – trotz der Fülle des Materials – einige Lücken gibt. Bei Kriegsende wurden Unterlagen vernichtet, in Steinhöring zum Beispiel, dem letzten Sitz der zentralen Lebensborn-Verwaltung. Dort verbrannten Angestellte, die Spuren verwischen wollten, tagelang Papiere. Auch Nachbarn und nazifreundliche Bürokraten zerstörten Unterlagen. Bei der Evakuierung der Heime im Osten Deutschlands gingen vermutlich Dokumente verloren, die Geburtenbücher von »Heim Pommern« und »Heim Kurmark« zum Beispiel, die vollständig fehlen. Einige Verluste gehen wohl auch auf das Konto der einrückenden Besatzungstruppen. Jedenfalls kursierte am Kriegsende im bayerischen Steinhöring das Gerücht, amerikanische Soldaten hätten Kisten mit Lebensborn-Dokumenten in den Inn geworfen.

Der vorhandene Aktenbestand lässt aber Schlüsse darauf zu, was damals vernichtet wurde oder verloren ging. So fehlen etwa die Unterlagen über die Kindesväter, die von der Lebensborn-Zentrale verwaltet wurden – Einzeldokumente existieren aber, Vaterschaftsanerkennungen zum Beispiel. Sie wurden nämlich auch dort aufbewahrt, wo die Anerkennungen vorgenommen wurden, in Notariaten etwa. Es fehlt der Gesamtbestand »rassische« Begutachtung der Mütter – von »Heim Wienerwald« gibt es allerdings Entwürfe dazu. Es fehlt ein Aktenbestand Kinder-Euthanasie – aber auch hier finden sich verstreut einzelne Dokumente, die belegen, dass der Lebensborn Kinder in Tötungsanstalten schickte. Hinweise auf verschwundene Unterlagen über die gelenkte Zeugung gibt es allerdings nicht. Da der Lebensborn wie alle NS-Apparate eine hochgradig organisierte Bürokratie besaß und eine Unmenge Akten produzierte, kann man davon ausgehen, dass es solche Unterlagen nicht gegeben hat – sonst würden sich Spuren finden.

Nach Lilienthals Untersuchung verschoben sich die Akzente. Nun konzentrierten sich Publikationen zunehmend auf die Lebensborn-Kinder. 1986 veröffentlichte die norwegische Journalistin Veslemøy Kjendsli die Geschichte von Turid Ormseth, zwei Jahre später kam dieses Buch auch in Deutschland heraus. Turid Ormseth hatte jahrelang versucht herauszufinden, was mit ihr in ihrer Kindheit geschehen war, denn in ihrer Erinnerung ist diese Zeit nichts als ein großes schwarzes Loch. Nach langen Recherchen stellte sich heraus, dass Turid in einem norwegischen Lebensborn-Heim geboren wurde, als Kind einer norwegischen Mutter und eines deutschen Vaters. Ihre Mutter gab sie zur Adoption frei, Turid wurde nach Deutschland gebracht, kam dort zuerst in ein Lebensborn-Heim, später zu Pflegeeltern. Ein paar Jahre nach Kriegsende verfrachtete man sie zurück nach Norwegen, wo sie wieder in einem Heim lebte, bis sich norwegische Adoptiveltern fanden.[10]

Fünf Jahre später wurde Turids Geschichte noch einmal in »Brand-Zeichen«[11] gezeigt, der umfangreichsten Fernseh-Dokumentation, die bisher in Deutschland produziert worden ist. In diesem Film zeichnet die Journalistin Christiane Ehrhardt die Schicksale von polnischen, norwegischen und deutschen Lebensborn-Kindern nach und arbeitet die psychischen Folgen heraus, die aus schlimmen Erfahrungen in der Kindheit entstanden sind. Dabei entgeht sie allerdings nicht der Gefahr einer unzulässigen Verallgemeinerung: Glaubt man Ehrhardt, dann sind Lebensborn-Kinder ruhelose, geschädigte und traumatisierte Menschen. Zweifellos gibt es solche Frauen und Männer, auf die diese Charakterisierung zutrifft. Aber daneben findet man andere, die keinen Schaden genommen haben durch ihre Lebensborn-Geburt, weil sie willkommen waren, weil sie bei ihren leiblichen Eltern oder bei ihrer Mutter aufwuchsen, weil sich Adoptiveltern fanden, denen es gelang, die Kränkung, weggegeben worden zu sein, auszugleichen.

Seitdem ist viel über den Lebensborn veröffentlicht worden: Dissertationen, kleinere TV-Dokumentationen, Hörfunk-Sendungen, Zeitungsartikel, Bücher. Fast immer geht es um Lebensborn-Kinder und die schwierige Suche nach den eigenen Wurzeln, nach dem Vater, nach beiden Eltern. Eine

Zeit lang rückte die besondere Situation der norwegischen Lebensborn-Kinder, die sich selbst Kriegskinder nennen, ins Blickfeld – in Norwegen und in Deutschland. 1997 veröffentlichte »Der Spiegel« eine Reportage über die Stasi und norwegische Lebensborn-Kinder, die in der DDR aufgewachsen sind und dort ihr Erwachsenenleben verbracht haben. Der Geheimdienst hatte die Identität von einigen Frauen und Männern für seine Spionage-Pläne benutzt und ihnen damit zum zweiten Mal ihre Identität geraubt. 1998 brachte der Osloer Historiker Kåre Olsen eine große Studie über die Arbeit des Lebensborn in Norwegen heraus, ein Standardwerk, das auch in Deutschland erschienen ist.[12]

Olsens Arbeit hat auch für die deutsche Forschung Bedeutung: Sie basiert auf dem komplett erhalten gebliebenen Bestand der norwegischen Lebensborn-Akten, die im Riksarkivet in Oslo liegen. Olsen kann zeigen, wie die Organisation im »Stammland der arischen Rasse« agierte, indem sie auch dort Heime aufbaute, werdende Mütter betreute, Vätern die Vaterschaft leicht machte. Und wie sie die Kinder als Verschiebemasse einplante, die in Norwegen als künftige Elite agieren – und in Deutschland zur »Aufnordung« der Bevölkerung beitragen sollte. Am zuletzt genannten Punkt knüpft die Arbeit eines zweiten norwegischen Historikers an. Lars Borgersrud hat untersucht, was mit den norwegischen Kindern geschehen ist, die in den letzten Monaten des Krieges in »Heim Friesland« untergebracht waren – und die dann nicht nach Norwegen, sondern nach Schweden gebracht wurden. Leider ist seine Studie bisher nicht auf Deutsch erschienen.

Dem Buch der beiden britischen Journalisten Catrine Clay und Michael Leapman (2001) ist zwar die Bekanntschaft mit einigen polnischen Kinder-Schicksalen zu verdanken, die von der Zwangsgermanisierung geprägt sind. Doch scheinen die Autoren eher an Sensationen interessiert als an einer rationalen Analyse. Dass der Lebensborn aus einer solchen Haltung heraus als eine »Zuchtanstalt« erscheint, versteht sich fast von selbst. Die bisher jüngsten Sachbücher stammen von Volker Koop (2007) und Katherine Biesecke (2009). Koops Arbeit zeichnet sich vor allem durch die vielen Dokumente aus, die ausführlich zitiert oder auch ganz abgedruckt sind. Und Biesecke veröffentlicht einige Interviews mit alten Lebensborn-Müttern.

Mittlerweile sind auch Biographien deutscher Lebensborn-Kinder erschienen. Gisela Heidenreichs Buch »Das endlose Jahr« (2002), eine psychologisch fundierte Autobiographie, rückt das Schweigen der Mutter und die schrittweise Entdeckung der eigenen Geschichte ins Zentrum. »Kind L 364« (2007) erzählt die Lebensgeschichte von Heilwig Weger, die einen hohen SS-Führer zum Adoptivvater hatte und dann als Tochter eines verurteilten und hingerichteten Kriegsverbrechers aufwuchs. Ihre Biographie macht deutlich, wie die Last dieser Erfahrung an die Kinder und Kindeskinder weitergegeben wird. 2008 wurde die Lebensgeschichte von Hannes Dollinger veröffentlicht, der als »Kind unbekannter Herkunft« jahrzehntelang nicht wusste, dass er eine norwegische Mutter hat. Und im selben Jahr kam die Autobiographie von Edda Tunn heraus. Sie ist in der DDR aufgewachsen – nicht wissend, dass sie ein Lebensborn-Kind ist.

Die Zahl der Romane, in denen der Lebensborn als Motiv auftaucht, ist kaum noch zu überblicken. Hier sei nur auf die Wichtigsten verwiesen.

Zum Beispiel »Die schöne Frau« (1994) von Judith Kuckart. Im Zentrum steht eine junge Frau, die überraschend erfährt, dass ihre Mutter in einem Lebensborn-Heim geboren ist. Daraufhin beginnt die Protagonistin, sich nach der familiären und der eigenen Schuld zu fragen. Denn auch sie selbst ist blond und »arisch« und wie ihre Mutter und Großmutter eine Frau, die eine starke Affinität zu anonymer Sexualität verspürt. Damit reproduziert Kuckart zwar die alte Legende vom Lebensborn als Ort der Kinder-Zeugung, entwirft aber ein neues Bild der Heiminsassinnen. Denn zumindest ihre Großmutter nutzte den Lebensborn, um ihre sexuellen Vorlieben zu leben und ihren Kinderwunsch zu realisieren.

In Jochen Missfeldts Roman »Gespiegelter Himmel« (2001) ist einer der Protagonisten ein Lebensborn-Kind. Gezeugt nach einem Dorfvergnügen, von einer jungen Frau und einem älteren Mann, einem überzeugten Nazi, der später zum Massenmörder wird. Missfeldt leistet – unter dem Gesichtspunkt Lebensborn – zweierlei. Er schildert das volle Programm der Organisation historisch-korrekt und erfasst gleichzeitig die Stimmung, die in den Heimen herrschte: eine Mischung aus spießiger Banalität und Verzweiflung, Kleinbürgerlichkeit und elitärem Stolz.

Birgit Bauers »Im Federhaus der Zeit« (2003) rückt zwei Frauen in den Mittelpunkt: Die eine ist in der »Zuchtanstalt« Lebensborn geboren, wurde alleingelassen, herumgestoßen und ist dadurch eiskalt geworden. Die andere ist ihre uneheliche Tochter, an der sich das mütterliche Drama wiederholt. Das Kind bleibt sich selbst überlassen, kommt zu fremden Leuten und schließlich in ein Heim. Ein Buch, das den Assoziationsraum Lebensborn benutzt, um eine Gruselgeschichte von Verstörung und Gewalt zu entwerfen.

Auch Nancy Huston erzählt eine Generationengeschichte. Der Roman der französischen Schriftstellerin, 2008 auf Deutsch erschienen, erzählt von einem gestohlenen Kind – und vom Lebensborn als Ort für gestohlene Kinder. Die traumatische Erfahrung des Mädchens lebt weiter, über vier Generationen hinweg, unabhängig davon, in welches Land es die Menschen verschlägt, unabhängig davon, wie sie leben, was sie denken, was sie fühlen. Huston findet für diese Übertragung ein schönes Symbol: Alle Nachkommen tragen ein Muttermal, das sich nicht entfernen lässt.

Während sich also in Romanen und Erzählungen allmählich ein korrektes Bild des Lebensborn durchsetzt, kann davon im Spielfilm nicht die Rede sein. Regisseure und Produzenten zeigen zwar wieder Interesse am Thema – so gibt es gleich zwei tschechische Produktionen, die es ins deutsche Kino geschafft haben (»Pramen Života – Der Lebensborn«, 2000, und »Ich habe den englischen König bedient«, 2006, nach einem Roman von Bohumil Hrabal). Beide stellen die SS-Heime erneut als Orte der Zeugung dar, wo stramme SS-Männer und superblonde Mädchen gezielt zum »nationalsozialistischen Beischlaf« zusammengeführt werden, um den »neuen europäischen Menschen« zu produzieren.

Schließlich noch ein Blick ins Internet. An einem zufällig gewählten Termin brachte eine Google-Recherche den Verweis auf knapp 70 000 Seiten zum Stichwort Lebensborn. Aus 120 aufgerufenen Links ergibt sich folgendes Bild:

Die meisten Einträge verweisen auf Bücher und Rezensionen, TV- und Radio-Dokumentationen, große Zeitungsreportagen und aktuelle Berichte über eine Ausstellung – alle historisch korrekt, was die Darstellung des Lebensborn angeht. Nur der Song »Lebensborn« mit den dazugehörenden Videoclips von Shadow in The Dark, einer deutschen Band, ist grenzwertig. Er prangert zwar NS-Pädagogik und Rassenwahn an, spielt aber gleichzeitig mit der »Zuchtanstalt«-Legende, indem er Zwang und nymphomanische Lust suggeriert und mit dem geraunten Wort Lebensborn verbindet.

Eine zweite Gruppe von Links ist der Neonazi-Ecke zuzurechnen. Da werden zum Beispiel NS-Devotionalien angeboten, etwa ein dreiteiliges Kaffeeservice aus Metall, im Boden eingraviert »Lebensborn« – zum Preis von 595 Dollar. »Extremely rare« aus den USA, fotografisch präsentiert auf rotem Stoff – eine Hakenkreuzfahne, bei genauerem Hinsehen: »If you want to drink your coffee like it was served in the homes of heinrich himmlers lebensborn. Here is your chance.« Oder ein Plakat mit Mutter und Kindern, von deutlichen Gebrauchsspuren gezeichnet – für 225 Dollar, aus derselben Quelle.

Dann gibt es die Diskussionsforen. Auf einer »Weltverschwörungsliste« fragt jemand: Wo sind die Lebensborn-Kinder eigentlich? Ich würde mich gerne einmal mit einem unterhalten! Als Antwort bekommt er Hinweise auf Bücher, Filme, Zeitungsartikel ... Hätten die »Weltverschwörer« ein wenig recherchiert, hätten sie Lebensborn-Kinder gefunden. Denn einige tauchen durchaus im Netz auf, auf der Suche nach Menschen, die etwas über ihren Geburtsort wissen. Oder nach anderen Betroffenen ...

Schließlich die Abteilung Skurriles: Da kann man Lebensborn-Hotels buchen, was immer damit gemeint ist. Da präsentiert jemand einen »Lebensborn Disney« – einen Rassehund. Warum nennt jemand sein Tier Lebensborn? Als Ausdruck seiner braunen Gesinnung?

Fazit: Auch wenn das korrekte Bild der SS-Organisation überwiegt – im Internet zeichnet sich eine Verbindung des historischen Themas mit aktuellem Rechtsextremismus ab, die sonst nicht so offensichtlich wird.

Nicht-Rezeption: Gedanken über einen weißen Fleck

Als ich in den 1990er Jahren anfing, mich in das Thema Lebensborn einzuarbeiten, wurde mir schnell klar: Die Heime, also die konkreten Orte der Organisation, und die Menschen, die dort gearbeitet und Kinder geboren hatten, tauchten nur am Rande auf. Dabei konnte man davon ausgehen, dass viele der alten Zeitzeuginnen noch lebten und die eine oder andere vermutlich auch bereit wäre, von ihren Erfahrungen und Motiven zu berichten, wenn man sie fragte. Auch eine genaue Erforschung der Orte könnte neue Informationen zutage fördern. Das zeigten zwei Aufsätze über die Lebensborn-Heime in Wiesbaden und in Kohren-

Sahlis und eine Broschüre über das österreichische »Heim Wienerwald«.[13] Aber es gab neun Entbindungs- bzw. Kinderheime der Organisation in Deutschland und fünfzehn im besetzten Ausland – eine breite Materialbasis für viele Untersuchungen.

Auch in der Nähe meines Wohnorts, ein paar Kilometer jenseits der Bremer Stadtgrenze, betrieb der Lebensborn ein Entbindungsheim: »Heim Friesland« hieß es in der offiziellen Sprachregelung der Organisation, »Hohehorst« nannten es die vormaligen Besitzer, die Nachbarn – und oft genug auch die Lebensborn-Leute. Und darüber gab es – bevor ich mit der Arbeit begann – keine Veröffentlichung, sondern nur eine (unveröffentlichte) Examensarbeit[14] aus dem Jahre 1981. Gertrud Burmester und Herbert Perthen hatten mit Nachbarn des Hauses gesprochen, zwei ehemalige Angestellte ausfindig gemacht und einen Abriss der Heimgeschichte zusammengestellt. Aber bei dieser Pionierarbeit war es geblieben.

Eigentlich erstaunlich. Denn über Bremen und Umgebung während der NS-Zeit ist ausgiebig geforscht worden. Politischer Widerstand, Lager, »Euthanasie«, »rassische« Verfolgung – all das ist umfangreich recherchiert, analysiert und dokumentiert. Die Geschichte des Lebensborn-Heims und damit der »rassischen Elite« blieb ein weißer Fleck, bis auf besagte Examensarbeit. Auch nachdem das vorliegende Buch 1997 zum ersten Mal erschien, griffen Historikerinnen oder Psychologen, Sozialpädagogen oder Gesundheitswissenschaftlerinnen das Thema nicht auf. Vielleicht hängt diese Enthaltsamkeit mit der Schwierigkeit der Recherche zusammen – nach meinen Eindruck hat sie allerdings einen forschungspolitischen Hintergrund.

Schaut man sich nämlich die Veröffentlichungen über Bremen im »Dritten Reich« genauer an, dann fällt die Konzentration auf die Seite der Opfer ins Auge. Sozialdemokraten und Kommunisten, »Fremdarbeiter«, Juden, Behinderte, Sinti und Roma – sie alle standen auf der Verliererseite des Nationalsozialismus, euphemistisch ausgedrückt. Sie wurden verfolgt und ausgebeutet, terrorisiert, eingesperrt, getötet.

Diese systematische »Verdrängung« setzte sich nach Kriegsende fort. Politik und Wissenschaft, Journalismus und Alltagsbewusstsein verhielten sich lange ignorant, desinteressiert und gleichgültig gegenüber den Opfern des Nationalsozialismus – und schwiegen. Jahrelang war etwa die Verfolgung und Ermordung von Behinderten oder Sinti und Roma kein Gegenstand des öffentlichen Interesses.

Daher war und ist es wichtig, ihre Leidensgeschichte detailliert aufzuarbeiten, daher war und ist die Fokussierung der Bremer Wissenschaftler eine verständliche Reaktion. Trotzdem ist sie bedauerlich, denn dadurch gehen nicht nur Themen verloren, die vor der Haustür liegen. Die Beschränkung auf die Opfer ist zugleich bequem: Aus einer solchen Arbeit lässt sich die eigene politische und moralische Korrektheit mühelos ableiten, während die schwierige Auseinandersetzung mit den Tätern wie nebenbei umgangen wird – eine Auseinandersetzung mit Menschen, die dem Lebenszusammenhang, der Geschichte der Forschenden oft näher stehen als die Opfer.

Auch in Publikationen aus dem Kontext der Frauen- und Genderforschung ließ und lässt sich so gut wie nichts über den Lebensborn und seine Akteurinnen finden.[15] Dabei will diese Forschungsrichtung u. a. Geschichte und Alltag des weiblichen Lebenszusammenhangs aufarbeiten, eine Fragestellung, die den Lebensborn unmittelbar einschließt. Nur: Die Frauenforschung konzentrierte ihre Arbeit viele Jahre lang auf die Opfer, die weiblichen Opfer, und klammerte die Auseinandersetzung mit Menschen, die vom NS-Regime profitierten, aus. Auch hierfür gab es gute Gründe.

Zuerst ging es um einen Gegenentwurf zu einer These, die zum Beispiel Joachim Fest[16] aufgestellt hatte: Frauen hätten Hitler an die Macht gebracht und ihn mit ihrer erotisch gefärbten Verehrung bis zum Ende unterstützt. Die Wissenschaftlerinnen arbeiteten die extrem patriarchale Verfasstheit des Nationalsozialismus heraus, der den weiblichen Teil der Bevölkerung von allen gesellschaftlichen und politischen Entscheidungen ausschloss und damit qua Geschlecht zu Opfern männlicher Unterdrückung machte. Gleichzeitig wurden Biographien von Widerstandskämpferinnen publiziert, die eine aktive Weiblichkeit repräsentierten und sich als politische Identifikationsfiguren deuten ließen.

Anfang der 1980er Jahre rückten Frauen, die aus »rassischen« Gründen verfolgt wurden – Jüdinnen, Sinti- und Roma-Frauen, »Zwangsarbeiterinnen« – in den Mittelpunkt der Forschung. Mit dem Blick auf das Leiden dieser Frauen musste auch der Opferbegriff differenziert werden: Der kollektive Opferstatus, der für alle Frauen im Nationalsozialismus reklamiert worden war, musste angesichts des Schicksals gefangener, gefolterter und ermordeter Frauen relativiert werden.

Mit dieser Differenzierung war offenbar eine Schwelle überschritten: Nun begannen Wissenschaftlerinnen, auch über den aktiven Beitrag von Frauen zum NS-System nachzudenken. Eine Debatte über den Begriff der Mit-Täterschaft und Mit-Verantwortung setzte ein.[17] Frauen hätten sich, so die heftig diskutierte These, von der patriarchalen NS-Diktatur korrumpieren lassen – und darin liege ihre Verantwortlichkeit und ihre Schuld. An der Hauptschuld der Männer ändere das allerdings nichts. Damit war der blinde Fleck zwar kleiner geworden, aber verschwunden war er nicht. Denn die Akteurinnen, die unmittelbar als Teil des NS-Machtapparats agiert hatten, und die vielen Hilfskräfte, die im Hintergrund an der Organisation der Verbrechen mitgearbeitet hatten, waren immer noch nicht in den Blick der Forscherinnen geraten.

Erst in den 1990er Jahre haben Frauen begonnen, intensiv über Täterinnen zu arbeiten[18]: über KZ-Ärztinnen und KZ-Aufseherinnen, über Krankenschwestern in »Euthanasie-Anstalten« und über »Braune Schwestern«, über Büroangestellte im Reichssicherheitshauptamt, der Terrorzentrale der Nazis – und auch über Ehefrauen, Geliebte und Freundinnen männlicher Täter, die von den Verbrechen der Männer wussten und sie unterstützten.

Über den Lebensborn und die Frauen, die in seinen Heimen Kinder auf die Welt brachten oder dort gearbeitet haben, gibt es in der Frauen- oder Genderforschung nach wie vor keine Untersuchung. Vielleicht liegt es daran, dass diese Klientel so uneindeutig ist, dass diese Frauen keine richtigen Opfer sind und auch keine richtigen Täterinnen? Dass sie von beiden etwas haben und damit als Opfer und Täterinnen verstanden werden müssen: als Opfer einer patriarchalen »Rassenideologie« und gleichzeitig als Propagandistinnen eben dieses »Rassenideals«, als Nutznießerinnen von Privilegien für »arische« Frauen und gleichzeitig als Objekte eines Ausleseprozesses.

Gedanken, die vorgreifen, aber gleichzeitig deutlich machen, worum es mir geht. Es ist genau dieses Dazwischen, dem ich nachgehen will, dieses Sowohl-als-auch, das ich im Blick habe – ohne ein politisch-moralisches Urteil fällen zu müssen, das den Blick eher versperrt als öffnet. Ich möchte zusammentragen, was sich im Lebensborn-Alltag abgespielt hat, und verstehen, was Frauen in diese Organisation geführt hat. Ich möchte erfahren, was sie dort erlebt haben, warum sie dort geblieben sind, warum sie ihr Kind dort gelassen haben – oder auch nicht.

Verstehen bedeutet allerdings nicht – einverstanden sein. Die Bereitschaft, sich auf individuelle Lebensgeschichten einzulassen, muss den politischen und ideologischen Kontext ständig mitdenken, in dem diese Biographien stehen. Er bildet nicht nur eine Hintergrundfolie, sondern ist Teil der Subjekte: Sie sind darin verflochten, beziehen sich auf ihn und bedienen sich seiner.

Ich machte mich also auf die Suche. Nach Frauen, die in einem Lebensborn-Heim niedergekommen waren. Nach Frauen – und vielleicht auch nach Männern –, die dort gearbeitet hatten und die mir von ihrem Weg in ein solches Heim und vom Leben dort erzählen konnten. Außerdem hoffte ich, dass Nachbarn mir Auskunft geben könnten. Was lag da näher, als mich nach Hohehorst aufzumachen, zum ehemaligen »Heim Friesland« am Stadtrand von Bremen, und in der Nachbarschaft des Hauses anzuklopfen, bei den Bauern, deren Familien seit Generationen auf ihren Höfen leben. Einige konnten sich gut erinnern, zeigten Interesse an meinen Fragen und gaben mir Hinweise – andere wollten nicht mit mir reden.

Dann gab ich Annoncen auf, und tatsächlich meldeten sich ein paar Frauen, die zu Lebensborn-Zeiten in Hohehorst gearbeitet oder ihr Kind dort untergebracht hatten. Die einen waren nach dem Krieg in der Nähe des alten Arbeitsplatzes geblieben, weil sie dort einen Mann kennen- und lieben gelernt hatten. Die anderen stammten aus der Umgebung. Durch die Erinnerungen dieser Frauen und durch ein paar verrückte Zufälle kam schließlich eine Lawine ins Rollen: Immer neue Namen tauchten auf, Namen von weiblichen und männlichen Angestellten, Namen von Müttern, Namen von Kindern ... Ein Vorgang, der bis heute nicht beendet ist.

Einige Personen konnte ich tatsächlich aufspüren – die ehemalige Oberschwester Bernhild B. zum Beispiel, die seit Jahrzehnten wieder in ihrem alten Heimatort in Süddeutschland lebte. Nur Frauen, die in Hohehorst entbunden hatten, waren anfangs nicht zu finden, obwohl ich zum Beispiel wusste, dass eine aus Braunschweig, eine andere aus Kiel, eine dritte aus Trier nach Hohehorst gekommen war, um ihr Kind auf die Welt zu bringen. Aber Telefonate und

Briefe blieben ohne Ergebnis, die Spuren verloren sich im Nichts. Einige waren vermutlich schon gestorben, und die ledigen Mütter hatten später sicher geheiratet und trugen den Nachnamen des Ehemannes.

Auch der Weg zur Gemeinde Schwanewede führte in diesem Punkt nicht weiter. Dort liegen die Geburten-, Heirats- und Sterbebücher von »Heim Friesland«, und das Standesamt arbeitet ganz regulär damit. Annahmen an Kindes statt, Eheschließungen, Todesfälle, all das wird darin festgehalten. Deshalb unterliegen diese Dokumente dem Datenschutz – und sind für Außenstehende nicht zugänglich. Statistische Angaben waren kein Problem, aber Auskünfte über Namen, Namensänderungen, Wohnorte etc. bekam ich nicht.

Als 1997 die erste Ausgabe meines Buches auf den Markt kam, änderte sich die Situation schlagartig. Umgehend meldeten sich Frauen und Männer bei mir, die in Hohehorst geboren waren, erzählten ihre Geschichte und stellten, wenn das noch möglich war, Kontakt zu ihren Müttern her – ich lernte also auch Frauen kennen, die in Hohehorst entbunden hatten. Mittlerweile kann ich folgende Bilanz meiner Recherchen ziehen: Insgesamt sind 312 Personen bekannt, die unmittelbar mit »Heim Friesland« zu tun hatten – als Mütter, als weibliche und männliche Angestellte oder als Kinder, die dort geboren oder untergebracht waren. Von allen habe ich außer dem Namen ein paar Informationen, das Entbindungs- bzw. das Geburtsdatum etwa oder das Alter, den Beruf, das Jahr des Aufenthalts, ein spezielles Engagement im Heim etc.

Ausführliche Interviews kamen mit folgenden Personen zustande:

– mit zwei Sekretärinnen von Hohehorst (die eine war bei der Eröffnung dabei, die andere beim Einmarsch der britischen Besatzungstruppen) und mit einer Hebamme, die 1940/41 im Heim arbeitete und wie die beiden Sekretärinnen gleichzeitig Lebensborn-Mutter war.

- mit einer Oberschwester, die 1940/41 das Heim zusammen mit einem Verwalter leitete, und mit einer Krankenschwester, die 1939 zwei Monate dort arbeitete. Beide Frauen haben keine Kinder.
- mit einer angehenden Ärztin, die im Februar 1940 hochschwanger anreiste und bis Anfang September ärztliche Aufgaben übernahm. Ihr Kind blieb bis zur Evakuierung im Januar 1941 in Hohehorst und bis 1943 in zwei anderen Lebensborn-Heimen.
- mit zwei Frauen, die in »Heim Friesland« entbunden haben. Die eine verbrachte 1938 einige Wochen im Heim und kehrte kurz nach der Entlassung nach Hohehorst zurück, weil sie als Krankenschwester eingestellt wurde. Die andere kam im März 1945 nach »Heim Friesland« und war eine der Letzten, die dort entbunden hat. Sie blieb nur wenige Tage und gab das Baby zur Adoption frei.
- mit einer Mutter, die ihr Kind ein Jahr lang in Hohehorst untergebracht hat, nachdem sie es in »Heim Pommern« entbunden hatte.
- mit einem Mann und zwei Frauen, die als Kleinkinder in Hohehorst lebten und sich an diese Zeit erinnern können. Der Mann wurde in Hohehorst geboren, wo seine Eltern als Wirtschafterin und als Verwalter arbeiteten. Eine Frau war mit ihrer Mutter, der schon erwähnten Hebamme, im Heim, die andere lebte als Tochter des Gärtners sechs Jahre lang im Gärtnerhaus, das in unmittelbarer Nähe zum Hauptgebäude von »Heim Friesland« lag.
- mit fünf Männern und vier Frauen, die selbst keine Erinnerung an »Heim Friesland« haben, aber Fotos beisteuern können und Geschichten, die ihnen erzählt wurden. Der erste ist der Sohn der Heimsekretärin, der in einem anderen Lebensborn-Heim auf die Welt kam und zweieinhalb Jahre in Hohehorst lebte. Der zweite wurde in Hamburg geboren und später in »Heim Friesland« untergebracht. Der dritte ist der Sohn der angehenden Ärztin. Er kam 1940 in »Heim Friesland« auf die Welt und blieb – wie der

vierte, ebenfalls Jahrgang 1940 – bis zur Evakuierung 1941 alleine dort. Der fünfte kam kurz vor Kriegsende in Hohehorst zur Welt und wurde später in einem Kinderheim im Nachbarort untergebracht. Drei der vier Frauen – 1939 bzw. 1940 in »Heim Friesland« geboren – haben eine ähnliche Geschichte: Sie blieben eine Zeit lang allein im Heim und kamen dann zu Pflegeeltern oder zu den Großeltern. Die vierte Frau ist die Tochter von zwei Hohehorst-Angestellten: Ihr Vater war Verwalter, ihre Mutter Beschließerin. Die beiden gingen eine Beziehung ein und bekamen zwei Kinder, die beide in anderen Heimen geboren wurden.

Zu diesen 21 Interviews kamen Gespräche mit Nachbarn, die bereit waren, länger mit mir zu reden, und ein paar kurze Debatten mit anderen Nachbarn, die nichts mit mir zu tun haben wollten, in ihrer Begründung aber vielsagende Andeutungen machten.

Außerdem habe ich Lebensborn-Mütter und -Angestellte kennengelernt und interviewt, die in anderen Heimen entbunden und/oder gearbeitet haben. Dazu die vielen Lebensborn-Kinder, die in »Heim Hochland« oder »Heim Schwarzwald«, in »Heim Taunus« bzw. »Heim Harz«, in »Heim Kurland« oder »Heim Pommern« oder »Heim Sonnenwiese« geboren wurden oder untergebracht waren und die mir ihre Geschichte erzählt haben. Nur aus »Heim Franken« habe ich bisher niemand getroffen. Dafür ergaben sich Gespräche mit Lebensborn-Kindern aus »Heim Wienerwald« in Österreich und den norwegischen Heimen Hurdal Verk, Klekken, Godthåb und Os. Die Geschichten all dieser Lebensborn-Kinder ergänzen das Wissen über die Mütter und die Heime – und geben Auskunft über die Auswirkungen einer Lebensborn-Geburt auf das weitere Leben.[19]

Anfangs waren die meisten Frauen und Männer* skeptisch, als ich sie um ein Interview bat, vor allem die alten Zeitzeuginnen. Sechzig, siebzig Jahre waren vergangen – und jetzt sollten sie noch einmal so weit zurückblicken? »Sie können sich den weiten Weg nach Süddeutschland sparen«, warnte mich Bernhild B., die ehemalige Oberschwester. »Ich kann mich kaum noch an diese Jahre erinnern. Ich bin schließlich 86!« Ihr Gedächtnis war tatsächlich schwach, trotzdem tauchten im Gespräch zahlreiche Erinnerungsfragmente auf. Bei anderen versperrte die Erfahrung mit dem gängigen Bild von der gelenkten Zeugung erst einmal den Zugang. »Über den Lebensborn wird doch nur Falsches erzählt«, meinte die ehemalige Hebamme Therese K., »deshalb habe ich mir geschworen, nicht mehr darüber zu sprechen.« Es dauerte allerdings nicht lange, bis ich sie überzeugen konnte, dass ich kein fertiges Bild im Kopf hatte, sondern an ihren Erlebnissen und Eindrücken interessiert war. Selbst Gerda B., die sich auf meine Zeitungsannonce gemeldet hatte, also von Anfang an gesprächsbereit war, eröffnete das Interview mit dem Satz: »Ich kann Ihnen aber nichts Schlechtes über den Lebensborn erzählen.« Als sei von vorneherein klar, dass ich etwas Schlechtes hören wollte.

Allmählich schwanden Vorbehalte und Bedenken, und je länger die Frauen über ihre Zeit in Hohehorst (oder in anderen Lebensborn-Heimen) sprachen, desto besser wurde die Erinnerung an Namen und Ereignisse. Noch ergiebiger waren zweite, dritte Begegnungen, denn nun hatten die Frauen ihre Angst, ich könne sie in Bausch und Bogen verurteilen, überwunden, und ich konnte viel genauer fragen, weil ich im Laufe der Recherche immer mehr Details erfahren hatte. Ein Beispiel aus einem Gespräch mit der ehemaligen Sekretärin

* Die Namen meiner Gesprächspartnerinnen wurden verändert, bei den anderen halte ich eine Abkürzung zwecks Anonymisierung für ausreichend. Lediglich die Namen der Personen in leitenden Positionen – Verwalter, Ärzte, Oberschwestern – werden, soweit bekannt, vollständig angegeben.

Beate D., die von 1938 bis 1940 in Hohehorst gearbeitet hat: »Erinnern Sie sich an eine Maria H.?« – »Nein. Der Name sagt mir nichts.« – »Sie muss zur selben Zeit wie Sie in Hohehorst gewesen sein.« – »Nein. Eine Maria H. kenne ich nicht.« – »Sie war Hebamme ...« – »Ach ja! Unsere dicke Marie! Sehen Sie, an den Namen hab ich nie mehr gedacht. Ja, die war Hebamme und kam aus dem Rheinischen. Mit dem entsprechenden Dialekt. Der war herrlich.« – »War sie vor Therese K. als Hebamme in Hohehorst?« – »Ja, die war vor Therese da. Die war, glaube ich, von Anfang an da. Wie man sich eine Hebamme vorstellt, so war die, etwas behäbig, etwas älter ...« Einmal angestoßen, spulte die Erinnerung wie ein langer Faden ab.

Auch meine eigene Skepsis löste sich im Laufe der Gespräche auf. Anfangs war ich unsicher, wie weit ich den Frauen vertrauen konnte. Erzählten sie mir die Wahrheit? War es wirklich nur das Gedächtnis, das sie immer wieder im Stich ließ? Hatten nicht einige – die Sekretärinnen zum Beispiel – damals einer Schweigepflicht unterlegen? Vielleicht hielten sie sich noch heute daran? Je länger ich aber mit den Frauen sprach und je mehr Frauen ich interviewte, desto deutlicher wurde das Bild, desto besser passten die Erinnerungsfragmente zueinander, die sie vor mir ausbreiteten. Irgendwann kamen sogar lang verschwiegene Ereignisse zum Vorschein: zum Beispiel, dass der Verwalter und die Beschließerin zusammen ein Kind hatten, obwohl der Verwalter verheiratet war und mit seiner Familie im Heim lebte. An diesem Punkt war mir endgültig klar, dass meine Informantinnen tatsächlich ihr Gedächtnis umkrempelten, angetan von dem Interesse, das ich ihrer Lebensgeschichte entgegenbrachte, und von meiner Bereitschaft zuzuhören. Angesteckt auch von meiner Neugier auf jedes neue Detail, jeden neuen Namen, jede noch so kleine Erinnerung. Und vielleicht auch aufgeschreckt von der Chance, sich selbst zu entlasten ...

Dass nicht nur das nachlassende Gedächtnis den Erinnerungsstrom ausdünnte und blockierte, sondern dass dafür auch ein jahrzehntelanges Wegschieben des Lebensabschnitts verantwortlich war, der mit dem Lebensborn zu tun hatte – das war den Frauen nicht bewusst. Auch dass sie schon damals, als junge Frauen, Zusammenhänge ignorierten, ausblendeten, umdeuteten oder schönredeten – aus Desinteresse, Naivität, politischer Überzeugung oder weil sie wegen einer unehelichen Schwangerschaft unter Druck standen –, sahen die meisten auch jetzt nicht. Und ich brauchte eine Weile, um diese Mechanismen zu verstehen.

An solchen Punkten wurden meine Informationen aus den Archiven und der Literatur wichtig. Sie korrigierten und ergänzten das Bild und machten mir manchmal klar, dass ich eine andere Sprache sprach als meine Informantinnen. So fragte ich zum Beispiel immer wieder nach politischen Schulungen in Lebensborn-Heimen. Nein, so etwas habe es nicht gegeben, erklärten alle. Aber ich hatte im Archiv Listen mit Terminen und politischen Themen gefunden, die aus Hohehorst und aus anderen Heimen stammten und die Überschrift trugen: »Schulungen« oder »Weltanschauliche Schulungen«. Das war der offizielle Terminus. Ich hatte fast schon aufgegeben, diesem Widerspruch nachzugehen, da erzählte eine der Frauen von Vorträgen, die in Hohehorst gehalten wurden. Auf Nachfrage bestätigten die anderen: Ja, Vorträge habe es gegeben, bevölkerungspolitische Vorträge zum Beispiel, ›natürlich‹ nationalsozialistisch ausgerichtet. »Die Chance ließ man sich doch nicht entgehen«, meinte eine der Frauen lakonisch. Vorträge also, keine Schulungen. Ich hatte in meinen Fragen nur den falschen Begriff verwendet.

Hohehorst – »Heim Friesland« (Vorderansicht)

Zuerst war es die Suche nach Zeitzeugen, die mich immer wieder nach Hohehorst führte. Im Laufe der Recherche wurde mir klar, dass der konkrete Ort, das riesige Haus mit Parkanlage und Nebengebäuden, für mich eine zweite Ebene der Konkretion, der Versinnlichung des Lebensborn darstellte – neben den Menschen, die eine Zeit lang dort gelebt hatten.

Von außen ist das Haus beinahe unverändert, Hohehorst sieht immer noch so aus wie damals. Die alten Fenster und Fensterläden, die alten Türen, die Balkongitter, die Lampe über dem großen Eingangsportal – das alles ist noch da. Auch drinnen ist einiges geblieben: der offene Kamin in der Eingangshalle, Einbauschränke mit Intarsien, Reste der alten Marmorbäder, die nur zum Teil umgebaut und verändert sind, das schwere Treppengeländer der Haupttreppe, der Speiseaufzug und die beiden Tresore ... Mit diesen Relikten aus der alten Zeit ist Hohehorst durchaus als Ort vorstellbar, an dem Säuglinge weinten, hochschwangere Frauen in der Halle saßen, Wagen vorfuhren, weil sich die Männer des Lebensborn-Vorstands zu einer Besprechung in der Bibliothek trafen.

Immer wieder habe ich den Ort besucht, weil er Bilder in meinem Kopf in Gang setzte. Einmal hatte ich auch Gelegenheit, mit der ehemaligen Sekretärin Beate D. ein paar Stunden lang Haus und Gelände zu besichtigen, einfühlsam begleitet von einem der heutigen Angestellten. Zuerst fühlte sich die alte Frau fremd, die jetzigen Bewohner, ehemalige Junkies, waren ihr nicht ganz geheuer. Dann wurde sie lebhafter: Hier war doch ihr Büro gewesen, gleich neben der Eingangstür. Hier hatte sie zwei Jahre lang Tag für Tag gesessen und gearbeitet. Als wir im Untergeschoss in die Küche guckten, erklärte sie mir: »Hier war das Reich von Herta H. Die hat ja später einen der Verwalter geheiratet.« Der Name »Herta H.« stellte sich wie von selbst ein, als wir ihren Platz betraten. Auch bei Beate D. liefen die Bilder.

Irgendwann waren wir im Dachgeschoss. Und dort verlor die alte Frau für einen Moment alle Hemmungen. »Hier war mein Zimmer«, erklärte sie und öffnete einfach die Tür. Laute Rockmusik, eine junge Frau sprang vom Bett auf. »Sie hat einmal hier gewohnt, vor sechzig Jahren«, beschwichtigte der Angestellte. »Darf ich einmal gucken?«, fragte die alte Frau, nun wieder ganz schüchtern. »Das Bett in der Nische fand ich immer so gemütlich.« – »Stimmt«, meinte die Junge. »Kommen Sie ...«

Für Beate D. wurde der Ort Schauplatz der Wiederbegegnung und der Erinnerung, für mich ist er Vorstellungsraum – und auch für Menschen, die zu Lebensborn-Zeiten hier geboren wurden, hat er offensichtlich eine Bedeutung. Immer wieder, erzählte der Angestellte, der uns herumführte, immer wieder kämen Frauen und Männer, die sich das Haus ansehen wollten. Er zeige ihnen dann einige

Räume, sie fragten ein wenig, machten ein paar Fotos ... Was eine solche Besichtigung bei ihnen auslöse, könne er nicht einschätzen, er hat nie gewagt, danach zu fragen.[20]

Nach diesen Erfahrungen beschloss ich, mich auf den konkreten Ort zu konzentrieren. Einerseits wird durch die begrenzte Datenmenge eine kleinteilige und genaue Recherche möglich. Andererseits lassen sich die Erinnerungen aus den Interviews und die Informationen aus den Archiven leichter bündeln, miteinander verknüpfen und aneinander überprüfen.

So wird Hohehorst zum Kristallisationspunkt, in dem eine nationalsozialistische Organisationsstruktur und individuelle Schicksale, regionale Ereignisse und »Rassenideologie«, Geburt und Tod, Liebe und Hass, Verzweiflung und Erleichterung aufeinandertreffen. Leider besitzt dieser Kristallisationspunkt einen Schönheitsfehler. Hohehorst repräsentiert nicht alle Facetten der Lebensborn-Geschichte, alle Aktionen, Beschlüsse, Wendungen in der Politik der Organisation. Das Heim wurde erst 1938, also zweieinhalb Jahre nach der Gründung des Lebensborn, eröffnet und schon 1941 wegen andauernden Fliegeralarms evakuiert. Erst im Herbst 1944 wurde es als Entbindungs- und Kinderheim wieder in Betrieb genommen. Damit fehlen die beiden ersten und vor allem die Jahre zwischen 1941 und 1944, als der Lebensborn in Deutschland expandierte und im besetzten Ausland aktiv wurde. Über die Kinder, die Anfang 1941 ins bayerische Lebensborn-Heim evakuiert wurden, über Mitarbeiterinnen, die man 1941 und 1942 in norwegische Lebensborn-Heime schickte, über die norwegischen Kinder, die 1944 nach Hohehorst kamen, bestehen allerdings Verbindungen zu anderen Heimen in Deutschland und in Norwegen. Trotzdem scheint hier ein kurzer Überblick über die Geschichte, die Politik und die Ideologie der Organisation und eine Darstellung ihrer Aktionen in Osteuropa und in Norwegen zum besseren Verständnis angebracht.

Reisepass von Beate D., mit dem sie 1942/43 zwischen Norwegen und Deutschland unterwegs war

Die Organisation: Ein Überblick

Am 12. Dezember 1935 gründeten zehn namentlich nicht bekannte SS-Führer in Berlin den »Lebensborn e. V.«.[21] Heinrich Himmler, Reichsführer SS und zweitmächtigster Mann des NS-Regimes, hatte diese Gründung veranlasst, weil er sich unter Zugzwang gesetzt sah. Die Nationalsozialistische Volkswohlfahrt (NSV), die Dachorganisation der staatlichen Sozialpolitik, war seit 1933 derart aktiv in der Schwangeren- und Mütterbetreuung geworden, dass Himmler die Führungsrolle in Gefahr sah, die die SS auch auf diesem Sektor beanspruchte. Schließlich verstand sich die »Schutzstaffel« als Vorreiter nationalsozialistischer »Bevölkerungs- und Rassenpolitik«.[22] Aus juristischen Gründen trat der Lebensborn als eingetragener Verein auf – so konnte er

Eigentümer von Immobilien und Land werden. Organisatorisch war er aber in den SS-Apparat eingegliedert. Anfangs gehörte er zum Rasse- und Siedlungshauptamt der SS (RuSHA), genauer zu dessen Sippenamt,[23] seit 1938 zum Persönlichen Stab Reichsführer SS. Damit war er letzten Endes nur noch Himmler gegenüber verantwortlich.

Schon dieser Organisationsrahmen verweist darauf, dass der Lebensborn unter dem Vorzeichen nationalsozialistischer »Rassenpolitik« stand. Einer Politik, die von der Überlegenheit der »nordischen Rasse«, der »Rasse« mit dem »besten Blut«,[24] ausging, deren Bestand und Herrschaftsanspruch aber durch die »Vermischung mit Minderwertigen« als gefährdet angesehen wurde. Um den angeblich drohenden Untergang aufzuhalten und die eigene Herrschaft zu sichern und auszubauen, verfolgten die Nationalsozialisten, allen voran die SS, zwei Strategien: Einerseits betrieb man die »Sammlung aller Germanen«, und das hieß Krieg, Ausbeutung und Vernichtung der »Nicht-Germanen« und »Eindeutschung« von Frauen, Männern und Kindern »guten Blutes«. Andererseits wollte man eine »rassische Elite« im eigenen Land aufbauen, als deren Keimzelle sich niemand anderer als die SS verstand. Die Aufgabe der NSDAP liege im Bereich der politischen Führung, erklärte Himmler 1937 in einer Rede, die Aufgabe der SS aber gehe »ins Menschenzüchterische«.[25]

Auch Verlautbarungen, Statuten oder Informationsbroschüren des Lebensborn selbst sprachen eine deutliche Sprache. Sie machten unmissverständlich klar, für wen der Lebensborn gedacht war: für »Mütter guten Blutes«, für Menschen, die dem »Ausleseprinzip der Schutzstaffel« entsprachen, die »erbgesund« waren und von »arischer Herkunft«.[26] Solche Menschen wollte man in der Schwangerschaft, bei der Entbindung, im Wochenbett, bei der Aufzucht der Kinder unterstützen, immer mit Blick auf die künftige »Elite«.

In der Satzung von 1935 heißt es über Ziel und Zweck des Lebensborn:

»1. Rassisch und erbbiologisch wertvolle, kinderreiche Familien zu unterstützen.

2. Rassisch und erbbiologisch wertvolle werdende Mütter unterzubringen und zu betreuen, bei denen nach sorgfältiger Prüfung der eigenen Familie und der Familie des Erzeugers durch das Rasse- und Siedlungshauptamt SS anzunehmen ist, dass gleich wertvolle Kinder zur Welt kommen;

3. für diese Kinder zu sorgen;

4. für die Mütter der Kinder zu sorgen.«[27]

Obwohl damit der Eindruck entstand, als arbeite der Lebensborn vor allem für kinderreiche Familien, wurde in der Praxis schnell klar, dass eigentlich kinderreiche SS-Familien gemeint waren. Außerdem wurde der größte Teil des Etats nicht etwa für sie, sondern zu ganz anderen Zwecken eingesetzt.[28] Mit seiner Gründung begann der Lebensborn, den Aufbau von Heimen vorzubereiten, in denen vor allem ledige Mütter und ihre Kinder Aufnahme finden sollten – ledige, gesunde, »arische« Mütter, die dort ihre Kinder auf die Welt brachten und sie nicht etwa abtrieben.

1933 waren die Nationalsozialisten mit einer groß propagierten Geburtenpolitik angetreten. Sie verkündeten, dass in Deutschland

- zu wenig Kinder geboren würden (seit Anfang des Jahrhunderts waren die Geburtenzahlen ständig gesunken, schon damals setzte der Trend zur Zwei-Kind-Familie ein);
- zu viele Schwangerschaften abgebrochen würden (Himmler sprach jahrelang von 600 000 und 800 000 Abtreibungen im Jahr);
- die Frauen falschen Idealen nachliefen (Orientierung auf Beruf, »Kameradschaftsehe« und geringe Kinderzahl).

Prompt wurde der neuen Frau, die in der Weimarer Republik zum Leitbild geworden war, der Krieg erklärt. Statt einen Beruf zu erlernen und gute Positionen anzustreben, sollten Frauen in ihre »angestammte« Rolle im Haus zurückkehren[29] und möglichst viele Kinder bekommen. Gleich-

„Lebensborn“ e. V.
Heim Hohehorst

Fernruf: Vegesack Nr. 880
Konto: Sparkasse Vegesack Nr. 1064

Hohehorst, den 5.2.1940
Post St. Magnus b. Bremen

o.Tgb.Nr.Ba./Ku.

„Le[illegible]“
Eing. –8. FEB. 1940

An den

Geschäftsführenden Vorstand
des "Lebensborn" e. V.
SS-Oberführer Dr. E b n e r
M ü n c h e n 2
Herzog Max Str. 3 -7

Lieber Oberführer !

Auf Grund unserer in Stettin erfolgten Unterredung betr. Abtreibungsversuche der Mütter, teile ich Ihnen heute mit, daß auf Grund meiner Aufzeichnungen mir 23 Fälle von Müttern bekannt sind, die mir bei einer gelegentlichen persönlichen Aussprache mitteilten, daß sie durch den Kindesvater und manchmal auch von sich aus, bedrängt durch die vor ihren Augen stehende wirtschaftliche Notlage und moralische Bedrückung, Mittel anwandten, um ihre Leibesfrucht abzutreiben.

Interessant ist dabei zu erwähnen, daß mir gerade zwei Fälle bekannt sind, in denen jedesmal der Kindesvater ein Apotheker war und in besonders krasser und unanständiger Form versucht wurde, die Schwangerschaft zu unterbrechen. Übereinstimmend sind sämtliche Aussagen der Mütter, daß sie, nachdem sie mit "Lebensborn" e.V. in Verbindung traten und wussten, daß sie ihr Kind ungestört und von den grossen Sorgen enthoben zur Welt bringen konnten, sofort jeden weiteren Gedanken und Antrag betr. Abtreibung fallen liessen.

Ich hoffe, Ihnen lieber Ober-führer, und damit der weiteren Arbeit des "Lebensborn" e. V. , durch diese Mitteilung, die ich Ihnen, wenn es sein muss, auch durch die Namhaftmachung der Mütter bestätigen kann, einen Dienst erwiesen zu haben.

H e i l H i t l e r !
„Lebensborn“ e. V.
Heim Hohehorst
i.V.:
SS-Untersturmführer u. Verwalter

Abtreibungsversuche von Lebensborn-Müttern

zeitig setzten die Nationalsozialisten aber einen alles bestimmenden »rassenpolitischen« Akzent: Zur Vermehrung aufgefordert war nicht etwa die gesamte deutsche Bevölkerung, sondern nur der »gesunde« und »arische« Teil. Er allein hatte in ihren Augen das Recht auf Kinder und auf Leben – und damit auch auf materielle, politische und ideologische Unterstützung.[30] Aus dieser Logik heraus brachten die entsprechenden Stellen gleichzeitig geburten-fördernde und geburtenverhindernde Maßnahmen und Gesetze auf den Weg.

Im Mai 1933 wurde das Abtreibungsverbot verschärft – und im Juli das »Gesetz zur Verhütung erbkranken Nachwuchses« beschlossen. Es bestimmte, dass »genetisch minderwertige Personen« auch gegen ihren Willen sterilisiert werden konnten. Betroffen waren Menschen mit »angeborenem Schwachsinn, Schizophrenie, zirkulärem (manisch-depressivem) Irresein, erblicher Fallsucht, erblichem Veitstanz (Huntingtonsche Chorea), erblicher Blindheit, erblicher Taubheit, schwerer erblicher körperlicher Missbildung ... (und) schwerem Alkoholismus«.[31] Die Kranken – und später auch die so genannten »Asozialen«, womit Bettler, Homosexuelle, Prostituierte, Frauen mit mehreren unehelichen Kindern etc. gemeint waren – konnten mit diesem Gesetz gewaltsam daran gehindert werden, Kinder zu bekommen. Nach Schätzungen wurden damals 250 000 bis 300 000 Menschen zwangssterilisiert.

Gegenüber jüdischen Bürgern und anderen »Nicht-Ariern« wie Sinti und Roma wurde eine andere Strategie entwickelt. Zuerst kam ein Repressionsapparat in Gang, der sie diskriminierte und schikanierte. Dann wurden 1935 – im selben Jahr, in dem der Lebensborn gegründet wurde – die »Nürnberger Gesetze« beschlossen. Sie schränkten das politische, berufliche und öffentliche Leben von Juden, Sinti und Roma massiv ein und verboten ihnen, sich mit »Ariern« zu verheiraten. Gleichzeitig wurde die Scheidung von »Mischehen« ohne Angabe von Gründen möglich.

Eine dritte Strategie betraf die »arischen Volksgenossen«: Sie wurden unter Kontrolle genommen, auch in ihrer Sexualität und Fortpflanzung. Seit Oktober 1935 legte ein Gesetz fest, dass Ehen nur mit »Ehetauglichkeitszeugnis« des Gesundheitsamtes geschlossen werden durften. Dazu mussten die Kandidaten umfassend Auskunft über sich und ihre Familien geben: über eigene Krankheiten und Krankheiten von Angehörigen, über ihren Alltag und ihre Familiengeschichte. Schon im Vorfeld dieses Gesetzes waren 650 000 Menschen entsprechend erfasst und untersucht worden. Sie hatten sich für ein Ehestandsdarlehen beworben, das seit Juni 1933 gezahlt wurde.

Ehestandsdarlehen bis 1000 Reichsmark bekamen Paare, die einen »judenfreien« Stammbaum über zwei Generationen beibringen konnten und die Gesundheitskriterien der Nationalsozialisten erfüllten. Außerdem durfte die Frau nicht berufstätig sein[32] – schließlich galt es, die Arbeitslosigkeit der Männer zu senken. Bekam ein Paar Kinder, verringerte sich die Rückzahlung um 25 Prozent pro Kind, mit dem vierten Kind war das Darlehen also abgelöst. Außerdem gab es Steuererleichterungen, verbilligte Haushaltshilfen, Unterstützung beim Bau von Eigenheimen und eine propagandistische Aufwertung der Mutterschaft durch Muttertag und Mutterkreuz.

Im Juli 1938 schließlich wurde ein neues Ehe- und Ehescheidungsgesetz beschlossen, das unter anderem das Heiratsalter für Mädchen auf 16 Jahre herabsetzte. Die wichtigste Regelung betraf allerdings die Scheidung: Sie war nun problemlos möglich, wenn sich eine Seite »ohne triftigen Grund« weigerte, Kinder zu bekommen oder »vorzeitig unfruchtbar« geworden war. Es ging also auch hier um Kinderproduktion.

Tatsächlich verhielten sich die Menschen zunächst so, wie die neuen Machthaber es wollten. In den ersten Jahren der NS-Herrschaft gab es einen Heiratsboom, und ein Drittel der jungen Paare beantragte Ehestandsdarlehen. Dieser

Trend war allerdings nicht nur der Propaganda und den finanziellen Anreizen geschuldet, sondern auch der demografischen Entwicklung. Mit der Zahl der Eheschließungen stieg die Geburtenrate. 1910 waren auf 1000 Frauen im gebärfähigen Alter 128 lebend geborene Kinder gekommen, zehn Jahre später waren es 90 Kinder, 1933 nur noch 59. Dann begann die Zahl zu wachsen, bis 1939 ein Maximum erreicht war: Nun kamen auf 1000 Frauen 85 lebend geborene Kinder. Mit Kriegsbeginn kehrte sich der Trend allerdings wieder um, die Geburtenzahlen sanken, und 1942 waren sie wieder auf dem Niveau von 1933 angelangt.[33]

Der Geburtenanstieg zwischen 1933 und 1939 reichte den NS-Bevölkerungspolitikern allerdings nicht – und so richteten sie ihren Blick auf die ledigen Mütter. Frauen, die nicht verheiratet waren und ein Kind bekamen, hatten damals einen schweren Stand in der Gesellschaft, sie wurden diskriminiert, verurteilt und ausgeschlossen. Dass die katholische Kirche ihre Moral durch den außerehelichen Geschlechtsverkehr verletzt sah, war nicht Neues. Aber auch Nationalsozialisten interpretierten die uneheliche Schwangerschaft als Beschmutzung ihres »sauberen« Familienideals, sprachen ledigen Müttern den »rassischen und erbbiologischen Wert« ab oder stuften sie als »krankhaft« ein. Solche Statements konnte man in Zeitungsartikeln, etwa im »Völkischen Beobachter«, genauso finden wie in Erklärungen von NS-Massenorganisationen, der Deutschen Arbeitsfront zum Beispiel oder der NS-Frauenschaft. Und es war nicht nur die öffentliche Meinung, die ledigen Müttern entgegenschlug. Es gab auch handfeste Regelungen und Gesetze, die sie förmlich bestraften: So wurden zum Beispiel ledige Beamtinnen, die ein Kind bekamen, aus dem Dienst entlassen. Eine Disziplinierung, die erst Ende der dreißiger Jahre außer Kraft gesetzt wurde.

Die erste NS-Organisation, die sich um ledige Mütter kümmerte, war das Hilfswerk Mutter und Kind, eine Einrichtung der Nationalsozialistischen Volkswohlfahrt (NSV), die 1934 gegründet worden war. Ihr ging es allerdings nicht speziell um ledige Mütter, sondern um alle Aspekte der menschlichen Reproduktion. So bot man Schwangerschaftsberatung an, Mütterschulungen, Kindergartenbetreuung, Kinderlandverschickung etc.

Als die SS ein Jahr später mit dem Lebensborn auf den Plan trat, griff sie ein gravierendes soziales Problem auf und füllte eine Lücke.[34] Sie tat dies allerdings nicht unter sozialen, sondern unter »rassenpolitischen« Vorzeichen. Der Lebensborn unterstützte nämlich nicht jede unverheiratete Schwangere, die Hilfe brauchte, sondern nur ausgewählte Frauen. Schließlich ging es der SS, die sich selbst als »rassische Elite«[35] verstand, weniger um einen allgemeinen Bevölkerungszuwachs als um die »Vermehrung des guten Blutes«.

Mit der Eröffnung der ersten Entbindungsheime – 1936 im bayerischen Steinhöring, 1937 im Harz und nicht weit von Berlin, 1938 im pommerschen Bad Polzin und am Stadtrand von Bremen – konnte der Lebensborn eine Fülle von Leistungen offerieren. Gesunden »arischen« werdenden Müttern, die einen gesunden »arischen« Kindesvater vorweisen konnten, bot die Organisation frühzeitige Heimunterkunft, Geheimhaltung des Aufenthalts, Geheimhaltung der Geburt, Übernahme der Vormundschaft, wenn das Kind den »Elite«-Anforderungen entsprach, Heranziehung der Väter zur Anerkennung der Vaterschaft und zur Alimentenzahlung, längerfristige Unterbringung des Kindes im Heim, Hilfe bei der Suche nach einer Arbeitsstelle, manchmal sogar eine Anstellung beim Lebensborn, Vermittlung von Pflegeeltern und Adoptivfamilien.[36] Damit konnte eine Frau, die alle »Auslesekriterien« erfüllte, Schwangerschaft, Geburt und Mutterschaft vollständig verbergen – wenn sie wollte.

Auch rechtlich wurde alles geregelt: In jedem Lebensborn-Heim gab es ein eigenes Melde- und Standesamt, und in der zentralen Verwaltung saß eine juristische Abteilung für komplizierte Fälle. Im Laufe der Zeit gelang es auch, staatliche Institutionen wie Jugendämter und Vormundschaftsbehörden auszuschalten, die eigentlich für Vormundschaften, Pflegschaften und Adoptionen der Lebensborn-Kinder zuständig waren.

In den ersten Jahren verfuhr der Lebensborn bei der Heimaufnahme eher rigide. 56 Prozent der Frauen, die sich bewarben, wurden abgelehnt. Die eine hatte eine Tante, die an Epilepsie litt, also nicht »erbgesund« war, die andere fand keinen Taufnachweis für ihren Großvater, womit seine »arische Abstammung« fraglich war. Und bei einer dritten stand der Kindesvater nicht eindeutig fest ... Von den 1371 Kindern, die bis zum Jahresende 1939 in Lebensborn-Heimen geboren wurden, waren nur gut die Hälfte (53,4 Prozent) unehelich. Die andere Hälfte hatte verheiratete Mütter – in der Mehrzahl waren sie Ehefrauen von SS- und SA-Mitgliedern, von Angehörigen der Polizei etc.

Verheiratete Frauen hielten sich häufig nur ein paar Wochen in den Heimen auf. Die Unverheirateten blieben dagegen oft mehrere Monate – dann nämlich, wenn sie die Schwangerschaft verbergen wollten und später nicht wussten, wie sie als alleinstehende Mutter zurechtkommen sollten. Auch nach der Entlassung ließen viele ihre Kinder so lange im Heim, bis sich die familiäre und berufliche Situation geklärt hatte. Manchmal dauerte es ein, zwei Jahre, ehe eine Frau ihr Kind zu sich nehmen konnte.

Der Lebensborn favorisierte ein Zusammenleben von Mutter und Kind und unterstützte die Frauen, die dies anstrebten. Wenn die Großeltern das Kind zu sich nahmen oder eine verheiratete Tante es in ihre Familie holte, wurde das ebenfalls gerne gesehen. Die Idee, kinderlosen SS-Familien über den Lebensborn zu Adoptivkindern zu verhelfen, musste dagegen rasch aufgegeben werden. Viele Lebensborn-Mütter waren nicht bereit, ihre Kinder zur Adoption freizugeben, und SS-Familien zeigten wenig Interesse, Kinder zu adoptieren. Also schaltete der Lebensborn um und stellte 1939 fest – so, als habe man nie etwas anderes verlauten lassen: »Die rassisch wertvolle Mutter verzichtet grundsätzlich nicht auf ihr Kind. … daraus erklärt sich auch, daß (bis September 1939) von den sämtlichen in den Lebensborn-Heimen entbundenen unehelichen Müttern nur 20 (von 830) sich bereit erklärt haben, ihr Kind zur Adoption abzugeben …«[37]

Der Etat des Lebensborn kam durch Mischfinanzierung zustande. An erster Stelle standen die Mitgliedsbeiträge.[38] Hauptamtliche SS-Führer waren zur Mitgliedschaft im Lebensborn verpflichtet, ihr Beitrag richtete sich nach Alter, Dienstgrad, Familienstand und Kinderzahl. Ledige ältere Männer mit hohem Dienstgrad mussten am meisten bezahlen: Ein unverheirateter, kinderloser Obergruppenführer von 41 Jahren zum Beispiel 7,75 Prozent seines Bruttogehalts. Zu den Mitgliedsbeiträgen kamen Spendengelder von Verbänden, Wirtschaftsbetrieben, parteiamtlichen und staatlichen Stellen. Manchmal wurden auch Immobilien gespendet. Das Heim in Bad Polzin zum Beispiel war ein Geschenk der dortigen Stadtverwaltung an Adolf Hitler, und dieser hatte es an den Lebensborn weitergegeben. Andere Häuser und Grundstücke stammten aus jüdischem Besitz (die Heime im Schwarzwald und in Österreich) oder hatten Institutionen oder Persönlichkeiten gehört, die enteignet worden waren – darunter auch das Münchner Wohnhaus des Schriftstellers Thomas Mann, den die Nationalsozialisten in die Emigration getrieben hatten.

Weitere Gelder kamen von Krankenversicherungen (ihre Leistungen hatten die Mütter an den Lebensborn abzutreten) und von Kindesvätern. Sie zahlten für den Heimaufenthalt und die Verpflegung von Mutter und Kind. Den größten Anteil an der Finanzierung hatte bis 1939 allerdings die Nationalsozialistische Volkswohlfahrt (NSV). Dann spitzte sich der Streit um Kompetenzen und Aufgabenfelder zwischen Himmler und dem Leiter der NSV, Erich Hilgenfeldt, derart zu, dass dieser die finanzielle Unterstützung des Lebensborn einstellte. 1940 übernahm das Reichsfinanzministerium die Zahlungen und wurde damit wichtigster Geldgeber des Lebensborn.

Aber noch einmal zurück in die Zeit vor dem Krieg:
Als im Herbst 1937 das dritte Lebensborn-Heim in Betrieb genommen wurde, zeichnete sich immer deutlicher ab, dass Lebensborn-Vorstand (Berndt von Kanne und Matthias Haidn) und Geschäftsführung (Guntram Pflaum) überfordert waren. Himmler, bisher nur mittelbar an der Vereinsführung beteiligt, sorgte zuerst dafür, dass Verwaltung und Finanzen kontrolliert und überwacht wurden. Dann bereitete er mit dem Umzug der Lebensborn-Zentrale von Berlin nach München die Herauslösung der Organisation aus dem Rasse- und Siedlungshauptamt (RuSHA) vor. Durch die Zuordnung zum Persönlichen Stab Reichsführer SS schuf er sich schließlich eine alles beherrschende Position. Nun war er offiziell Vorsitzender des Lebensborn-Gesamtvorstands und gleichzeitig für alle Grundsatzfragen der Organisation zuständig: Sie mussten ihm persönlich vorgelegt werden.

Zur Ausrichtung nach dem »Führerprinzip« kam eine Änderung der Statuten, außerdem wurde der Vorstand umstrukturiert und neu besetzt. Im Aufsichtsführenden Vorstand saßen nun drei Mitglieder (zuerst George Ebrecht, Oswald Pohl und Friedrich-Karl Dermietzel, später Ernst Grawitz und Günther Pancke), und dem Geschäftsführer Guntram Pflaum wurde für fachlich-praktische Fragen und zur Kontrolle Gregor Ebner zugeordnet, Arzt und Leiter des bayerischen Lebensborn-Heims.

An den Problemen der Organisation änderte die machtpolitisch motivierte Umstrukturierung nichts. Mit der Eröffnung der beiden norddeutschen Heime im Mai 1938 hatte sich der Lebensborn übernommen und geriet im Folgejahr prompt in die roten Zahlen. Auch die Situation in den Heimen wurde zunehmend komplizierter. Da viele Mütter ihre

Kinder eine Zeit lang dort zurückließen, verwandelten sich die Entbindungsheime allmählich in Kinderheime, die chronisch überfüllt waren. Eine Entwicklung, die von der Lebensborn-Führung so lange ignoriert wurde, bis im Frühjahr 1940 die Kindersterblichkeit anstieg.[39] Außerdem übernahm die Organisation mit Kriegsbeginn neue Aufgaben: Sie sorgte für Witwen gefallener SS-Mitglieder und unterstützte »volksdeutsche« Bäuerinnen im annektierten Polen, deren Männer ums Leben gekommen waren. Beide Aufgaben rückten allerdings bald wieder in den Hintergrund – an ihre Stelle trat ein viel größeres Projekt. In den besetzten Ländern des Ostens begann die »Eindeutschung« polnischer, später auch tschechischer und slowenischer Kinder, deren Haar- und Augenfarbe nach Ansicht der »Rassenspezialisten« auf »gutes Blut« hinwies – eine gigantische Aktion, an der auch der Lebensborn beteiligt war. Außerdem wurden in Österreich, Norwegen, Frankreich, Belgien und Luxemburg neue Lebensborn-Heime eröffnet für Frauen dieser Länder, die von deutschen Besatzern – Wehrmachtssoldaten, SS-Mitgliedern, Polizisten etc. – ein Kind erwarteten. Schließlich änderte die SS mit Kriegsbeginn auch ihre Politik in Sachen uneheliche Geburt. Auch das dürfte zur Krise des Lebensborn beigetragen haben.

Die kühle Kalkulation, dass der Krieg viele Menschen das Leben kosten würde, veranlasste die Nationalsozialisten, ihre bevölkerungspolitischen Aktivitäten zu forcieren. Hatte man bisher auf Appelle, Propaganda, materielle Anreize und Verbote gesetzt, schlugen höchste Funktionäre nun einen anderen Ton an. Bereits im Oktober 1939 gab Himmler einen Befehl heraus, in dem er SS-Männer zur außerehelichen Zeugung aufforderte und Frauen eine moralische Legitimation an die Hand gab: »Über die Grenzen vielleicht sonst notwendiger bürgerlicher Gesetze und Gewohnheiten hinaus wird es auch außerhalb der Ehe für deutsche Frauen und Mädel guten Blutes eine hohe Aufgabe sein können, nicht aus Leichtsinn, sondern in tiefstem sittlichem Ernst Mütter der

Der Reichsführer SS
und
Chef der Deutschen Polizei
im Reichsministerium des Innern

Berlin, den 28. Oktober 1939

SS-Befehl
für die gesamte SS und Polizei

Jeder Krieg ist ein Aderlaß des besten Blutes. Mancher Sieg der Waffen war für ein Volk zugleich eine vernichtende Niederlage seiner Lebenskraft und seines Blutes. Hierbei ist der leider notwendige Tod der besten Männer, so betrauernswert er ist, noch nicht das Schlimmste. Viel schlimmer ist das Fehlen der während des Krieges von den Lebenden und der nach dem Krieg von den Toten nicht gezeugten Kinder.

Die alte Weisheit, daß nur der ruhig sterben kann, der Söhne und Kinder hat, muß in diesem Kriege gerade für die Schutzstaffel wieder zur Wahrheit werden. Ruhig kann der sterben, der weiß, daß seine Sippe, daß all das, was seine Ahnen und er selbst gewollt und erstrebt haben, in den Kindern seine Fortsetzung findet. Das größte Geschenk für die Witwe eines Gefallenen ist immer das Kind des Mannes, den sie geliebt hat.

Über die Grenzen vielleicht sonst notwendiger bürgerlicher Gesetze und Gewohnheiten hinaus wird es auch außerhalb der Ehe für deutsche Frauen und Mädel guten Blutes eine hohe Aufgabe sein können, nicht aus Leichtsinn, sondern in tiefstem sittlichem Ernst Mütter der Kinder ins Feld ziehender Soldaten zu werden, von denen das Schicksal allein weiß, ob sie heimkehren oder für Deutschland fallen.

Auch für die Männer und Frauen, deren Platz durch den Befehl des Staates in der Heimat ist, gilt gerade in dieser Zeit die heilige Verpflichtung, wiederum Väter und Mütter von Kindern zu werden.

Niemals wollen wir vergessen, daß der Sieg des Schwertes und das vergossene Blut unserer Soldaten ohne Sinn wären, wenn nicht der Sieg des Kindes und das Besiedeln des neuen Bodens folgen würden.

Im vergangenen Krieg hat mancher Soldat aus Verantwortungsbewußtsein, um seine Frau, wenn sie wieder ein Kind mehr hatte, nicht nach seinem Tode in Sorgen und Not zurücklassen zu müssen, sich entschlossen, während des Krieges keine weiteren Kinder zu erzeugen. Diese Bedenken und Besorgnisse braucht Ihr SS-Männer nicht zu haben; sie sind durch folgende Regelung beseitigt:

1. Für alle ehelichen und unehelichen Kinder guten Blutes, deren Väter im Kriege gefallen sind, übernehmen besondere, von mir persönlich Beauftragte im Namen des Reichsführers SS die Vormundschaft. Wir stellen uns zu diesen Müttern und werden menschlich die Erziehung und materiell die Sorge für das Großwerden dieser Kinder bis zu ihrer Volljährigkeit übernehmen, so daß keine Mutter und Witwe aus Not Kümmernisse haben muß.
2. Für alle während des Krieges erzeugten Kinder ehelicher und unehelicher Art wird die Schutzstaffel während des Krieges für die werdenden Mütter und für die Kinder, wenn Not oder Bedrängnis vorhanden ist, sorgen. Nach dem Kriege wird die Schutzstaffel, wenn die Väter zurückkehren, auf begründeten Antrag des einzelnen wirtschaftlich zusätzliche Hilfe in großzügiger Form gewähren.

SS-Männer
und Ihr Mütter dieser von Deutschland erhofften Kinder

zeigt, daß Ihr im Glauben an den Führer und im Willen zum ewigen Leben unseres Blutes und Volkes ebenso tapfer, wie Ihr für Deutschland zu kämpfen und zu sterben versteht, das Leben für Deutschland weiterzugeben willens seid!

Der Reichsführer SS

SS-Zeugungsbefehl

Kinder ins Feld ziehender Soldaten zu werden, von denen das Schicksal allein weiß, ob sie heimkehren oder für Deutschland fallen.«[40]

Bisher war es Himmler darum gegangen, eine höhere Akzeptanz für ledige Mütter und ihre Kinder durchzusetzen und dadurch die Geburtenzahl zu steigern. Nun erhob er die ledige Mutterschaft zu einer politisch-moralischen Verpflichtung, die sich über Akzeptanzprobleme hinwegzusetzen hatte. In »Ausführungsbestimmungen« zum Befehl verwies Himmler ausdrücklich auf den Lebensborn, der ledige Schwangere in seinen Heimen unterbringe und die Vormundschaft für die Kinder übernehme.

Zwei Monate später, pünktlich zu Weihnachten, wurde Hitler-Stellvertreter Rudolf Heß in derselben Sache aktiv. Im Völkischen Beobachter erklärte er in einem »Brief an eine unverheiratete Mutter«: »Der höchste Dienst, den die Frau der Gesamtheit leisten kann, ist, beizutragen für die Forterhaltung der Nation in rassisch gesunden Kindern.«[41] Dabei spiele es keine Rolle, ob eine Frau verheiratet oder nicht verheiratet sei. Mit diesem Artikel machte Heß klar, dass nicht nur SS und Polizei zur außerehelichen Zeugung aufgefordert waren, sondern alle Deutschen »guten Blutes«.[42]

Die katholische Kirche, die Wehrmacht und die Bevölkerung reagierten empört auf den Versuch, neue moralische Vorstellungen zu implantieren. Deshalb sah sich Himmler Ende Januar 1940 zu einer Erläuterung und Klarstellung seines Befehls genötigt.[43] Die Aufforderung zur Zeugung unehelicher Kinder nahm er darin allerdings nicht zurück.

Drei Jahre nach Kriegsbeginn, am 15. August 1942, erließ Himmler einen weiteren spektakulären Befehl in Sachen Bevölkerungs- und Zeugungspolitik, den »Befehl an die letzten Söhne«. Um zu verhindern, dass eine »SS-Sippe« nach der anderen durch den Kriegseinsatz der Männer aussterbe, sollten junge SS-Männer, die noch keine Kinder hatten, von der Front zurückbeordert werden, um »so rasch wie möglich durch Zeugung und Geburt von Kindern guten Blutes dafür zu sorgen, daß ... (sie) nicht mehr letzte Söhne ... (seien)«.[44] Dabei durfte der Familienstand keine Rolle spielen: Die jungen SS-Männer sollten Kinder zeugen, ob verheiratet oder unverheiratet.[45]

Ob diese Befehle tatsächlich Folgen hatten und welche Folgen sie hatten, lässt sich heute nicht mehr klären. Gesicherte Informationen oder gar Dokumente gibt es nicht, und die Erinnerungen von Zeitzeugen sind problematisch, weil letztlich nur von Gerüchten die Rede ist.[46] Erzählt wird, dass junge Frauen in Arbeitsdienstlagern (RAD) oder beim Bund deutscher Mädchen (BDM) offen zur Mutterschaft aufgefordert wurden – unabhängig davon, ob sie einen Partner, einen Verlobten, einen künftigen Ehemann hatten. Andere Gerüchte drehen sich um Feste und Abendvergnügen, bei denen junge Frauen aus BDM- oder RAD-Lagern mit Soldaten oder SS-Männern zusammentrafen, deren Unterkünfte sich in der Nähe der Frauenlager befanden. Und schließlich erzählte man, dass immer wieder junge Frauen schwanger aus Arbeitsdienst- und Schulungslagern zurückgekommen seien.

All das hat es vermutlich gegeben. Schließlich lösten sich in diesen Jahren die alten Familienstrukturen mitsamt ihrer Kontrollfunktion auf, schließlich erschütterte der Krieg den herrschenden Moralkodex der deutschen Gesellschaft. Aber es wäre zu einfach und zu linear, aus der Aufforderung einer BDM-Führerin oder aus Abendvergnügen junger Leute deren Zeugungswilligkeit abzuleiten und diese unmittelbar auf die Himmler-Befehle zurückzuführen. Denkbar ist vielmehr, dass diese Befehle und alles, was sich darum rankte, umgekehrt eine Atmosphäre der Angst erzeugten. Die Geschichte, die mir eine Dreiundachtzigjährige bei einer zufälligen Begegnung erzählte, scheint das zu belegen: Sie wurde mit sechzehn als KHD-Maid (Krieghilfsdienst) bei Siemens in Berlin dienstverpflichtet. Dort mussten die jungen Frauen immer wieder antreten, und dann kamen zwei SS-Mitglieder, nahmen sie in Augenschein und wählten die 1,70-Großen, Blonden, Blauäugigen aus. Die wurden dann abkommandiert und verschwanden. Wohin sie kamen, was mit ihnen geschah, wusste niemand – aber alle fürchteten sich. Denn unter den Zurückgebliebenen kursierte das Gerücht: »Jetzt geht's zum Bock.«

Das »NS-Gefolge« vertrat übrigens häufig ganz andere Positionen als Himmler und Heß. BDM, NS-Schwesternschaft und weiblicher Arbeitsdienst sanktionierten die uneheliche Mutterschaft. Dort wurden ledige Angestellte, wenn sie schwanger wurden, entlassen! Offiziell widersprachen die drei Organisationen der Linie von SS und Partei zwar nicht, intern favorisierten sie aber die eheliche Mutterschaft. Auch SS-Mitglieder waren – zumindest in den Jahren vor dem Krieg – oft nicht bereit, die bevölkerungspolitischen Vorgaben zu erfüllen, zu denen sie sich durch ihre Mitgliedschaft verpflichtet hatten. So bekamen SS-Familien 1939 im Schnitt 1,1 Kinder – und nicht vier, fünf, sechs oder mehr.

Unbestreitbare Tatsache in diesem Geflecht aus Gerüchten und Überlegungen bleibt: In den Lebensborn-Heimen wurden mehr Kinder geboren als vorher. Nach Berechnungen von Lilienthal waren es pro Monat und Heim

1939	10,6	Geburten
1940	14,4	Geburten
1.1.1941 – 1.4.1942	14	Geburten
1942	15,7	Geburten
1.4.1942 – 30.9.1943	16,6	Geburten.[47]

Für diesen Geburtenanstieg gibt es zwei Gründe: Die Lebensborn-Heime waren stärker belegt als vorher. Die Organisation rückte partiell von ihren strengen »Auslesekriterien« ab. So musste zum Beispiel der Kindesvater nicht mehr in jedem Fall bekannt sein oder bekannt gegeben werden.

Gleichzeitig änderte sich das Verhältnis zwischen unehelich und ehelich geborenen Kindern. Waren in den ersten vier Lebensbornjahren insgesamt 53,4 Prozent der Mütter bei der Geburt nicht verheiratet, so stieg ihre Zahl zwischen 1941/42 auf 64,3 Prozent.[48] Gegen Kriegsende kehrte sich das Verhältnis allerdings um. Nun kamen mehr verheiratete als ledige Frauen in die Heime, angezogen von der Sicherheit vor Bombenangriffen, die durch die ländliche Umgebung garantiert schien, und von der guten Ernährungslage in den Heimen.

Steigende Geburtenzahlen, Aufbau neuer Heime in Deutschland und in den besetzten Ländern auf der einen Seite – und auf der anderen überfüllte Häuser, Zunahme von Erkrankungen und Kindersterblichkeit, ungesicherte Finanzen: So sah die Situation des Lebensborn im Jahre 1940 aus. Noch einmal reagierte Himmler mit Austausch von Führungskräften. An die Stelle von Guntram Pflaum trat im Mai 1940 Max Sollmann, der gleichzeitig alleiniger Chef des Lebensborn wurde – unter Himmler natürlich. Die Verwaltungszentrale stellte mehr Personal ein[49] und wurde umstrukturiert. Gregor Ebner stieg zum ärztlichen Leiter des Lebensborn auf – und zum ersten Mal gelangten für kurze Zeit zwei Frauen in hohe Leitungspositionen: Inge Viermetz, die später wie Ebner und Sollmann vom Nürnberger Gerichtshof angeklagt wurde, und Maria Knipp-Merkel. Beide Frauen standen allerdings, anders als gleichrangige männliche Kollegen, unter der nominellen Leitung von Sollmann.

1940 konnte auch die Finanzierung gesichert werden: Das Reichsfinanzministerium gab zuerst jährliche Zuschüsse und zahlte seit 1943 jährlich drei Millionen Reichsmark an den Lebensborn.

Die Zustände in den Heimen waren nicht so schnell zu ändern – und das lag vor allem an ungeklärten Zielvorstellungen der Organisation. Einerseits wollte man die Geburtenzahl weiter erhöhen, und das bedeutete ein Abrücken von der strengen »Auslese«, andererseits sollten nur die »Besten« im Lebensborn entbinden. Einerseits plädierte man für einen kurzen Aufenthalt der Mütter im Heim, andererseits für eine lange Mutter-Kind-Phase.

Zu einer Grundsatzentscheidung kam es nie, stattdessen operierte der Lebensborn-Vorstand mit kleinteiligen Lösungsmodellen. Zunächst konzentrierte man sich darauf, die Kleinkinder schon mit neun Monaten aus den Heimen in Pflegefamilien zu vermitteln. Gleichzeitig wurden Pläne für ein eigenes Kinderheim entwickelt, das dann Ende 1942 in Kohren-Sahlis bei Leipzig eröffnet wurde. Beide Modelle verkehrten allerdings die Vorstellung ins Gegenteil, die Kinder in der Obhut ihrer Mütter aufwachsen zu lassen. Prompt wurde auch dafür ein Modell geschaffen. In Stettin förderte der Lebensborn seit 1940 ein »Kriegsmütterheim« (Träger war der Provinzialverband Pommern), in dem Lebensborn-Mütter mit ihren Kindern zusammenlebten, außerhalb des Hauses einer Arbeit nachgingen und die Kinder während dieser Zeit in der Obhut von Schwestern ließen. Zwei Jahre später wurden auch in München kleine, ähnlich funktionierende Mütterwohnheime eröffnet, wegen der Bombardierungen aber bald wieder aufgelöst.

Obwohl 1942, 1943 und 1944 neue Entbindungsheime in Nordrach, Wiesbaden und Schalkhausen eröffnet wurden, blieben die Häuser insgesamt überfüllt, auch wenn sich die Mütter nun deutlich kürzer dort aufhielten.[50] Ein Aufnahmestopp stand aber nie zur Debatte: Dazu hatte die Steigerung der Geburtenzahlen eine zu hohe Priorität. Schließlich sank die Gebärfreudigkeit im Reich seit 1939 wieder. Unter Kriegsbedingungen verloren finanzielle Anreize und Propaganda zunehmend ihre Wirkung. Selbst Druckmittel wie das Verbot des Schwangerschaftsabbruchs schreckte die Frauen nun weniger: Seit 1940 stieg die Zahl der gerichtsbekannten Abbrüche. Für die Nationalsozialisten muss das so bedrohlich gewesen sein, dass sie die Abtreibung 1943 unter Todesstrafe stellten.

Diese Entwicklung änderte nichts an der systematisch vorbereiteten und längst eingeleiteten Vernichtung von

Menschen, die gesundheitlich, sexuell, sozial, weltanschaulich oder »rassisch« nicht ins NS-Raster passten. Im Gegenteil: Mit Beginn des Krieges setzten die Nationalsozialisten ihre Ausrottungsmaschinerie erst richtig in Gang. Körperbehinderte, psychisch Kranke und Menschen mit Intelligenzstörung fielen der so genannten »Aktion T 4« zum Opfer: Man verfrachtete sie in Tötungsanstalten und ermordete sie. Juden, Sinti und Roma wurden deportiert, in Ghettos zusammengepfercht und in Konzentrationslagern mit Arbeit, Folter und Gas umgebracht.

Diese beiden Seiten der »Rassenpolitik« – Vernichtung der einen, Vermehrung der anderen – praktizierte das NS-Regime auch in den besetzten Ländern. Auch hier wurden Juden, Sinti und Roma verfolgt und ermordet, und auch hier hielten selbsternannte »Rassenspezialisten« Ausschau nach »gutem Blut«, um es dem »Großdeutschen Reich« »zuzuführen«.

Schon 1938, ein Jahr vor Beginn des Krieges, hatte Himmler in einer Rede vor SS-Führern davon gesprochen, dass er die Absicht habe, »germanisches Blut in der ganzen Welt zu holen, zu rauben und zu stehlen«.[51] Und 1943 erklärte er in der berüchtigten Posener Rede, wieder vor SS-Führern: »Wie es den Russen geht, wie es den Tschechen geht, ist mir total gleichgültig. Das, was in den Völkern an gutem Blut unserer Art vorhanden ist, werden wir uns holen, indem wir ihnen, wenn notwendig, die Kinder rauben und sie bei uns großziehen.«[52] An diesem Projekt war auch der Lebensborn beteiligt.

In Norwegen, einem Land mit einer »rassisch hochwertigen« Bevölkerung, entstanden ab Frühjahr 1941 elf Lebensborn-Heime.[53] Deutsche Soldaten, SS-Mitglieder, Polizeiangehörige hatten schon in den ersten Wochen der Besetzung Beziehungen mit norwegischen Frauen aufgenommen – Beziehungen in allen denkbaren Spielarten, von Prostitution oder One-Night-Stands bis zu ernsthaften Liebesbeziehungen und Ehen. Dabei wurden zehn- bis zwölftausend »Deutschenkinder«, wie man in Norwegen damals sagte, gezeugt, ca. 8000 waren beim Lebensborn registriert, 1200 kamen in dessen Heimen zur Welt.[54] Denn die Mütter hatten es schwer: Spätestens dann, wenn sie schwanger waren, galten sie als »Deutschenhuren« und als Kollaborateurinnen. So hatten sie oft keine andere Wahl, als sich an den Lebensborn zu wenden, von ihm materielle Unterstützung (Unterhalt, Ausstattung, Entbindungskosten) anzunehmen oder zur Entbindung in eines seiner Heime zu gehen. Dort wurden den Frauen dieselben Maßnahmen angeboten, die man auch in Deutschland bereithielt – von der Geheimhaltung bis zur Adoptionsvermittlung.

Gleichzeitig drängte der Lebensborn norwegische Frauen, mit ihren Kindern nach Deutschland zu gehen, um, wie es in der Sprache des Dritten Reiches hieß, »das deutsche Volk aufzunorden«. Etwa zweitausend Frauen sollen tatsächlich nach Deutschland gegangen sein, um die Väter ihrer Kinder zu heiraten. Außerdem wurden ca. 200 Kinder, die von einer norwegischen Mutter und einem deutschen Vater stammten, ins »Altreich« gebracht: Ihre Mütter hatten jeden Anspruch auf sie abgetreten und damit auch in eine Adoption eingewilligt. Sie wussten allerdings nicht, dass die Kinder nach Deutschland gebracht wurden.

Die meisten »Norwegerkinder« – so nannte man sie im Lebensborn – kamen ins »Heim Sonnenwiese« nach Kohren-Sahlis und wurden von dort aus an Pflege- oder Adoptiveltern vermittelt. Etwa 35 dieser Kinder brachte man nach Hohehorst, das wenige Monate vor Kriegsende wieder in Betrieb genommen wurde, um Frauen, Kinder und Angestellte aus evakuierten Lebensborn-Heimen aufzunehmen.

In Polen, in der Tschechoslowakei und in Slowenien[55] war der Lebensborn an »Eindeutschungsaktionen« von Kindern beteiligt.

In Polen wurden »arisch anmutende« Kinder gewaltsam aus ihren Lebensverhältnissen herausgerissen, zwangskaserniert und immer wieder auf ihre »rassische Tauglichkeit« untersucht. Es waren Waisen und Halbwaisen, uneheliche Kinder und Kinder, deren Eltern verhaftet oder nach Deutschland »zwangsverschickt« waren. Diejenigen, die man schließlich als »eindeutschungsfähig« eingestuft hatte, brachte man zuerst in Kinderheime in Polen, wo sie mit Gewalt umerzogen wurden und Deutsch lernen mussten. Dann übernahm sie der Lebensborn. Er brachte sie in einem seiner Heime unter (vor allem in Bad Polzin und im österreichischen Kinderheim in Oberweis) und versuchte, sie von dort aus an Pflege- oder Adoptiveltern zu vermitteln.

Der Lebensborn war aber nicht nur vorläufige Endstation für die Kinder, er war auch an der Zerstörung ihrer polnischen Identität beteiligt. Schon in Polen hatten die Mädchen und Jungen deutsche Namen bekommen – jetzt stattete sie die Lebensborn-Bürokratie mit Papieren aus, die sie zu Findelkindern erklärten und damit jede Referenz zur Herkunft kappten.

Eine Gruppe slowenischer und tschechischer Kinder erlebte eine ähnliche Tortur. Ihre Eltern waren bei einer »Vergeltungsaktion« getötet oder ins Konzentrationslager gebracht worden. Und da die Kinder »arisch« aussahen, wurden sie eingesammelt, umerzogen, eingedeutscht – und in ein Lebensborn-Heim gebracht. Nach Angaben eines ehemaligen Funktionärs der Organisation waren es insgesamt 250 Kinder aus Ost- und Südosteuropa.

Als sich das Ende des NS-Regimes abzeichnete, geriet auch der Lebensborn in den Strudel des Untergangs. Die Heime in Frankreich, Belgien und Luxemburg wurden aufgelöst und die deutschen Heime zum Teil evakuiert. Schließlich hielten sich nur noch in Hohehorst, Kohren-Sahlis, Wernigerode und Steinhöring Frauen, Kinder und Angestellte auf. Dorthin hatte sich auch die Lebensborn-Zentrale längst zurückgezogen.

Ende April marschierten amerikanische Truppen in Steinhöring ein. Sie fanden 162 Kinder[56] und einige wenige Angestellte (darunter Gregor Ebner), einen Berg von Akten und einen zweiten Berg verbrannter Akten. Im Lebensborn-Kinderheim in Kohren-Sahlis – das ebenfalls von amerikanischen Truppen besetzt wurde – lebten zu diesem Zeitpunkt 93 Kinder. Und in Hohehorst listete die Oberschwester für die amerikanischen Besatzer die Namen von 53 Kindern auf, die im Heim lebten.

Für die Verhandlungen vor dem Nürnberger Militärtribunal, die 1947/48 stattfanden und bei denen Max Sollmann, Gregor Ebner, Inge Viermetz und Günther Tesch, der Leiter der juristischen Lebensborn-Abteilung, angeklagt waren, stellte ein Lebensborn-Funktionär die folgende Statistik zusammen:

Demnach wurden 18 000 Kinder in Lebensborn-Heimen geboren, davon allein 6000 in Norwegen. 250 »eingedeutschte« Kinder aus Ost- und Südosteuropa kamen in die Hand des Lebensborn, und aus Norwegen brachte man 200 Kinder in deutsche Heime der Organisation. Außerdem betreute der Lebensborn rund 15 000 Witwen von SS-Mitgliedern und deren Kinder (22 500) und unterstützte 1600 kinderreiche SS-Familien mit 9600 Kindern.

Aktuelle Recherchen stellen diese Angaben zum Teil in Frage. Olsens Untersuchung rückt die Zahlen für Norwegen zurecht: Dort wurden zwar 8000 Schwangerschaften vom Lebensborn registriert, aber nur 1200 Entbindungen fanden in seinen Heimen statt. Durch Borgersruds Forschungen ist mittlerweile klar, dass die Zahl der norwegischen Kinder, die ohne Mütter nach Deutschland kamen, bei etwa 400 liegt. Lilienthal sieht dieselbe Tendenz, wenn es um die Kinder aus Ost- und Südosteuropa geht, die vom Lebensborn ins Deutsche Reich gebracht wurden: Er schätzt die Zahl auf mindestens 350 Mädchen und Jungen.[57] Gleichzeitig hält er die Zahl der Geburten in den deutschen Heimen für zu hoch angesetzt, er geht von 7000 bis 8000 Geburten in

Abt. S T A T I S T I K

München, 7.Oktober 1943
M.

An den
Leiter des Gesundheitswesens im Lebensborn
SS-Oberführer Dr. E b n e r

l 45

im H a u s e

Betr. : Geburten in den Heimen des Lebensborn
Bezug : Schreiben des Reichsführers-SS vom 21.9.43
Tgb.Nr. 296/43

Außer der 1ooo.Geburt im Heim Wienerwald kann gemeldet werden, dass am 17.September 1943 das 5ooo.Lebensbornkind zur Welt kam.

Insgesamt sind bis 3o.September 1943 5o47 Geburten in den Heimen des Lebensborn erfolgt. Totgeburten sind nicht eingerechnet.

Die Geburten verteilen sich auf die einzelnen Heime wie folgt:

Friesland	2o6	Geburten
Harz	779	Geburten
Hochland	1111	Geburten
Kurmark	898	Geburten
Pommern	97o	Geburten
Schwarzwald	79	Geburten
Wienerwald	1oo4	Geburten

Alle vorstehenden Zahlen werden mit Vorbehalt gegeben, da zur Zeit für die Jahre 1936 bis 1941 noch die alten Tabellen zugrundegelegt werden müssen. Bei der Hollerithzählung wird sich wahrscheinlich eine Berichtigung ergeben.

Geburten in den Lebensborn-Heimen bis Oktober 1943

Deutschland und im besetzten Ausland aus – mit Ausnahme von Norwegen.

Aus den vorhandenen Geburtenbüchern der deutschen Lebensborn-Heime ergeben sich nach meinen Recherchen folgende Zahlen:

Heim Friesland – 217 Geburten
Heim Hochland – 1409 Geburten
Heim Schwarzwald – 247 Geburten (inklusive nachträglicher Beurkundungen für 1942–1945)
Heim Harz – 1304 Geburten
Heim Taunus – keine Geburtenbücher vorhanden, 302 nachträgliche Beurkundungen
Heim Franken – keine Dokumente vorhanden, vermutlich fanden keine Geburten statt
Heim Kurland – keine Geburtenbücher vorhanden, 429 nachträgliche Beurkundungen
Heim Pommern – keine Dokumente vorhanden.

Damit ergibt sich eine standesamtlich dokumentierte Zahl von 3883 Kindern, die in den genannten Lebensborn-Heimen auf die Welt kamen. Geht man davon aus, dass in »Heim Kurland« und »Heim Pommern« schätzungsweise jeweils zwischen 1000 bis 1300 Geburten stattfanden – beides waren große Heime, deren Geburtenquote 1943 laut Lebensborn-Zentrale um 100 bzw. 200 über der von Wernigerode lag –, dann erhöht sich die Zahl auf rund 6000 Lebensborn-Geburten in Deutschland. Rechnet man die Zahlen von »Heim Wienerwald« hinzu (1072 bzw. 1296 Geburten),[58] erscheint die von Lilienthal geschätzte Zahl von 7000–8000 Lebensborn-Geburten (ohne Norwegen) realistisch. Zusammen mit den 1200 »Norwegerkindern« kommt man – großzügig gerechnet – auf maximal 10 000 Lebensborn-Kinder, die in den Heimen geboren wurden.[59]

Begegnungen

Das Haus

Blick von der Straße in die Einfahrt von »Heim Friesland«

Wer unbefangen nach Hohehorst hinausfährt, atmet erst einmal auf. Die Stadt Bremen bleibt zurück, und irgendwann liegen auch die Randgemeinden mit ihren Neubaugebieten hinter einem. Eine leicht gewundene Landstraße, Wiesen, hin und wieder ein großer alter Bauernhof mit Reetdach, kleine Waldstücke mit alten Bäumen ... Die so genannte Bremer Schweiz, ein sanft gewellter Geestrücken, der sich wohltuend von der Strenge der platten norddeutschen Landschaft unterscheidet.

Hinter einer Kurve taucht plötzlich die Einfahrt von Hohehorst auf. Ein großes Tor, flankiert von zwei Torhäusern, und dahinter eine dunkle Allee. Obwohl das Tor immer weit geöffnet ist, sperrt sich etwas, leistet Widerstand. Darf man hier einfach eintreten? Von einer Klingel keine Spur – also muss man wohl oder übel hinein in die Allee und mit ihr einen großen Bogen schlagen. Hundert Meter, zweihundert Meter, dann steht man unversehens vor einem eingezäunten Wiesenrondell und sieht linkerhand das Haus liegen: Ein großes, prunkvolles Gebäude, mit einer Frontseite von mehr als fünfzig Metern. Parterre, ein erstes Stockwerk, darüber ein hohes Dach mit Dachreitern, und ganz oben ein Türmchen mit grün angelaufenem Kupferdach.

Ein Anwesen, so abgelegen, dass man es bis heute ohne Auto kaum erreichen kann. Und so abweisend, dass selbst die Nachbarn, die oft schon ein Leben lang in der Nähe wohnen, es nicht richtig kennen. An einem »Tag des offenen Denkmals« hatte auch Hohehorst seine Türen geöffnet – und die Menschen strömten. Rund vierhundert Besucher mittleren und hohen Alters, die meisten offensichtlich aus der Umgebung, kamen zu den geführten Rundgängen. Dass der Park öffentlich ist, dass man dort spazieren gehen kann, wann immer man will – das hatten sie nicht gewusst. Mehrmals wiesen die heutigen Betreiber des Hauses darauf hin, ernteten aber ungläubige Blicke. Mittlerweile haben sie sogar ein Schild aufgestellt, das Besucher einladen soll.

Bis heute hat Hohehorst etwas Geheimnisvolles, das nur zum Teil seiner Randlage und seiner Architektur zuzuschreiben ist. Diese Aura hat auch mit der Geschichte des Hauses zu tun. Immer lebten dort Menschen, die sich von den Nachbarn unterschieden, die anders waren und anders sein wollten – die Industriellenfamilie, die das Haus hatte bauen lassen, der Lebensborn, das Offizierskasino der Amerikaner nach dem Krieg, die verschiedenen Krankenhäuser, die heutige Therapiestation.

Immer wieder gab es in Hohehorst dramatische Veränderungen, ein Hin und Her zwischen oben und unten: Luxus und Verfall, Sieger und Besiegte, eine »rassische Elite« und Menschen ganz unten auf der gesellschaftlichen Rangskala.

Und: Immer wieder spielte Hohehorst eine Rolle im politischen Geschehen.

Ein exemplarischer Ort also, dessen Geschichte sich mit dem Ende der Weimarer Republik und mit der NS-Zeit, den ersten Nachkriegsjahren und der etablierten Bundesrepublik verbindet. Bis zu den verschiedenen Krankheiten, die hier therapiert wurden und werden: Früher war es die Tuberkulose, heute ist es die Drogensucht.

Hohehorst ist aber auch ein exemplarischer Ort, wenn es um den Lebensborn geht. Nicht zufällig kaufte die SS dieses Anwesen weit außerhalb der Stadt, ein Anwesen, das sich den Blicken der wenigen Nachbarn entzog, ein Haus, das für viele Menschen Platz bot und sich gut zu einem Heim umbauen ließ. Und dessen Architektur den ästhetischen Vorstellungen der Nazis entgegenkam.

Hohehorst und seine Geschichte

Die Lahusen-Dynastie

1883 kaufte die Bremer Unternehmerfamilie Lahusen das Gut Hohehorst, bestehend aus einer Villa im englischen Stil und rund 600 Morgen Land. Damals steckte ihre Wollfirma in einer enormen Expansionsphase. Martin Christian Leberecht Lahusen hatte bereits Ländereien in Argentinien und Wollspinnereien und -kämmereien in Böhmen erworben. Und 1884 gründete er die »Nordwolle«, die »Norddeutsche Wollkämmerei und Kammgarnspinnerei« in Delmenhorst, einer kleinen Stadt in der Nähe von Bremen. In den folgenden fünfzig Jahren entwickelte sich diese Fabrik zu einem Betrieb mit 4500 Arbeitern und Angestellten. Gleichzeitig bauten die Lahusens einen der größten Textilkonzerne der Erde mit insgesamt 22 300 Beschäftigten auf. In Hohehorst wollte die Familie nicht nur die Sommerfrische verbringen, wie das in Bremer Großbürgerkreisen üblich war, sondern auch in großem Stil Landwirtschaft betreiben lassen. Also kaufte man Land dazu, legte Fischteiche an, produzierte Fleisch, Wolle, Eier, Obst und Gemüse und spezialisierte sich 1912 auf die Erzeugung von Vorzugsmilch.

1899 ging das Gut auf Carl Lahusen über, einen Sohn des Firmengründers Martin Christian Leberecht. 1921 wurde es zum zweiten Mal weitervererbt: an Georg Carl Lahusen, einen Enkel des Gründervaters.

Mit der dritten Eigentümer-Generation änderte sich die Firmenphilosophie der »Nordwolle«. Zwar hatten auch die vorangegangenen Besitzer das Unternehmen ständig erweitert, sie behielten aber eine gewisse Bodenständigkeit. Zudem verstanden sie sich als religiös motivierte Patriarchen, die für ihre Arbeiterinnen und Arbeiter sorgten. So gab es auf dem Fabrikgelände der »Nordwolle« in Delmenhorst Wohnungen und Läden, Kindergarten und Kirche, ein Schwimmbad und ein Krankenhaus. Soziale Einrichtungen, die zwar nichts an den harten Arbeitsbedingungen und dem niedrigen Lohn der meist ungelernten Frauen und Männer änderten, aber neben einer gewissen Abfederung für eine hohe Identifikation mit dem Betrieb sorgten.

Der Lahusen-Enkel Georg Carl und sein Bruder Heinz, der ebenfalls in der Firma agierte, setzten dagegen auf Spekulationsgewinne und Expansion. Außerdem pflegten sie einen Lebensstil, der den großbürgerlichen Habitus von Vater und Großvater weit in den Schatten stellte. Der Bau eines großen Verwaltungsgebäudes in der Bremer Innenstadt und eines neuen Hauses auf dem Hohehorster Anwesen gehörte dazu.

1928/29 wurde die alte, baufällig gewordene Villa abgerissen, und auf demselben Platz entstand für drei Millionen Reichsmark ein neues Herrenhaus. Ein Gebäude mit 75 Räumen, zwölf Bädern und vielen Extravaganzen. So gab es Herren- und Damenzimmer, Musikzimmer und Billardraum, eine moderne Küche mit separatem Kühlraum und diversen Vorratskammern, darunter auch einen Rotwein- und einen Weißweinkeller, sechs Fremdenzimmer und zahlreiche Personalräume. Alles für den privaten Gebrauch von Georg Carl Lahusen und seiner Familie, die nun das ganze Jahr über in Hohehorst wohnten.

Das herrschaftliche Leben war aber nur von kurzer Dauer. 1931 brachen der Nordwolle-Konzern und seine Hausbank zusammen; die Weltwirtschaftskrise und Spekulationsgeschäfte führten zum Konkurs des Firmenimperiums. Seine Besitzer wurden verhaftet und wegen Untreue, Bilanzverschleierung, Betrug und Konkursvergehen angeklagt. Im Sommer 1933 machte man den Brüdern Georg Carl und Heinz Lahusen den Prozess. Er endete mit einem Schuldspruch wegen Bilanzverschleierung und Untreue, und das hieß: fünf Jahre Gefängnis und 50 000 Reichsmark für Georg Carl, zwei Jahre und neun Monate und 20 000 Reichsmark für Heinz. Ein mildes Urteil, fand die Gegenseite angesichts der vielen Arbeitslosen, der geprellten Bankkunden und nicht zuletzt der Millionenverluste Bremens. Zumal Heinz Lahusen seine Gefängnisstrafe gar nicht erst antreten musste und Georg Carl vorzeitig aus der Haft entlassen wurde.

Über das Urteil gegen die Brüder Lahusen ist viel spekuliert worden. Zeitgenossen vermuteten, dass die neuen politischen Machthaber dabei mitgemischt hätten. Schließlich bestanden gute Beziehungen zwischen Georg Carl und der NSDAP – schon lange vor 1933. Beziehungen, die keineswegs geheim waren, sondern öffentlichen Ausdruck fanden: In den Verwaltungsneubau des Konzerns zog auch die Bremer Parteizentrale der NSDAP ein.

In Hohehorst kam schon wenige Monate nach dem Firmenzusammenbruch die gesamte Inneneinrichtung unter den Hammer. Für die Nachbarn war dies – nach dem Bau des Hauses und der Verhaftung seines Besitzers – offenbar die Krönung der spektakulären Ereignisse. In seiner Schulchronik berichtet der damalige Dorfschullehrer: »Vor dem Herrenhaus haben bereits hunderte von Kraftwagen bis zur

Schule geparkt ... Aus dem ganzen Reichsgebiet sind Interessenten gekommen ... Die Halle ist angefüllt mit Teppichen und wertvollen Brücken. Sämtliche Räumlichkeiten sind mit ihren Einrichtungen in ihrem ursprünglichen Zustand belassen. Im Festsaal, dessen wunderbares Parkett wie in glücklichen Tagen spiegelnd glänzt, ist eine lange Tafel aufgebaut mit wertvollem Porzellan, Silber und kunstvollem Glas. Nebenan liegt das Jagdzimmer, es scheint, als sei es eben von den letzten Gästen verlassen worden ...«[60]

Doch dann wechselten Teppiche und Möbel, Bücher und Gemälde, Wäsche und Lampen, Fensterdekorationen, Musikinstrumente, Telefonanlage, Radiozentrale und Billardtisch den Besitzer – für 10 bis 20 Prozent des Anschaffungswerts. Ein Nachbar ersteigerte sogar die Jagdtrophäen und hängte sie in die große Diele seines Bauernhauses. Nur eine holländische Kanzel, geschmückt mit dem Motiv der Vertreibung von Adam und Eva aus dem Paradies, wurde nicht versteigert. Das höchste Gebot – 2300 Reichsmark – bekam keinen Zuschlag: Lahusen hatte das Schnitzwerk aus dem 17. Jahrhundert für 100 000 Reichsmark gekauft. Also wurde die Kanzel demontiert, eingelagert – und begann zu verrotten. Durchfeuchtet und zersägt entdeckte man sie schließlich Ende der Fünfzigerjahre wieder, ließ sie restaurieren und stellte sie im Heimatmuseum von Stade aus.

Nach der Versteigerung stand das Haus leer. Das Außengelände allerdings wurde genutzt: Der Reichsarbeitsdienst veranstaltete Übungen, und das Jungvolk organisierte Zeltlager. Bis Oktober 1934 war das Anwesen noch auf den Namen Georg Carl Lahusen im Grundbuch eingetragen, dann fielen Gebäude und 500 Hektar Land in einem Zwangsvollstreckungsverfahren an die Bremer Landesbank. Im Oktober 1935 begannen Verhandlungen mit der Reichsumsiedlungsgesellschaft (RUGes) in Berlin, einer Behörde, die für die Abwicklung von Immobilien- und Grundstücksfragen der Wehrmacht zuständig war. Im März 1937 wurde schließlich die RUGes als neue Besitzerin im Grundbuch eingetragen. Sie verlegte den landwirtschaftlichen Betrieb auf einen anderen Hof, gab den oberen Fischteich zum Baden frei und nahm wenig später Verkaufsverhandlungen mit dem Rasse- und Siedlungshauptamt SS auf. Für 60 000 Reichsmark, also weit unter Wert, wurden Haupthaus, Torhäuser, Gärtnerei, Park und Badesee – insgesamt 16 Hektar Land – am 4. September 1937 an den Lebensborn e. V. verkauft, der schließlich am 23. Juli 1938 offizieller Eigentümer wurde.[61] Finanziell war diese Transaktion ein Coup – der Einheitswert des Anwesens betrug am 1. Januar 1935 743 800 Reichsmark.[62]

»Heim Friesland«

Ende 1937 begannen Umbau und Herrichtung für den Heimbetrieb.[63] Im März 1938 trat Otto Bachschneider, der erste Verwalter, seine Stelle an, eingesetzt von der Lebensborn-Zentrale in München. Im April kam die Sekretärin Beate D. nach Hohehorst – sie musste noch beim Einrichten und Einräumen helfen. Am 25. April wurde das erste Baby geboren – seine Mutter war die erste Oberschwester des Heims, Margot Holm. Wenige Tage später, am 1. Mai 1938, wurde »Heim Friesland« offiziell als Entbindungsheim des Lebensborn eröffnet.

In dieser Funktion arbeitete das Haus gut zweieinhalb Jahre, bis zum 9. Januar 1941.[64] Während dieser Zeit wurden 213 Kinder geboren, fünf Menschen, drei Mütter und zwei Kinder, starben im Heim, und acht Mal gaben sich Paare vor dem hauseigenen Standesamt das Jawort.

1940 war »Heim Friesland« stark ausgelastet, in diesem Jahr kamen die meisten Kinder zur Welt. Deshalb plante der Lebensborn, den Betrieb zu erweitern, und kaufte angrenzende Wirtschaftsgebäude, darunter eine Hühnerfarm und sechs Hektar Land. Im selben Zeitraum wurden allerdings die Bombenangriffe auf Bremen immer heftiger, und Mütter, Kinder und Angestellte mussten manchmal Nacht für

Oberschwester Bernhild B. und die Hebamme Therese K. mit ihren beiden Kindern auf der Terrasse von »Heim Friesland« 1941

Nacht in den Keller.[65] Deshalb entschloss sich der Lebensborn-Vorstand Anfang 1941, Hohehorst zu evakuieren und die Kinder ins bayerische Lebensborn-Heim zu bringen, mit Himmlers Privatflugzeug.

Ein Teil der Angestellten blieb zurück, die Wirtschafterin

Herta H. mit ihren beiden Kindern, die hochschwangere Hebamme Therese K. mit ihren beiden Kindern und auch die Oberschwester Bernhild B. Sie wurde einige Monate später nach Norwegen versetzt, um dort beim Aufbau neuer Lebensborn-Heime mitzuarbeiten.

Über die Funktion von Hohehorst in der Zeit von Januar 1941 bis Herbst 1944 gibt es unterschiedliche Aussagen. In der örtlichen Dorfchronik heißt es, das Rote Kreuz habe dort von 1941 bis 1943 ein Hilfslazarett für weibliche Wehrmachtsangehörige eingerichtet. Ein Nachbar erinnert sich an Schwesternschülerinnen, mit denen er jeden Mittwoch Volkstänze einübte. Burmester und Perthen sprechen in ihrer Examensarbeit von einem Kinder- und Müttererholungsheim, und ein zweiter Nachbar erklärt: Am Tor habe ein Schild mit der Aufschrift »SS-Müttererholungsheim« gehangen. Eine Erinnerung, die durch eine ganze Reihe von Dokumenten bestätigt wird. Tatsächlich wurde Hohehorst zum Erholungsheim für SS-Hinterbliebene, für Kinder, die sich dort alleine oder mit ihren Müttern vier Wochen lang aufhielten – trotz der weiter anfliegenden britischen Bomber. Im Juli 1942 waren zum Beispiel 30 Kinder in Hohehorst, im Juni 1943 fünf Frauen und 23 Kinder.

Während dieser Zeit war das Anwesen nach wie vor im Besitz des Lebensborn, und es wurde auch unter seinem Namen betrieben. Das zeigen Speisepläne aus der Zeit von Dezember 1940 bis September 1944. Es fanden jedoch keine Entbindungen mehr statt. In den Geburtenbüchern des Standesamtes Löhnhorst II, das in »Heim Friesland« seinen Sitz hatte, wurden 1942, 1943 und 1944 keine Geburten registriert. Trotzdem waren diese Bücher weiter in Funktion, Verwalter Franz Langer nahm zum Beispiel Einträge in Sachen Vaterschaftsanerkennung vor.

Ein paar Mal plante die Münchner Lebensborn-Zentrale, Hohehorst wieder als Entbindungsheim zu nutzen – schließlich waren die anderen Lebensborn-Heime permanent überfüllt. Im August 1942 schickte man die Oberschwester Leni von Radziewski nach Hohehorst, um den Betrieb wieder einzurichten. Sie blieb bis Januar 1943, aber das Entbindungsheim wurde nicht wieder eröffnet. Das änderte sich auch nicht, als Gregor Ebner im Juni 1943 zur Besichtigung nach Hohehorst kam. Im Gegenteil: Unmittelbar nach seinem Besuch ordnete Ebner an, die ärztliche Einrichtung des Heims – mit Ausnahme des Sprechzimmers – einzupacken und einzulagern. Sie werde für »Haus Wartenberg« in Krakau gebraucht, ein Lebensborn-Heim, das in Polen eröffnet werden sollte. Dazu kam es allerdings nicht, und die ärztliche Einrichtung blieb in Hohehorst. So konnte »Heim Friesland« im Herbst 1944 seine Arbeit als Kinderheim und später sogar als Entbindungsheim wieder aufnehmen. Zuerst trafen Kinder, Angestellte und einige Mütter aus anderen Lebensborn-Heimen (mit Sicherheit aus Klosterheide) ein, im November brachte man eine Gruppe norwegischer Kinder in einem geschlossenen Transport nach Hohehorst. Nun begann noch einmal ein normaler Heimbetrieb: Im Februar und März 1945 wurden drei Babys geboren, und einige »Norwegerkinder« konnten in deutsche Pflegefamilien vermittelt werden.

Aber bald geriet diese vermeintlich heile Welt in Unordnung. Plötzlich brachte die Waffen-SS 300 Pferde nach Hohehorst – Trakehner und Anglo-Araber aus einem SS-Gestüt in Polen. Dann versuchten die Angestellten, Lebensborn-Spuren zu verwischen. Eines Nachts vergruben sie Akten, Karteien und Standesamtsdokumente im Park und änderten die Namen der Kinder. Ein paar Tage später besannen sie sich eines anderen, gaben die Umbenennung auf und gruben auch die Unterlagen wieder aus. So haben die drei Geburtenbücher, das Sterbe- und das Heiratsbuch des hauseigenen Standesamts diese Aktion überlebt.

Am 5. Mai 1945 besetzten englische Truppen das Anwesen, am 20. Mai übernahmen amerikanische Einheiten die zivile Verwaltung und die Verantwortung für die militärische Sicherheit in der Region. Angestellte und Kinder konnten im Haus bleiben, mussten allerdings in die oberen Stockwerke umziehen, weil die Amerikaner ein Offizierskasino im Haus einrichten wollten. In dieser Zeit kam auch der bekannte amerikanische Kriegsfotograf Robert Capa nach Hohehorst, um die Kinder im Auftrag des Magazins »Life« zu fotografieren.[66] Am 4. Juni erstellte die Oberschwester Else Schwartmann, die über die Lebensborn-Zeit hinaus im Dienst war, eine Liste der Kinder, die sich im Heim aufhielten: Es waren 33 norwegische Kinder, ein deutsches Kind, das in Oslo geboren war, ein holländisches Kind, zehn Kinder von deutschen Heimangestellten, ein Neugeborenes, das bald mit seiner Mutter entlassen werden sollte, und sieben Kinder von ausgebombten Familien. Außerdem lebten in den Nebengebäuden 25 Flüchtlingsfamilien, und im Gärtnerhaus wohnte die wiederverheiratete Witwe des Gärtners Wilhelm K. mit ihren beiden Töchtern. Wenig später begann der norwegische Repatriierungsoffizier Einar Sørensen einen Transport der »Norwegerkinder« in ihre Heimat vorzubereiten. Schließlich kamen am 23. Juli ein norwegischer Repatriierungsoffizier, ein norwegischer Seemannspfarrer und Vertreter des Schwedischen Roten Kreuzes mit einem Bus nach Hohehorst und holten die Kinder ab. Ihre erste Station war Lübeck, von dort ging es drei Tage später mit dem Schiff »Kastelholm« weiter nach Malmö und von dort in ein schwedisches Kinderheim. Denn plötzlich sollten die Kinder in Schweden bleiben – die norwegische Regierung zog diese Lösung einer Rückführung nach Norwegen vor.[67] Jetzt wurden die Papiere der Kinder geändert: Staatsbürgerschaft und Namen der Mütter waren plötzlich »unbekannt« – und die Kinder wurden als Kinder aus Konzentrationslagern ausgegeben. Mit dieser neuen Identität vermittelte man sie an schwedische Pflege- und Adoptiveltern.

Als die Kinder fort waren, zogen 80 amerikanische Offiziere ins Hauptgebäude von Hohehorst, zum Teil zusammen mit ihren Freundinnen. Im November 1946 wurde im rechten Torhaus der Polizeiposten Löhnhorst stationiert, später wohnten Walter Schulz, der leitende Beamte, und seine Familie auch dort. Und in den Nebengebäuden von Hohehorst waren nach wie vor Flüchtlinge und ausgebombte Familien untergebracht. Ende 1947 wurden die Amerikaner abgezogen.

Im März 1948 pachtete der Rote-Kreuz-Kreisverband Wesermünde Land das Anwesen und machte aus dem ehemaligen »Heim Friesland« eine Tbc-Heilstätte. Die Eigentumsfrage wurde erst zwei Jahre später geregelt, so lange war der Lebensborn im Grundbuch als rechtmäßiger Eigentümer eingetragen. Dann ging das Anwesen in die Hände des Landes Niedersachsen über. Ende März 1954 zog das Rote Kreuz aus, danach stand das Haus einige Jahre leer. Das Land wollte das Anwesen verkaufen, fand aber erst drei Jahre später eine neue Eigentümerin: die Bremer Heimstiftung, die im Juli 1958 in Hohehorst ein Alterskrankenhaus eröffnete. Dreieinhalb Jahre später wurde das Anwesen von den Städtischen Krankenanstalten Bremen übernommen und in eine Klinik für Innere Medizin umgewandelt. Sie arbeitete bis Juli 1978, schloss dann aber aus betriebswirtschaftlichen Gründen und wegen der Abgelegenheit des Hauses ihre Pforten. Und wieder stand Hohehorst leer – bis im Februar 1981 die Drogenhilfe Bremen einzog, um auf dem Anwesen ein Therapiezentrum aufzubauen. Nachbarn aus der kleinen Gemeinde Löhnhorst, zu der Hohehorst gehört, protestierten. Sie hätten das »Schloss«, wie sie sagen, lieber in den Händen der Bundeswehr oder der Friedrich-Ebert-Stiftung gesehen, die auch als Interessenten angeklopft hatten.

Heute, knapp dreißig Jahre später, geht auch diese Ära zu

Ende. Die Drogenhilfe plant ihren Auszug, der Betrieb des Hauses übersteigt seit Jahren ihre finanziellen Möglichkeiten. Und wieder ist offen, wer das denkmalgeschützte Haus, das mittlerweile stark sanierungsbedürftig ist, und das verwilderte große Gelände übernehmen wird.

Das Herrenhaus: Paradestück des Lebensborn

Georg Carl Lahusen hat es sich 1929 nicht nehmen lassen, sein prächtiges neues Haus und den neu gestalteten Garten in einem üppigen Bildband zu dokumentieren. Damit lässt sich das »Herrenhaus Hohehorst« in seinem ursprünglichen Zustand bis in den letzten Winkel erschließen. Und mit Hilfe meiner Gesprächspartnerinnen sind auch die Veränderungen, die der Lebensborn später vornahm, weitgehend rekonstruierbar.

Für die damalige Zeit war das große neue Gebäude hochmodern ausgestattet. Es verfügte über Zentralheizung und fließendes warmes Wasser, einen Personen- und einen Speiseaufzug, eine Telefonanlage mit dreißig Apparaten etc. Sein monumentaler, neoklassizistischer Baustil und seine Inneneinrichtung passten allerdings eher zu einem adligen Landsitz mit jahrhundertealter Familientradition als in die Zeit von Bauhaus und Art déco. Statt sachlicher Raumgestaltung gab es holzgetäfelte Wände, reich geschnitzte Treppengeländer, rosa und grüne Marmorbäder – und im Billardzimmer ein uralt anmutendes Kellergewölbe. Statt funktionaler Möbel erwarb Lahusen antike Eichenschränke und schwere Ledersessel, Kronleuchter und Perserteppiche und Gemälde mit Titeln wie »Hirsche im Wald«.

Als der Lebensborn 1937 ins Haus kam, waren alle beweglichen Einrichtungsgegenstände verschwunden. Nur die

Einbauschränke mit Intarsienverzierung und die Marmorbäder waren noch da, die Parkettfußböden und die eleganten Heizkörperverkleidungen, das schwere Geländer an der Treppe zum ersten Stock, der große offene Kamin. All das gab dem Haus – zusammen mit der großen Halle, den beiden Balkonen an Vorderfront und Rückseite, der riesigen Terrasse und der großzügigen Auffahrt – noch immer eine herrschaftliche Aura, die dem Lebensborn und seinem Vorhaben sehr gelegen sein musste. Schließlich sollte hier die neue »Elite« zur Welt kommen und aufwachsen. Auch der Park unterstrich das feudale Ambiente. Springbrunnen und Tennisplatz, Badeteich und künstliche Grotte vermittelten den Eindruck eines luxuriösen Lebens, während die hauseigene Gärtnerei fürs Praktische sorgte: Sie konnte das frische Obst und Gemüse liefern, das man für die Ernährung von Kleinkindern, Müttern und schwangeren Frauen brauchte.

Für die Zwecke des Lebensborn musste das Haus allerdings umgebaut werden. Am wichtigsten war die Entbindungsstation: Sie wurde unter dem Dach eingerichtet, im zweiten Stock auf der rechten Hausseite, dort, wo sich vorher Waschküche, Trockenraum, Plättraum und die Mädchenkammern befunden hatten. Ein guter Ort für Kreißsaal und Wöchnerinnenstation, denn hier war es ruhig, und die anderen Hausbewohnerinnen bekamen vom Geburtsgeschehen kaum etwas mit. Auf demselben Flur lagen der Wohnraum der Hebamme und ihr Untersuchungszimmer, das nach der Erinnerung von Therese K. »ganz modern« ausgestattet war. Auch das Sprechzimmer des Arztes/der Ärztin war auf diesem Flur untergebracht.

Auf der linken Seite des Hauses wurde der ehemalige Bodenraum ausgebaut: Dort bekamen die Angestellten ihre Zimmer. Die Oberschwester wohnte ganz am Ende des Flurs, daneben lag das Zimmer der Sekretärin. Beide hatten einen Raum für sich allein, während die übrigen Räume meist mit zwei Personen belegt waren – auch bei den Angestellten.

Das ehemalige Elternschlafzimmer der Lahusens in der ersten Etage wurde zum Säuglingssaal umfunktioniert. Mit rund fünfzig Quadratmetern war dieser Raum nicht nur groß genug, um die Bettchen akkurat nebeneinander und parallel zu den Fenstern auszurichten. Von hier aus erreichte man auch, ohne über den Flur gehen zu müssen, das rosa Marmorbad, das größte und exklusivste Bad des Hauses, und das ehemalige Ankleidezimmer mit den großen Einbauschränken, wo nun die Wickeltische standen. Außerdem führten die Fenstertüren direkt auf den rückwärtigen Balkon. In den übrigen Räumen der ersten Etage wurden die Mütterzimmer eingerichtet. Jeweils zwei Frauen bewohnten einen Raum und teilten sich mit zwei weiteren Frauen ein Bad mit Badewanne, Doppel-Waschbecken und Toilette. Eine Ausnahme machte die Ärztin (und Lebensborn-Mutter), die 1940 acht Monate in Hohehorst lebte. Sie bewohnte eins der Zimmer allein und hatte auch ein Bad für sich. Sie war eben »die Doktorsche«, wie mir die alte Frau erzählte.

Anfangs konnten 34 Mütter und 45 Kinder im Haus untergebracht werden, nach dem Umzug einiger Angestellter in Nebengebäude waren es 40 Mütter und 63 Kinder. Trotzdem war das Haus zu klein – 1940 lebten immerhin 80 Kinder dort. Daher plante der Lebensborn-Vorstand einen Neubau für Schwestern- und Arztwohnungen, um das Hauptgebäude ganz für die Klientel nutzen zu können. Aber dazu kam es nicht mehr.

Im Parterre lag in der Mitte des Hauses die große Halle mit dem reich geschnitzten Treppenaufgang zum ersten Stock und dem marmorverkleideten offenen Kamin. Hier hielten sich die Frauen häufig auf, hier oder in der Bibliothek wurden vermutlich politische Vorträge gehalten, und hier fanden auch Zeremonien und Feiern statt.

Auf der rechten Seite des Hauses befand sich gleich neben dem Eingang das Sekretariat, daneben, im ehemaligen Arbeitszimmer von Lahusen, »residierte« die Oberschwester, wie eine meiner Gesprächspartnerinnen erklärte. Das Speisezimmer auf der anderen Seite des Flurs behielt seine Funktion: Hier aßen die Angestellten, um einen ovalen Tisch versammelt. Auf der linken Seite des Hauses lagen vier große Räume: nach vorne heraus das Besucherzimmer, nach hinten, wie bei Lahusen, eine Bibliothek, in der gelegentlich auch Besprechungen des Lebensborn-Vorstands stattfanden. Daneben der Kindergarten, in dem die größeren Kinder sich tagsüber aufhielten. Denn von den Räumen auf der Rückseite des Hauses konnte man durch die großen Fenstertüren direkt auf die Terrasse und von dort aus in den Park laufen.

Der Keller blieb weitgehend so, wie er zur Lahusen-Zeit gewesen war. Hier befanden sich die Wirtschaftsräume: die Küche, diverse Vorratskeller, eine Werkstatt, die Wasserzentrale und der Wasserspeicher, die Heizung und der Kohlenkeller. Nur der ehemalige Billardraum bekam eine neue Funktion. Er wurde als Speisesaal für die Mütter eingerichtet.

Natürlich musste das Haus auch mit Symbolen der neuen Besitzer ausgestattet werden. Dort, wo einmal das Familienwappen der Lahusens geprangt hatte, über der Tür, die von der großen Halle ins Speisezimmer der Angestellten führte, wurde ein mächtiger geschnitzter Adler angebracht. Er hielt einen Lorbeerkranz in den Fängen, in dessen Mitte ein Hakenkreuz steckte. Adler und Lorbeerkranz blieben bis in die Achtzigerjahre an ihrem Platz, das Hakenkreuz hatten allerdings schon die Amerikaner durch den Schriftzug »Hohehorst« ersetzen lassen. Für das Kaminsims der Halle wurde eine Bronze-Skulptur des Münchner Bildhauers Ottmar Obermaier erworben: eine über einen Meter hohe Mutter-und-Kinder-Statue, bestehend aus einer langhaarigen, kräftigen Frauengestalt in einem schlichten Kleid, mit einem nackten Kleinkind auf dem Arm und einem ebenfalls nackten Knaben an der Seite.[68] Sie blieb bis in die Sechzigerjahre an diesem Platz stehen.

Hohehorst 1980. Der Adler wurde in der Lebensborn-Ära angebracht, trug aber statt des Schriftzugs »Hohehorst« ein Hakenkreuz in den Krallen.

Außerdem hingen Parolen und Sinnsprüche an den Wänden, »gleiches Blut gehört in ein gemeinsames Reich« zum Beispiel, die Germanisierungspolitik des NS-Regimes propagierend. Und vor dem Haus, rechts und links vom Ein-

Mutter-und-Kinder-Statue aus der Lebensborn-Ära, 1980 entdeckt im Heizungskeller von Hohehorst

gang, wurden zwei Fahnenmasten aufgestellt. Bei Anlässen – »Führers Geburtstag« zum Beispiel – wehten hier eine Hakenkreuzfahne und eine Fahne mit den SS-Runen.

Am großen Einfahrtstor direkt an der Landstraße hielt sich der Lebensborn mit Symbolen allerdings zurück: Hier wurden nur zwei kleine Schilder montiert, die auf die Funktion des Hauses verwiesen und die Durchfahrt verboten.

Im linken Torhaus bekam der Verwalter Otto Bachschneider mit seiner Frau und seinen beiden Kindern eine Wohnung. Später, als das Hauptgebäude stark belegt war, zog hier auch die Sekretärin Beate D. ein. Im rechten Torhaus wohnten ebenfalls Angestellte: ein Schlosser mit seiner Familie, später einige Schwestern.

Auf der linken Seite der lang gezogenen Einfahrt lag die Gärtnerei mit Gewächshäusern, Gemüsebeeten, Obstwiesen und Gärtnerhaus. Dort wohnten die Gärtnerfamilie K., der alleinstehende Gärtner N. und vermutlich weitere männliche Angestellte, die für den technischen Betrieb des Anwesens zuständig waren. Gegenüber dem Haupthaus – in angemessener Entfernung natürlich – lagen weitere Gebäude, darunter das Lahusen'sche Chauffeurshaus mit Garagen und eine Scheune. Der Lebensborn kaufte diese Gebäude erst 1940, als er seinen Betrieb erweitern wollte, ein Umbau wurde aber nicht realisiert. Geplant waren Wohnungen für Angestellte und Räume für eine Mütterschule. Außerdem wollte man auf diesem Areal Kleintiere halten. In anderen Lebensborn-Heimen gab es nämlich Hühner, Gänse und Enten, Schafe und Schweine für den Eigenbedarf.[69]

Zum Lebensborn-Besitz gehörten von Anfang an ein Badeteich mit Badehäuschen und künstlicher Grotte, ein Tennisplatz, ein Staudengarten mit Springbrunnen, ein Rosengarten mit Wasserbecken, ein offener Sitzplatz unter einer Linde und ein großes Waldstück. Außerdem gab es auf dem Gelände technische Anlagen: ein Transformatorenhaus, eine Pumpstation und eine Kläranlage.

Zur Straße hin wurde das Grundstück durch eine Sandsteinmauer, ein zweiflügeliges bronzenes Tor, zwei Nebeneingänge und die beiden Torhäuser begrenzt. Ob das übrige Grundstück eingezäunt war, ist unklar. Im Wald findet man bis heute Überreste eines etwa zwei Meter hohen Maschendrahtzauns, der von Stacheldraht gekrönt ist. Er könnte schon von Lahusen errichtet worden sein, könnte aber auch aus der Lebensborn-Zeit stammen. Tatsächlich ist nicht klar, ob die Organisation versuchte, das Anwesen für Außenstehende unzugänglich zu machen. Auch meine Gesprächspartner sind in diesem Punkt keine zuverlässige Quelle. Einige erzählen mir, das große Einfahrtstor habe immer offen gestanden, andere erklären mit großer Bestimmtheit, es sei immer geschlossen gewesen, und dritte meinen, nur der rechte Nebeneingang habe offen gestanden und man habe sich im rechten Torhaus anmelden müssen. Was ein Dokument von 1943 bestätigt – es regelt nämlich einen Pfortendienst. Und Nachbar Helmut K., damals ein Junge in der Pubertät, erinnert sich, dass er immer auf das Grundstück kam, wenn er wollte: Er ging einfach hintenherum durch den Wald. Aber eins merkte er sofort: Als der Lebensborn einzog, »da war das nicht mehr so zugänglich für uns. Das hatten die nicht so gern.«

Die Nachbarn

Die unmittelbaren Nachbarn von »Heim Friesland« waren damals Bauern – und sind es zum großen Teil heute noch. Direkt gegenüber der Einfahrt, mit Blick auf die Torhäuser, liegt ein großer alter Hof, hundert Meter weiter ein zweiter, ihm gegenüber auf der anderen Seite der Landstraße ein dritter. Vielleicht fünfhundert Meter entfernt gibt und gab es auch damals schon einen Gasthof. Die Landstraße ist heute zwar verbreitert, und Platz für einen Fuß- und Radweg wurde auch geschaffen, aber sonst hat sich hier seit Jahrzehnten nicht viel geändert. Die Bauernhöfe sind seit Generationen in der Hand der Familien: Hier kommt man auf die Welt, geht zur Schule, lernt das bäuerliche Wirtschaften – und übernimmt irgendwann den Hof oder heiratet auf einen anderen. Eine stabile, geschlossene Gesellschaft, wo jeder jeden kennt und sehr genau über seine Umgebung Bescheid weiß.

Menschen, die schon in den Dreißiger- und Vierzigerjahren hier gelebt haben, gibt es genug. Aber viele sind nicht bereit, über diese Zeit zu sprechen – unabhängig davon, ob sie mit dem Lebensborn zu tun hatten oder nicht. In der unmittelbaren Umgebung des ehemaligen Lebensborn-Hauses bin ich am häufigsten auf Verweigerung gestoßen, eine Verweigerung, die kaum aufzubrechen war. Man wolle nicht wieder alles aufrühren, bekam ich zu hören, und man wisse auch gar nichts über das Heim. Dabei erzählten mir andere Nachbarn, dass eine der angesprochenen Frauen im Heim gearbeitet habe, und über eine andere erfuhr ich, dass sie in den Vierzigerjahren im Chauffeurshaus gewohnt hat. Vielleicht wollen diese Menschen nicht mit mir sprechen, weil das den Nachbarn und deren Redelust neue Nahrung gibt und weil sie mit Sicherheit – trotz aller Anonymisierung – erkannt werden? Vielleicht haben sie einfach keine Lust auf neugierige Fragen? Vielleicht verfügen sie aber auch über Erfahrungen mit dem Lebensborn, über die sie lieber schweigen? Derentwegen sie sich unwohl, unsicher, vielleicht sogar schuldig fühlen?

Als der Lebensborn 1938 in Hohehorst einzog, war der Nachbarjunge Helmut K. neun, Hitlerjunge und Sohn des Ortsbauernführers. Und er wohnte nur einen Steinwurf vom Anwesen entfernt. An die Zeit vor dem Einzug kann er sich gut erinnern, schließlich war er mit einem Jungen befreundet, dessen Vater das leerstehende Anwesen verwaltete und einen Schlüssel zum Haus hatte. »Wir haben dort viel gespielt«, erzählt er. »War ein idealer Spielplatz. Und

Kinder aus der Nachbarschaft von Hohehorst 1938 – vor und auf der Skulptur »Diana mit Hirschen«

wir haben da auch gebadet.« Fotos aus dieser Zeit erwecken den Eindruck, als habe sich die gesamte Dorfjugend mit Vorliebe dort herumgetrieben.

Dann kam der Lebensborn, und damit wurde alles »ein bisschen anders«. Ganz genau kann Helmut K. nicht sagen, was eigentlich »anders« war: Er ging nach wie vor auf das Gelände, »niemand sagte etwas«, »es gab keine Behinderung«. Trotzdem merkte der Junge, dass er fehl am Platz war. Und so verzichteten er und seine Freunde schließlich darauf, im Teich zu baden oder sich in der Nähe des Hauses aufzuhalten. Dabei hätte es durchaus Anknüpfungspunkte gegeben, schließlich ging die Tochter des neuen Verwalters, die zehnjährige Ingeborg, im Dorf zur Schule.

Aber Hohehorst hatte jetzt eine andere Aura: »So ein bisschen geheimnisvoll war das ja. Es gingen damals viele Gerüchte, das mit ausgesuchten Männern und ausgesuchten Frauen … Und dass die Kinder hier gezeugt wurden, wurde auch erzählt. Ob das so war? Also ich weiß es nicht. Wir haben da an sich nichts von gemerkt. Aber dass es dort bisschen geheimnisvoll war und gehalten wurde, das Gefühl hatte man schon.«[70]

Daran änderte auch die Tatsache nichts, dass Leute aus der Nachbarschaft im Heim arbeiteten. Adele K. zum Beispiel, die dort die Wäsche machte, und ihr Mann Wilhelm K., der als Fahrer und Elektriker in Hohehorst beschäftigt war. Oder die Frau eines polnischen »Fremdarbeiters«, der mit seiner ganzen Familie im Dorf lebte, als »eindeutschungsfähig« galt und auf dem Hof des Ortsbauernführers arbeitete. Oder eine Bauerntochter aus der unmittelbaren Nachbarschaft.

Johann M., der wie Helmut K. aus einer Bauernfamilie der Umgebung stammt, erzählt vor allem von den letzten Lebensborn-Monaten: Damals war er 16 Jahre alt. Er erinnert sich an ein-, zweijährige Kleinkinder aus Norwegen, die »SS-Väter« hatten, an die Schwesternschülerin Rita G., die dort arbeitete und mit der er ein wenig Kontakt hatte, und an gelegentliche Blicke in einen Kinderwagen, »aus Neugierde oder Wissbegierde«. Aber auch er hatte das Gefühl, »dass es nicht so gern gesehen wurde«, wenn er dort auftauchte. Weggejagt habe ihn allerdings auch niemand.

Von Seiten des Lebensborn war die Abgrenzung nach außen also keineswegs hermetisch, und die Berührungsängste der Nachbarn scheinen heute zuweilen größer als damals. Viele standen dem Nationalsozialismus positiv gegenüber; der Bürgermeister, der Ortsbauernführer, der Wirt des nahe liegenden Gasthofs – sie alle seien »braun« gewesen, erzählte man mir. Allerdings war man gleichzeitig konservativ und hielt an der traditionellen Familienmoral fest. Aus dieser Perspektive musste eine Institution wie der Lebensborn suspekt erscheinen, unabhängig davon, ob dort die unehelichen Kinder nur geboren oder möglicherweise auch gezeugt wurden. Aber diese Skepsis hinderte offenbar niemanden daran, vom Lebensborn zu profitieren: Man lieferte Lebensmittel, zum Beispiel frische Milch, bewirtete und beherbergte Besucher des Heims in seinem Gasthof oder arbeitete in Hohehorst als Küchenhilfe oder Wäscherin, als Gärtner, Elektriker oder Chauffeur.[71] Und einmal gab es auch eine Krankenschwester im Heim, deren Elternhaus im wenige Kilometer entfernten Nachbarort lag.

Helga S. war »braune Schwester«, gehörte also zur Schwesternschaft der NSV. Nach der Ausbildung in Magdeburg wollte sie zurück in die Heimat, einen Vorort von Bremen. Also versetzte die NSV sie ins »Kinderheim Friesland«. »Da willst du hin?«, wunderten sich die Eltern, und als die zweiundzwanzigjährige Tochter ahnungslos zurückfragte, bekam sie nur ein »du wirst schon sehen« zu hören. Später erzählten sie der Tochter, der Briefträger habe sich schon erkundigt, ob es ihr denn in Hohehorst gefalle. »Meine Eltern hatten die Sorge, die Leute dächten, ich säße vielleicht auch mit einem Kind da. War doch suspekt, damals.« Dass die weiblichen Angestellten häufig uneheliche Kinder hatten und deshalb beim Lebensborn arbeiteten, war also in der Umgebung des Heims bekannt!

Auch nach dem Krieg verstummten die Gerüchte über »Heim Friesland« nicht, sondern wurden weiter- und weitererzählt. Dem Tierarzt Rudolf L., der sich 1946 in der Region niederließ und auf den Höfen ein und aus ging, berichteten die Bauern, »dass dort eben reine Arier gezüchtet werden sollten. Und man sagte sogar, dass es SS-Männer gegeben hätte, die gezielt besondere Frauen befruchtet hätten. Das sagte man, ob das stimmt, weiß ich nicht. Die hätten eine Art Hauptbeschälertätigkeit ausgeübt wie ein Zuchthengst. Das hat man mir mehrfach erzählt.« Rudolf L. erschien und erscheint eine solche Vorstellung als »pervers«. Er kannte SS-Mitglieder, und er wusste auch damals schon, »dass denen der Gedanke anerzogen wurde, sie seien etwas Besonderes«. Trotzdem kann er sich eine solche »Hauptbeschälertätigkeit« bei ihnen nicht vorstellen.

Die Nachbarn wussten also im Grunde Bescheid: Sie wussten von »ausgesuchten« Müttern, von ledigen Angestellten mit Kindern, von »Norwegerkindern«. Sie wussten, dass es um »reine Arier« ging und dass der Lebensborn eine SS-Organisation war. Und sie hatten einiges gehört, was man sich so erzählte, vor allem das Gerücht über die gelenkte Zeugung im Lebensborn. Viele von ihnen hatten Kontakt zu »Heim Friesland« – nicht als Klientel, denn nur in Ausnahmefällen brachte eine Frau aus der unmittelbaren Umgebung hier ein Kind zur Welt,[72] aber als neugierige Jugendliche, als Lieferanten, als Gastwirt und Gastwirtin, als Angestellte in der Küche oder Waschküche, in der Gärtnerei oder Garage.

Die Angestellten waren die einzigen, die das Anwesen und das Haus zu Lebensborn-Zeiten von innen kennenlernten. Sie wussten, wie der Betrieb funktionierte, gehörten aber – mit Ausnahme der Krankenschwester – nicht zum inneren Kreis des Personals und verfügten nicht über interne Informationen. Zu Müttern und Kindern hatten sie nur gelegentlich Kontakt, obwohl sie für deren leibliches Wohl zuständig waren: für Essen und Wäsche, Sauberkeit und Ordnung, Wärme und Transport. Alle anderen Nachbarn blickten von außen auf das Heim – und bestehen bis heute auf dieser Distanz! Und das heißt für sie: Sie wussten nicht, was in Hohehorst vor sich ging, und wissen es bis heute nicht genau.

Die anderen Lebensborn-Heime

In den zehn Jahren seiner Existenz betrieb der Lebensborn in Deutschland neun Heime, sieben Entbindungs- und Kinderheime, ein Heim, wo Kinder ohne ihre Mütter lebten, und ein Heim, dass offenbar nur als Durchgangsheim diente.[73]

Im August 1936 wurde als erstes »Heim Hochland« in Steinhöring bei München eröffnet, ein Heim, das zehn Jahre lang als Musterheim galt und durchgängig bis Kriegsende in Betrieb war. 1937 folgten »Heim Harz« in Wernigerode und »Heim Kurmark« in Klosterheide, 60 Kilometer nordwestlich von Berlin. »Heim Pommern« in Bad Polzin, knapp 100 Kilometer östlich von Stettin, begann wie »Heim Friesland« Anfang Mai 1938 mit seiner Arbeit. Im November 1939 wurde dann »Heim Taunus« in Wiesbaden eröffnet.

1940 und 1941 konzentrierte sich die Organisation auf Heimgründungen im besetzten Ausland. Erst Anfang November 1942 ging das erste deutsche Kinderheim der Organisation in Betrieb, »Heim Sonnenwiese« im sächsischen Kohren-Sahlis, knapp 40 Kilometer südöstlich von Leipzig. Im selben Monat folgte »Heim Schwarzwald« in Nordrach, nicht weit von Offenburg/Baden entfernt. Die Eröffnung von »Heim Franken 1 und 2« in Schalkhausen im Kreis Ansbach – dies war das Durchgangsheim – bildete dann im Sommer 1944 das Schlusslicht.

»Sonnenwiese«, »Franken« und anfangs auch »Taunus« waren reine Kinderheime, die anderen Häuser Entbindungs- und Kinderheime. In Stettin und später in München wurden zusätzlich Häuser eröffnet, in denen ledige Mütter mit ihren im Lebensborn geborenen Kindern wohnten. Die Frauen gingen außerhalb des Hauses ihrem Beruf nach, die Kinder wurden während dieser Zeit von Pflegepersonal betreut.

Auch in Österreich und in besetzten Ländern wurden Lebensborn-Heime eröffnet. Bereits im Oktober 1938 ging in Pernitz (ca. 40 Kilometer südwestlich von Wien) ein Haus in Betrieb, das zuerst »Heim Ostmark«, aber schon bald »Heim Wienerwald« genannt wurde. Fünf Jahre später kam »Heim Alpenland« in Oberweis am Traunsee hinzu. In Norwegen eröffnete der Lebensborn seit August 1941 nach und nach elf Heime: vier in oder in der Nähe von Oslo (Godthåb, Klekken und Oslo Stadt 1 und 2), drei in der Region von Bergen (Os, Hop und Stalheim), zwei in der Provinz Hedmark (Hurdal Verk und Høsbjør Hotel) und je eins in Trondheim und Geilo. Außerdem gab es je ein Heim in Belgien (bei Lüttich), in Luxemburg und in Frankreich (nordwestlich von Paris). In Dänemark, den Niederlanden und in Polen wurden Heime geplant und zum Teil auch komplett hergerichtet, aber nie eröffnet. Außerdem befand sich im polnischen Smoscewo eine Siedlung für ledige Lebensborn-Mütter und ihre Kinder im Aufbau, die nie fertiggestellt wurde.

In diesem Szenario nahm »Heim Friesland« eine Mittelstellung ein. Es wurde im Mai 1938 als viertes Heim in Deutschland eröffnet; vorher gab es bereits die Häuser in Bayern, im Harz und in der Nähe von Berlin. Mit einer Kapazität von 34, später 40 Müttern und 45, später 63 Kindern gehörte es zu den großen Heimen, es gab aber noch größere: in Pommern (60 Mütter, 75 Kinder) und in Bayern (30, später 50 Mütter und 55, später 109 Kinder).

»Heim Friesland« scheint jedoch das feudalste und luxuriöseste unter den deutschen Lebensborn-Heimen gewesen zu sein. Der Stil des Hauses kam den ästhetischen Vorstellungen der Nationalsozialisten sehr entgegen, und in einem Rechenschaftsbericht der Organisation von 1940 wurde es als »das schönste Heim« bezeichnet.[74]

Auch die anderen Lebensborn-Heime waren in der Regel komfortabel ausgestattet und befanden sich in einer attraktiven Umgebung.

»Heim Hochland« lag am Rand von Steinhöring, einem Dorf knapp 40 Kilometer östlich von München und war von einem Park mit See und angeschlossener Gärtnerei umgeben. Das älteste Gebäude, ein Haus mit vielen Balkonen, entstand 1889. Mitte der zwanziger Jahre baute es die Caritas um: Es sollte als Altenheim für Priester und Pfarrhaushälterinnen, als Kindergarten und Mädchenhort genutzt werden. Wegen Konkurs wurde das Anwesen 1933 versteigert und ging in Landesbesitz über. Anfang 1934 richtete die SA dort eine Nachrichtenschule ein, nach dem »Röhmputsch« wurde das Haus von der SS übernommen, 1936 eröffnete der

Das älteste Gebäude von »Heim Hochland« in Steinhörig

Lebensborn hier sein erstes Heim und begann bereits ein Jahr später mit der Erweiterung: Er ließ ein zweites großes Haus bauen. 1939 schließlich kaufte er die Immobilie für 55 000 RM. Als die Lebensborn-Zentrale wegen starker Bombenangriffe von München nach Steinhöring verlegt wurde, errichtete man auf dem Gelände eine Reihe von Baracken. Heute sind die alten Gebäude weitgehend abgerissen und durch neue ersetzt. Lediglich das Haus, das zu Lebensborn-Zeiten gebaut wurde, steht noch und am Eingang das alte Transformatorenhäuschen. Im Garten findet man allerdings weitere Relikte der NS-Zeit: eine übergroße steinerne Mutter-und-Kind-Plastik des Bildhauers Josef Thorak und ein Stück Gartentor, das mit SS-Runen verziert ist.

Im »Heim Taunus«, am Waldrand oberhalb von Wiesbaden gelegen, betrieb ein Verein (als Teil der Pfarrcaritas) bis 1939 ein von Nonnen geführtes Kinderheim. Dieses »Antonius-Heim« wurde – wie viele katholische Institutionen – enteignet. Zuerst starteten NSDAP und Gestapo diverse Schikanen, dann bestimmte man einen neuen Verwalter und stellte neues Personal ein. Schließlich wurden die Kinder einfach fortgebracht, und wenig später mussten die Nonnen das Haus räumen. Am 13. September 1939 übernahm der Lebensborn das »Antonius-Heim«, das aus Haupthaus, Verwaltungshaus, Kinderhaus und Schwesternhaus bestand, und eröffnete am 1. November ein Heim für 40, später 55 Kinder. Da die Häuser ständig umgebaut wurden und der Betrieb zum Teil unter primitiven Bedingungen stattfand, wurde »Heim Taunus« nach einer Reihe von Inspektionen und interner Kritik am verwahrlosten Zustand der Kinder im November 1941 geschlossen. Kinder und Angestellte kamen nach Kohren-Sahlis ins »Heim Sonnenwiese«. Danach ließ der Lebensborn das Heim sanieren und erweitern und eröffnete es im Herbst 1943 neu, diesmal als Entbindungsheim, in dem auch Frauen aus den besetzten Ländern unterkamen. Ab August 1944 wurde Wiesbaden zur Anlaufstelle für Personal, Mütter und Kinder aus den Heimen in Belgien, Frankreich, Luxemburg und aus Bad Polzin. Heute erinnert nur noch ein altes Wohnhaus an frühere Zeiten – und einige Nebengebäude, die in den Vierzigerjahren gebaut wurden. Das Hauptgebäude, das auf alten Fotos an ein großes Landhotel der Jahrhundertwende erinnert, ist abgerissen.

Das ehemalige »Heim Schwarzwald« liegt mitten in Nordrach, einem kleinen Kurort, dessen Bild von Reha-Kliniken und alten Bauernhäusern bestimmt wird. Um 1900 gebaut, thront das große, mit Erkern und Türmchen geschmückte Haus am Hang, umgeben von einem kleinen Park mit alten Bäumen. Unterhalb des Grundstücks verläuft die Dorfstraße, daneben fließt die Nordrach. Das Haus gehörte der Adelheid-von-Rothschild-Stiftung, die dort seit 1905 lungenkranke mittellose jüdische Frauen und Mädchen betreute. Diese Heilanstalt war bis September 1942 in Betrieb. Am 29. September holte die SS die Patientinnen und den Arzt ab und deportierte sie nach Theresienstadt. Wenige Tage später, am 2. Oktober, übernahm der Lebensborn das Haus, richtete es für seine Zwecke ein und eröffnete am 1. November sein Entbindungsheim »Schwarzwald«.

»Heim Kurmark« lag ein Stück außerhalb von Klosterheide, einem Dorf in der Nähe der Kleinstadt Lindow, rund 60 Kilometer nordwestlich von Berlin. 1937 pachtete der Lebensborn das Haus von der AOK Charlottenburg. Gleichzeitig bekundete er Interesse, Haus und Grundstück zu kaufen. Dazu fehlten aber bis 1940 die Mittel, und so drängte der Lebensborn die AOK, ihm das Anwesen zu schenken. Ob eine solche Schenkung erfolgte, ist unklar. Das ehemalige Heim – bestehend aus einem Hauptgebäude und mehreren Nebengebäuden – liegt am Waldrand, und folgt man einem Weg bergab, an verfallenen Treibhäusern vorbei, kommt man an das Ufer eines Sees. Das Hauptgebäude, Anfang des 20. Jahrhunderts gebaut und bis heute äußerlich kaum verändert, hat zwar etwas Bombastisches, aber nichts Luxuriöses. Es erinnert eher an ein altes Krankenhaus – und tatsächlich beherbergte es seit Ende des Krieges verschiedene Krankenhäuser. Auf dem Gelände existieren auch noch einige alte Nebengebäude – und am alten Platz eine steinerne Mutter-und-Kinder-Figur aus Lebensborn-Zeiten. Die Baracken, in denen größere Kinder und zum Teil auch Mütter lebten, sind abgerissen.

»Heim Harz« war vor seiner Lebensborn-Zeit ein Krankenhaus und nahm 1945 diese Funktion sofort wieder auf. Die beiden schlichten Häuser liegen am Stadtrand von Wernigerode in einer Villengegend und sind ringsum von Nachbarn umgeben, die Einblick haben. An der Rückfront erstreckt sich ein kleiner Park. Steigt man die lange Treppe hoch, die am Rand des Grundstücks bergan führt, passiert man Einfamilienhäuser aus den Dreißigerjahren, ein großes Gebäude, das zu DDR-Zeiten Kinderheim war, und kommt schließlich in den Wald. Nach Archiv-Akten stellte die NSV 1937 eins der beiden Häuser dem Lebensborn kostenlos zur Verfügung. Das andere Haus war Eigentum der Hebamme Ida Matthießen, die anfangs auch das Lebensborn-Heim leitete. Ende 1938 musste sie ausscheiden und verkaufte das Haus für 155 000 Reichsmark an die SS-Organisation.

Eine Million Reichsmark musste der Lebensborn an den Landkreis Borna bezahlen, um das neugebaute Heim in Kohren-Sahlis in seinen Besitz zu bekommen. Eigentlich war es für alte und gebrechliche Menschen errichtet worden, aber die meisten wurden 1941 umgebracht, im Kontext der so genannten Aktion T4. Nur 51 Patienten überlebten, und sie brachte man in einem anderen Heim unter. Im November 1942 – ein Jahr vor der offiziellen Eröffnung – kamen die ersten Lebensborn-Kinder und -Angestellten nach Kohren-Sahlis, regulär eröffnet wurde das Kinderheim »Sonnenwiese« aber erst nach einem umfangreichen Umbau. Das Anwesen liegt unmittelbar an der Landstraße ein wenig außerhalb von Kohren-Sahlis, zirka 40 Kilometer südlich von Leipzig. Parallel zur Straße erstreckt sich das große Hauptgebäude, auf seiner Rückseite befindet sich eine große umbaute Hofanlage mit zahlreichen Nebengebäuden und einem Garten. Von dort aus gelangt man in einen weitläufigen Park, an den sich der Wald anschließt.

»Heim Franken«, das zuletzt eröffnete Lebensborn-Heim, bestand aus zwei Häusern: der ehemaligen Heil- und Pflegeanstalt in Schalkhausen und dem ehemaligen Walderholungsheim auf dem Bocksberg – beide in der Nähe der fränkischen Stadt Ansbach. Das Walderholungsheim – und nur darüber ist Genaueres bekannt – wurde 1928 vom Ansbacher Zweckverband für Gesundheitsfürsorge für Kinder, junge Mädchen und Frauen errichtet und zehn Jahre lang betrieben. Später richtete die Landesversicherungsanstalt Ober- und Mittelfranken dort für männliche Jugendliche ein Übungslager bzw. Gesundungsheim ein. 1943 brachte man Rüstungsarbeiterinnen im Haus unter, bis es im Juli 1944 schließlich der Lebensborn übernahm. Das Haus liegt in einer hügeligen Wiesen- und Waldlandschaft und ist umgeben von einem großen Garten. An das Hauptgebäude schlossen sich früher ausgedehnte Liegehallen an, die heute zu Wohnzwecken umgebaut sind.

»Heim Pommern« wurde nicht nur zum selben Zeitpunkt wie »Heim Friesland« eröffnet, es lässt sich auch am ehesten mit dessen feudalem Stil vergleichen. Das ehemalige Kurhaus Luisenbad ist ein imposantes und breit hingestrecktes Gebäude mit Erkern und Wintergarten, wahrscheinlich um die Jahrhundertwende erbaut. Auch seine Lage ist mit Hohehorst vergleichbar: Das Haus liegt, umgeben von einem großen Park, mitten in einer hügeligen, ländlichen Gegend, der Pommerschen Schweiz. Kein Wunder also, dass auch dieses Heim in Lebensborn-Akten als »eines unserer schönsten Heime« eingestuft wurde.

Der Weg, auf dem dieses Hauses in die Hände des Lebensborn kam, war allerdings einmalig: Die Stadtverwaltung von Bad Polzin schenkte das ehemalige Kurhaus Adolf Hitler – und der gab es an Himmler weiter, für Lebensborn-Zwecke.

Die Parallelen zwischen den beiden Heimen »Friesland« und »Pommern« sind sicher kein Zufall. Schließlich wurden beide in einer Zeit eröffnet, in der die Organisation sich etabliert hatte. So dachten die Funktionäre bei Neugründungen nicht nur an Expansion, sondern auch an Repräsentation und Machtausdruck.

Über die Lebensborn-Heime in Belgien und Frankreich ist bisher kaum etwas bekannt – abgesehen von einigen Zahlen. Aber über das dritte Heim in Westeuropa gibt es einige Informationen: »Heim Moselland« lag zehn Kilometer von der Stadt Luxemburg entfernt und gehörte dem Schriftsteller Marcel Noppeney, einem bekennenden Nazigegner, der im KZ Dachau inhaftiert war. Es ist ein Herrenhaus aus dem 19. Jahrhundert und liegt – zusammen mit Nebengebäuden und Stallungen – in einem großen Park.

Während das österreichische Kinderheim »Alpenland« in Oberweis bisher kaum erforscht wurde, ist die Geschichte von »Heim Wienerwald« genau recherchiert.[75] Von 1904 bis 1938 war das große, in einem abgelegenen Tal rund 50 Kilometer von Wien entfernt gelegene Anwesen eine Lungenheilstätte, die zwei jüdischen Ärzten gehörte. Bereits einen Monat nach dem »Anschluss« Österreichs im März 1938 wurde das Haus beschlagnahmt und dem Lebensborn überlassen, der am 21. Mai das Eigentumsrecht bekam. Nach einem halben Jahr Umbauzeit – dabei wurden der Villencharakter des Gebäudes vereinfacht, Türmchen und Gauben entfernt – konnte das Entbindungs- und Kinderheim »Wienerwald« eröffnet werden.

Auch die Geschichte der zehn norwegischen Lebensborn-Heime ist detailliert erforscht.[76] Seit 1941 wurden sie in Wohnungen, in Hotels, in Erholungsheimen und in einer Minister-Villa eingerichtet, die von der deutschen Besatzungsmacht beschlagnahmt, gepachtet oder zwangsgeräumt waren. Von Anfang an übernahmen sie unterschiedliche Funktionen: Die Stadtheime, die direkt in Oslo, Bergen und Trondheim lagen, dienten den schwangeren Frauen als Zwischenstopp während der Anreise. In den so genannten Warte-Heimen – »Geilo« und »Høsbjør« – verbrachten sie die Zeit bis kurz vor der Geburt. In »Hurdal Verk« und »Klekken« kamen sie nieder. Und Kinder, die ohne Mutter im Heim zurückblieben, wurden nach »Stalheim«, »Moldegård« oder »Godthåb« gebracht.

Abgesehen von den Stadtheimen lagen die Häuser in ländlichen, zum Teil einsamen Gegenden. »Godthåb«, einem prächtigen Haus mit Gartengelände, rückt der Stadtrand von Oslo immer näher. Trotzdem sieht man von hier aus noch den Oslo-Fjord. »Klekken« in der Nähe von Hønefoss präsentiert sich als schickes Hotelgelände am Ortsrand mit weitem Blick über sanft gewelltes Bauernland. Hier erinnert eine Mädchen-Plastik an die Geschichte des Hauses während der Zeit der deutschen Besatzung. »Hurdal Verk« – ein Anwesen mit säulengeschmücktem Hauptgebäude inmitten eines großen Gartengeländes – erreicht man nur über eine schmale Straße, die wenig später endet. »Geilo« – ein luxuriöses Haus am Rand der kleinen Stadt Geilo – liegt im Gebirge und ist trotzdem gut erreichbar: Durch diesen Ort fährt die Bahn, die Oslo und Bergen verbindet. Schließlich das ehemalige Kinderheim »Stalheim«, in einer grandiosen Gebirgslandschaft oberhalb des Sogne-Fjords. Von ihm existieren nur noch einige alte Nebengebäude, denn das Haupthaus ist 1959 abgebrannt und wurde durch einen gesichtslosen Neubau ersetzt. Zu Lebensborn-Zeiten war Stalheim noch ein schönes Gebäude, mit dem es eine besondere Bewandtnis hat. Es liegt nicht nur an einem spektakuären Platz zwischen zwei schroffen Bergrücken, sondern war und ist auch heute noch dafür berühmt, dass hier der deutsche Kaiser Wilhelm II. 25 Jahre hintereinander zu Gast war. Eine Tradition, in die sich der Lebensborn mit seiner neuen »Elite« gerne einreihte.

Die Organisation des Hauses

»Die Heime tragen nicht etwa den Charakter eines Krankenhauses oder einer Entbindungsanstalt, sondern sind für die Mütter wirkliche Heimstätten im vollsten Sinne des Wortes. Die Mütter sind nicht in Schlafsälen, sondern in kleinen, geschmackvoll und zweckmäßig eingerichteten Zimmern mit zwei oder drei Betten untergebracht. In freundlichen, sonnigen Tagesräumen stehen ihnen Bücher, Spiele, Radio und anderes mehr zur Unterhaltung zur Verfügung ...«[77]

Mit diesem Bild, das die anheimelnde Gemütlichkeit der Häuser in den Vordergrund rückte, warb der Lebensborn in einer Broschüre für seine Entbindungsheime. Vielleicht wurden sie für die eine oder andere Frau, die sich eine Zeit lang dort aufhielt, zur »Heimstatt«. Tatsächlich waren die Lebensborn-Heime durchstrukturierte große Betriebe, die der Vorstand nicht nur aus pragmatischen Gründen streng hierarchisch organisiert hatte.

»Heim Friesland« hatte zu Beginn 79 Plätze (34 Mütter/45 Kinder) und vergrößerte später auf 103 Plätze (40/63). Auch wenn das Haus – wie im ersten Jahr – unterbelegt war,[78] brauchte es zur Bewirtschaftung und Instandhaltung einiges Personal. Für Küche und Büro, Entbindungsstation und Kindergarten, Park und Gebäude waren anfangs vielleicht dreißig Angestellte nötig: Krankenschwestern, Kinderschwestern und Kindergärtnerinnen, eine Hebamme und eine Sekretärin, eine Oberschwester und ein Verwalter, eine Küchenleiterin und mehrere Küchenfrauen, Hauspersonal, männliche Angestellte für den technischen und handwerklichen Bereich, ein Gärtner, ein Chauffeur.[79]

Alles in allem lebten damit zwischen hundert und hundertfünfzig Menschen in Hohehorst. Die Hälfte waren Kinder, vom Neugeborenen bis zur Viertklässlerin, die andere Hälfte vorwiegend junge Frauen und einige wenige Männer.

Ein Frauenbetrieb war Hohehorst trotzdem nicht, da die Leitung grundsätzlich in der Hand männlicher Funktionäre lag.[80] An der Spitze der Hierarchie standen der Lebensborn-Vorstand und die zentrale Verwaltung. Sie dirigierten energisch in die einzelnen Heime hinein, engagierten den größten Teil des Personals, suchten die Mütter aus, verwalteten die geheimen Akten und kontrollierten die Heime, kamen zu Inspektionen und Sitzungen und forderten Rechenschaftsberichte ein. Und in den Heimen selbst regierte ein männlicher Heimleiter über eine Schar weiblicher Angestellter und einige wenige Männer.

Die Arbeitskräfte: »Alles tüchtige Leute«

In den Jahren 1938, 1939 und 1940, in denen »Heim Friesland« regulär arbeitete, gab es dort allerdings nie einen Heimleiter, der das Haus führte und nach außen vertrat.[81] In der Regel engagierte der Lebensborn für diese Aufgabe einen SS-Arzt. Dieser wohnte im Heim, sorgte für die medizinische Betreuung und verfügte schon dadurch über eine Fülle von Informationen. Zusätzlich bekam er – als einziger im Heim – Zugang zu den geheimen Akten der Lebensborn-Zentrale, kannte also den Hintergrund der Mütter. Darüber hinaus hatte er Schulungen zu organisieren und durchzuführen. Eine Position mit einer Fülle von Aufgaben – und mit einer Fülle von Macht.

In Hohehorst hätte der Lebensborn gern Dr. Hans-Joachim Lang[82] zum Heimleiter gemacht, einen SS-Untersturmführer und Gynäkologen, der in der Bremer Frauenklinik als Oberarzt angestellt war. Aber Lang konnte sich offensichtlich nie zur Übernahme dieser Position entschließen. Vielleicht war es die fehlende Arztwohnung, vielleicht waren es Karrieregründe. Der Lebensborn hatte nämlich selbst unter SS-Mitgliedern und Nazianhängern keinen sonderlich guten Ruf, so dass Ärzte und Schwestern oft nur vorübergehend dort arbeiteten, bis sie etwas Besseres gefunden hatten.

Obwohl Lang also die Heimleiterposition nicht übernahm, arbeitete er für »Heim Friesland«: Er kam regelmäßig zu Visiten, leistete medizinischen Beistand bei komplizierten Geburten und fungierte manchmal als Standesbeamter. Wahrscheinlich hielt er auch Vorträge im Haus – und er gab Hauskonzerte, zusammen mit einigen Kollegen. Daran erinnert sich jedenfalls Christine R., Lebensborn-Mutter und -Angestellte. Außerdem erstellte er zusammen mit der Oberschwester die Gutachten über die Mütter (RF-Fragebögen), in denen nicht nur deren Gesundheitszustand, sondern auch ihr Charakter und ihre politische Zuverlässigkeit festgehalten wurden, Faktoren, aus denen man eine Art »rassische Gesamtnote« ableitete.

Als Lang die Arbeit in Hohehorst im August 1939 quittierte – damals wurde er als Arzt zur Flak eingezogen –, übernahm der Allgemeinmediziner Dr. Walter Ebel einen Teil der Aufgaben. Seine Praxis lag nur wenige Kilometer vom Heim entfernt, er konnte also in Notfällen rasch gerufen werden. Außerdem kam er einmal in der Woche zur Visite. Im Februar 1940 traf eine junge Ärztin aus Berlin in Hohehorst ein, die ein Baby erwartete und gleichzeitig für medizinische Aufgaben eingesetzt wurde. Mehr konnte ich lange nicht über sie in Erfahrung bringen – die Sekretärin Beate D. erinnerte sich zwar an die Person, aber nicht an ihren Namen.

Dann meldete sich der Sohn dieser Ärztin bei mir, wenig später lernte ich die alte Frau selbst kennen, und bald wurde sie eine wichtige Informantin. Denn sie verfügte nicht nur über ein gutes Gedächtnis, sondern besaß auch viele Fotos aus dieser Zeit und ein Tagebuch über die ersten Lebensmonate ihres Sohnes. Und das ist ihre Geschichte: 1939 wurde Erika B. schwanger, aber sie war weder verheiratet noch mit dem Mann zusammen – und die Eltern durften nichts erfahren. Über eine Studienkollegin bekam sie Kontakt zum Lebensborn, und der reagierte sofort: Die beiden Vorstandsmitglieder Ebner und Sollmann luden Erika B. zu einem Gespräch ins Berliner »Café Vaterland«, nahmen sie unter die Lupe und schickten sie nach Hohehorst. Am 15. Februar traf Erika B. in »Heim Friesland« ein, übernahm sofort die Arzt-Position und kümmerte sich um Geburten und um die Gesundheit der Kinder. Dabei besaß die junge Ärztin lediglich eine Not-Approbation und verfügte über keinerlei Erfahrung in Geburtshilfe – ein Mangel an Qualifikation, der Erika B. in unseren Gesprächen noch immer peinlich war. Und so spielte sie ihre Rolle in Hohehorst herunter: »Ich habe da eigentlich gar nicht viel gemacht«, erklärte sie, »der praktische Arzt, der Dr. Ebel, der hatte an sich die Verantwortung.« Erika B. war diese Entlastung wichtig, denn während ihres sechseinhalbmonatigen Aufenthalts brach im Heim eine Keuchhusten-Epidemie aus. Außerdem wurde in dieser Zeit ein schwerbehindertes Kind geboren – und auch für sein Schicksal musste sie nicht die Verantwortung übernehmen: »Das wurde natürlich sofort verlegt, das kam zunächst in die Kinderklinik, jedenfalls glaubte ich das.«[83]

In Hohehorst – wo sie sich übrigens von der Hebamme Therese K. zum Eintritt in die NSDAP bewegen ließ – war Erika B. die »Frau Doktor«, die eine privilegierte Stellung genoss: Sie wohnte in einem Einzelzimmer, hatte ein Bad für sich, und als das Baby geboren wurde, stellte die Oberschwester ihr Zimmer für die Zeit des Wochenbetts zur Verfügung. Im September 1940 verließ Erika B. Hohehorst, um ihr Studium in Berlin regulär abzuschließen. Den kleinen Sohn ließ sie in »Heim Friesland« zurück, hielt aber engen brieflichen Kontakt und besuchte das Kind auch. So war sie zufällig vor Ort, als Hohehorst evakuiert wurde – und natürlich durfte sie den Luft-Transport nach Steinhöring begleiten. Sohn Karl wurde ein paar Monate später nach Klosterheide verlegt, wo Erika B. ihn zwei Mal im Monat besuchen konnte. Dort blieb er bis 1943 – da war er drei Jahre alt.

Ob es in Hohehorst einen Kinderarzt gab, der regelmäßig ins Haus kam, ist nicht eindeutig zu beantworten. Während einer Vorstandssitzung, die im April 1939 in der Bibliothek des Heims stattfand,[84] wurde sein Fehlen jedenfalls kritisch debattiert. Erika B. erinnerte sich allerdings an ein Fräulein (Maria) Körner, das im Bremer Kinderkrankenhaus als Oberärztin arbeitete und für die Hohehorster Kinder zuständig war. »Wenn irgendwas mit den Kindern war, dann wurde das mit ihr besprochen.« Und Maria Körner fuhr auch nach Hohehorst hinaus, zum Beispiel während der Keuchhusten-Epidemie. Ob behinderte Kinder zu ihr gebracht wurden, ob sie für deren weitere »Verlegung« verantwortlich war, das weiß Erika B. nicht (mehr).

Da es in »Heim Friesland« keinen Heimleiter gab, wurden seine Aufgaben zum Teil von den Verwaltern übernommen: von Otto Bachschneider und seinen Nachfolgern Franz Langer, Walter Decker und einem Mann mit Nachnamen Lang, möglicherweise Walter Lang. Einen anderen Teil übernahmen die jeweiligen Oberschwestern: Margot Holm, Anna Hölzer, Bernhild B., Leni von Radziewski, Helene Lehrke, Else Bertram und Else Schwartmann.

Otto Bachschneider kam als SS-Untersturmführer Anfang Februar 1938 nach Hohehorst – vorher war er in Steinhöring gewesen – und blieb genau zwei Jahre dort. Auch danach arbeitete er noch für den Lebensborn. Seit März 1940 war er in Stettin, wo er vermutlich mit Aufbau und Leitung des dortigen Kriegsmütterheims befasst war. Jedenfalls benutzte er im Juni 1940 offizielles Briefpapier des Heims für einen vertraulichen Brief an Gregor Ebner, den obersten Arzt der Organisation.[85] Nach einer Meldung vom 2. Februar 1941 befand Bachschneider sich bei der Wehrmacht, und zwar bei der 11. Kompanie des Lehr-Regiments »Brandenburg« z. b. V. 800, das getarnte Einsätze gegen Objekte (vor allem Brücken) unternahm. Dennoch stand er bis September 1942 auf der Gehaltsliste des Lebensborn. Am 1. Oktober 1942, drei Monate vor seinem Tod, wurde er zum Höheren SS- und Polizeiführer Russland-Mitte versetzt, speziell zur Abteilung SS-Heimschulen.[86] Die Sekretärin Beate D., die mit Bachschneiders Ehefrau befreundet war und sie 1941 in München gelegentlich traf, konnte sich an Bachschneiders »Einsatz im Osten« erinnern: »Da müssen sie sehr unangenehm gewirkt haben«, meinte sie knapp – und verstummte.

In Hohehorst wohnte der sechsunddreißigjährige Otto Bachschneider mit seiner Ehefrau und seinen beiden Kindern im linken Torhaus, also rund zweihundert Meter vom

Verwalter Otto Bachschneider

Hauptgebäude entfernt. Von hier aus leitete er den technischen Betrieb des Hauses: die Instandhaltung der Gebäude und der Versorgungseinrichtungen (Maschinenanlagen, Heizung, Wasser und Abwasser, Licht, Alarmanlagen, Feuerschutz), den Fuhrpark etc.[87] Außerdem unterstand ihm das Personal, das in diesen Bereichen arbeitete. Und für die Einstellung und Entlassung der Küchen- und Haushaltshilfen war er ebenfalls zuständig.

Darüber hinaus hatte Bachschneider mit internen Vorgängen zu tun, die in anderen Lebensborn-Heimen nicht zum Verwalterposten gehörten. So fungierte er neben Dr. Lang und der Sekretärin Beate D. als Standesbeamter, der Paare verheiraten und Geburten und Todesfälle beurkunden konnte.

Ein Mann mit einiger Macht also – und die lebte er in diversen Spielarten aus. Das legen zum Beispiel die Erinnerungen von zwei Angestellten nahe, die ihn ganz unterschiedlich wahrnahmen und erlebten. Die Sekretärin Beate D., die kurz nach Bachschneider in Hohehorst anfing, eng mit ihm zusammenarbeitete und später sogar unter einem Dach mit ihm und seiner Familie wohnte, nannte ihn in unseren Gesprächen »Vati Bachschneider«. So hätten ihn viele angesprochen, erklärte sie auf meine Nachfrage, er habe durchaus etwas Väterliches an sich gehabt. Die Krankenschwester Helga S., die 1939 einige Wochen in Hohehorst angestellt war, lernte eine andere Facette dieses Mannes kennen. Eines Tages habe er ihr erklärt, »so wie ich gebaut wäre und dann kein Kind … Falls mir der Partner fehle, würde er sich zur Verfügung stellen.« Schließlich war Helga S. groß und blond und kinderlos! Ob Bachschneider die junge Frau nur anmachen wollte, wie man heute sagen würde, oder ob er seinen Antrag ernst meinte, ob ihn der Potenzteufel ritt oder ob er den SS-Befehl zur Kinderzeugung wörtlich nahm – das lässt sich heute nicht mehr feststellen. Für Helga S. war dieser Antrag jedenfalls Grund genug, sich um eine schnelle Versetzung zu bemühen.

Mit einer anderen Angestellten, mit der Beschließerin Hildegard S., die im April 1938 in Hohehorst ihre Stelle antrat, zeugte Bachschneider aber tatsächlich zwei Kinder – neben seiner Ehe. Anfang März 1940, fünf Monate bevor das erste Kind geboren wurde, verließ er »Heim Friesland« oder musste »Heim Friesland« verlassen – und Hildegard S. ging ebenfalls. Das war offensichtlich die Regel, wenn eine ledige Angestellte ein Kind bekam.[88] Bachschneider wurde nach Stettin versetzt, Hildegard S. ins »Heim Wienerwald« geschickt, wo Anfang August 1940 das Kind geboren wurde. Danach haben Bachschneider und Hildegard S. eine Zeit lang in Stettin gelebt, im Kriegsmütterheim – und dort wurde auch das zweite Kind gezeugt, die gemeinsame Tochter Ursula S.

Vor diesem Hintergrund gewinnt Bachschneiders Zeugungsantrag an die Adresse von Helga S. an Eindeutigkeit. Er war offensichtlich ernst gemeint, schließlich setzte Bachschneider ihn – mit einer anderen Frau – wenige Wochen später in die Tat um. Über sein Motiv sagt das allerdings nach wie vor nichts aus. Ob Bachschneider sich als Akteur eines politischen Auftrags verstand? Ob er von einem Männlichkeitsideal getrieben wurde, das sich in Potenzbeweisen ausdrückt? Oder hatte er sich etwa in Hildegard S. verliebt? Schließlich lebte er später einige Zeit mit ihr zusammen.

Bachschneiders Nachfolger Franz Langer übernahm im Frühjahr 1940 die Verwalterposition. Er blieb auch nach der Evakuierung der Kinder in Hohehorst. Später, erzählte mir Gebhard H. und berief sich dabei auf Schilderungen seiner Eltern, die beide für den Lebensborn in Hohehorst gearbeitet haben, sei Langer nach München zur Zentrale beordert worden, von dieser Dienstreise aber nie mehr zurückgekehrt. Damals kursierte das Gerücht, Franz Langer sei ermordet worden. Auf jeden Fall taucht sein Name seit Anfang 1943 nicht mehr in Dokumenten von »Heim Friesland« auf.

Neben Bachschneider und Langer finden sich im selben

Herta und Ernst Günter Häusing mit ihren Kindern Gebhard und Uwe auf dem Balkon von »Heim Friesland«, vermutlich 1942

Zeitraum zwei weitere Namen in Verbindung mit Verwalterfunktionen. SS-Untersturmführer Fritz Meyer-Schmid(t) hielt im Oktober 1939 eine Rede bei einer Namensgebungsfeier im Heim. Und im April 1940 unterzeichnete er im Namen von »Heim Friesland« einen Kaufvertrag über Grundbesitz und Nebengebäude.[89] Ein Mann also mit wichtigen Funktionen nach außen. SS-Anwärter Ernst Günter Häusing war eher intern eingesetzt. Von Anfang an in »Heim Friesland« angestellt, hatte der gelernte Landwirt vermutlich die Gesamtverantwortung für die Gärtnerei und die Außenanlagen. Außerdem vertrat er Otto Bachschneider, denn sein Name taucht auf einer Einladung zu einer Namensgebungsfeier in »Heim Friesland« auf.[90]

Auch Häusing ging in Hohehorst eine Beziehung ein, und zwar mit der Küchenleiterin Herta H. Bereits im März 1939 heirateten sie, fünf Monate später wurde das erste Kind geboren. Derart legitimiert, konnten die beiden Angestellten in Hohehorst bleiben. 1940 kam das zweite Kind auf die Welt, im selben Jahr meldete sich Häusing freiwillig zum Kriegsdienst und wurde eingezogen. Frau und Kinder blieben in Hohehorst, wo Häusing sie besuchte, wenn er auf Heimaturlaub war.

Anfang 1943 trat ein neuer Verwalter als Nachfolger von Franz Langer auf den Plan: SS-Untersturmführer Walter Decker. Er blieb bis zum 3. März 1944 und ging dann ins »Heim Wienerwald«. Vom letzten Verwalter des Heims ist nur der Nachname Lang bekannt, der als Unterschrift in der Korrespondenz und auf Standesamts-Dokumenten auftaucht.

Die Oberschwester stand in der Hierarchie auf einer Stufe mit dem Verwalter und hatte die Verantwortung für den gesamten Innenbereich. In »Heim Friesland« wurde diese Position zuerst mit einer Frau ohne Schwesternausbildung besetzt. Margot Holm war Sekretärin, entsprach dem »arischen Erscheinungsbild« und brachte als erste in »Heim Friesland« ein Baby zur Welt, wenige Tage vor der offiziellen Eröffnung. Der Vater ihres unehelichen Kindes war ein »SS-Häuptling«, wie sich die Sekretärin Beate D. ausdrückte. Und die Krankenschwester und Lebensborn-Mutter Christine R. war sicher, dieser Mann sei Reinhard Heydrich gewesen.[91] Wie dem auch sei: Margot Holm leitete die Einrichtung des Heims und füllte die Position der Oberschwester aus. Was sie – und nicht die Sekretärin – dazu berechtigte, während einer Sitzung des Lebensborn-Vorstands in Hohehorst (April 1939) die Rolle der Stenografin zu übernehmen, der Geheimhaltung wegen. Während dieser Sitzung bedauerten die Vorstandsmitglieder übrigens, dass immer noch keine »braune« Oberschwester, also eine Angehörige der NS-Schwesternschaft, in Hohehorst arbeitete![92] Wenig später musste Margot Holm Hohehorst verlassen. Ihr wurde eine lesbische Verbindung mit Tono A., einer anderen Angestellten, nachgesagt.[93]

Im Frühsommer 1939 kam die Hebammenschwester Anna Hölzer nach Hohehorst und wurde dort die erste »braune« Oberschwester. Sie war offenbar nicht sehr beliebt, einige Mütter und Angestellte versuchten sie zu demontieren. Außerdem wurden Vorwürfe laut wegen Unsauberkeit und Verletzung der Geheimhaltung über einen Kindesvater. Deshalb sollte Anna Hölzer nach wenigen Monaten versetzt werden. Sie wehrte sich, und einige Mütter schrieben an Himmler und baten darum, Anna Hölzer nicht fortzuschicken. Das gab Unruhe, und diese lieferte ein weiteres Argument für die Abberufung der Oberschwester. Dann kam ein unrühmlicher Abgang: In Anna Hölzers Gepäck wurden vermisste heimeigene Figuren aus der Porzellan-Manufaktur Allach entdeckt. Bachschneider verhörte Anna Hölzer vor versammelter Mannschaft und erstattete Bericht nach München. Daraufhin wurde Anna Hölzer fristlos entlassen.

Die dritte Frau, die im Heim die Funktion einer Oberschwester übernahm, war Bernhild B., 1909 geboren, ledig, kinderlos – meine älteste Gesprächspartnerin. Als Angehörige der NS-Schwesternschaft war sie von 1939 bis 1945 zum Lebensborn abkommandiert. Vorher hatte sie als ausgebildete Säuglingsschwester lange für Privatleute gearbeitet, danach eine Ausbildung in Großer Krankenpflege absolviert, um Gemeindeschwester zu werden. Gleichzeitig war sie zu den »braunen Schwestern« gegangen, weil sie zur NS-Schwesternorganisation die meiste »Zuneigung« verspürte und weil sie ihr die größte Aussicht bot, als Gemeindeschwes-

Oberschwester Bernhild B. mit Anne auf dem Balkon von »Heim Friesland«

ter eingesetzt zu werden. Aber diese Pläne hatten sich zerschlagen. Säuglingsschwestern waren knapp, und so hatte die NSV Bernhild B. immer wieder in Kinderheime geschickt – und schließlich zum Lebensborn. Zuerst wurde sie in Steinhöring in ihre spätere Aufgabe eingewiesen, dann fuhr sie im Herbst 1939 nach Hohehorst, um die Position der Oberschwester zu übernehmen.

Laut Dienstanweisung von 1938 war sie als Oberschwester für alle Fragen der Hauswirtschaft und für die Beschäftigung der Mütter zuständig.[94] Außerdem unterstanden ihr die Schwestern. Im Detail war Bernhild B. für den Küchenzettel (zusammen mit der Köchin) und die Lebensmittelbestellung verantwortlich, für die Dienstpläne der Schwestern und die Sauberkeit, die Haushaltsbücher, den Wäschebestand und den Tagesablauf der Mütter. Ein großes Aufgabengebiet, das in Hohehorst durch die vakante Heimleiterposition noch größer wurde. Die Sekretärin Beate D., die in Hohehorst ein Jahr mit Bernhild B. zusammengearbeitet hat, charakterisierte deren Rolle so: »Die Oberschwester war die Person, die die ganze Verantwortung trug. Sie musste auch die Schwestern immer auf Vordermann bringen. Sie war einfach diejenige, die über dem Ganzen schwebte.«

Diese Fülle von Verantwortung und Macht stritt Bernhild B. in unserem Gespräch allerdings ab. Immer wieder erklärte sie mir: »Da hatte ich gar keinen Einfluss, das ging alles über München.« Oder: »Im Grunde genommen hatte ich nichts zu sagen. Ich musste alles so nehmen, wie's war.« Sie empfand offensichtlich die Münchner Zentrale als derart übermächtig, dass sie keine Spielräume sah. Tatsächlich wurden die Koordinaten des Heimbetriebs von der Zentrale bestimmt: Sie suchte Mütter und Angestellte aus, legte den Etatrahmen fest und verlangte für alles genauste Rechenschaft. Selbst wenn neue Wäsche angeschafft werden musste, brauchten die Heime die Zustimmung von oben.

Trotzdem konnte eine Oberschwester Einfluss nehmen – wenn sie wollte. Leni von Radziewski zum Beispiel, die von August 1942 bis Januar 1943 in Hohehorst war, um den Betrieb des Entbindungsheims wieder in Gang zu bringen, und danach Oberschwester von Steinhöring wurde, legte sich mit der Zentrale an. Sie war zum Beispiel nicht mit der Anweisung einverstanden, SS-Ehefrauen bevorzugt zu behandeln, sondern bestand darauf, mit allen Müttern gleich zu verfahren. Wenige Monate später quittierte Leni von Radziewski allerdings ihren Dienst. Ob die geschilderte Auseinandersetzung dabei eine Rolle spielte, wird aus den Akten nicht ganz klar. Immerhin wurde sie weggelobt: Der Rahmen des Lebensborn sei für eine Frau »mit einer ausgesprochen männlichen (um nicht zu sagen SS-mäßigen) Auffassung insbesondere in Bezug auf den Begriff Ehre« zu klein,[95] befand der Lebensborn-Vorstand.

Bernhild B. akzeptierte die Entscheidungen, die in der Zentrale gefällt wurden, auch wenn sie ihr nicht passten. In unserem Gespräch rückte sie deshalb immer wieder die Kehrseite ihrer verantwortlichen Stellung in den Vordergrund. Eigentlich, erklärte sie mir, habe sie eine undankbare Aufgabe gehabt, weil sie ständig »Unannehmlichkeiten« aus der Welt schaffen musste. Dass sie in ihrer Rolle als Oberschwester einiges aufzufangen hatte, liegt auf der Hand: Sie stand zwischen der Zentrale auf der einen und den Heimangestellten und Müttern auf der anderen Seite und musste vermitteln, zwischen den Angestellten, zwischen den Müttern, zwischen Angestellten und Müttern. Und auch zwischen Heim und Außenwelt. Nicht zufällig war es Bernhild B., die dem Standesamt in Bremen klarmachte, dass Lebensborn-Kinder »Geheimfälle« waren, für die das übliche melderechtliche Verfahren nicht galt. Die Münchner Zentrale schrieb in dieser Angelegenheit Briefe an das Bremer Standesamt – Bernhild B. wurde persönlich zur Bremer Behörde geschickt, um das Schlimmste zu verhindern: den Bruch der Geheimhaltung.

Trotz allem fand es Bernhild B. recht »angenehm« in Hohehorst. Sie hatte zwar keine Freundinnen, aber guten Kontakt zur Ärztin, zur Hebamme und zur Sekretärin, und sie wurde akzeptiert und respektiert. Als ich sie fragte, ob Verwalter Bachschneider ihr auch ein Zeugungsangebot gemacht habe, schließlich sei sie wie die Krankenschwester Helga S. jung und kinderlos gewesen, lachte sie und sagte aus tiefster Seele: »Nein, oh nein!« Das, hörte ich heraus, hätte er gegenüber der dreißigjährigen Oberschwester nicht gewagt.

Wenige Monate nach der Evakuierung von »Heim Friesland« im Januar 1941 ließ Bernhild B. sich nach Norwegen schicken, um dort neue Lebensborn-Heime aufzubauen und später die Leitung des großen Kinderheims Godthåb zu übernehmen. Für sie ein Aufstieg und ein »Abenteuer«, das bis zum Ende des Krieges dauerte und auch noch ein paar Monate darüber hinaus.

Über Helene Lehrke und Else Bertram, die beiden Oberschwestern, die auf Leni von Radziewski folgten, ist nichts bekannt. Und von Else Schwartmann, die über das Kriegsende hinaus ihren Dienst in Hohehorst versah und dabei von der »braunen Schwester« zur Rote-Kreuz-Schwester mutierte, gibt es nur wenige Fakten: Sie hatte einen Sohn, der Ende 1942 im norwegischen Bergen geboren war – vermutlich hatte Else Schwartmann damals dort gearbeitet. Es ist vorstellbar, dass sie später einen Transport norwegischer Kinder nach Deutschland begleitet hat, zusammen mit ihrem kleinen Sohn, der dann mit ihr in »Heim Friesland« lebte.

Eine Stufe unter Oberschwester und Verwalter stand in der Heimhierarchie die Sekretärin. In Hohehorst wurde diese Stelle schon vor der Eröffnung mit Beate D. besetzt, einer ausgebildeten Fachkraft und Lebensborn-Mutter. Sie kam bereits im April 1938 ins Haus und brachte ihren Sohn Paul mit, den sie ein paar Wochen vorher im »Heim Kurmark« in Klosterheide zur Welt gebracht hatte.

Eine solche Regelung war im Lebensborn nicht ungewöhnlich. Die SS-Organisation stellte Mütter mit einer guten »rassischen Gesamtnote« und mit einer brauchbaren Qualifikation häufig selbst ein – wenn auch nicht alle, wie die Hebamme Therese K. behauptete, die selbst zu diesen Frauen gehörte. »Die haben alle Mütter, die etwas brachten, die tüchtig waren, innerhalb der Heime angestellt. Und die verdienten auch noch ganz normales Geld.«

Der siebenundzwanzigjährigen Beate D. half die Anstellung in Hohehorst aus einer schwierigen Lage. Die Beziehung zum Vater ihres Kindes war beendet, die Eltern durften vom unehelichen Enkelkind nichts wissen, und ein Leben als alleinerziehende berufstätige Mutter war kaum möglich. Im Lebensborn-Heim dagegen hatte sie einen Job, konnte mit dem Kind zusammen sein – und die Eltern erfuhren nichts.

In den ersten Wochen half Beate D. vor allem beim Einrichten und Einräumen des Hauses und hatte gleichzeitig Sekretariatsarbeiten zu erledigen. Neben dem gesamten Schriftverkehr des Hauses musste sie laut Dienstanweisung die Heimkasse und das Kassenbuch verwalten sowie die Karteien und Statistiken führen. Später fungierte Beate D. hin und wieder als Standesbeamtin, traute Paare, stellte Geburts-, Heirats- und Sterbeurkunden aus, führte Geburten-, Heirats- und Sterbebücher und die entsprechenden Register sowie das Melderegister. Amtliche Dokumente, die zum Betrieb des Standesamtes Löhnhorst II gehörten.

Alles in allem eine Arbeit, mit der sich Beate D. auf hochsensiblem Terrain bewegte. Sie war nicht nur über Interna des Heimbetriebs und Anweisungen der Zentrale genau informiert, sie bekam auch Unterlagen über die Mütter in die Hände: Sie wusste zum Beispiel, welche Frau verheiratet war und welche nicht, sie kannte ihre Wohnorte und war auch darüber im Bilde, wer das Geld für die Heimunterbringung von Mutter und Kind zahlte. Ein Wissen, das sie zur Geheimnisträgerin machte: »Die Verwaltungssekretärin wird vom Heimleiter auf strengste Geheimhaltung der ihr zur Kenntnis kommenden dienstlichen Angelegenheiten verpflichtet«,[96] heißt es in der Dienstanweisung. Beate D. tat noch ein Übriges, um ihre Loyalität zu bekunden: 1940 trat sie in die NSDAP ein.

So genau Beate D. Bescheid wusste – die Kindesväter waren von diesem Wissen ausgenommen, sie blieben auch für sie anonym. »Wer die Väter waren, das wussten wir über-

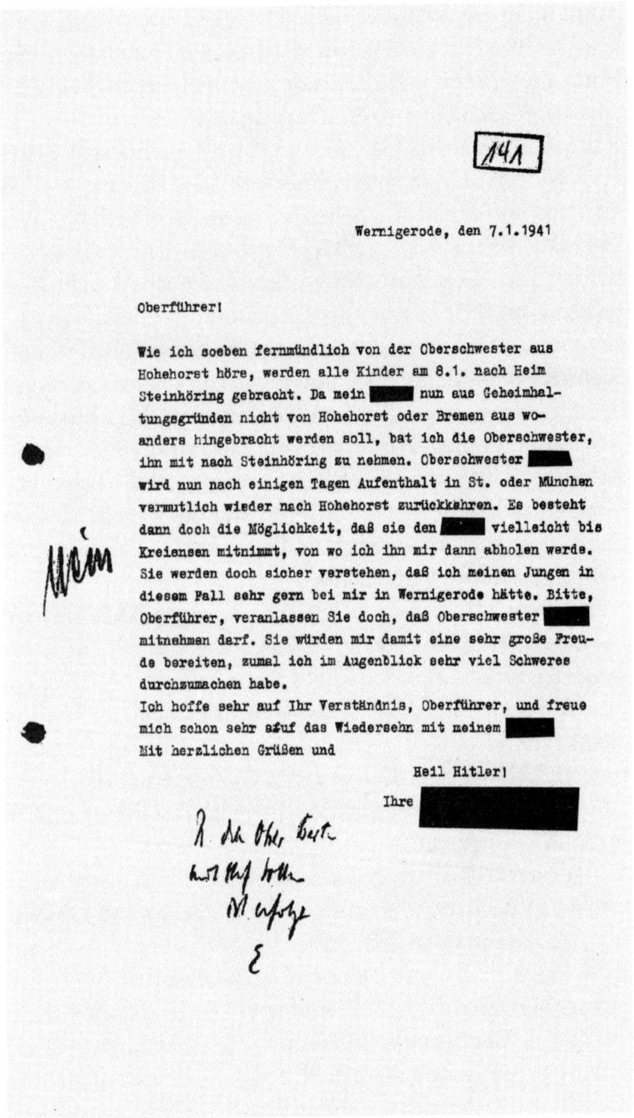

141

Wernigerode, den 7.1.1941

Oberführer!

Wie ich soeben fernmündlich von der Oberschwester aus Hohehorst höre, werden alle Kinder am 8.1. nach Heim Steinhöring gebracht. Da mein ■■■ nun aus Geheimhaltungsgründen nicht von Hohehorst oder Bremen aus woanders hingebracht werden soll, bat ich die Oberschwester, ihn mit nach Steinhöring zu nehmen. Oberschwester ■■■ wird nun nach einigen Tagen Aufenthalt in St. oder München vermutlich wieder nach Hohehorst zurückkehren. Es besteht dann doch die Möglichkeit, daß sie den ■■■ vielleicht bis Kreiensen mitnimmt, von wo ich ihn mir dann abholen werde. Sie werden doch sicher verstehen, daß ich meinen Jungen in diesem Fall sehr gern bei mir in Wernigerode hätte. Bitte, Oberführer, veranlassen Sie doch, daß Oberschwester ■■■ mitnehmen darf. Sie würden mir damit eine sehr große Freude bereiten, zumal ich im Augenblick sehr viel Schweres durchzumachen habe.
Ich hoffe sehr auf Ihr Verständnis, Oberführer, und freue mich schon sehr auf das Wiedersehn mit meinem ■■■
Mit herzlichen Grüßen und

Heil Hitler!

Ihre ■■■

Wunsch einer Lebensborn-Mutter
Brief von Beate D. an Gregor Ebner

haupt nicht«, erzählte sie mir. »Das stand auch nicht in unserer Kartei. Um Gottes willen! Strengste Geheimhaltung! Darüber wusste nur die Zentrale in München Bescheid, und die hatten auch die ganzen Unterlagen.«

Beate D. blieb bis Oktober 1940 in Hohehorst.[97] Dann verließ sie das Heim wegen einer zweiten Schwangerschaft und ging ins »Heim Harz« in Wernigerode, wo am 10. März 1941 ihre kleine Tochter Bärbel geboren wurde. Den Ort konnte Beate D. sich aussuchen, den Ortswechsel nicht. Eine solche Umsetzung muss der Organisation enorm wichtig gewesen sein für ihr sauberes Image. Schließlich lieferte eine alleinstehende Angestellte, die während ihrer Zeit im Lebensborn schwanger wurde, dem Gerücht von der »Zuchtanstalt« aufs Schönste Vorschub – und das wollte die Organisation unbedingt vermeiden. Es gab aber noch einen anderen Grund für den Ortswechsel: Der Vater des Kindes, der mit dem Lebensborn nichts zu tun hatte, war verheiratet, und seine Familie lebte in Bremen.

Als Beate D. fortging, blieb der zweieinhalbjährige Paul in »Heim Friesland« zurück, und Anfang 1941 wurde er zusammen mit den anderen Kindern ins bayerische Heim gebracht. Sosehr Beate D. damals Gregor Ebner auch bat, ihn anschließend zu ihr ins »Heim Harz« zu schicken, sie erntete ein »Nein«. Der Lebensborn war offensichtlich nicht daran interessiert, dass eine Mutter eine enge Beziehung zu ihrem Kind aufbaute.

Nach der Geburt des Kindes ging Beate D. nach München und arbeitete in der Lebensborn-Zentrale. Im Juli schickte man sie zusammen mit Bernhild B. nach Norwegen – ohne die Kinder. Paul kam zu einer Pflegefamilie, das Baby blieb in Steinhöring und starb im September 1941 in einem Münchner Krankenhaus an einem Teratom. Beate D. blieb bis 1943 in Norwegen, dann gab sie die Anstellung beim Lebensborn auf: Sie hatte mittlerweile den Vater ihrer kleinen toten Tochter geheiratet.

Wer in Hohehorst im September 1940 die Sekretärinnen-

Stelle übernahm, ist nicht bekannt. Überliefert sind nur die Diktatzeichen F. und Ku. Erst 1945 taucht in Dokumenten wieder der Name einer Sekretärin auf: Frau St. Auch sie wurde noch einmal abgelöst. Im März 1945 kam Anita J. aus Steinhöring nach Hohehorst, eine zweifache Lebensborn-Mutter, die 1942 in Norwegen ihr erstes und Ende 1944 in Steinhöring ihr zweites Kind bekommen hatte und die seit 1942 als Sekretärin im Dienst der Organisation stand. Sie erlebte das Kriegsende in Hohehorst und blieb noch bis zum Sommer im Heim, zusammen mit ihrem zweiten Kind. Das ältere hatte sie 1944 im Kinderheim »Sonnenwiese« lassen müssen, als sie norwegische Kinder dorthin begleitet hatte. In unseren Gesprächen legte Anita J. einen schon bekannten Gestus an den Tag: Sie habe sich in der Arbeit sehr zurückgehalten. Und als die anderen Angestellten am Kriegsende versucht hätten, die Unterlagen des Heims zu vernichten und die Identität der Kinder zu verwischen, habe sie das schrecklich gefunden.

Die Namen der Hebammen sind durch das Geburtenbuch von »Heim Friesland« vollständig dokumentiert. Insgesamt waren zehn Frauen im Heim tätig, aber nur drei – Maria H., Maria B. und Therese K. – lebten über einen längeren Zeitraum dort. Die anderen gaben die Anstellung nach kurzer Zeit wieder auf oder waren nur vertretungsweise im Heim. Dazu kam noch eine Hebamme aus dem nahe gelegenen Schwanewede, die nur im Notfall einsprang. Über eine Hebamme, über Therese K., die von Februar 1940 bis April 1941 im »Heim Friesland« lebte und arbeitete, gibt es allerdings genaue Informationen – mit ihr konnte ich auch mehrere lange Gespräche führen.

In der Heimhierarchie stand die Hebamme ein wenig außerhalb. Therese K. erklärte mir ihre Stellung so: »Mir hatte keiner etwas zu sagen! Ich musste mich nach niemand richten. Und es gab nichts, wo ich nicht Einblick gehabt hätte.«

Laut Dienstanweisung war die Hebamme für die Entbindungen zuständig und für die Versorgung der Neugeborenen. Außerdem hatte sie die Verantwortung für die Sauberkeit im Kreißsaal, die Sterilisierung der Instrumente etc. Und wenn keine Entbindungen anstanden, arbeitete sie auf der Säuglings- und Wöchnerinnen-Station.

»Entbindung« bedeutete allerdings weit mehr als die Arbeit im Kreißsaal. Die Hebamme untersuchte die Schwangeren regelmäßig, bereitete sie auf die Geburt vor und betreute sie nachher im Wochenbett. In der Regel war bei den Geburten nur die Hebamme anwesend. »Aber ich kannte keine Angst«, erklärte mir Therese K. »Ich musste nur anrufen, wenn ich mal einen Arzt brauchte. Außerdem waren die Mütter ja alle vollkommen untersucht, die mussten ja gesund sein und alles. Und auch die Kindesväter!«

Obwohl Therese K. mit diesen Sätzen den Eindruck vermittelte, als seien in »Heim Friesland« alle Geburten gut verlaufen, weil die Mütter und Väter gesund waren, gab es hin und wieder Komplikationen und manchmal sogar einen Todesfall.[98] Aber daran konnte sich Therese K. nicht erinnern, obwohl sie ein ganzes Jahr in Hohehorst gearbeitet hat und 85 Kindern auf die Welt geholfen hat. Und sie konnte sich auch nicht an ein behindertes oder krankes Kind in Hohehorst erinnern. »Das hat es nicht gegeben«, erklärte sie bestimmt. »Jedenfalls nicht, solange ich da war.«

Dabei waren Hebammen und Ärzte diejenigen, die mit solchen Kindern während ihrer Arbeit unmittelbar konfrontiert waren. Und nicht nur das: Sie waren auch diejenigen, die Downsyndrom oder Lähmungen, Fehlbildungen oder »Idiotie« – vier Beispiele für so genannte Erbkrankheiten – an die Gesundheitsämter weitermelden mussten. Und die wussten, dass der Weg von einer solchen Meldung bis zur Tötung des angeblich »lebensunwerten« Lebens oft kurz war.

Auch wenn Therese K. einen anderen Eindruck vermittelte: Natürlich gab es Lebensborn-Kinder, die krank oder

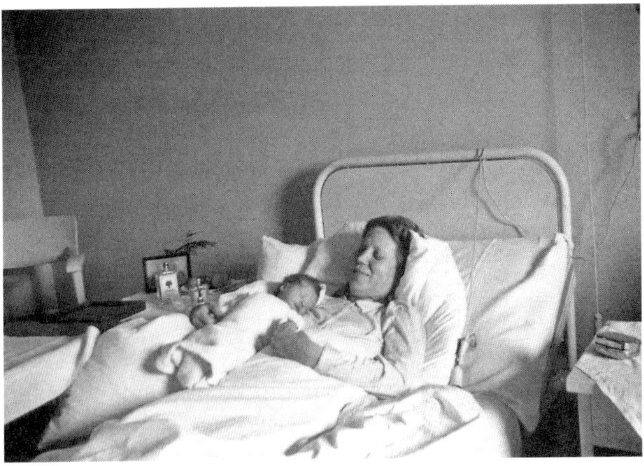

Anna F. mit Töchterlein Aline auf der Wöchnerinnenstation »Heim Friesland

behindert auf die Welt kamen, da mochten ihre Mütter und Väter noch so gründlich untersucht und durchgetestet sein. Für »Heim Pommern« sind solche Fälle in den Lebensborn-Unterlagen statistisch erfasst: Dort wurden Babys mit »Hasenscharte« und »Wolfsrachen« geboren, mit »Darmverschluss« und »multiplen inneren Missbildungen«.[99] Und in Hohehorst kam 1940 – in dem Jahr, als Therese K. dort arbeitete – ein Kind mit einem offenen Rücken auf die Welt, einer schweren Behinderung, die damals nicht operabel war. Die Ärztin Erika B. konnte sich sehr genau daran erinnern, sie wusste sogar noch das Datum: Drei Tage vor der Geburt ihres eigenen Kindes am 30. April. Und Erika B. wusste auch, dass das Kind damals sofort weggebracht wurde und nicht wiederkam. Was mit diesem Kind geschah, wusste sie allerdings nicht. »Aber es konnte sowieso nicht am Leben bleiben«, versuchte sie mir zu erklären, »ein offener Rücken, das war ein Todesurteil.«

Therese K. konnte sich an dieses Kind nicht erinnern. Als

es in unserem Gespräch später um ein Heim-Friesland-Kind ging, das mit drei Monaten gestorben war, und ich versuchte, über diesen Tod etwas herauszufinden, meinte Therese K. plötzlich: »Aber den Kindern hat man nichts getan, bestimmt nicht.« Sie wusste also genau, dass behinderten und schwerkranken Kindern damals etwas »getan« wurde, dass sie getötet wurden – aber mit dem Lebensborn oder mit ihr hatte das nichts zu tun.

In diesem Gesprächskontext zeigte Therese K. übrigens keine Hemmungen, ihre Haltung zu »Missgeburten« und »Kroppzeug« zu artikulieren und damit klarzumachen, dass sie ihre ehemals nationalsozialistische Einstellung zumindest in diesem Punkt nicht geändert hatte. Sie benutzte diese Begriffe, obwohl ihr klar war, dass sie damit gegen die Spielregeln der political correctness verstieß: »Jetzt werde ich schon rassistisch«, meinte sie zwischendurch, als ihr auffiel, in welcher Sprache sie sprach. Und dann erzählte sie munter weiter von den vielen »Missgeburten«, die ihr während der Ausbildungszeit in Dresden Mitte der dreißiger Jahre begegnet waren.

Ein Ausdruck von Naivität und Verachtung – und von einem Gefühl, etwas Besseres zu sein, das Therese K. schon damals besaß. Dass dazu der Lebensborn und ihre Stellung beitrugen, liegt auf der Hand: Sie war Angestellte einer »Eliteanstalt« und hatte bereits zwei »Elite-Kinder« geboren. Sie war seit 1940 Mitglied der herrschenden NSDAP (was sie auf meine Nachfrage bestritt, aber dokumentiert ist) und derart überzeugt, dass sie andere – Erika B. zum Beispiel – zum Parteieintritt bewegte. Und im Heim besaß sie einige Privilegien: Sie konnte selbständig arbeiten, bewohnte zwei Zimmer (selbst die Oberschwester hatte nur eins), ihre beiden Kinder durften dort gelegentlich übernachten – und ihr Ehemann gelegentlich auch.[100]

Außerdem war Therese K. »freiwillig« in »Heim Friesland«, wie eine andere Angestellte es ausdrückte. Sie musste nicht in Hohehorst leben, schließlich war sie verheiratet und hatte einen im NS-System hochangesehenen und erfolgreichen Ehemann. Tatsächlich lebte Therese K. aus pragmatischen Gründen in »Heim Friesland«: Hier konnte sie wohnen, arbeiten, ihre beiden größeren Kinder unterbringen und ihr drittes Kind bekommen – so lange, bis das Wohnhaus der Familie umgebaut war. Das dauerte immerhin bis April 1941.

Ein paar Jahre vorher hatte das Leben von Therese K. ganz anders ausgesehen. Damals war die junge Frau ledig und schwanger, und niemand durfte davon erfahren, weil sie sonst das Hebammenexamen nicht hätte ablegen können. Damit war Therese K. auf eine Institution wie den Lebensborn angewiesen. Allerdings gelang es der jungen Frau, dieses Angewiesensein umzudeuten. Sie fand nämlich heraus, dass der Lebensborn seinerseits sehr daran interessiert war, sie als Hebamme einzustellen. In ihrer Personalakte entdeckte sie auf dem Brief, in dem sie der Organisation ihre Situation geschildert hatte, einen persönlichen Vermerk Himmlers: »Sofort einstellen, auch wenn überzählig.« Das hieß doch: Sie war zwar angewiesen auf eine Institution wie den Lebensborn, aber der Lebensborn war auch angewiesen auf sie! Er brauchte sie als qualifizierte Angestellte – und er brauchte sie als fruchtbare Frau, die mit einem hohen SA-Mann und Arzt Kinder in die Welt setzte.

Die Schwestern waren die zweitgrößte Gruppe unter den Angestellten: Es gab – neben der Oberschwester – Wochenbett- und Hebammenschwestern, Stationsschwestern und Seitenschwestern, Säuglings- und Kleinkinderschwestern, Schwesternhelferinnen, Schwesternschülerinnen und Vorschülerinnen.

In Hohehorst waren nach Schätzungen meiner Gesprächspartnerinnen zehn bis zwölf solcher Pflegekräfte angestellt, und in Dokumenten[101] werden Zahlen zwischen acht und 12 Schwestern genannt. Geht man von einer durchschnittlichen Belegung des Heims aus (Anfang 1940 lebten zum

Aus dem Tagebuch der Hebamme Therese K.

Beispiel 87 Mütter und Kinder in Hohehorst) und von zwölf Schwestern, dann hätte jede von ihnen sieben Personen zu betreuen gehabt. Eine realistische Annahme, wie der Blick auf andere Heime zeigt, über die detaillierte Personalaufstellungen existieren.[102]

Im ersten Betriebsjahr gab es in »Heim Friesland« offensichtlich keine »braunen« Schwestern. Das änderte sich erst im Frühsommer 1939, als Ebner massiv bei der General-

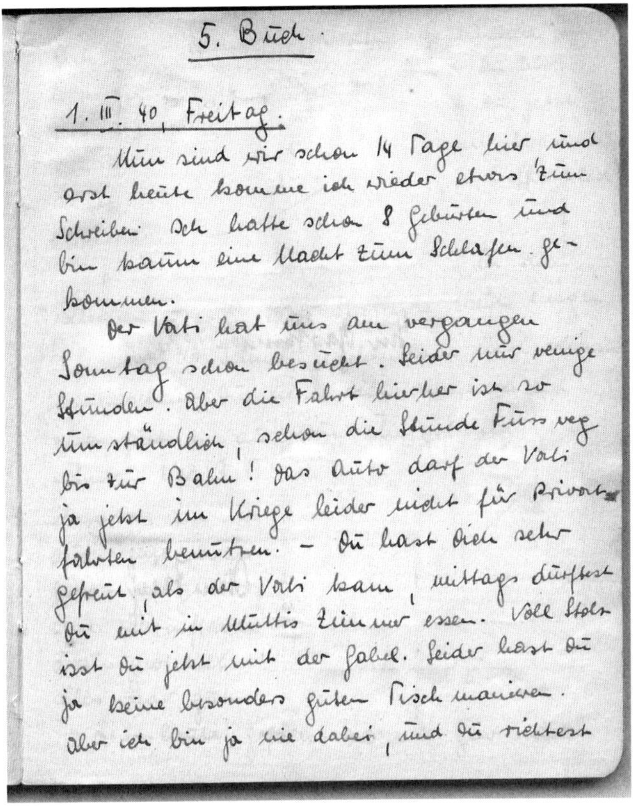
5. Buch.

1. III. 40, Freitag.

Nun sind wir schon 14 Tage hier und erst heute komme ich wieder etwas zum Schreiben. Ich hatte schon 8 Geburten und bin kaum eine Nacht zum Schlafen gekommen.

Der Vati hat uns am vergangen Sonntag schon besucht. Leider nur wenige Stunden. Aber die Fahrt hierher ist so umständlich, schon die Stunde Fussweg bis zur Bahn! Das Auto darf der Vati ja jetzt im Kriege leider nicht für Privatfahrten benutzen. – Du hast Dich sehr gefreut, als der Vati kam, mittags durftest Du mit in Muttis Zimmer essen. Voll Stolz isst Du jetzt mit der Gabel. Leider hast Du ja keine besonders guten Tischmanieren. Aber ich bin ja nie dabei, und Du richtest

oberin der NS-Schwesternschaft intervenierte. Daraufhin wurde die erste »braune« Oberschwester – Anna Hölzer – nach Hohehorst geschickt. Allerdings waren auch 1940 von 12 Schwestern immer noch vier, also ein Drittel so genannte freie Schwestern.[103]

Als ich mit meinen Recherchen begann, hoffte ich, aus diesem Personenkreis eine ganze Reihe von Gesprächspartnerinnen zu finden. Das Gegenteil war der Fall – und das hat

Braune Schwester am Teich von »Heim Friesland«

sich bis heute nicht geändert. Dabei kenne ich aus Archiv-Dokumenten immerhin 42 Namen! Aber diese lange Liste verrät bereits einen der Gründe: In »Heim Friesland« war die Fluktuation innerhalb der Schwesternschaft groß. Der Arbeitsplatz Lebensborn-Heim war für viele offenbar nur eine kurze Episode. Viele Schwestern quittierten den Dienst bereits nach einer kurzen Einarbeitungszeit. Eine hatte keine Lust, Putzfrauenarbeit zu erledigen, einer zweiten passte der Ton der Oberschwester nicht, eine dritte bekam Probleme mit dem Verwalter. Umgekehrt waren auch die Vorgesetzten, in der Regel die Oberschwestern, unzufrieden: Die Schwestern arbeiteten ihnen zu langsam oder zu schlampig, waren zu unsauber, ließen sich nichts sagen oder waren für den Platz, an dem sie eingesetzt waren, nicht ausreichend qualifiziert. Also wurden sie in andere Arbeitsbereiche der NSV versetzt oder ließen sich dorthin versetzen.

Damit waren die Schwestern der Teil des Personals, der die meisten Konflikte und die größte Unruhe ins Heim brachte, diejenigen, die tendenziell[104] unangepasst und unberechenbar waren – obwohl die meisten zu den »braunen« Schwestern gehörten und damit auf Prinzipien wie Gehorsam und Unterordnung eingeschworen waren.

Die Lebensborn-Führung ging davon aus, dass die meisten Schwestern zu jung seien und zu wenig praktische Erfahrung hätten. Außerdem registrierte man, dass sie nicht sonderlich aufgeschlossen gegenüber der unehelichen Mutterschaft seien, mit der sie in den Heimen ständig konfrontiert wurden. Das könnte tatsächlich ein Kernpunkt des Schwestern-Problems gewesen sein: Schließlich wurde in der NS-Schwesternschaft eine uneheliche Schwangerschaft mit Entlassung geahndet! Also plante die Lebensborn-Zentrale, sich selbst geeignete Mitarbeiterinnen heranzuziehen und eigene Hebammen- und Schwesternschulen aufzubauen.[105] Aber dazu ist es nie gekommen.

Marc Hillel und Clarissa Henry, die 1975 die erste große Veröffentlichung über den Lebensborn herausgebracht haben, gehen davon aus, dass die Schwestern eigentlich gar keine Schwestern waren, sondern die eigentlichen »Zuchtmütter«, also diejenigen, die den weiblichen Part an der gelenkten Zeugung übernahmen. Sie kamen zum Lebensborn – so Hillel und Henry –, wurden dort schwanger und blieben nach der Geburt als Angestellte im Heim, als »Schwestern«. Daraus erklärten sich sowohl die Fluktuation als auch die ständigen Probleme mit diesen Frauen. Belege für diese These führen die beiden französischen Journalisten allerdings nicht an.[106]

Nun zeigen die Recherchen über »Heim Friesland«, dass es dort tatsächlich einige Angestellte gab, die während ihrer Zeit in Hohehorst schwanger wurden. Aber Hildegard S., Herta H., Beate D., Therese K. und Anita J. waren bereits Angestellte des Lebensborn, als sie schwanger wurden, und sie waren keine Schwestern, sondern im hauswirtschaftlichen Bereich als Sekretärin bzw. als Hebamme beschäftigt. Außerdem entstanden ihre Schwangerschaften in Liebesverhältnissen, die in drei Fällen in einer (lebenslangen) Ehe mündeten. Lediglich für die Beziehung zwischen Otto Bachschneider und der Beschließerin Hildegard S. könnte zutreffen, dass sie primär zum Zweck der Zeugung eingegangen wurde. Aber auch hier tauchen sofort Zweifel auf. Ihre Mutter, erklärt Tochter Ursula S., habe den Vater geliebt.

Natürlich muss man davon ausgehen, dass in den Lebensborn-Heimen generell eine positive Einstellung zum Kinderkriegen herrschte. Schwangerschaften waren willkommen, besonders wenn die Kindeseltern dem »Rasse«- und Gesundheitsideal entsprachen – und das taten SS-Mitglieder wie Otto Bachschneider und Ernst Günter Häusing auf der einen, Lebensborn-Mütter wie Beate D., Therese K., Anita J. auf der anderen Seite. Ob dieser Grundtenor angestellte Frauen und Männer dazu bewegte, sich zusammenzutun, Sexualität bewusst ohne Verhütung zu praktizieren oder unmittelbar mit dem Ziel, ein Kind zu zeugen – vorstellbar ist es. Solche Einstellungen und Verhaltensweisen existierten während der NS-Zeit auch außerhalb der Lebensborn-Heime. Aber eins darf nicht vergessen werden: Von einer Praxis der gelenkten Zeugung, des gezielten Zusammenführens von Frauen und Männern, sind all diese Beispiele weit entfernt.

Von den vielen Schwestern, die in Hohehorst gearbeitet haben, konnte ich nur Christine R. und Helga S. ausfindig machen und als Gesprächspartnerinnen gewinnen.

Die ledige Rot-Kreuz-Schwester Christine R. kam 1938 hochschwanger nach Hohehorst und bekam dort ihr Kind – sie war die Fünfte, die im Heim entband. Nach der Geburt arbeitete sie in einem Bremer Krankenhaus auf der Isolierstation. Deshalb konnte sie ihr Kind, das in Hohehorst geblieben war, nicht besuchen. Nach kurzer Zeit wurde sie allerdings in Hohehorst angestellt und begann auf der Kinderstation. Dort geriet sie mit Otto Bachschneider aneinander: Er kritisierte ihre Arbeit, sie wehrte sich dagegen, weil sie nur eine Kritik von Seiten der Oberschwester akzeptierte. Bachschneider meldete diese Auseinandersetzung an die Zentrale weiter, Christine R. wurde angehört – und obwohl Guntram Pflaum ihr Recht gab, wurde sie in die Gärtnerei versetzt. Im Sommer 1939 verließ Christine R. Hohehorst. Der Kindesvater (ein Arzt und SS-Mitglied) hatte sich endlich dazu entschlossen, seine Vaterschaft zu akzeptieren und Christine R. zu heiraten.

Helga S. kam nach Hohehorst, weil sie nach dem Ende ihrer Krankenschwestern-Ausbildung in Magdeburg um eine Versetzung »in die Heimat« gebeten hatte. So wurde die Zweiundzwanzigjährige ins »Kinderheim Friesland« geschickt. Eigentlich hätte sie lieber im OP gearbeitet, aber ein Kinderheim in der Nähe des Elternhauses war Helga S. auch recht. Dass dieses Heim zur SS gehörte, fand die junge Frau nicht wichtig. Politische Kontexte hatte sie bisher immer nur als Randphänomene betrachtet: Beim BDM stand der Volkstanz für sie im Vordergrund, und zu den »braunen Schwestern« war sie gegangen, weil »die Ausbildung da besser war als bei den freien Schwestern«. Auch als sie während dieser Zeit einmal von einem »Rassenforscher« fotografiert wurde, hatte sie keine Bedenken – im Gegenteil: Das Interesse schmeichelte ihr. »Ich galt als ostbaltischer Typ, mit meinen hohen Backenknochen.« Als sie später ihr Konter-

Aline F. mit (unbekannter) Schwester im Bad des Säuglingssaals von »Heim Friesland«

fei auf Werbeplakaten für die NS-Schwesternschaft wieder sah, war sie immer noch stolz, fühlte sich aber übergangen: Niemand hatte ihr Einverständnis für diese Verwendung eingeholt.

In Hohehorst wurde Helga S. zur Arbeit im Säuglingssaal eingeteilt. Als ihr Zweifel kamen, ob sie diese Aufgabe bewältigen könne, schließlich hatte sie »keine Ahnung« von Säuglingen, meinte die Oberschwester: »Das wird schon gehen.« Tatsächlich hatte Helga S. ihre Aufgabe schnell begriffen. Außerdem arbeitete sie mit drei anderen Schwestern im Säuglingssaal und konnte sich immer Rat und Hilfe holen.

Zu dieser Zeit – Oktober/November 1939 – waren ungefähr zwanzig Kinder im Säuglingssaal untergebracht, manche erst ein paar Wochen alt, andere schon ein halbes Jahr. An einen kleinen Jungen erinnert sich Helga S. besonders gut, denn mit ihm hatte sie sich »angefreundet«. Eines Tages bekam sie den Auftrag, ihn herauszuputzen, weil sich die Mutter zu einem Besuch angemeldet hatte. Als dann die

Tür aufging, stand eine Bekannte aus der Nachbarschaft da. »Sie sagte nur: Helga, du? Und ich: Sei beruhigt, Gerda, wir haben Schweigepflicht.«

Eigentlich tat der Lebensborn alles, um solche Begegnungen zu verhindern: Mütter und Angestellte stammten in der Regel nicht aus der Umgebung des Heims, mit Ausnahme des Küchen- und Hauspersonals. Auch die Mutter des kleinen Jungen hatte in einem anderen Lebensborn-Heim, weit weg von zu Hause, entbunden. Dann aber hatte sie das Kind in der Nähe ihres Elternhauses untergebracht, weil sie hoffte, mit ihm irgendwann dort leben zu können. Trotz gelungener Einarbeitung hielt es Helga S. nicht lange in Hohehorst aus. Da war das Angebot des Verwalters: »Er hat direkt gesagt, so wie ich gebaut wäre und dann kein Kind, das wäre ja wohl nicht das Richtige. Und falls mir der Partner fehlte, würde er sich zur Verfügung stellen. Ich war ziemlich empört und dachte, was will der Kerl?«

Hinzu kam die Arbeit mit den Säuglingen, die ihr zwar von der Hand ging, doch den Wunsch, im OP zu arbeiten, nicht verdrängte. »Und dann dieses Theater bei der Namensgebung«, erzählte sie, »wo dem Kind der Dolch auf den Bauch gelegt wurde. Und wo bevölkerungspolitische Vorträge gehalten wurden nach dem Motto: Gehet hin und tuet desgleichen. Das hat mir auch nicht gepasst!«

Also schrieb sie einen Brief an ihre NSV-Vorgesetzten und bat um Versetzung: Zu Säuglingen, so ihre Begründung, habe sie einfach kein Verhältnis. Das Angebot des Verwalters erwähnte sie nicht, »das konnte ich nicht sagen«. Ob sie überhaupt mit jemand darüber gesprochen hat, weiß sie nicht mehr. Auch ihre Meinung über das SS-Ritual der Namensgebung behielt sie lieber für sich. So erreichte sie, was sie wollte: Man schickte sie nach Hützel, in ein Müttererholungsheim der NSV, wo sie allerdings noch einmal ein paar Wochen lang Säuglinge betreuen musste. An ihrer Stelle wurde die Säuglingsschwester Hildegard aus Hützel nach Hohehorst geschickt.

Obwohl Helga S. nur acht Wochen in Hohehorst war, lieferte ihr Gedächtnis eine Fülle von Details. So konnte sie sich noch genau daran erinnern, dass die Schwestern einen Nachmittag in der Woche und jeden zweiten Sonntag frei hatten – und dass sie dann mit dem Fahrrad zu den Eltern gefahren war. Sie wusste, dass sie 45 Reichsmark verdient hatte plus Dienstkleidung, freie Kost und Logis und dass sie sich vom ersten Gehalt einen schweinsledernen Koffer, eine Wäschegarnitur und rosa Honanseide gekauft hatte. Sie erinnerte sich daran, dass im Säuglingssaal die Gitterbettchen der Kinder parallel zu den beiden Fenstern in Zweierreihen aufgestellt waren. Das Namensgebungsritual vom 30. Oktober 1939 konnte sie bis in den Wortlaut hinein zitieren, und auch zwei Vorgesetzte hatte sie noch vor Augen: die »komische« Oberschwester, die »klaute«, und den Verwalter natürlich. Von anderen Schwestern aber, mit denen sie zusammen im rechten Torhaus wohnte, mit denen sie vielleicht einmal ein vertrauliches Gespräch geführt hatte, wusste sie nichts mehr, nicht einmal die Namen, obwohl sie Fotos von ihnen besaß.

Das Personal, das für Essen, Wäsche und Sauberkeit zuständig war, bildete die größte Gruppe unter den Angestellten.[107] Zum 1. Oktober 1940 führt eine Personal-Statistik neun Frauen für Haus und Küche auf, dazu sechs Frauen vom »Frauenhilfsdienst«[108] und zwei Pflichtjahrmädchen. Eins der Pflichtjahrmädchen in »Heim Friesland« war übrigens Lola Ebner, die Tochter des obersten Lebensborn-Arztes Gregor Ebner. Sie leistete ihr Pflichtjahr von Sommer 1939 bis Sommer 1940.

Meine Gesprächspartnerinnen erinnerten sich nur an einzelne Personen. Zum Beispiel an die schon mehrfach erwähnte Hildegard S., die von den Zeitzeuginnen immer als »Fräulein S.« bezeichnet wurde. Sie arbeitete als Wirtschafterin, kümmerte sich »um die ganzen Bettensachen« und um die Wäsche: Da sie die Schlüssel zu den Schränken in ihrer

Obhut hatte, trug sie den altmodischen Titel einer »Beschließerin«. In den Archiv-Akten taucht noch eine weitere »Beschließerin« auf: Wera M., die nach der Geburt ihrer Tochter im Oktober 1939 im Heim blieb und dort bis 1941 arbeitete.

Hildegard S. kam schon im April 1938 nach Hohehorst, als ganz normale Angestellte. Sie war 25 Jahre alt und hatte einige Jahre als Haushaltshilfe gearbeitet. Da sie gesundheitlich labil war, hatte die Familie ihr zugeredet, ins »Heim Friesland« zu gehen: Aus dem Namen hatte man geschlossen, dass das Heim an der Küste lag. In Hohehorst lernte Hildegard S. den Verwalter Otto Bachschneider kennen, ging eine Beziehung zu ihm ein und wurde im Winter 39/40 schwanger. In dieser Zeit trat sie übrigens auch in die NSDAP ein. Im Frühjahr 1940 verließ Hildegard S. Hohehorst, das Baby kam im August im »Heim Wienerwald« auf die Welt. Ob sie dort länger blieb, ist nicht bekannt. Im Oktober 1941 taucht ihr Name dann in Stettin auf, im Zusammenhang mit dem dortigen Kriegsmütterheim. Ende Juni 1942 bekam sie ein zweites Kind von Otto Bachschneider, der allerdings zu diesem Zeitpunkt seinen Wohnsitz wieder in München hatte – dort lebte auch seine Ehefrau mit den Kindern – und »im Osten« eingesetzt war. Bis Kriegsende blieb Hildegard S. in Stettin und geriet dann mit den beiden Kindern in Kriegsgefangenschaft.

Da Hildegard S. nur sehr wenig über diese Jahre gesprochen hat, konnte ihre Tochter Ursula im Grunde nur Anekdoten erzählen. Und auch die alten Zeitzeuginnen sprachen wenig über »Fräulein S.« – außer dass sie eine sehr kleine Person war und immer einen Schlüsselbund bei sich trug. Und dass sie es war, die die Oberschwester Anna Hölzer beim Stehlen erwischt hatte. Von Hildegard S.' erster Schwangerschaft erzählte mir lange niemand – vielleicht wirkte die alte Schweigepflicht fort. Erst nachdem Beate D. mich und meine Arbeit einige Jahre kannte, erwähnte sie plötzlich die Beziehung zwischen Bachschneider und Hildegard S. und auch die Schwangerschaft, die daraus entstanden war.

Herta H. war Wirtschafterin und leitete die Küche von Anfang an. Dabei arbeitete sie eng mit der Oberschwester zusammen. Auch Herta H. lernte in Hohehorst einen Mann kennen, den Landwirt Ernst Günter Häusing, der im Heim eine Verwalterposition innehatte. Die beiden heirateten im März 1939 – übrigens nicht im heimeigenen, sondern im örtlichen Standesamt. Fünf Monate später wurde das erste Kind geboren – im Heim, ein Jahr später das zweite – nicht im Heim. Auch als Hohehorst evakuiert wurde, blieb Herta H. mit ihren beiden Kindern dort und setzte ihre Arbeit in der Küche fort. Nach Erinnerungen ihres Sohnes Gebhard verließ sie das Haus und damit auch den Lebensborn 1943. Die Kinder hatten wegen »Beschuss« nicht auf Dauer bei ihr im Heim bleiben können. »Meine Eltern wären heute wieder dabei, wenn es so etwas gäbe«, vermutete Gebhard H. in einem Gespräch. »Es ging ihnen dort nämlich gut. Sie hatten sogar ihren ersten Kadett!« Ein Auto war schon damals ein Statussymbol.

Wo das Paar bzw. die Familie in den ersten Jahren wohnte, ist nicht klar. Nach der Evakuierung lebten sie im ersten Stock des Hauptgebäudes und hatten unmittelbaren Zugang zur großen Terrasse.

Adele K.[109] stammte aus der Umgebung von »Heim Friesland«. Sie wurde – wie beim Hauspersonal üblich – vom Verwalter eingestellt und wusch die Heimwäsche. Ihr Mann, Wilhelm K., arbeitete ebenfalls in Hohehorst, als Fahrer und Elektriker. Adele K. war Mitglied der NSDAP und ließ sich »überreden«, ins »Schwarze Korps« der SS[110] einzutreten. Ihr Mann verweigerte jede Mitgliedschaft, musste sich aber wie seine Frau nach dem Krieg einem Entnazifizierungsverfahren stellen.

Adele K. und ihr Mann wohnten außerhalb des Heims und kamen sechs Mal die Woche zur Arbeit nach Hohehorst. Sonntags ging Adele K. manchmal freiwillig hin und versorgte die Säuglinge – der Übergang zwischen medizinisch-pflegerischen Aufgaben und Hauswirtschaftsarbeit war in ihrem Falle offensichtlich fließend. Auch sonst fühlte sich Adele K. unentbehrlich und dem Heim derart zugehörig, dass sie an allen Namensgebungsfeiern, Jul- und Johannisfesten teilnahm. Nur das Standesamt war für sie tabu: »Da hatte keiner von den Angestellten Zutritt«, erklärte sie – und irrte. Denn die Verwalter und der Arzt Dr. Lang, die Sekretärin und die Hebamme fungierten als Standesbeamte, Hildegard S. und Bernhild B. als Trauzeuginnen – und taten dies natürlich im Standesamt. Nur Adele K. als eine der niederen Angestellten hatte dort keinen Zutritt. Aber diese Unterscheidung konnte sie als überzeugte Nationalsozialistin vermutlich nicht ertragen.

Der eigentliche Arbeitsplatz von Adele K. lag im Keller. Dort befanden sich die Waschküche, die Trockenräume und die Wäscheschränke. Wäsche war in »Heim Friesland« ein wichtiges Thema, schließlich verbrauchten die Säuglinge und Kinder eine Menge davon. Und Adele K. erklärte mit einem gewissen Stolz, dass die Babys sechs Mal am Tag trockengelegt wurden, einmal mehr als in Heimen und Krankenhäusern damals üblich.

Ob »Heim Friesland« in Sachen Sauberkeit und Pflege wirklich so mustergültig war wie behauptet, ist mehr als fraglich. Im Oktober 1939 stellte die Hebamme Antonie K. jedenfalls fest, dass Instrumente, Vorlagen, Gummihandschuhe etc. nicht sterilisiert waren und auch der Sterilisator defekt war – ein Grund für sie, das Heim zu verlassen.

Außerdem gab es immer wieder Krankheiten bei den Kindern, die auf mangelnde Sauberkeit schließen lassen. Und in anderen Lebensborn-Heimen herrschten zum Teil miserable hygienische Zustände. Dabei war »Sauberkeit« ein hoch angesiedelter Wert – nicht nur als Ausdruck äußerer Ordnung, auch als Symbol innerer Reinheit. Wenn man sich offizielle Fotos über den Lebensborn ansieht,[111] dann fällt die Betonung der Helligkeit auf und das Übermaß an Weiß. Alles ist duftig und frisch wie in der schönsten Persil-Werbung. Ein Ausdruck von Hygiene und Sterilität, eine Nega-

„Lebensborn" e.V.
Heim Hohehorst

Fernruf: Vegesack Nr. 580
Konto: Sparkasse Vegesack Nr. 1964

Hohehorst, den 17.10.1939
Post. St. Magnus b. Bremen
o.Tg.Nr.Ba./Ku.

An den
Geschäftsführenden Vorstand des
"Lebensborn" e.V.

SS-Oberführer Dr. E b n e r

M ü n c h e n 27

Lieber Oberführer !

Nachstehend sehe ich mich veranlasst, Ihnen umgehend noch einen Bericht zukommen zu lassen, der für Sie wohl ausschlaggebend und im Sinne des "Lebensborn" wichtig -ist.
Soviel mir bekannt ist, haben Sie auch mit der derzeitigen im Heim Hohehorst beschäftigten Hebamme Antonie eine Aussprache gehabt.
Fräulein kommt heute zu mir und erklärt, dass sie ihren nicht gemeldeten Weggang folgendermassen begründet:

Es wurde in der Zeit, in der sie im Heim Hohehorst beschäftigt ist, ein einziges Mal sterilisiert ; sterilisiert hat die Oberschwester zusammen mit Schwester .
Weiter sagt die Hebamme Antonie aus, dass das Nabelbesteck nie sterilisiert, sondern nur mit Alkohol übergossen wurde. Sterilisierte Vorlagen sind im Augenblick auch keine mehr vorhanden, obwohl in den nächsten Tagen mit einer grossen Zahl von Geburten zu rechnen ist.
Die Nahtbestecke wurden auch ein paarmal nicht sterilisiert. Auch die Gummihandschuhe wurden zu einigen Geburten unsterilisiert weiterverwendet.
Es wird weiter gemeldet, dass der neue grosse Sterilisator kaputt sein soll, In dieser Angelegenheit werde ich heute noch versuchen einen Fachmann zu erreichen, der mir ein schriftliches Urteil über den Defekt des Sterilisators abgibt, welches dann umgehend übersandt wird.

Die Hebamme Antonie erklärt, dass sie alle diese Vorkommnisse dazu entschlossen haben, hier nicht mehr weiter zu arbeiten. Die Begründung in dieser Form wollte sie der Reichsfachschaftsleiterin der Deutschen Hebamme, Frau Hartmann, nicht mitteilen. Sie sehe sich aber veranlasst, auf Grund der letzten Vorkommnisse und auf Grund der verantwortungslosen Arbeitsweise der hiesigen Oberschwester, sobald als möglich ihr jetziges Arbeitsfeld zu ändern.

- 2 -

Unsauberkeit in »Heim Friesland«

229

- 2 -

Gleichzeitig erklärt sie, dass die zur Zeit in der Wochenstation liegenden Frauen, Frau Wera, Frau Erika und Frau Luise wiederum leichtes Fieber haben.

Die Hebamme Antonie ████ erklärt sich bereit, Ihnen gegenüber vorstehendes in noch ausführlicherer Weise zu bestätigen.

Der Inhalt dieses Schreibens geht nach Kenntnisnahme der Hebamme Antonie ████ und durch Unterschriftsleistung bestätigt an Sie ab.
SS-Ustuf. Bachschneider hat mit der Hebamme A. ████ eine Vereinbarung dahingehend getroffen, der Reichsfachschaftsleiterin Frau Hartmann von dem Inhalt dieses Schreibens keine Mitteilung zu machen.

„Lebensborn" e.V.
Heim Hohehorst
Bachschneider

SS-Untersturmführer u. Verwalter

Von vorstehendem
Kenntnis genommen:

Antonie Kurz

Wenn die Hebamme in Ordnung wäre, könnte sie selbst sterilisieren oder dergleichen viel unterlassen.

H.

tion von Körperlichkeit und Sinnlichkeit. Und gleichzeitig ein Verweis auf die Reinheit und Unschuld des Geschehens, ja auf seine »Heiligkeit«: »Heilig soll uns sein jede Mutter guten Blutes«, hatte Himmler dem Lebensborn ins Stammbuch geschrieben. Eine religiöse Überhöhung, mit der sich der »Schwarze Orden«, die SS, selbst erhöhte.

Für den technischen Betrieb des Hauses waren Männer verantwortlich, ein Dokument von Oktober 1940 listet auf: Verwalter, Hausmeister, Heizer, Gärtner, Maschinenmeister, Fahrer – »Heim Friesland« hatte nämlich einen eigenen »Heimwagen« – und vier Hilfsarbeiter. Von den Verwaltern war schon die Rede, vom Fahrer und Elektriker Wilhelm K. ebenfalls. Eine Menge Informationen gibt es über die Gärtner, weil Carin K., die Tochter des ersten Gärtners Wilhelm K., ihre ersten sieben Lebensjahre im Gärtnerhaus verbrachte und sich gut erinnern konnte.

Carin K. kam im März 1938 in Bremen auf die Welt, wurde aber im Alter von sechs Wochen in »Heim Friesland« untergebracht: Das Gärtnerhaus war noch nicht fertig saniert, der Vater arbeitete jedoch schon in Hohehorst. Wie lange Carin im Heim blieb, ist nicht klar, ein Foto, das sie in dem typischen Stubenwagen zeigt, beweist, dass sie sicher länger als drei Monate dort blieb – Vater und Mutter in unmittelbarer Nähe. Und sie nahm auch an einer Namensgebung teil – am 21. Juni 1939. Ihr Vater war schließlich Rottenführer in der Waffen-SS.

Irgendwann zog die Familie ins Gärtnerhaus. Und Wilhelm K. kümmerte sich zusammen mit Hilfskräften um Treibhäuser und Obstspaliere, die Gemüsefelder, den Obstgarten – und das riesigen Gelände mit Rasen und Rosenbeeten und einem mächtigen Baumbestand.

1939 wurde Wilhelm K. eingezogen, Frau und Tochter konnten im Gärtnerhaus wohnen bleiben. Als Nachfolger kam Arthur N., ein Mann aus der Gegend, der nicht »kriegsverwendungsfähig« war. Carin K. erinnert sich daran, dass

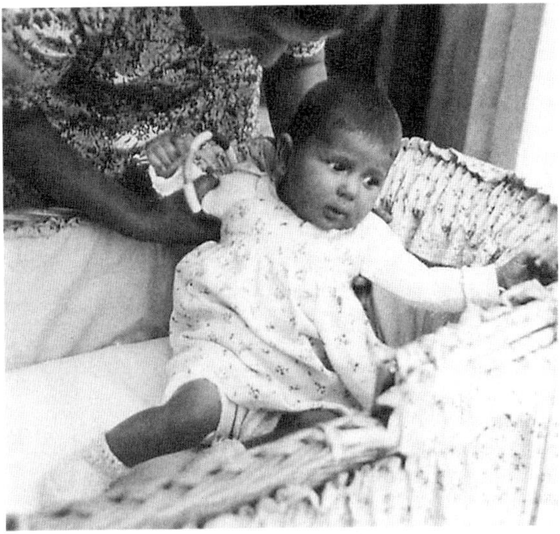

Carin K. im Körbchen – »Heim Friesland«

er infolge eines Unfalls taubstumm war und man sich mit ihm nur durch Zeichensprache verständigen konnte: Ihre Mutter schrieb in die Luft, dem kleinen Mädchen las Arthur N. von den Lippen ab, was sie ihm sagen wollte. N.s Verwandte meinten sich später zu erinnern, dass er schlecht sehen konnte – aber das glaubte Carin K. nicht. Wie hätte er dann zum Beispiel die Tomaten pikieren können? Wie auch immer: Es bleibt eine bizarre Vorstellung, dass ein Gärtner mit einer Behinderung in einem Heim arbeitete, in dem jede Behinderung als ein Makel betrachtet wurde, der diesen Menschen aus der Welt der »Elite« ausschloss.

Arthur N. blieb bis Kriegsende Gärtner des Heims, denn Wilhelm K. kehrte nicht mehr zurück. Er fiel, seine Frau heiratete später ein zweites Mal, aber auch dieser Mann überlebte den Krieg nicht – hinterließ Else K. aber eine zweite Tochter. Alle drei wohnten weiter im Gärtnerhaus – und behielten auch sonst ihre Nähe zu »Heim Friesland«.

Gärtner Wilhelm K. mit einer (unbekannten) Hilfskraft

Bei Julfeiern und anderen Festen war man dabei, die Wäsche wurde im Heim mit gewaschen – obwohl Else K. nicht dort arbeitete.

Ausziehen mussten die drei erst, als die Amerikaner das Gärtnerhaus für sich beanspruchten. Vorher vergrub Else

K. »Julteller und alles, wo SS draufstand. Kann sein, dass sie auch die Urkunde von der Namensgebung vergraben hat«, erzählte Carin K.

Über den Hausmeister, den Maschinenmeister und den Heizer von »Heim Friesland« ist nichts bekannt. Auch nicht, ob sie wie die Verwalter und der Gärtner Wilhelm K. SS-Mitglieder waren. Nicht aufklären ließ sich auch die Frage, ob die männlichen Angestellten in ihrem Bewegungsspielraum eingeschränkt waren, ob es für sie Tabuzonen gab und welche das waren. Die Kellerräume des Hauptgebäudes gehörten jedenfalls nicht dazu, denn hier waren Werkstätten, Heizungskeller, Wasserzentrale etc. untergebracht. Beate D. erinnerte sich außerdem daran, dass Ernst Günter Häusing oft bei seiner »Braut« und späteren Ehefrau in der Küche saß und aß.

Von dem Personal, das nach der Evakuierung im Januar 1941 in Hohehorst arbeitete, sind nur wenige Namen bekannt: die Oberschwester Bernhild B., die Hebamme Therese K., die Verwalter Franz Langer und Walter Decker, die Küchenleiterin Herta H., der Gärtner Arthur N. Im August 1942 kam die Oberschwester Leni von Radziewski und blieb bis Januar 1943. Erst Ende 1944 lässt sich die alte Organisationsstruktur wieder erkennen. Da gab es den Verwalter Lang, möglicherweise Walter Lang, der bisher das belgische Lebensborn-Heim geleitet hatte. Aus Klosterheide traf weiteres Personal ein: die Oberschwester Else Bertram, die Ärztin Almut Roselius, einige Schwestern, unter ihnen Erna H. und Gunda K., vermutlich auch die Hebammen Margarethe T. und Anneliese R. und eine Sekretärin, von der nur das Kürzel St. bekannt ist. Sie blieb bis März 1945 in Hohehorst und wurde dann von Anita J. abgelöst, die mit ihrem Baby aus Steinhöring kam.

Für die einunddreißigjährige Anita J. war Hohehorst die letzte Lebensborn-Station. 1942 hatte sie als Polizeiangestellte in Norwegen gearbeitet und war schwanger geworden. Zur

Geburt ihres Kindes ging sie in das »Heim Klekken«: Mit dem Kindesvater, einem SS-Mann, war sie nicht mehr zusammen, und der eigene Vater hatte sie verstoßen, als er von der unehelichen Schwangerschaft der Tochter erfuhr. Nach der Geburt bekam Anita J. eine Stelle als Sekretärin im Kinderheim »Godthåb«, konnte dort auch ihr Kind unterbringen – und war froh, in einer so »tollen« Einrichtung zu leben und zu arbeiten. Im September 1944 kehrte sie – erneut schwanger und nach wie vor ledig – nach Deutschland zurück, ließ den zweijährigen Sohn im Kinderheim in Kohren-Sahlis, ging selbst zur Entbindung nach Steinhöring und wurde von dort aus ins wiedereröffnete »Heim Friesland« geschickt.

Als sie ankam, fingen »die anderen« an, Lebensborn-Spuren zu verwischen und Bücher, Akten und Karteien zu vergraben – das Chaos des Untergangs hatte begonnen. Für Anita J. war das eine Gelegenheit, sich vorsichtig vom Lebensborn zu distanzieren: Sie kümmerte sich »zunächst mal um gar nichts« und entzog sich mit dem Argument »ich kenne mich ja überhaupt nicht aus«. Dass die anderen Angestellten versuchten, die norwegische Identität der anwesenden Kinder durch Aktenvernichtung und Namensänderung auszulöschen, fand sie »persönlich furchtbar«.

Nach dem Einmarsch der englischen Truppen und der Übergabe des Hauses an die Amerikaner musste sich Anita J. zum ersten Mal wegen ihrer Arbeit im Lebensborn rechtfertigen. »Ich bin von einem Amerikaner gefragt worden, wie ich da hingekommen bin. Ich sag: Durch meine Kinder. Notgedrungen, weil ich sonst nicht wusste wohin. Ob ich in der SS gewesen wäre? Ich sag: Ich nie. Weder in der SS noch in der Partei noch sonst irgendwo. Und das haben sie mir geglaubt, und damit war die Sache erledigt.«

Schaut man sich die Verwalter und Sekretärinnen, die Schwestern und Hebammen, das Küchen-, Haus- und Gartenpersonal noch einmal an, dann wird klar: Von *den* Lebensborn-Angestellten kann nicht die Rede sein. Neben der »braunen«

Oberschwester, die bewusst zur NS-Schwesternschaft ging, gewissenhaft ihr Amt ausfüllte, es aber gleichzeitig als »undankbare Aufgabe« in Erinnerung hat, steht die Waschfrau, die mit Leib und Seele im Heim aufging und auch noch vierzig Jahre später stolz auf seine Leistungen war. Neben der Hebamme, die ihre elitäre Einstellung damals und heute selbstbewusst vertritt, steht die Sekretärin, die dankbar und loyal im Lebensborn agierte, weil er ihr einen Ausweg aus einer schwierigen Lebenssituation bot. Neben der »braunen« Krankenschwester, die schon nach acht Wochen vom Lebensborn-Heim genug hatte, steht der Verwalter, der die Koinzidenz von politischer und patriarchaler Macht zu genießen schien.

Eine Mischung aus Überzeugten und Pragmatikern, aus Dankbaren und Anpassungsbereiten, aus Menschen ohne Berührungsängste und Menschen, die sich am richtigen Ort wähnten, einem Ort für »Auserwählte«.

Abgesehen von einer einzigen Ausnahme – Erika B. – war allerdings allen, mit denen ich gesprochen habe, eines gemeinsam: Die unmenschlichen Seiten des Lebensborn wollten sie nicht sehen. Selbst Helga S., der vieles in Hohehorst nicht »passte«, wusste nichts von den Lebensborn-Aktionen im Osten, wo Kinder geraubt und verschleppt wurden, und auch nichts von den kranken Kindern, die man in Tötungsanstalten gebracht hatte. Andere erklärten überzeugt, das habe es nicht gegeben, und schoben dann den Satz hinterher: »Jedenfalls nicht, solange ich da war.« Sie hatten – so scheint es – nur gute Seiten des Lebensborn kennengelernt oder wahrgenommen! Schließlich kamen rund die Hälfte von ihnen zu dieser Organisation, als sie ein Kind erwarteten und nicht wussten, wohin sie sich wenden sollten.

Die Alltagsregeln: Anstalt oder »Heimstätte«?

Ein Haus, in dem 100 bis 150 Menschen leben, von denen mehr als die Hälfte Kinder sind – das verlangt eine gute Organisation und klare Regeln. Für die Angestellten galten genaue Dienstpläne, strenge Hierarchien und festgelegte Verantwortlichkeiten.

Der Alltag der »Pensionärinnen«, wie die Schwangeren und Mütter im Lebensborn zuweilen genannt wurden, und der Alltag der Kinder war ähnlich durchorganisiert. Mit festen Tagesabläufen und geregelten Umgangsformen gab das Heim eine genaue Struktur für die vielen Wochen vor, die der größte Teil der Frauen dort verbrachte.

Dahinter stand allerdings nicht nur ein organisatorisches Prinzip, sondern auch ein ideologisches. Analog zur Idee der »Volksgemeinschaft« sollte in den Lebensborn-Heimen eine Müttergemeinschaft verwirklicht werden – eine Kameradschaft zwischen Gleichen, die sich zu einem Zweck zusammenfanden und als Individuen im Ganzen aufgingen.

Zu dieser Gemeinschaftsidee mussten die Frauen allerdings erst erzogen werden. Anfangs verpasste man ihnen Kittel als Tageskleidung: Keine sollte sich wegen ihrer exklusiven oder schlichten Garderobe von den anderen unterscheiden. Eine Anordnung, die man nach kurzer Zeit revidierte, denn die Mütter sahen »zu anstaltsmäßig« aus.

Ungleich wichtiger war eine gleichmachende Anrede: Alle »Pensionärinnen« wurden nur mit »Frau« und ihrem Vornamen angesprochen, hießen also Frau Elfriede und Frau Gerda, Frau Barbara und Frau Meta ... Abgesehen davon, dass diese Regelung dazu beitrug, die Identität der Frauen geheim zu halten, umging sie vor allem die Unterscheidung zwischen »Frau« und »Fräulein«. Damit war, zumindest theoretisch, nicht mehr erkennbar, ob eine »Pensionärin« ledig oder verheiratet war. Die verheirateten

T a g e s e i n t e i l u n g .

-.-

1

Von:	$5.^{00}$	- $6.^{00}$	Uhr:	1. Stillen
"	$6.^{00}$	- $6.^{30}$	Uhr:	Zimmer in Ordnung bringen
"	$6.^{30}$	- $7.^{00}$	Uhr:	Kaffee trinken
"	$7.^{00}$	- $8.^{00}$	Uhr:	Baden
"	$8.^{00}$	- $9.^{00}$	Uhr:	2. Stillen
"	$8.^{30}$	- $9.^{00}$	Uhr:	Frühstück
"	$9.^{00}$	- $10.^{45}$	Uhr:	Windeln legen oder andere Hausarbeiten
"	$11.^{00}$	- $11.^{30}$	Uhr:	Mittagessen
"	$12.^{00}$	- $13.^{00}$	Uhr:	3. Stillen
"	$13.^{00}$	- $14.^{45}$	Uhr:	R u h e
"	$14.^{45}$	- $15.^{15}$	Uhr:	Kaffeetrinken
"	$15.^{15}$	- $16.^{15}$	Uhr:	4. Stillen
"	$16.^{15}$	- $17.^{45}$	Uhr:	Windeln legen oder andere Hausarbeiten
"	$17.^{45}$	- $18.^{15}$	Uhr:	Abendbrot,

nach dem Abendbrot: Spaziergänge, Singen oder Lesen bis $19.^{30}$ Uhr.

Von $19.^{30}$ - $20.^{30}$ Uhr: 5. Stillen.

Ab $21.^{00}$ Uhr muß in allen Zimmern das Licht ausgeschaltet sein.

\- - - - - - -

Die Verdunkelung hat schon vor dem Abendbrot einzusetzen, und zwar sind die Mütter für ihre Zimmer verantwortlich, während die Schwe - stern und Angestellten für alle anderen Räume zu sorgen haben.

Als Aufenthaltsraum für den Abend dient die Halle, deren Fenstertüren gut abgedunkelt sein müssen.

In den Mütterzimmern darf die Deckenbeleuchtung nicht eingeschaltet werden; nur die <u>verdunkelten</u> Nachttischlampen dürfen brennen.

Hohehorst, den 2.9.1939.

Tageseinteilung in »Heim Friesland« 1939

Frauen spielten das Spiel allerdings oft nicht mit, sondern machten klar, dass sie Ehefrauen waren.

Der gewünschte Gleichheitseffekt wurde durch andere, auf den ersten Blick pragmatisch begründete Alltagsregeln verstärkt. Natürlich wurde gemeinsam gegessen, zu festgelegten Zeiten, morgens, mittags und abends. In einem Raum saßen die Mütter und die schwangeren Frauen in einer festgelegten Sitzordnung, in einem anderen die Kinder, in einem dritten das Leitungspersonal. Aber alle aßen das Gleiche, es gab eine »Gemeinschaftsverpflegung«. In Hohehorst standen zum Beispiel in einer Woche des Jahres 1941 folgende Gerichte auf dem Speiseplan: Spiegeleier mit Spinat und Kartoffeln, Hackbraten mit gemischtem Salat und Kartoffeln, Gulasch mit Wurzeln und Kartoffeln, Kartoffelsalat und Karbonade, Bratkartoffeln mit Fisch. Viel Gemüse und häufig Kartoffeln, drei, vier Mal die Woche Fleisch, manchmal eine Suppe vorweg, manchmal Obst zum Nachtisch. Abends Fisch oder Eier oder Salat mit Brot und Tee. Ein reichhaltiger Speiseplan für das Jahr 1941, der in den anderen Heimen vermutlich nicht anders aussah. Dennoch wurde im Lebensborn viel über Essen debattiert. Mütter beschwerten sich über zu viel Kohl auf dem Speiseplan: Die Säuglinge bekämen davon – transportiert über die Muttermilch – Blähungen. Himmler höchstpersönlich sorgte sich um verkochte Vitamine und empfahl in einem ausführlichen Schreiben an die Heime, den Müttern Haferbrei zum Frühstück zu servieren, denn »Hafer ist Nervennahrung und deswegen gut«.[112] In Steinhöring äußerten Mütter der Zentrale gegenüber einmal den Verdacht, dass die Angestellten und auch die französischen Kriegsgefangenen, die im Heim arbeiteten, mehr zu essen bekämen als sie – vor allem Vollmilch und Butter.[113] Das wäre eine eklatante Verletzung des Gleichheitsprinzips gewesen und wurde deshalb sofort kontrolliert.

Die gemeinsamen Mahlzeiten boten darüber hinaus Raum für offizielle Kommunikation: Dort wurde zum Beispiel be-

Bastelnde Mütter in einheitlichen Kitteln in »Heim Hochland«/Steinhöring

kannt gegeben, wenn ein Baby geboren worden war, mit Namen, Körpergewicht und Kopfumfang.

Auch die so genannten »Bräutekurse« hatten gemeinschaftsstiftende Funktion. Für Frauen, die sich länger als die übliche Wochenbettzeit in den Lebensborn-Heimen aufhielten, eröffnete das Deutsche Frauenwerk/Reichsmütterdienst »Mütterschulen«, wo Kurse in »Säuglings- und Krankenpflege, Kochen und Hauswirtschaft, Kindererziehung, Nähen, Flicken und Basteln«[114] abgehalten wurden.

Diese Kurse waren zwar auch als sinnvolle Beschäftigung für die »Pensionärinnen« gedacht, zeugten aber vor allem vom Erziehungswunsch, den der Lebensborn den Frauen gegenüber hegte: Sie sollten auf ihre Rolle als Hausfrau und Mutter eingeschworen werden, um der Produktion und Aufzucht der neuen »Elite« gerecht werden zu können. Nicht zufällig stammte das Vorbild für solche Kurse aus den Reihen der SS. Für die künftigen Ehefrauen von SS-Mitgliedern waren »Bräutekurse« obligatorisch. Ohne entsprechendes Zertifikat gab es keine Heiratserlaubnis!

In Hohehorst gab es Kurse und Vorträge, in denen die »Pensionärinnen« einiges über die Entwicklung eines Babys und seine Pflege erfahren konnten. Beate D. erinnerte sich an eine Angestellte, die Säuglingspflege-Kurse veranstaltete, und Therese K. erzählte, dass ihr Ehemann, von Beruf Arzt und als solcher auch mit Schwesternausbildung befasst, medizinische Vorträge in Hohehorst hielt. Eine regelrechte Mütterschule war erst im Aufbau begriffen. 1940 wurde zu diesem Zweck ein Gebäude gekauft, zur Einrichtung kam es aber nach der Evakuierung der Kinder und dem Ende des Entbindungsbetriebs offensichtlich nicht.

Auch in einem anderen Punkt half der Mann der Hebamme, Walther K., dem Lebensborn-Heim aus der Klemme. Die »Pensionärinnen« hatten nämlich nicht nur Kurse über Kinder und Haushalt zu absolvieren, sondern auch weltanschauliche oder politische »Schulungen«. Eigentlich sollten sie vom Heimleiter und hauptamtlichen Arzt abgehalten werden, der damit auch zum »Schulungsleiter« avancierte. Aber in Hohehorst gab es keinen Heimleiter, also improvisierte man, setzte Walther K. ein, ließ Otto Bachschneider vortragen oder eine Schwester oder eine Pensionärin. Ein Schulungsbericht von Oktober 1938, den die Sekretärin Beate D. wie jeden Monat an die Münchner Zentrale schickte, sah zum Beispiel so aus: Am 3. Oktober hatten die Frauen gemeinsam Radio gehört, und zwar die »Rede des Führers in Eger« – das Sudetenland war gerade von Deutschland annektiert worden. Auch an drei anderen Tagen stand »Gemeinschaftsempfang« auf dem Programm, und zwar mit Reden von Goebbels und Hitler. Außerdem gab es zwei Liederabende, an denen »gemeinschaftlich« Volkslieder gesungen wurden. Vier Mal kam der Kreisgruppenluftschutzleiter Engelage ins Haus, um einen Luftschutzkurs für die Angestellten abzuhalten. Einmal gab Schwester Emma »Verband-Unterricht Erste Hilfe«, und einmal engagierte sich die Pensionärin Frau Elfriede mit einer »Politischen

Wochenübersicht« zum Thema: »Die Entstehung des tschechoslowakischen Staates«.

Mit einem solchen Programm war der Lebensborn-Vorstand aber nicht zufrieden. Schließlich wollte man mit den Schulungen »die Mütter zu guten Nationalsozialistinnen (...) erziehen«, die »weltanschaulich gefestigt« die Heime verließen.[115] Und dazu waren – so die Kritik – Vorträge über »Rassenkunde« oder »Die Frau als Propagandistin des Nationalsozialistischen Staates«, die in anderen Heimen auf dem Programm standen, besser geeignet als das gemeinsame Radiohören.

Nun hatte sich schon im September 1938 der Hamburger SS-Führer Thoele, der im »Rasse- und Siedlungswesen im SS-Oberabschnitt Nordwest« saß, Gedanken über die Schulungen in »Heim Friesland« gemacht. In einem Brief an das Rasse- und Siedlungshauptamt stellte er einen umfangreichen Plan vor, wonach er alle vierzehn Tage eine anderthalbstündige Schulung in Hohehorst veranstalten wollte. Auf »Tagesfragen« und Kaffeetafel sollte ein Vortrag folgen. Als Themen schlug er unter anderem vor: »Das deutsche Volk« und die »Feinde des deutschen Volkes (Judentum, Untermenschentum, Freimaurerei, Bolschewismus)«, »Der Führer« und »Fragen der nationalsozialistischen Weltanschauung«, »Nationalsozialistische Gesetzgebung« und »Vererbungsgesetze und bevölkerungspolitische Fragen«.[116] Thoele scheint diesen Plan aber nie in die Tat umgesetzt zu haben. Denn im April 1939 kritisierte Lebensborn-Vorstandsmitglied Günther Pancke in Hohehorst erneut die Schulungstätigkeit des Heims: »Hier in Friesland wird die Schulung lediglich durch die Kreisschule gemacht. Ich will aber, daß die Schulung von der SS gemacht wird.«[117] Kreisschule – das war die NSDAP und nicht die SS. Ein klarer Ausdruck des rassepolitischen Führungsanspruchs der Sturm-Staffel.

Wie mit diesem Thema weiter verfahren wurde, lässt sich aus den Archiv-Akten nicht erkennen. Klar ist nur, dass

89

„Lebensborn" e.V.
Heim Hohehorst

Hohehorst, den 31. 10. 1938
Post St. Magnus b. Bremen

Fernruf: Vegesack Nr. 880
Konto: Sparkasse Vegesack Nr. 1964

Di.

Schulung im Monat O k t o b e r 1938

Tag:	A r t :	T h e m a :	Vortragender:
3.	Gemeinschafts-empfang	Rede des Führers in Eger	
4.	Gemeinschaft-lich	Politische Wochen-übersicht. "Die Entstehung des tschechoslowakischen Staates", anschl. Volksliedsingen	Frau Elfriede
5.	Gemeinschaftsempf.	Eröffnung des Winter-hilfswerkes 1938/39 durch Reichsminister Dr. Goebbels, Rede des Führers.	
6.	Gemeinschaft-lich	Volksliedsingen	
7.	Gemeinschaft-lich für die Angestellten des Heimes	Luftschutzkursus	Kreisgruppenluft-schutzleiter E n g e l a g e
9.	Gemeinschafts-empfang	Rede des Führers in Saarbrücken.	
14.	Gemeinschaftlich für die Angestell-ten des Heimes	Luftschutzkursus	Kreisgruppenluft-schutzleiter E n g e l a g e

./.

Schulungsplan Oktober 1938

- 2 -

Tag:	A r t :	T h e m a :	Vortragender:
18.10.	Gemeinschaftlich	Verband-Unterricht "Erste Hilfe".	Schwester Emma
21.	Gemeinschaftlich für die Angestellten des Heimes	Luftschutzkursus	Kreisgruppenluftschutzleiter E n g e l a g e
21.	Gemeinschaftsempfang	Rede des Reichsmin. Dr. Goebbels in Hamburg	
27.	Gemeinschaftlich	Volksliedsingen	
28.	Gemeinschaftlich für die Angestellten des Heimes	Luftschutzkursus	Kreisgruppenluftschutzleiter E n g e l a g e

"L e b e n s b o r n" e.V.

Heim Hohehorst

i.V.

SS-Untersturmführer und Verwalter

Der SS-Führer
im Rasse - und Siedlungswesen
im SS-Oberabschnitt Nordwest
-.-.-.-.-.-.-.-.-.-.-.-.-.-.-.-
thli

115

Hamburg, den 19.9.38
Harvestehuderweg 8a

Betr.: Schulung im Heim Hohenhorst Lebensborn e.V.
Bezug: dort. Schreiben vom 15.9.38.

Rasse- u. Siedlungs-Hauptamt SS
Nr. ....21. IX. 1938

An das
Rasse - und Siedlungshauptamt-SS.
-.-.-.-.-.-.-.-.-.-.-.-.-.-.-.-.-

Anliegend überreiche ich den von mir vorgesehenen Schulungsplan für das Heim Hohenhorst des Lebensborn e.V.-
Über diesen Plan ist mit dem Verwalter des Hauses bisher nicht Rücksprache genommen worden. Jedoch ist von mir bereits mit dem Ustuf. Bachschneider, als dem Verwalter in Hohenhorst, eine ständige Schulung verabredet worden. Es ist vorgesehen, diese Schulung 14tägig durchzuführen. Die wöchentliche Schulung würde infolge der weiten Entfernung vom Sitz des RuS-Führers Nordwest hinderlich sein. Jedoch besteht ohne weiteres die Möglichkeit, in den Wochen, in welchen keine Schulung durch den RuS-Führer durchgeführt wird, im Hause einen Musikabend, oder sonst auch eine Schulung durch den Hausverwalter bezw. durch Anwesende im Heim zu veranstalten.-
Im Plan ist vorgesehen, zunächst 1/2 Stunde lang Tagesfragen zu besprechen, dann diese im Anschluss bei einer Kaffeetafel zur Aussprache zu bringen, um die nähere Verbindung mit den Insassen des Heims zu erhalten; darauf soll dann aus einem fortlaufenden Plan 1 Stunde über ein Thema gesprochen werden, dass möglichst unter Zuhilfenahme von Lichtbildern erörtert werden soll. Der aufgestellte Plan würde bei der vorgesehenen Zeitaufteilung auf länger als 1 Jahr reichen. Da aber die Insassen des Heims ständig wechseln, wird darauf Rücksicht zu nehmen sein, dass jeder Vortrag in sich geschlossen bleibt und für sich als Schulung gelten kann. Da bereits jetzt nach einer Rücksprache mit dem Verwalter des Hauses mit der Schulung begonnen werden soll, wird um Mitteilung gebeten, ob das RuS-Hauptamt diesen Plan genehmigt.-

Der SS-Führer
im Rasse - und Siedlungswesen
im SS-Oberabschnitt Nordwest

Thoele

SS-Obersturmbannführer

Brief von SS-Obersturmbannführer Thoele und Entwurf eines neuen Schulungsplans

116

Schulungsplan für das Heim Hohehorst "Lebensborn" e.V.

-.-

Schulung 14tägig je 2 Stunden.

I. 1/2 Stunde Tagesfragen
   1/2 Stunde Kaffeetafel und dabei Aussprache.

II. 1 Stunde Thema aus fortlaufendem Schulungsplan z.T. mit Lichtbildern.

Fortlaufender Plan.

Einleitung: Aufgaben und Ziele der ᛋᛋ (mit besonderer Berücksichtigung der Schulung) 1 Std.

A. Das deutsche Volk 12 "

1. seine Geschichte
2. seine rassische Zusammensetzung
3. seine berufliche Zusammensetzung
   a. Bauerntum
   b. Soldatentum
   c. Arbeitertum
4. die Feinde des deutschen Volkes
   a. das Judentum
   b. das Untermenschentum
   c. die Freimaurerei
   d. der Bolschewismus

B. Der Führer 3 "

1. sein Leben
2. sein Werk
3. seine Mitarbeiter

C. Fragen der nat.soz.Weltanschauung 5 "

1. das Führerprinzip (Ehre, Zucht und Ordnung)
2. Religion, Christentum, Kirche.
   a. Religion unserer Vorfahren und anderer nord. Völker
   b. die Geschichte des Christentums
   c. die deutsche Gläubigkeit
3. Kunst als Ausdruck der Weltanschauung

D. Nationalsoz. Gesetzgebung. 3 "

1. Das Ehegesundheitsgesetz und der Verlobungsbefehl des ᛋᛋ als Vorläufer dazu.
2. Das Gesetz zum Schutze des deutschen Blutes und der deutschen Ehre
3. Das Gesetz zur Verhütung erbkranken Nachwuchses

E. Vererbungsgesetze und bevölkerungspol. Fragen 4 "

F. Die Grundgesetze der ᛋᛋ 1 "

Walther K., der Ehemann von Therese K., 1940 damit begann, im Haus Vorträge zu halten. An die Themen konnte sich keine von meinen Gesprächspartnerinnen erinnern, Therese K. vermutete, dass er über »den Wert der Frauen und Mütter« und ähnliches gesprochen habe, »selbstverständlich alles stark politisch gefärbt, das ist ja wohl klar«. Schließlich war ihr Mann ein »ganz überzeugter Nationalsozialist«.

In den Augen der Vorstandsmänner hatte die politische und hausfrauliche Erziehung der Mütter übrigens nicht nur ideologischen Wert. »Insbesondere hat sich ergeben, daß durch die ständige weltanschauliche Beeinflussung der Frauen die Disziplin im Heim weitgehend gefestigt und der unter Frauen übliche Klatsch so gut wie ganz unterbunden wird.«[118] Weibliche Redelust wurde offensichtlich als so bedrohlich empfunden, dass man(n) sie eindämmen und kontrollieren wollte. Auch das war eine Funktion von »Bräutekursen« und »weltanschaulichen Schulungen«.

Die Bildung einer Müttergemeinschaft verlangte also nicht nur Maßnahmen, die Gleichheit und Gemeinsamkeit herstellen sollten, sie verlangte auch Disziplinierungsmechanismen. Dazu dienten, außer der ständigen Beschäftigung mit der NS-Ideologie, die strikten Regeln, an die sich die »Pensionärinnen« zu halten hatten. Wer sie verletzte, musste im schlimmsten Fall mit Entlassung aus dem Heim rechnen oder mit einer schlechten »rassischen Gesamtnote«, die zum Beispiel eine Anstellung beim Lebensborn oder eine erneute Aufnahme im Heim verhinderte.[119]

So war neben dem Standesamt, dem Zentrum der Geheimhaltung, auch die Entbindungsstation nicht frei zugänglich. Schwangere und Mütter durften die Wöchnerinnen nur in Ausnahmefällen und mit einer Erlaubnis besuchen. Das gleiche Trennungsprinzip galt für Mütter und Kinder: Die Säuglinge lebten im Säuglingssaal, die größeren Kinder im Kindergarten – getrennt von den Müttern,

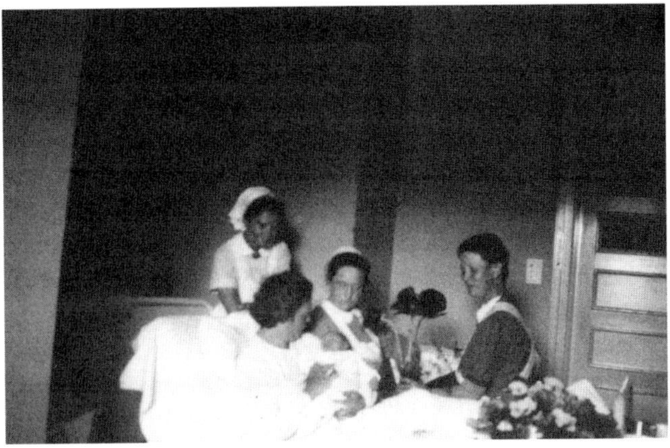

Auf der Wöchnerinnenstation von »Heim Friesland« Sommer 1939

die noch im Heim lebten bzw. dort arbeiteten. Selbst die Angestellten bewegten sich nicht im ganzen Haus: »In die Mütterzimmer kam ich selten, da hatte ich nichts zu suchen«, erklärte mir die Sekretärin Beate D.

Bekam eine Frau Besuch von außerhalb, durfte sie ihn nicht mit in ihr Zimmer nehmen, sondern musste sich mit ihm ins Besucherzimmer setzen – auch wenn der Besucher der Ehemann war. »Der Lebensborn war unheimlich sittenstreng«, erzählte Therese K. stolz. »Mein Mann war das einzige männliche Wesen, das ins Haus durfte. Und alle anderen Männer durften nur ins Besuchszimmer. Das hätte ein heilloses Durcheinander gegeben …«

Regeln und Vorschriften verlangten also Trennung, weil es sonst ein »heilloses Durcheinander« gegeben hätte – diese Vermutung von Therese K. lässt sich ohne Weiteres auf das Ganze übertragen. Die Angst, bei einem solchen »Durcheinander« die Kontrolle zu verlieren, muss enorm gewesen sein.

Man stelle sich vor: Eine Wöchnerin, die einer Hochschwangeren von der Geburt erzählt und deren Angst verstärkt. Eine Angestellte, die mit ihrem Kleinkind in der Badewanne liegt. Ein Mann, der seine Frau besucht – und die beiden schlafen miteinander und haben die Zimmergenossin der Frau um Diskretion gebeten. Solche Situationen hätten eine Atmosphäre von Gefühlen, von Körperlichkeit, von Leben erzeugt, die nicht zum Selbstbild einer SS-Organisation passte, die permanent ihre »Sittenstrenge« und »Sauberkeit« beweisen wollte – und prüde bis auf die Knochen war. Eine Atmosphäre von Menschsein, die ein Lebensborn-Heim in seinen Mauern nicht verkraften konnte und deshalb unterdrückte und ausschloss.

Wenn eine Frau das Heim verlassen wollte, musste sie sich »abmelden« und das große Tor passieren. Welches »Durcheinander« sich dann draußen abspielte, war dem »sittenstrengen« Lebensborn gleichgültig. »Die Männer holten die Frauen ab, und sie gingen dann spazieren oder in den Ort«, erinnerte sich Therese K. »Da war ja ein schönes Lokal gleich in der Nähe, da konnten sie sich einmieten. Und die Frauen konnten dann auch beurlaubt werden.« Hauptsache, drinnen war alles geordnet und lief in den vorgeschriebenen Bahnen.

Oft genug war das aber nicht der Fall. Immer wieder kam es auch drinnen zu Vermischungen. Nehmen wir die Männer: Da war nicht nur der Ehemann von Therese K., der, wie seine Frau behauptete, »als einziges männliches Wesen ins Haus durfte« – eine Erlaubnis, die sich das Paar regelrecht ertrotzt hatte. Es gab auch andere Männer im Haus, die Verwalter, die Ärzte, die anderen männlichen Angestellten, die sich zumindest im Keller des Hauses und auf dem Gelände bewegten. Gehörten sie so zum Betrieb dazu, dass Therese K. sie gar nicht als männliche Wesen registrierte?

Jedenfalls ist ihre Behauptung schlichtweg falsch. Die Männer des Lebensborn-Vorstands, SS-Führer Thoele aus Hamburg, der Kreisgruppenluftschutzleiter – sie alle kamen ins Haus. Auch zu Feiern wurden Männer eingeladen, zum Beispiel »ein SS-Sturm aus Bremen«, wie sich Helga S. erin-

1. Mai-Parade in Bad Polzin. »Heim Pommern« marschiert mit. In der ersten Reihe (Mitte) der Heimleiter Dr. Robert Düker

nerte und wie ein Dokument belegt.[120] Lebensborn-Vorstandsmitglied Günther Pancke wünschte sich sogar, »daß die örtliche SS mehr von diesen Heimen kennenlernt und die Verbindung zu den Heimen aufnimmt«.[121]

Auch zwischen den anderen, eigentlich getrennten Gruppen gab es im Heimalltag Vermischungen. Bei den Müttern und Kindern etwa – schließlich versorgten die Mütter ihre Kinder, schon aus pragmatischen Gründen. Oder zwischen Müttern und Personal. Den »Pensionärinnen« wurden Aufgaben zugeteilt, die sie mit den Angestellten gleichsetzten. »Zur Hebung des körperlichen Wohlbefindens«[122] bekam jede Frau eine leichte Arbeit zugewiesen: Staubwischen, Gemüseputzen, Wäschefalten. Da saßen sie dann mit Küchenmädchen und Waschfrauen und sorgten alle zusammen für die »Müttergemeinschaft«.

Höhepunkte im Lebensborn-Alltag waren die Feiern: Weihnachten wurde durch ein Julfest zur Wintersonnenwende ersetzt, für das sich meine Gesprächspartnerinnen

2

A r b e i t s e i n t e i l u n g

für die Mütter im Heim "Hohehorst".

Milchküche: .... Frau Annemarie, Frau Erika, Frau Emmi
Vertretung i.d. Milchküche : Frau Kläre
Kochküche: .... Frau Luise, Frau Marta, Frau Anni,

Säuglingsstation: .... Frau Hildegard, Frau Alma,
t a g s ü b e r

Frau Getrud, Frau Erika, Frau Emmi
a b e n d s

Kleinkinderzimmer: .... Frau Hanni, Frau Wera

Isolierzimmer: .... Frau Ursula

Wochenstation: .... Frau Bertel, Frau Wilhelmine I :

Säuglingszimmer 1 und 2 staubwischen, in Ordnung halten und Wäsche einräumen, Wochenzimmer, Flur und Wachzimmer staubwischen.

Wochenstation: .... Frau Ingeborg, Frau Elisabeth:

Essen austeilen und Geschirr spülen.

S p ü l k ü c h e :

1. Frühstück und Mittag: .... Frau Wilhelmine I, Frau Wilhelmine II, Frau Mathilde, Frau Liesel, Frau Anneliese I, Frau Hanna.

Nachmittag und Abend: .... Frau Dina, Frau Mathilde, Frau Anni, Frau Alma, Frau Hildegard

2. Frühstück austeilen:
(von 1/2 10 bis 10. Uhr): ... Frau Kläre

T i s c h d e c k e n :

1. Frühstück und Abend: ..... Frau Dina, Frau Annemarie
Mittag und Nachmittag: ...... Frau Hanna un Frau Anneliese

Blumenpflege: .... Frau Anneliese I

Arbeitseinteilung in »Heim Friesland«

5

Windeln draußen aufhängen: ..... Frau Annemarie, Frau Hanni

Staubwischen:

Flur und Lesezimmer mit Verandatüren außen (naß abwaschen) und Flur bis Spülküche: .... Frau Hildegard

Halle, Treppenhaus und Eßzimmer:. Frau Anneliese I

1. Etage: .... Frau Annemarie
sowie Terrasse (Vorderfront) fegen und Verandatüren außen feucht abwaschen.

Windeln legen:

Frau Hildegard, Frau Kläre, Frau Elisabeth, Frau Bertel, Frau Liesel, Frau Ursula, Frau Ursel, Frau Ingeborg, Frau Anni, Frau Marta, Frau Hanni, Frau Annemarie, Frau Dina, Frau Luise, Frau Anneliese I, Frau Anneliese II, Frau Wilhelmine I, Frau Wilhelmine II, Frau Alma, Frau Hilde, Frau Hildegard, Frau Emmi, Frau Mathilde, Frau Erika

Pfortendienst: .... Frau Hanna

Büro: .... Frau Gertrud

\- - - - - - -

Hohehorst, am 3. 9. 1939.

Hochzeit in »Heim Kurmark«.
Der Fahrer des Heimleiters heiratet eine Frau aus der Umgebung.
Rechts Heimleiter Dr. Werner Laumann

allerdings nicht begeistern konnten. Dabei erhielten sie als Angestellte ein Geschenk – einen Julteller, hergestellt in der Porzellanmanufaktur Allach, einem SS-Wirtschaftsbetrieb. Im Juni veranstaltete man Sonnwendfeiern. Der 20. April (»Führer-Geburtstag«) und der 9. November (Jahrestag des Hitler-Putschs 1923) boten Anlässe für Feierstunden. Natürlich wurde auch der Muttertag begangen, und gelegentlich unterbrach ein bunter Abend den Alltagsbetrieb …[123] Dazu kam hin und wieder eine Hochzeit im Sonderstandesamt des Lebensborn-Heims, die je nach Situation – in einem Fall fand sie einen Tag vor der Entbindung statt, wie sich die Sekretärin Beate D. erinnerte – oder Stellung der Beteiligten mit mehr oder weniger Aufwand gefeiert wurde. In »Heim Kurmark« zum Beispiel heiratete der Chauffeur des Heimleiters Werner Laumann – im feierlichen Rahmen und mit vielen Gästen, auch von außerhalb. Und in Hohehorst fand

Heimleiter und Angestellte erwarten den Hochzeitszug. Mit Haube Oberschwester Erika Wittmann

pünktlich zum »Führer-Geburtstag« am 20. April 1940 sogar einen Doppelhochzeit statt!

Der größte Aufwand wurde für die Namensgebungsfeiern betrieben. Im Kern waren sie nichts anderes als eine säkularisierte Form der christlichen Taufe: Die anwesenden Kinder bekamen einen Namen und einen Paten, gleichzeitig wurden sie in die »Sippengemeinschaft der SS« aufgenommen.

Obligatorisch war die Teilnahme nicht: Manche Mütter entzogen sich und gingen sogar heimlich zum Pfarrer, um das Kind taufen zu lassen. Im Gegenzug drängten Heimleiter oder Verwalter die Frauen zur Teilnahme. Aus vorhandenen Zahlen lässt sich ableiten, dass ungefähr die Hälfte der Mütter ihre Kinder zu diesen Feiern brachte.[124] Darunter waren mit Sicherheit Kinder aus SS-Familien und Kinder lediger Mütter, die Mitglied der NSDAP waren – zum Beispiel Carin, die Tochter des Gärtners Wilhelm K., und Paul, der kleine Sohn der Sekretärin Beate D.

Stand eine Namensgebung ins Haus, wurde in »Heim Friesland« die großen Halle im Zentrum des Hauses mit »Führerbüste«, Fahnen, Blumen und Kerzen geschmückt, bis alles »sehr feierlich« aussah. Dann wurden Stuhlreihen aufgebaut, und die Mütter mit ihren »nett gekleideten« Säuglingen nahmen in der ersten Reihe Platz. Dahinter gruppierten sich andere Heimbewohnerinnen, Personal und Gäste, manchmal waren Angehörige der Mütter darunter, immer Männer aus den Reihen der SS, die Patenschaften übernehmen sollten. Zur Feier am 18. August 1939 wurde zum Beispiel die 9. SS-Reiterstandarte aus Bremen eingeladen.

Schließlich begann die Zeremonie unter der Regie des Heimleiters. Da es in Hohehorst keine Heimleiter gab, übernahm der Verwalter Fritz Meyer-Schmid(t) manchmal diese Rolle. Am 20. Juni 1939 war Gregor Ebner zu Gast – vermutlich hat man ihm die Leitung überlassen. Die Krankenschwester Helga S. erinnerte sich an einen SS-Mann aus Bremen, der am 30. Oktober 1939 die Feier dirigierte. Und Therese K. war sicher, dass Himmler selbst einmal an einer Namensgebung in Hohehorst teilnahm und dort »seine Mätzchen« machte, wie sie sich ausdrückte. »Und ich habe immer gedacht, was für ein Männchen.«[125]

Zuerst spielte Musik, dann wurde ein »Sinnspruch« rezitiert von einem SS-Führer oder einer Schwesternschülerin in BDM-Tracht, schließlich hielt der Zeremonienmeister eine Ansprache: über »Sinn und Zweck der Namensgebung« und das »Brauchtum der Ahnen«, über die christliche Taufe und germanische Vornamen. Helga S. erinnerte diesen Teil der Veranstaltung als »bevölkerungspolitischen Vortrag«, der mit aufforderndem Gestus die Schaffung einer »arischen Elite« propagierte. Anschließend wurde das eigentliche Ritual vollzogen. Die Mutter ging mit ihrem Kind nach vorne, ein SS-Mann, der die Patenschaft für das Kind übernehmen wollte oder sollte, trat neben sie. Dann richtete der Zeremo-

Vorbereitung für eine Namensgebung in »Heim Friesland«, 1939

nienmeister wie ein Priester drei Fragen an die Mutter und den Paten – so steht es jedenfalls in einem Bericht aus Steinhöring, der das Ritual ausführlich beschreibt:[126]

»›Deutsche Mutter, verpflichtest du dich, dein Kind im Geiste der nationalsozialistischen Weltanschauung zu erziehen?‹ – Die Mutter gibt mit Handschlag ihr Jawort. Daraufhin wendet sich der Heimleiter an den neben der Mutter stehenden SS-Paten: ›Bist du, SS-Kamerad, bereit, dieser Mutter und ihrem Kind, wenn sie in Not und Gefahr geraten, persönlichen Schutz zu verleihen?‹ Handschlag. Ja. ›Bist du bereit, die Erziehung des Kindes im Sinne des Sippengedankens[127] unserer Schutzstaffel stets zu überwachen?‹ Handschlag. Ja. Der Heimleiter hält den SS-Dolch über das Kind, berührt es damit und spricht: ›Ich nehme dich hiermit in den Schutz unserer Sippengemeinschaft und gebe dir den Namen ... Trage diesen Namen in Ehre.‹«[128]

Das Hantieren mit dem SS-Dolch, einem zentralen Symbol für die Zugehörigkeit zur SS,[129] scheint die anwesenden Frauen besonders beeindruckt zu haben. Jedenfalls berichteten meine Gesprächspartnerinnen immer wieder von dieser martialischen Szene – in unterschiedlichen Versionen. »Dann wurde dem Kind feierlich der blanke Dolch auf den Bauch gelegt«, meinte eine. Und eine andere erklärte: »Den Kindern wurde der SS-Ehrendolch auf den Kopf gelegt.« Die Frauen müssen den Gegensatz zwischen dem hilflosen Säugling und dem scharfen Dolch als so bedrohlich empfunden haben, dass sich in ihrer Erinnerung eine symbolische Berührung in eine überwältigende Aktion verwandelte.[130]

Genau betrachtet war sie das auch, denn mit der Namensgebung wurden grundlegende Markierungen für das Leben der Kinder gesetzt. Da ging es einmal um die Erziehung, die im Geiste der NS-Ideologie erfolgen sollte und dazu gleich Kontrollmechanismen und Überwachungsinstanzen installierte. Hinzu kam der »Schutz der SS-Sippengemeinschaft«, unter den die Kinder bei der Namensgebung gerieten. In diesem fürsorglich wirkenden Angebot artikulierte sich ein Anspruch der SS, der über die ideologisch-politische Erziehung weit hinausreichte – ein Anspruch auf den ganzen Menschen und sein ganzes Leben. Die »schützende Sippengemeinschaft« wollte die Kinder für sich vereinnahmen, als ihren Nachwuchs heranziehen und zu einem aktiven Teil der neuen »Elite« machen.

Tatsächlich dürften diese hochgesteckten Ziele in den seltensten Fällen realisiert worden sein. Sie scheiterten nicht nur daran, dass das NS-System wenige Jahre später zerschlagen wurde. Sie scheiterten auch, weil zum Beispiel die Paten ihre Aufgabe eher formell als inhaltlich betrachteten – und in der Regel im Leben der Kinder nie wieder auftauchten.

Mit dem Dolch-Ritual war der Höhepunkt der Feier überschritten. Den Müttern wurde noch eine Urkunde[131] überreicht und als Geschenk ein silberner Kaffeelöffel. Dann wurde zum Abschluss stehend das »Treuelied« der SS gesungen. Danach begann der gemütliche Teil der Veranstaltung: In Steinhöring gab es Kaffee und Kuchen, in Bad Polzin einen musikalischen Abend, in Hohehorst einmal ein

151

Fol. ....

Namensgebung

Bei der SS-Namensgebung im Heim Steinhöring des Vereins „Lebensborn" e. V. am ....

erhielt das am .... in Steinhöring

geborene Kind de..........

....

(genaue Personalien)

....

den Namen

....

Steinhöring/Oberbayern, am ....

Der Pate: Der Leiter des Heimes:

Name: ....

Beruf: ....

Wohnort: ....

Namensgebungs-Urkunde

Abendessen, ein andermal hatte man der eingeladenen SS-Reiterstandarte einen »Kameradschaftsabend« versprochen. Die Krankenschwester Helga S. erinnerte sich an »eine Fete mit Tanz und Geschichten«. Genaueres wusste sie aber nicht zu berichten: »Ich habe mich bald verdrückt, weil ich keine Lust hatte, an den weiteren Veranstaltungen teilzunehmen.« Allerdings war sie sicher, dass bei dieser »Fete« Mütter, Personal, Paten und der eingeladene »SS-Sturm aus Bremen« anwesend waren.

Ein Finale, das Fantasien in Gang setzt und an die »gelenkte Zeugung« denken lässt: Wie weit gingen solche Feste? Wie viele Paare mögen sich dort kennengelernt haben? Wie viele mögen anschließend im Bett gelandet sein? War das einkalkuliert und gewollt? Fragen und Spekulationen, die durch die Bemerkung von Helga S. entstehen. Als junge Krankenschwester hat sie den Fortgang der »Fete« zwar nicht erlebt, aber sie schildert ein Gefühl, einen Eindruck, eine Befürchtung, die sie veranlassten, nicht mitzumachen. Meine anderen Gesprächspartnerinnen äußerten sich zu diesem Punkt nicht: Sie konnten sich an ein solches Fest überhaupt nicht erinnern, manche erinnerten sich sogar nur mit Mühe an die Namensgebungsfeier.

Nehmen wir an, das Fest war ausgelassen, es bildeten sich Paare, einige landeten im Bett, und das wurde durchaus gerne gesehen. Bis auf den letzten Punkt ein normaler Vorgang – und das sollte die »gelenkte Zeugung« sein, der die Organisation einen Teil ihrer Mystifizierung verdankt? Wenn man bedenkt, dass die Mütter für dieses Vorhaben in der Regel ausschieden, weil die meisten ihre Kinder stillten und damit praktisch vor Empfängnis geschützt waren, dann wären die Feste eine Inszenierung für die angestellten Frauen gewesen, schließlich blieben nur sie als Empfängnisobjekte übrig. Aber brauchte man für sie eine solche Inszenierung? Trafen sie nicht ständig auf Männer, die im und um das Haus herum agierten? Boten sich dabei nicht genug Gelegenheiten, einen Partner zu finden, fürs Bett oder fürs

Herz, fürs Kinderzeugen oder für die Ehe? Die Beispiele von Herta H. und Ernst Günter Häusing, von Hildegard S. und Otto Bachschneider, ja selbst von Beate D., die ihren späteren Ehemann bei Verhandlungen um eine Kohlelieferung fürs Heim kennenlernte – sie alle belegen das aufs Schönste.

Wozu also die »Fete«, wie Helga S. die Veranstaltung bezeichnete? Man feierte sich selbst, huldigte der SS-Sippe – wie eine Familie sich feiert, die Zuwachs bekommen hat. Man stellte Kontakte her zwischen den Müttern und den SS-Mitgliedern, die sich als Paten zur Verfügung gestellt hatten. Schließlich waren männlicher »Schutz« und ideologische Erziehungskontrolle versprochen und ein weitreichender Anspruch auf die neuen »Elite-Kinder« zu begründen. Man nutzte die Gelegenheit, Verbindungen zwischen der örtlichen SS und den Heimen herzustellen, wie Vorstandsmitglied Pancke gefordert hatte. Wenn dabei die eine oder andere Frau, ob Mutter oder Angestellte, mit einem »SS-Kameraden« näheren Kontakt aufnahm, umso besser! Mit der »Sittenstrenge«, die Therese K. dem Lebensborn zuschrieb, passen diese Feste allerdings gar nicht zusammen. »Heim Friesland« schloss Männer nicht generell aus, sondern nur bestimmte – und agierte damit nach dem bekannten Muster bürgerlicher Doppelmoral: nach außen eine sittenstrenge Fassade, intern Kontakte und Begegnungen, Techtelmechtel und Beziehungen.

Während »Heim Friesland« boomte (1940 wurde etwa die Hälfte aller Kinder geboren) und die SS-Sippe sich mehr denn je feiern konnte, häuften sich die Situationen, die Angst und Schrecken auslösten. Aber auch das trägt bekanntlich zur Bildung von »Gemeinschaftsgefühlen« bei. Mit den ersten Bombenangriffen auf Bremen im Juni 1940 begann in Hohehorst die nächtliche Furcht vor »den Engländern«. Beate D. erinnerte sich lebhaft an den ersten Angriff: »Da stand ich zitternd in der Nacht draußen und sah, wie die Bomben auf Bremen fielen. Ich flog am ganzen Körper. Diese Angst, die man hatte.« Bei den nächsten Angriffen war die angstvolle Passivität durchbrochen – der Heimbetrieb reagierte mit Sicherheitsmaßnahmen. »Heute Nacht waren wir zum zweiten Mal im Luftschutzkeller«, hielt Therese K. am 8. Juni 1940 in einem Tagebuch fest. »Es ist nicht leicht, 80 Kinder in wenigen Minuten vom ersten und zweiten Stockwerk in den Keller zu transportieren und da unten ruhig zu halten.« Zwei Wochen später, am 25. Juni, schrieb sie: »Wir spüren hier die Wut der Engländer über Frankreichs Niederlage ... Jetzt waren wir sechsmal hintereinander im Luftschutzkeller, jedes Mal ungefähr zwei bis drei Stunden ... Unserem Haus hier ist noch nichts passiert, es fielen nur einige Flak-Splitter aufs Dach und in die Nähe des Heims, verursachten aber keinen Schaden.« Und am 21. Juli: »Jetzt müssen wir schon sechs Wochen jede Nacht in den Keller.«

Angst und Erschöpfung machten sich im Heimalltag breit und ließen den Betrieb immer mehr aus den Fugen geraten. Außerdem brachten die nächtlichen Kellersitzungen die herrschenden Strukturen durcheinander und setzten das Trennungsprinzip außer Kraft. Kinder reagierten wie Erwachsene, Erwachsene wie Kinder, Angestellte fielen aus, »Pensionärinnen« übernahmen deren Aufgaben. Die Hebamme las den Kindergartenkindern vor, um sie ruhig zu halten, die schwangeren Frauen halfen, Säuglinge in den Keller zu bringen, eine Schwester brach immer wieder in Tränen aus und musste getröstet werden, und Eva, die vierjährige Tochter von Therese K., konnte plötzlich die sonst eifersüchtig bewachte Mutter entbehren. Sie habe, schrieb Therese K. im Tagebuch, plötzlich erklärt: »Die kranken Tanten sind sonst so allein«, und die Mutter zu den Wöchnerinnen geschickt. Je länger das nächtliche »Durcheinander« dauerte, desto schwerer wurde es, die klaren Strukturen tagsüber wieder herzustellen.

Diese Situation änderte sich schlagartig, als am 6. Januar

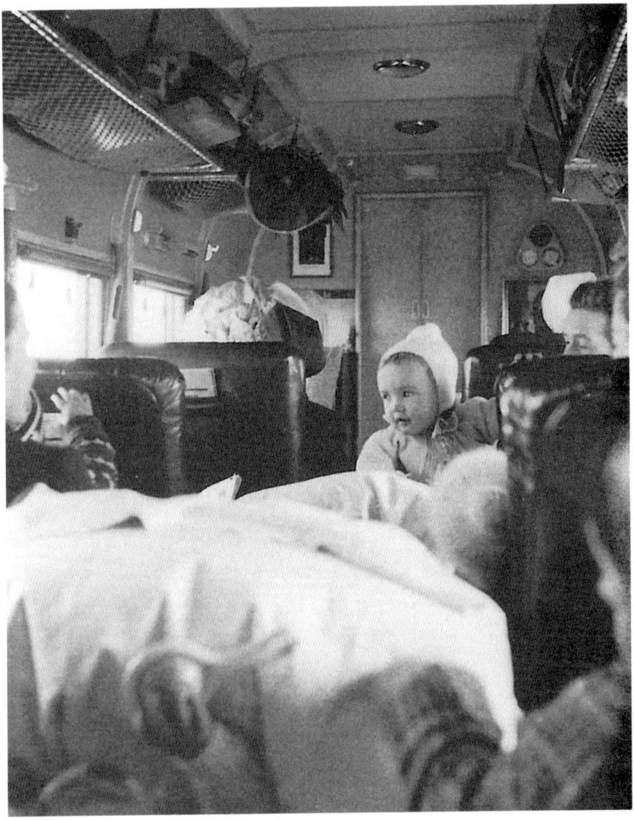

Evakuierung von »Heim Friesland« per Flugzeug, Januar 1941

1941 der Befehl kam, das Heim zu evakuieren und Himmler dafür sein Flugzeug zur Verfügung stellte. Es handele sich um »49 Säuglinge und Kleinkinder sowie 10 stillende Mütter«, hielt ein Dokument der Münchner Zentrale fest.[132]

Aus dem Melderegister von Steinhöring, wohin Frauen und Kinder verlegt wurden, ergeben sich allerdings andere Zahlen: Dort wurden am 9. Januar 1941 sieben Frauen und 36 Kinder eingetragen. Darunter auch Paul D., der Sohn von

Beate D., Karl B., der Sohn der jungen Ärztin Erika B., und Robert H., der Sohn einer Röntgenassistentin aus Bremen. Erika B., die gerade zu Besuch in Hohehorst war, durfte den Transport begleiten – und machte Fotos.

Dreieinhalb Jahre später, als Hohehorst noch einmal Entbindungsheim wurde und Lebensborn-Kinder, Angestellte und ein paar Mütter dort lebten, gelang es nur in Ansätzen, einen Heimbetrieb nach dem alten Muster auf die Beine zu stellen. Stattdessen bestimmten Improvisation und Eigensinn, Aktionismus und Verweigerung das Bild – ein »Durcheinander«, das durch das nahe Kriegsende und die zusammenbrechende NS-Herrschaft noch potenziert wurde. Angestellte versuchten, Spuren zu verwischen, andere – zum Beispiel der Verwalter – flohen in der Hoffnung, die eigene Haut retten zu können. Das war das Ende der beschworenen Müttergemeinschaft.

Die Mütter

»Wie ich heute am Wasaplatz auf Eva wartete ..., fiel mir wieder ... die Anzahl der schwangeren Frauen auf und mehr noch die Betontheit, mit der sie den gefüllten Bauch vorstrecken. Früher verbarg, jetzt unterstreicht man die Schwangerschaft. ... die Weiber (kokettieren jetzt) mit ihren Schwangerschaften. Sie tragen den Bauch wie einen Parteiknopf. ... Ganz Deutschland ist eine Fleischfabrik und Fleischerei.«[133]

Eine Beobachtung aus dem Jahre 1942, aufgeschrieben von einem einundsechzigjährigen Mann, der als Jude in Deutschland zu überleben versuchte – eine Notiz aus den Tagebüchern von Victor Klemperer. Neben einer tiefen Verachtung für den politischen Kontext der neuen Gebärfreudigkeit macht seine Notiz deutlich, wie stark sich die Bewertung der weiblichen Fruchtbarkeit unter der NS-Herrschaft verschoben hatte. Obwohl die Geburtenrate 1942 schon wieder sank, war Mutterschaft zum zentralen Lebensinhalt geworden, aus dem Frauen gesellschaftliche Anerkennung ziehen konnten.

Was Victor Klemperer nicht sah: Die uneheliche Mutterschaft blieb trotz aller Gegensteuerung diskriminiert. Unverheiratete Frauen liefen in der Regel nicht mit stolzem Bauch durch eine Stadt wie Dresden, wo Klemperer lebte. Einige ließen ihre Schwangerschaft trotz drakonischer Strafandrohung abbrechen. Andere heirateten, bevor das Kind zur Welt kam. Dritte verbargen ihren Zustand so lange wie möglich und verließen dann ihren Wohnort, zogen zu Verwandten oder gingen zur Geburt in ein privates Entbindungsheim. Schließlich gab es Frauen, die versuchten, beim

Lebensborn unterzukommen – immerhin wertete diese Organisation die ledige Mutterschaft auf: »Die Mutter aber«, heißt es in einer Informationsbroschüre, »die sich trotz aller gesellschaftlichen Verlogenheit zu ihrem Kinde und damit zur Volksgesamtheit bekennt, ist in unseren Augen wertvoller als die andere, die aus Furcht vor Schande oder aus Angst vor Vorwürfen, die aus dem Lager der Moralpächter kommen, abtreibt und damit ihr Leben aufs Spiel setzt und das ihres Kindes vernichtet.«[134]

Wie viele (deutsche) Frauen insgesamt vom Lebensborn »ausgewählt« und aufgenommen wurden, lässt sich nur schätzen: Es waren vermutlich zwischen 6000 und 7000.[135] Etwa zwei Drittel von ihnen waren ledig – damit fiel weder der karitative Effekt besonders ins Gewicht noch der bevölkerungspolitische. Zwischen 4000 und 5000 ledige Mütter, denen man nicht per se unterstellen kann, dass sie das Kind ohne den Lebensborn abgetrieben hätten, sind angesichts der Abtreibungszahlen, mit denen Himmler operierte (600 000 bis 800 000 Abbrüche pro Jahr), eine verschwindend kleine Zahl. Aber um eine simple Erhöhung der Geburtenrate ging es dem Lebensborn ja auch nicht. Es ging ihm um »Auslese« und eine neue »Elite«.

In Hohehorst kamen zwischen April 1938 und Januar 1941 214 Kinder auf die Welt, 1945 wurden noch einmal drei Babys geboren. Zumindest eine Zwillingsgeburt ist bekannt, was die Zahl der Mütter von 217 auf 216 reduziert. Weiter herunterrechnen muss man diese Zahl aber nicht, da keine Frau zwei Mal zur Entbindung im Heim war. Nicht einmal die Heimangestellte Herta H. hat ihr zweites Baby in Hohehorst auf die Welt gebracht.

68 Kinder (31,3 Prozent) wurden ehelich geboren, 149 unehelich (68,7 Prozent).[136] Dieses Verhältnis von unverheirateten und verheirateten Müttern ist für die frühen Lebensbornjahre ungewöhnlich, denn bis Anfang 1940 bestand – auf alle Heime bezogen – eine Relation von drei zu vier.[137]

»Das waren alles junge Frauen«, erklärten meine Gesprächspartnerinnen unisono. Aber was heißt jung, wenn die Sekretärin mit 27 Jahren nach Hohehorst kam und die Hebamme mit 24? »Die meisten Mütter waren zwischen zwanzig und dreißig«, schätzten diese beiden.[138] Besonders gut erinnerten sie sich natürlich an die Ausnahmen. Mit einem gewissen Stolz erzählte Therese K. von einer Vierundfünzigjährigen, die problemlos ihr Kind zur Welt brachte. Und Beate D. hatte immer noch die fünfzehnjährige Otti vor Augen: Die Eltern des Mädchens waren eingeweiht – nur die Großmutter durfte von der Schwangerschaft der Enkelin nichts wissen.

Otti S. kam von der Saale nach Hohehorst, Meta F. aus Braunschweig, Margarethe R. aus dem Ruhrgebiet, Wera M. aus Plön, Elfriede S., die sich bei den Schulungen stark engagierte, aus Trier, Anna Grete W. aus Rostock, die Ärztin Erika B. aus Berlin. Alle Wohnorte lagen also mindestens zweihundert Kilometer von Hohehorst entfernt – der Geheimhaltung wegen. Aus dem gleichen Grund wurde Gerda B., die in der Nähe von »Heim Friesland« zu Hause war, von der Lebensborn-Zentrale zur Entbindung ins pommersche Heim geschickt.

Nur wenn Geheimhaltung nicht nötig war – bei Ehefrauen von SS-Mitgliedern zum Beispiel –, kamen die »Pensionärinnen« manchmal aus der näheren Umgebung. Sie nutzten das Heim als komfortable Entbindungsanstalt und verbrachten oft nur die Zeit des Wochenbetts dort. In den ersten Jahren scheuten sich SS-Ehefrauen allerdings oft, zum Lebensborn zu gehen, »weil sie dort mit den unehelichen Müttern gleichgestellt« würden und weil in der SS generell die Ansicht herrschte, der Lebensborn habe »etwas Dunkles und Geheimnisvolles« an sich.[139] Demnach bestand auch in der »SS-Sippe« ein negatives Bild von unehelichen Müttern, mit denen man keinesfalls identifiziert werden wollte. Ehefrauen waren schließlich etwas Besseres! Im Laufe des Krieges änderte sich die Zurückhaltung allerdings. Da waren die Frauen froh, wenn sie abseits der Städte in ländlichen Gegenden niederkommen und auch ihre größeren Kinder mitbringen konnten. Auf »Heim Friesland« traf das allerdings nicht zu, schließlich fanden dort seit Januar 1941 keine Entbindungen mehr statt, weil Bomber auf Bremen flogen!

Die Berufe der Mütter spielten im Lebensborn-Kontext nur dann eine Rolle, wenn die Frauen ledig waren – dann wurden sie nämlich in den Dokumenten erwähnt. Bei verheirateten Frauen notierten die Standesbeamten wie selbstverständlich »Hausfrau«. Oder sie erwähnten gar keinen Beruf, selbst wenn eine Frau – wie Herta H. zum Beispiel, die Wirtschafterin von »Heim Friesland« – einen solchen hatte und ihn sogar ausübte! Bei den ledigen Hohehorst-Müttern wurden folgende Berufe eingetragen: Lehrerin und Jugendleiterin, Röntgenassistentin und Arbeiterin, technische Assistentin und Sekretärin, Packerin und Ärztin, Bankangestellte und Abteilungsleiterin, Zahnarzthilfe und Kontoristin ... und dazu eine Studentin und eine Haustochter. Aus den Zeitzeugen-Interviews sind außerdem bekannt: Beschließerin, Krankenschwester, Hebamme, Wirtschafterin.

Im ersten Tätigkeitsbericht des Lebensborn von 1940 findet sich eine differenzierte Aufstellung der »Berufsschichten, aus denen die Mütter hervorgehen«.[140] Dabei werden sieben Kategorien genannt und die Prozentzahlen von Lebensborn und Deutschem Reich gegenübergestellt:

	LB	Dt. Reich
Arbeiterin:	2,9 %	18,5 %
Handarbeiterin mit Fachausbildung: (Schneiderin, Putzmacherin, Friseuse, Kellnerin etc.)	6,7 %	1,0 %
Hausangestellte:	11,6 %	45,5 %

Kaufmännische Angestellte: (Sekretärin, Stenotypistin, Buchhalterin, Kontoristin)	30,1 %	7,0 %
Mit abgeschlossenem Examen, Universität, Akademie u. a.: (Lehrerin, Kindergärtnerin, Technische Assistentin, Hebamme, Schwester, Apothekerin, Ärztin)	22,1 %	0,5 %
Sonstige: (Betriebsleiterin, Sprechstundenhilfe, Grafikerin, Schriftstellerin, BDM-Führerin)	8,8 %	1,0 %
Ohne Beruf: (auch Schülerin, Studentin, Haustochter)	26,5 %	17,8 %

Obwohl diese Statistik rechnerisch nicht ganz aufgeht, liefert sie wichtige Informationen. Die beiden Berufssparten, in denen landesweit die meisten Frauen arbeiteten (Hausangestellte und Arbeiterin), waren im Lebensborn unterrepräsentiert. Am häufigsten vertreten waren dagegen Frauen aus Büroberufen, Frauen, die keinen Beruf hatten, und die im Deutschen Reich verschwindend kleine Gruppe qualifizierter Frauen aus dem pädagogischen und medizinischen Bereich.[141]

Das stimmt mit den keineswegs repräsentativen Informationen aus »Heim Friesland« zwar nicht ganz überein – dort waren Berufe aus dem Bereich Hauswirtschaft stark vertreten, die Zahl der Berufslosen dagegen gering –, aber insgesamt zeichnen sich deutliche Parallelen ab.

Mit anderen Worten: In den Lebensborn-Heimen befanden sich vor allem Frauen, die in damals neuen, modernen Berufen arbeiteten – im Büro, im medizinisch-technischen Bereich. Berufen, die auch für weibliche Angestellte einige Entwicklungsmöglichkeiten boten. Dagegen waren Frauen, die sich beruflich in traditionellen Fahrwassern bewegten, weniger vertreten.

Man könnte vermuten, dass bei dieser Zusammensetzung die Auslesepolitik des Lebensborn eine Rolle gespielt hat. Vielleicht wurde neben Gesundheit und »Rasse« unausgesprochen auf die soziale Stellung der Bewerberinnen geachtet – schließlich wollte man eine »neue Elite« schaffen. So ließe sich zum Beispiel der geringe Anteil der Arbeiterinnen erklären. Gleichzeitig ist eine Korrelation zwischen Modernität der Berufe und der Einstellung der Frauen denkbar, ihr Selbstbild, ihr moralisches Bewusstsein, ihr sexuelles Verhalten betreffend. Vielleicht trauten sich qualifizierte Frauen, die im Beruf relativ selbständig und kompetent agieren konnten, eine ledige Mutterschaft eher zu? Vielleicht wandten sich diese Frauen deshalb eher an den Lebensborn als andere, weil er zu ihrem Selbstbild passte, ihrem Wunsch aufzusteigen, etwas Besseres zu werden? Dass der Lebensborn sie seinerseits für seine »Rassenpolitik« instrumentalisierte, war ihnen entweder gleichgültig oder sie deuteten es als Aufwertung. Oder sie waren politisch einverstanden. Denn – und das macht die Lebensborn-Statistik von 1940 nicht explizit – in den Heimen befand sich eine nicht geringe Zahl von Müttern, die in NS-Organisationen angestellt waren! In »Heim Schwarzwald« – und nur hier liegen genaue Zahlen vor – war das immerhin ein Achtel!

Frauen, die in privaten Haushalten arbeiteten, hatten eine andere Ausgangsposition. Auch wenn es zynisch klingen mag: Für Hausgehilfinnen und Hausangestellte war die uneheliche Mutterschaft traditionell eine Art Berufsrisiko: Die sexuelle Ausbeutung durch die Männer der Arbeitgeberfamilie war bei vielen gang und gäbe. So kann man sich durchaus vorstellen, dass Hausangestellte – trotz ihrer Vereinzelung – ein tradiertes Wissen besaßen, wie mit dieser Situation und ihren Folgen umzugehen war. Diese Frauen hatten ihre eigenen Adressen und Orte und brauchten keine Lebensborn-Heime.

Gerda B. war 1938 21 Jahre alt, arbeitete in ihrem Beruf als Sekretärin, lebte mit den Eltern am Bremer Stadtrand und war verliebt. Da von Heirat die Rede war, gab die junge Frau dem Drängen des Freundes irgendwann nach und wurde sofort schwanger. Das aber war das Schlimmste, was ihr passieren konnte! Denn die Eltern, die auf den guten Ruf der Familie bedacht waren, hatten der Tochter immer wieder angedroht, sie im Falle einer unehelichen Schwangerschaft »rauszuwerfen« oder »so lange ums Haus zu jagen«, bis eine Fehlgeburt einsetze. Im Klartext: Sie würden alles tun, um eine solche Schwangerschaft zu vertuschen, auch um den Preis, die Tochter zu verlieren.

Als wäre das Unglück nicht schon groß genug, verabschiedete sich bald darauf der Kindesvater – eine Lösung per Trauschein war damit unmöglich geworden. Den Gedanken an eine Abtreibung gab die junge Frau auf, als der Hausarzt sich weigerte. Nun versuchte Gerda B., bei einer Verwandten in Schlesien unterzukommen und dort das Kind zur Welt zu bringen, aber auch dieser Plan scheiterte. Schließlich schlug ihr der Hausarzt vor, sich an den Lebensborn zu wenden. »Dass er SS-Arzt war, das wusste ich nicht«, beteuerte die alte Frau im Interview. Zurückgehalten hätte sie dieses Wissen sicher nicht, denn Gerda B. hatte keine Berührungsängste gegenüber NS-Institutionen. Eine Zeit lang hatte sie als Sekretärin bei Bremer Nazifunktionären gearbeitet, und die Rolle einer BDM-Führerin hatte sie auch schon übernommen, ohne im BDM zu sein, ohne überhaupt irgendwo Mitglied zu sein, »außer in der Arbeitsfront, das mussten wir ja alle«. Warum also nicht in ein Lebensborn-Heim gehen, das einen Ausweg aus ihrer schwierigen Lebenssituation bot?

Bei Therese K., die später als Hebamme in Hohehorst arbeitete, war die Ausgangslage komplizierter. Sie liebte einen

Abschrift.

4

7.1o.38
T.B. 58 Straubing
Hauptpostlagernd.

In einer Zeitschrift las ich Ihre Anschrift und wende mich nun in einer großen Not vertrauensvoll an Sie. Von einem Mann, den ich nicht heiraten kann, erwarte ich ein Kind. Da ich nicht weiß, wo ich zur Entbindung hin soll, die Angelegenheit darf unter keinen Umständen weder bei mir zu Hause noch hier in Straubing (ich bin Volkspflegerin) bekannt werden, möchte ich Sie fragen, ob Sie ein Heim haben, in das man schon lange vor der Niederkunft hingehen kann. Sowohl der Vater des Kindes als auch ich sind gesund, arische Menschen, und ich möchte gern an einem ruhigen Ort ohne das Gehetze des Berufes der Geburt meines Kindes entgegensehen. Ist bei Ihnen eine Geheimhaltung garantiert? Welches sind die Bedingungen in Ihren Heimen, wie hoch sind die Kosten? Ich bin Mitglied der Barmer Ersatzkasse, könnte diese Kasse mit Leistungen eintreten, ohne daß dadurch alles bekannt wird? Bitte geben Sie mir recht bald Antwort. Da ich nicht weiß, ob ich Ihre Anschrift richtig behalten habe und der Brief gegebenenfalls als unbestellbar zurückkommt, bitte ich Sie, mir postlagernd zu antworten. Ich bin jetzt im 3. Monat und möchte gerne Dezember-Januar in ein Heim gehen, denn dann wird man mir meinen Zustand wohl ansehen.

Heil Hitler!

Adresse: T.B.58
Straubing/Donau
Hauptpostlagernd

PS. Ist Ihre Institution auch bei der Unterbringung eines Kindes nach der Geburt behilflich?
Rückporto liegt bei.

f.d.R.d.A.:

ϟϟ-Untersturmführer
München, den 24.März 1939
L.1582 Zi/Hk.

Anonyme Anfrage an den Lebensborn

verheirateten, zwanzig Jahre älteren Mann, der sich als Offizier, hochrangiger SA-Mann und vor allem als Arzt einen Namen gemacht hatte. 1936 bekamen die beiden ein Kind – und verabredeten ein Arrangement: Die Tochter sollte beim Vater und seiner (kinderlosen) Ehefrau aufwachsen, Therese und der Mann wollten ihre Beziehung beenden. »Ich hatte so hehre Ansichten. Ich wollte der Frau auf keinen Fall den Mann wegnehmen, sondern mich total opfern«, erzählte Therese K. und lachte. »Wie man mit 18 oder 19 halt ist.« Die Verabredung erwies sich als illusorisch. Das Paar traf sich wieder, und die junge Frau wurde zum zweiten Mal schwanger. Mittlerweile hatte sie eine Ausbildung als Hebamme angefangen und dabei unterschrieben, dass sie im Falle einer Schwangerschaft gekündigt werden konnte. In dieser Situation kam ihr der Zufall zu Hilfe. An einer Straßenbahnhaltestelle war das »Schwarze Korps«, die Zeitung der SS, angeschlagen, und darin war ein Artikel über den Lebensborn abgedruckt. Therese K. bewarb sich, wurde als Hebamme eingestellt, obwohl sie noch kein Examen hatte, und bekam für die Entbindung einen Platz im »Heim Wienerwald«. Das war im Sommer 1938. Die Kolleginnen im Hebammen-Kurs staunten über die vorzeitige Anstellung – von der Schwangerschaft wussten sie nichts.

Marlis K. war »die deutsche Traumfrau der Nationalsozialisten«, so ihre Tochter Herta K.: groß, blond und schön. Sie war überzeugte Nationalsozialistin und arbeitete als Sekretärin, zuerst bei Martin Bormann in der Reichspropagandaleitung der NSDAP, seit 1939 im Goebbels'schen Reichspropagandaministerium in Berlin. Als Paris am 14. Juni 1940 besetzt war, fuhr sie in Urlaubsstimmung an die Ostsee, traf dort bei einer Siegesfeier auf Hertas Vater, einen Wehrmachtsoffizier, und ließ sich auf einen One-Night-Stand mit ihm ein. Als sie merkte, dass sie schwanger war, war der Kindesvater längst nach Frankreich versetzt worden. Ohne zu zögern, wandte sich Marlis K. an den Lebensborn, überließ ihm die Klärung der Vaterschaftsfrage und

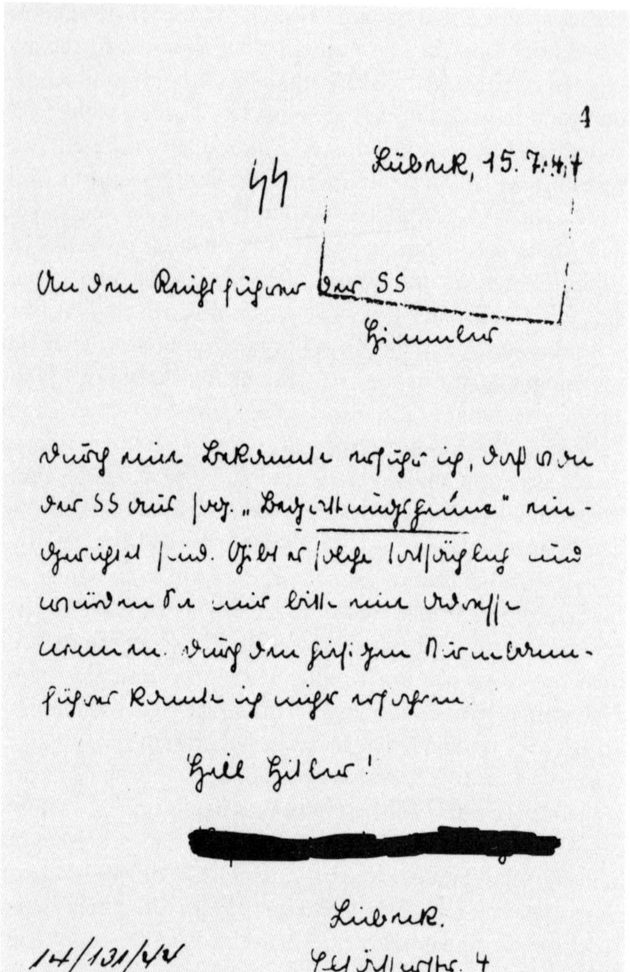

1

Lübeck, 15.7.44

An den Reichsführer der SS
Himmler

Durch eine Bekannte erfuhr ich, daß von der SS aus sog. „Begattungsheime" eingerichtet sind. Gibt es solche tatsächlich und würden Sie mir bitte eine Adresse nennen. Durch den hiesigen [illegible] ist nicht [illegible].

Heil Hitler!

Lübeck.
[illegible] 4

14/131/44

Anfrage wegen Begattungsheimen
Brief von Lisamaria K. und Antwort aus dem
Persönlichen Stab Reichsführer SS

Reichsführer-SS
Persönlicher Stab
[...] Nr.14/131/44
[...]

Feld-Kommandostelle
den 26. Juli 1944

Postanschrift:
(1) Berlin SW 11,
Prinz-Albrecht-Str. 8
persönlich

An
SS-Gruppenführer von Alvensleben
Dresden
Devrienstr. 2

Lieber Gruppenführer!

Ich danke Ihnen erstens für Ihren Brief vom 20.7.1944. Ich schlage vor, daß Sie von Ihrer Dienststelle aus der Angelegenheit nachgehen. Fräulein K. müßte ja auf eine entsprechende Anfrage, von wem sie etwas Derartiges gehört habe, antworten. Darüber hinaus wäre es gut, wenn Sie außerdem SS-Gruppenführer von Bassewitz-Behr mit dem Vorgang befassen würden. Es wird sich bestimmt lohnen, diesem Faden einmal bis zu seinem Ursprung nachzugehen. Das Ergebnis würde ich dann dem Reichsführer-SS und dem Lebensborn mitteilen.

Ich habe eine Abschrift des Briefes hierbehalten.

Herzlichen Gruß und

Heil Hitler!

SS-Standartenführer.

1 Anl.

fuhr wenige Monate später zur Entbindung ins bayerische Heim in Steinhöring.

Ehefrauen, die in ein Lebensborn-Heim gingen, hatten keine so dramatische Vorgeschichte. Lore P. zum Beispiel war verheiratet, als sie 1942 schwanger wurde, und lebte in Berlin. Da ihr Mann als Mitglied der Waffen-SS nie zu Hause war – zuerst besuchte er eine Junkerschule, später war er an der Westfront eingesetzt –, sorgte er dafür, dass seine Frau in ein Lebensborn-Heim kam. »Das hat mein Mann arrangiert, ich hatte damit nichts zu tun«, erinnerte sie sich. Das erste Kind wurde in »Heim Kurmark« in Klosterheide geboren, das zweite anderthalb Jahre später in »Heim Taunus«.

Meta F. war bereits schwanger, als sie heiratete. Daher entschloss sich das Paar, den Service des Lebensborn zu nutzen: »Leider habe ich Grund annehmen zu müssen«, schrieb der Ehemann und SS-Obersturmführer Horst F. nach München, »daß nicht überall Verständnis für die Geburt eines Kindes fünf Monate nach erfolgter Eheschließung vorhanden sein wird. ... Um meiner Frau von vornherein seelische Belastungen ... zu ersparen, bitte ich um Mitteilung, ob die Geburt unseres Kindes vertraulich behandelt oder zunächst bis Juli geheim gehalten werden kann.«[142] Natürlich war das möglich – und so fuhr Meta F. ein paar Wochen später nach Hohehorst.

Es gab eine dritte Gruppe von Frauen, die sich an den Lebensborn wandte – nicht, weil sie schwanger waren, sondern weil sie schwanger werden wollten. In den Archiv-Akten liegt der Brief einer Lisamaria K. vom Juli 1944,[143] in dem diese bei Himmler anfragte, ob es die »sog. Begattungsheime« der SS tatsächlich gebe, von denen sie gehört habe, und darum bat, ihr eine entsprechende Adresse mitzuteilen. Diesen Brief nahmen SS und Polizei zum Anlass, einmal dem Ursprung der Gerüchte über »SS-Begattungsheime« nachzugehen. Lisamaria K. wurde vernommen und musste Namen nennen. Noch am 24. Februar 1945 fand in Magdeburg ein Verhör in dieser Sache statt!

Die Geigenlehrerin Irma M. brauchte kein »Begattungsheim«. Sie hatte sich selbst einen Mann ausgesucht, von dem sie ein Kind wollte. In einem Brief an Gregor Ebner, den ärztlichen Leiter des Lebensborn, schilderte sie im Januar 1944 ihre Situation: »Ich bin 33 Jahre alt ... und wünsche mir aus tiefstem Herzen Kinder von einem Mann, den ich seiner drei vorhandenen Kinder wegen leider nie heiraten kann.« Deshalb plante Irma M., den »herzlichsten, hochwertigsten Mann, den ich kenne«, ohne sein Wissen zum Vater zu machen. Es gab allerdings ein Problem: Als ledige Mutter würde sie ihre Stelle verlieren, ihre Basis, um ein Kind alleine großzuziehen. Prompt versprach ihr der Lebensborn Geheimhaltung – auch gegenüber dem Kindesvater – und eine Absicherung der Stelle.[144] Ob Irma M. ihren bis ins Letzte ausgetüftelten Plan jemals in die Tat umgesetzt hat, geht aus den Akten allerdings nicht hervor.

Dass der Wunsch nach einem Kind jenseits von Beziehung und Ehe in den (späten?) Jahren der NS-Herrschaft nicht ungewöhnlich war, zeigt auch eine Bemerkung meiner Gesprächspartnerin Anita J., selbst zweifache ledige Lebensborn-Mutter. Mitten im Interview, ohne direkten Zusammenhang zum gerade besprochenen Thema, erklärte sie plötzlich: »Es gibt doch heute auch viele Frauen, die sich vornehmen: Ich möchte ein Kind haben. Ohne verheiratet zu sein. Und die suchen sich dann einen bestimmten Mann aus, der ihnen gefällt. Das gibt's doch heute auch! Warum soll's das damals nicht gegeben haben?«

Vierfach gemustert: Die Aufnahmekriterien

Keine Frau, die sich um Aufnahme in ein Lebensborn-Heim bewarb, kam am »Ausleseverfahren« der Organisation vorbei. Jede, die dort ihr Kind auf die Welt bringen wollte,

Hartmut M. und seine Mutter in »Heim Friesland«

musste eine ärztliche Untersuchung und eine »rassische« Beurteilung über sich ergehen lassen.[145] Außerdem waren eine »Ahnentafel« einzureichen, ein »Erbgesundheitsbogen« mit Angaben über erbliche Belastungen in der Familie sowie ein Fragebogen zur Person. Darin ging es nicht nur um Beruf, Krankenversicherung und Parteizugehörigkeit, sondern bei den ledigen Frauen auch um Fragen wie: »Ist eine Eheschließung beabsichtigt?« oder: »Welche Gründe stehen einer Eheschließung entgegen?« Komplettiert wurde dieser Fragebogen durch einen handgeschriebenen Lebenslauf und ein Foto, auf dem die Frau ganz abgebildet sein musste.

»Die wurden auf Herz und Nieren geprüft, die mussten gesund sein und alles«, erklärte mir die Hebamme Therese K. und führte damit sprachlich eine Distanz zu den anderen Frauen vor, die in der Realität nicht existierte. Schließlich war sie selbst Lebensborn-Mutter. Allerdings wurde sie für ihre Arbeit als Hebamme ebenfalls »auf Herz und Nieren geprüft«, insofern waren die Aufnahmekriterien des Lebensborn für sie in diesem Punkt nichts Ungewöhnliches. Das bestätigte auch die Ärztin Erika B., die sich nicht an Untersuchungen erinnern kann. »Und dann wurde auch geprüft, ob sie das berühmte Rassen ...« – hier brach Therese K. ihre Aufzählung ab. Sie wollte es nicht verbergen, aber sie wollte auch nicht aussprechen, dass es beim Lebensborn um »Rassenpolitik« ging, dass die Frauen »arisch« sein mussten und einen »Ariernachweis« brauchten, allerdings nur bis zur Großeltern-Generation. »Bis 1800 hatte ich ihn geschafft«, erinnerte sich Gerda B., »aber weiter zurück ging's nicht.« Gerda B. fand es übrigens »nicht so schlimm«, dass der Lebensborn einen solchen Nachweis von ihr verlangte. »Die haben da keinen besonders großen Wert drauf gelegt. Das stand halt im Gesetz.« Herunterspielen war in den Interviews auch eine Methode, mit einem unangenehmen Thema umzugehen. Denn Gerda B. irrte. Der Lebensborn legte den größten Wert auf die »arische« Abstammung – das »gute Blut« war schließlich sein Hauptinteresse. Und das erklärte er auch offen, zum Beispiel in einer Informationsbroschüre: »Der Lebensborn unterscheidet sich von allen anderen Einrichtungen des Nationalsozialistischen Staates, die sich mit ähnlichen Aufgaben auf allgemeiner Grundlage befassen; seine Arbeit setzt die Anwendung des strengen erbbiologischen Ausleseprinzips der Schutzstaffel voraus.«[146]

Das »strenge erbbiologische Ausleseprinzip« wurde auch auf den »Kindesvater« angewendet. Daher mussten Frauen, die sich um eine Heimaufnahme bewarben, den »Erzeuger« benennen. »Es kam keine Mutter da hin, die den Mann nicht bekannt gab. Das gab's überhaupt nicht«, meinte Therese K. streng. In einer Partnerschaft war das unproblematisch, bei werdenden Eltern, zwischen denen keine Verbindung mehr bestand, konnte das kompliziert werden. »Ich habe nur seine Adresse angegeben, und die haben sich dann direkt an ihn gewandt«, erinnerte sich Gerda B. Alles andere erledigte der Lebensborn. Denn auch ein Kindesvater hatte Ariernachweis, Gesundheits- und Erbgesundheitsatteste beizubringen. Außerdem musste er die Vaterschaft offiziell und amtlich anerkennen und sich zur Zahlung der entsprechenden Unterhaltsgelder verpflichten – aus ihnen wurde unter anderem der Heimaufenthalt von Mutter und Kind bezahlt.

Einerseits waren diese Forderungen an die »Erzeuger« ein Akt sozialer Fürsorge und In-die-Pflicht-Nahme: Mit einer »deutschen Frau« ein Kind zu zeugen und dafür nicht geradezustehen, das widersprach den »Mannes-Tugenden«, die in der SS proklamiert wurden.[147] Tatsächlich versuchten nicht wenige Männer, sich zu entziehen. Sie bestritten die Vaterschaft, reagierten nicht auf den Druck, den der Lebensborn auf sie auszuüben versuchte, und manche ließen es auf einen Vaterschaftsprozess ankommen.

Andererseits belegt der Umgang mit der Vaterschaftsfrage das »Rassen- und Elitekonzept« des Lebensborn. Es mussten eben beide Elternteile den »rassischen«, erbbiologischen und gesundheitlichen Anforderungen entsprechen. Und wie nebenbei bekam die Organisation dadurch Anhaltspunkte über den Lebenswandel der werdenden Mutter. Auch das war wichtig und galt als zusätzliches »Rassenmerkmal«. Frauen, die mit mehreren Männern verkehrten, vielleicht sogar Prostituierte waren, wurden nicht nur moralisch verurteilt, sondern auch als »rassisch minderwertig« betrachtet. Damit bekam die ständig wiederholte Erklärung der Lebensborn-Funktionäre, ihre »Pensionärinnen« seien nicht aus »Leichtsinn« oder »Hemmungslosigkeit« schwanger geworden, sondern aus »sittlicher Verantwortung gegenüber Rasse und Volk«, neben dem moralischen auch einen »rassischen« Kontext.[148]

Dass solche politisch-ideologischen Motive für die meisten Frauen keine Rolle spielten, wussten die Funktionäre natürlich. Trotzdem bestanden sie auf diesem Bild der Organisation und drangen darauf, dass die von ihnen propagierte Moral eingehalten wurde. Eine Mutter, bei der während des Heimaufenthalts eine Geschlechtskrankheit festgestellt wurde, wurde gleich nach der Geburt entlassen.[149] Und eine verheiratete Frau, die ein außereheliches Kind bekam, wurde nicht aufgenommen. Das sei eine Unterstützung ihres Betrugs am Ehemann, hieß es.[150] Dass die umgekehrte Konstellation gang und gäbe war, dass verheiratete Männer und Familienväter andere Frauen schwängerten, die dann im Lebensborn niederkamen – das war offensichtlich kein Zeichen »rassischer Minderwertigkeit«, im Gegenteil. Je länger der Krieg dauerte, desto offener wurde die männliche Zeugungswut als »volkserhaltend« und »rassisch verantwortungsbewusst« bewertet. Als allerdings zwei Frauen mit demselben Kindesvater gleichzeitig im Lebensborn entbanden, war das den Funktionären doch zu viel. Sie kritisierten den Kindesvater: Er hätte besser planen sollen.[151]

1940 konstatierte der erste Tätigkeitsbericht des Lebensborn: »56 Prozent der gestellten Aufnahmeanträge entsprachen nicht dem Ausleseprinzip und konnten deshalb nicht aufgenommen werden.«[152] Der Historiker Georg Lilienthal geht aufgrund seiner Recherchen davon aus, dass tatsächlich 75 Prozent (und nicht nur 44 Prozent) der Frauen, die sich um einen Heimaufenthalt beworben hatten, aufgenommen wurden. Nur: Eine Schwangere, die keine »arische« Großmutter nachweisen konnte, wurde vom Lebensborn genauso abgelehnt wie eine Frau, in deren Verwandtschaft ein Mensch an Schizophrenie litt oder körperbehindert war. Diese Basics waren unumstößlich, auch als der Lebensborn in den letzten Kriegsjahren die Aufnahmebedingungen lockerte: Da wurde zum Beispiel eine werdende Mutter akzeptiert, die zum entsprechenden Zeitpunkt zwei »Beiwohner« hatte – beide waren Mitglieder der SS. Auch der bereits erwähnten Geigenlehrerin Irma M., die den Kindesvater vor dem Lebensborn geheim halten wollte, wurde die Aufnahme versprochen. Sie sollte lediglich eidesstattlich erklären, dass der von ihr ausgesuchte Mann wirklich der Vater sei. Ungeachtet solcher Ausnahmen fand eine »Auslese« statt. »Das waren alles gesunde und durchaus gut aussehende Frauen«, erklärte mir Beate D. Und wenn sie von konkreten Personen erzählte, erwähnte sie häufig ihre Haar- und Augenfarbe: »Eine große, blonde, blauäugige Frau« sei Margot Holm gewesen, die in Hohehorst anderthalb Jahre lang die Position der Oberschwester innehatte. Und die Generalstochter, an deren Namen sich Beate D. nicht mehr erinnern konnte, sei ebenfalls eine »stattliche und ganz blonde« Person gewesen. Gleichzeitig verwies sie allerdings auf sich selbst, einen brünetten Typ mit dunkelbraunen Haaren. Es hätten eben nicht alle groß und blond und blauäugig sein müssen, so weit sei man mit den äußeren »Rassenmerkmalen« nicht gegangen!

Nach einer Lebensborn-Statistik über die Zeit von November 1941 bis März 1942 war tatsächlich die Mehrzahl der Frauen zwischen 156 und 170 Zentimetern groß, schlank und hatte dunkelblonde oder braune Haare. Allenfalls die Augenfarbe stimmte bei den meisten mit dem Ideal überein: Sie waren grau oder blau.[153]

Sechsfach abgesichert: Geheimhaltung der Geburt

Die Frauen, die ihre Schwangerschaft geheim halten wollten – und das waren mehr als die Hälfte der »Pensionärinnen«[154] –, gingen in der Regel ins Heim, wenn der sich rundende Bauch nicht mehr zu verbergen war. Bei Gerda B. war es erst im siebten Monat so weit. Erst dann fuhr sie nach Bad Polzin, in das Heim, das die Zentrale ihr zugewiesen hatte und das viele Kilometer vom Bremischen Elternhaus entfernt lag.

Hier würde sie mit Sicherheit niemanden treffen, der sie kannte – und das war die beste Voraussetzung, die Schwangerschaft geheim zu halten. Denn bisher hatten nicht einmal die Eltern gemerkt, dass die Tochter ein Kind erwartete.

Verheiratete Frauen kamen erst kurz vor der Geburt ins

Heim und verbrachten oft nur die Zeit des Wochenbetts dort. Die Zentrale hätte es allerdings lieber gesehen, wenn sie nach der Niederkunft sechs bis acht Wochen geblieben wären, um ihrer »Stillpflicht« nachzukommen.[155] Als später die Häuser chronisch überfüllt waren, verkürzte sich der Aufenthalt für die Ehefrauen noch mehr, während die ledigen Mütter nach wie vor viele Wochen blieben. Drei Monate waren üblich, ein halbes Jahr nicht ungewöhnlich.

Im Heim angekommen, meldeten die Frauen, die Geheimhaltung wünschten, sich dort polizeilich an, denn das Heim verfügte über eine eigene Meldestelle. In Hohehorst nutzten alle ledigen Mütter diese Möglichkeit; in den Geburtenbüchern sind jedenfalls alle Ledigen mit Wohnsitz »Löhnhorst II, Heim Hohehorst« registriert. An diese Anschrift konnten sich die Frauen aber unmöglich Post schicken lassen, und diese Adresse konnten sie auch nicht bei der Abmeldung vom Heimat-Standesamt angeben. Dann wäre die Geheimhaltung beendet gewesen, bevor sie recht begonnen hatte. Also stellte die Lebensborn-Zentrale Deckadressen bereit, die als postalische und behördliche Zwischenstation dienten. Die Krankenschwester Helga S. erinnerte sich, dass man in Hohehorst eine Anschrift aus Garmisch-Partenkirchen benutzte, aus den Archiv-Akten sind Münchner Deckadressen bekannt: Adressen von Lebensborn-Mitarbeiterinnen und -Funktionären.[156] Später, als die staatlichen Behörden erkannten, dass mit Deckadressen gearbeitet wurde, richtete der Lebensborn drei zusätzliche polizeiliche Meldestellen in Berlin, München und Wien ein. Ein Netz mit doppeltem Boden: Die schwangeren Frauen waren damit nicht nur für Verwandte und Bekannte aus der Welt, sondern auch für Behörden und Polizei.

Das nächste Problem tauchte auf, wenn das Baby geboren war, denn nun musste die Geburt aktenkundig gemacht werden. Zu diesem Zweck hatte der Lebensborn eigene Standesämter in den Heimen eingerichtet. In der Regel trugen sie eine römische Zwei hinter dem Namen – im Fall von

Hohehorst also Löhnhorst II: Löhnhorst war die Gemeinde, zu der das Haus gehörte, und dort gab es bereits ein Standesamt. Aber auch diese hauseigenen Standesämter mitsamt ihrer Schweigepflicht waren der Zentrale nicht sicher genug, um ihnen – wenn Geheimhaltung beantragt war – die Namen der (unehelichen) Väter mitzuteilen und diese in die Geburtenbücher eintragen zu lassen.[157] Die amtliche Anonymität der Männer war offensichtlich enorm wichtig – kein Wunder angesichts der hohen Zahl anderweitig verheirateter Erzeuger. Die Münchner Zentrale sollte die einzige Stelle sein, die über die Väter Bescheid wusste. Und so konnte man im Standesamt Löhnhorst II in der entsprechenden Rubrik der Geburtenbücher nur einen Strich ziehen und später einen Randvermerk eintragen, dass die Vaterschaft anerkannt sei und die Unterlagen darüber beim Lebensborn in München aufbewahrt würden.[158]

Die wichtigste Funktion der hauseigenen Standesämter bestand darin, die Geburt eines Kindes zu registrieren – und sie nicht an das Heimatstandesamt von Mutter und Vater weiterzumelden. Damit war abgesichert, dass Großeltern, Verwandte und Nachbarn auf offiziellem Wege nichts von der Existenz des neuen Erdenbürgers erfuhren.

Einerseits befolgte der Lebensborn also höchst penibel gesetzliche Bestimmungen wie die Meldepflicht, andererseits verbog und umging er rechtliche Bestimmungen, wenn er zum Beispiel Vaterschaften, die bekannt waren, verschwieg. Und er hebelte Gesetze auch schlichtweg aus: So durften Frauen mit Himmlers Genehmigung einen falschen Familienstand angeben: verwitwet oder geschieden statt ledig. Oder sie konnten ihren Namen zugleich als Ehenamen ausgeben, also: Elisabeth Schulze geborene Schulze. Was in jedem Fall nichts anderes hieß, als eine Ehe vorzutäuschen. Mittlerweile ist auch der Fall bekannt, dass ein uneheliches Kind den Nachnamen des verheirateten Kindsvaters bekam und ein Leben lang getragen hat.

Die Regelung der Vormundschaft, ein amtlicher Vorgang

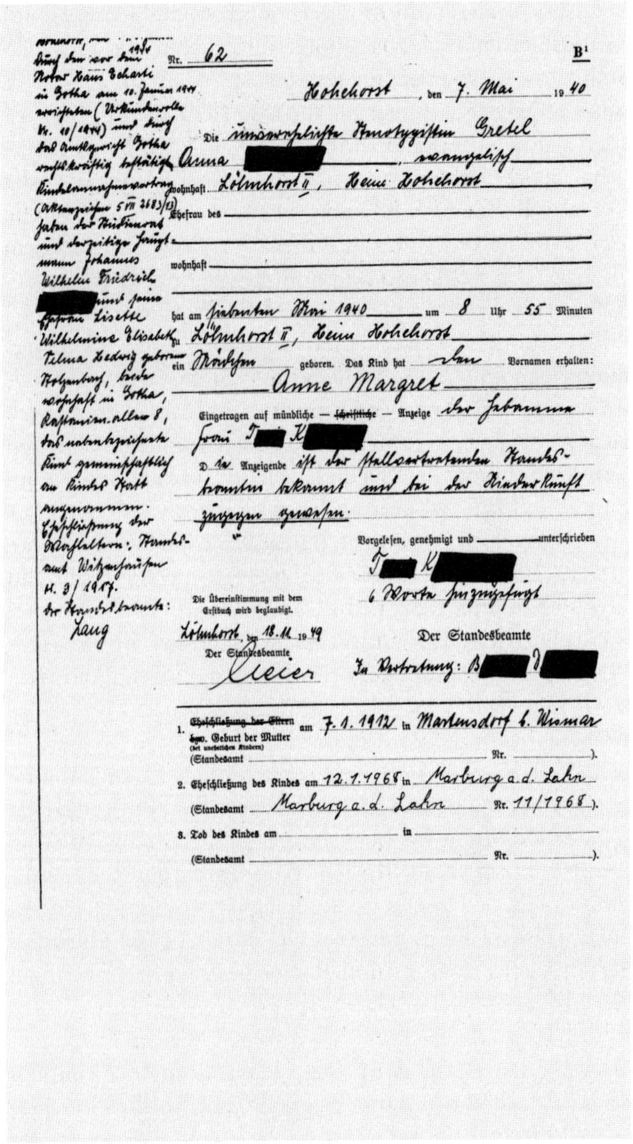

Nr. 62 B¹

Hohehorst, den 7. Mai 1940

Die unverehelichte Stenotypistin Gretel Anna ███, evangelisch

wohnhaft Lönhorst II, Heim Hohehorst

Ehefrau des

wohnhaft

hat am siebenten Mai 1940 um 8 Uhr 55 Minuten

zu Lönhorst II, Heim Hohehorst

ein Mädchen geboren. Das Kind hat den Vornamen erhalten:

Anne Margret

Eingetragen auf mündliche — ~~schriftliche~~ — Anzeige der Hebamme Frau T███ K███

Die Anzeigende ist dem stellvertretenden Standesbeamten bekannt und bei der Niederkunft zugegen gewesen.

Vorgelesen, genehmigt und unterschrieben

T███ K███

6 Worte hinzugefügt

Die Übereinstimmung mit dem Erstbuch wird beglaubigt.

Lönhorst, den 18.11.1949

Der Standesbeamte

Meier

Der Standesbeamte

In Vertretung: B███ D███

1. ~~Eheschließung der Eltern~~ am 7.1.1912 in Martensdorf b. Wismar
~~bzw.~~ Geburt der Mutter (bei unehelichen Kindern)
(Standesamt ... Nr. ...).

2. Eheschließung des Kindes am 12.1.1968 in Marburg a.d. Lahn
(Standesamt Marburg a.d. Lahn Nr. 11/1968).

3. Tod des Kindes am ... in ...
(Standesamt ... Nr. ...).

[Randvermerk:] ... durch den vor dem Notar Hans Eckardt in Gotha am 10. Januar 1944 errichteten (Urkundenrolle Nr. 10/1944) und durch das Amtsgericht Gotha rechtskräftig bestätigten Kindesannahmevertrag (Aktenzeichen 5 VII 2683/13) haben der Kaufmann und derzeitige Hauptmann Johannes Wilhelm Friedrich ███ und seine Ehefrau Lisette Wilhelmine Elisabeth Selma Hedwig geborene Holzenburg, beide wohnhaft in Gotha, Rathausstr. 8, das nebenbezeichnete Kind gemeinschaftlich an Kindes Statt angenommen. Eheschließung der Annehmenden: Standesamt Witzenhausen Nr. 3/1917. Der Standesbeamte: Lang

Geburtenbuch-Eintragung aus »Heim Friesland«

bei jeder unehelichen Geburt, stand ebenfalls unter dem Vorzeichen der Geheimhaltung. Eigentlich waren staatliche Stellen zuständig, aber die fragten nach den Vätern, weil sie unter anderem dafür sorgen mussten, dass die »Erzeuger« regelmäßig Unterhalt zahlten. Um diese Fragen zu verhindern, bot der Lebensborn seit Mai 1937 den Müttern an, die Vormundschaft für die Kinder zu übernehmen, und ließ sie schon vor der Geburt einen entsprechenden Antrag stellen. Gleichzeitig stritt er so lange mit den Vormundschaftsgerichten, bis diese gänzlich ausgeschaltet waren.[159]

Der Kampf um die Vormundschaften hatte allerdings noch einen anderen Grund als die Geheimhaltung: Damit versuchte der Lebensborn, sich den Einfluss auf die Kinder auch gesetzlich zu sichern. Tatsächlich übernahm er in den ersten vier Jahren bei knapp der Hälfte der Kinder die Vormundschaft[160] – wohlgemerkt: der Kinder, die in den Heimen auf die Welt gekommen waren. Für Kinder, die nicht im Heim geboren, aber später dort untergebracht wurden, gab es offenbar keine klare Linie. Einerseits gibt es ein Beispiel für die Übernahme einer solchen Vormundschaft: Hartmut M., 1938 in Hamburg geboren und später in »Heim Friesland« untergebracht, wurde auf Antrag seiner Mutter Lebensborn-Mündel. Andererseits sprach Max Sollmann, Lebensborn-Vorstand, 1943 ein Verbot solcher Übernahmen aus: »Ich verbiete die Übernahme der Vormundschaft für Kinder, die nicht im Lebensborn geboren worden sind, wenn nicht eine ausdrückliche Anordnung des Reichsführers vorliegt oder meine persönliche Genehmigung.« Möglicherweise ist dieses Verbot dem Zeitpunk geschuldet und der Tatsache, dass der Lebensborn bereits viele Mündel hatte.[161]

Gerd B., den Gerda B. 1939 in »Heim Pommern« auf die Welt gebracht hatte, wurde wie selbstverständlich Lebensborn-Mündel, und seine Mutter war erleichtert, dass sie nichts mit den Ämtern zu tun hatte. Nach einem Jahr ließ sie

Gerd B. auf der Terrasse von »Heim Friesland« – hinter ihm unsichtbar seine Mutter

die Vormundschaft allerdings auf ihren Vater übertragen. »Das habe ich ganz intuitiv gemacht«, erzählte sie mir bei unserem ersten Gespräch. »Es gab eigentlich keinen Anhaltspunkt dafür, dass die Lebensborn-Vormundschaft nachteilig sein könnte.« In einem späteren Gespräch bekam ihr Bericht plötzlich einen anderen Ton. Da zeigte sie mir ein Foto und erklärte: »Hier, mein Sohn und ich.« Zu sehen war ein Kleinkind, das noch nicht allein sitzen konnte, zum Fotografieren aber auf einem normalen Stuhl platziert wurde. »Ich hocke hinter ihm«, erklärte Gerda B., »wenn Sie genau hingucken, können Sie meine Hände sehen. Ich musste ihn ja festhalten.« Und dann erzählte sie, dass die fotografierende Kinderschwester ihr gesagt habe, sie solle sich hinter dem Kind verstecken, wegen der Geheimhaltung.

Da habe sie plötzlich Angst bekommen, der Lebensborn

könnte das Kind ohne ihr Wissen zu einer Pflegefamilie geben und sie würde es nicht wieder finden ... Immerhin war der Sohn damals schon ein halbes Jahr im Heim, und Gerda B. sah keine Möglichkeit, ihn zu sich zu nehmen. Offenbar wirkte hier das zweite große Gerücht, das über den Lebensborn kursierte: Die Organisation nehme den Müttern die Kinder weg und würde sie auf Kosten der SS aufziehen. Ein Gerücht, das der Lebensborn immer wieder dementierte, das sich aber genauso hartnäckig hielt wie der Mythos von der »Zuchtanstalt«.[162]

Als Gerda B.s Vater den Enkel später in die Familie aufnehmen wollte, war es tatsächlich nicht einfach, das Kind aus dem Heim herauszubekommen. Der Großvater musste nachweisen, dass er einen guten Leumund hatte, dass er in geordneten Familienverhältnissen lebte, dass in seinem Haus ausreichend Platz vorhanden war. Außerdem musste er sich bereit erklären, für das Kind zu sorgen. So fürsorglich sich der Lebensborn in diesem Punkt auch gab – seine Macht war deutlich zu spüren und ließ die Ängste von Gerda B. berechtigt erscheinen.

In anderen Fällen reagierte die Organisation alles andere als fürsorglich. Wenn ein Kind krank geboren wurde oder behindert war, wenn sich im Laufe der Zeit herausstellte, dass es sich nicht den Vorstellungen entsprechend entwickelte oder nicht pflegeleicht im Umgang war, dann übernahm der Lebensborn die Vormundschaft nicht oder gab sie – wie im Fall von Wilfried W. – wieder ab. Dann waren die staatlichen Behörden am Zug, und damit war auch die Geheimhaltung von Geburt und Vaterschaft beendet.

Nun konnten sich Frauen, die Geburt, Kind und Kindesvater geheim halten wollten, nicht auf Dauer im Heim verstecken. Schließlich waren die meisten berufstätig oder in der Ausbildung und mussten ihren Lebensunterhalt verdienen. Der Schritt zurück in den Alltag war häufig nicht leicht – also wurde der Lebensborn auch in diesem Punkt aktiv.

Wenn nötig, konnten die Frauen ihr Kind erst einmal im Heim lassen: »Besonders bei berufstätigen Frauen ist es meist unmöglich, daß die junge Mutter ihr Kind bei sich selbst oder bei den Großeltern unterbringt«, schrieb George Ebrecht, später Vorstandsmitglied des Lebensborn, an Himmler. »Oft kommen die jungen Frauen auch in absehbarer Zeit nicht dazu, die Ehe einzugehen ... Die jungen Mütter wissen jedoch ihre Kinder in den Heimen des Lebensborn in guter Obhut und, was ausschlaggebend ist: die Mutter weiß, daß sie ihr Kind jederzeit zu sich nehmen kann, wenn die wirtschaftliche Lage dies gestattet.«[163]

Tatsächlich ließen viele Frauen ihr Kind im Heim zurück. Das zeigen die ständigen Klagen der Zentrale, aus den Entbindungsheimen würden allmählich Kinderheime. Auch für Gerda B. war das Heim ein Jahr lang der einzige Ort, wo sie ihren Sohn unterbringen konnte. Zu Hause, hatte ihr der Vater anfangs geschrieben, solle sie sich mit dem Kind nicht blicken lassen. Eine Abfuhr, die Gerda B. aber nicht daran hinderte, das Kind von Bad Polzin nach Hohehorst zu bringen, in die Nähe des Elternhauses.

Erika B. ließ ihren Sohn nach fünf Monaten allein in »Heim Friesland« und ging nach Berlin, um ihr Medizin-Studium abzuschließen. Vier Monate lang korrespondierte sie mit der Oberschwester, mit der Hebamme, mit dem betreuenden Arzt – und auch mit der Kollegin im Bremer Krankenhaus. Karl wurde in dieser Zeit nämlich schwer krank, was Erika B. zu einem Besuch in Bremen veranlasste. In unserem Gespräch machte sich die mittlerweile achtundachtzigjährige Frau immer noch Vorwürfe, dass sie das Kind im Heim gelassen hatte – »aber es ging nicht anders«, erklärte sie immer wieder. »Ich musste doch die Grundlage schaffen, dass ich ihn später allein großziehen konnte.« Ihre Eltern aufzuklären, vor denen sie das Kind geheim hielt, und sie vielleicht um Unterstützung zu bitten, das kam zu diesem Zeitpunkt für sie nicht in Frage.

Die Lehrerin Margarethe R. schließlich nahm ihr Kind

erst zu sich, als sie eine Versetzung erreicht hatte. Vor der Geburt hatte sie in einer Kleinstadt gearbeitet, aber dorthin wollte sie nicht zurück: Sie fürchtete die üble Nachrede. Es dauerte allerdings noch sechs Monate, bis die Versetzung bewilligt war und Margarethe R. das Kind zu sich nehmen konnte – und dem Lebensborn in einem Dankschreiben mitteilte, dass sie nun an ein weiteres Kind denke.[164]

Ledige Mütter hatten es damals schwer auf dem Arbeitsmarkt, Beamtinnen zum Beispiel wurden grundsätzlich entlassen. In einem Brief an Himmlers Persönlichen Stab beschrieb Margarethe R. die Ausgangslage so: »Vor zwei Jahren (1937) hat das Erziehungsministerium die Frage, ob eine ledige Beamtin in Dienst bleiben könne, negativ beantwortet. Eine Änderung dieser grundsätzlichen Stellungnahme ist bisher nicht erfolgt. Erlaubt nun das Erziehungsministerium eine Versetzung nach Hannover, so hat es damit die Frage eindeutig bejaht. Nach Lage der Dinge, insbesondere nach bisher gemachten Erfahrungen ist ein positiver Entscheid nicht zu erwarten.« Margarethe R. hatte allerdings den Einfluss von Lebensborn und Reichsführer SS zumindest auf staatliche Arbeitgeber unterschätzt: Beide intervenierten mehrfach bei der zuständigen Schulbehörde und verhinderten nicht nur die Entlassung der ledigen Mutter, sondern erreichten auch die gewünschte Versetzung.

Es scheint allerdings, dass der Fall von Margarethe R. ein Präzedenzfall war. Denn das traditionell negative Bild der unehelichen Mutter änderte sich in diesen Jahren kaum. Auch bei anderen Arbeitgebern, beim Roten Kreuz, beim Reichsarbeitsdienst, bei der NS-Schwesternschaft oder beim Deutschen Frauenwerk drohte ledigen Schwangeren die Entlassung, und viele wurden tatsächlich entlassen, ob sie nun Kochkursleiterin waren oder Schwester oder »Führerin«.

Also begann der Lebensborn, sich auf dem Feld der Arbeitsvermittlung für die Mütter zu betätigen. Bis Ende 1939 richteten 52,9 Prozent der ledigen Frauen (absolut 440), die in Lebensborn-Heimen entbunden hatten, einen Antrag an die Zentrale, ihnen bei der Suche nach einem neuen Arbeitsplatz zu helfen. Tatsächlich konnte in 60 Prozent der Fälle eine Anstellung vermittelt werden – und dabei achtete die Zentrale sogar darauf, dass der Arbeitsplatz der Mutter und das Heim, in dem das Kind lebte, nicht zu weit auseinander lagen. Außerdem war man daran interessiert, dass die Frauen in Lebensverhältnisse fanden, in denen sie das Kind später zu sich nehmen konnten. Der Lebensborn betrachtete die Verbindung zwischen Mutter und Kind als unumstößlichen Grundsatz – nicht aus sozialen oder psychologischen Gründen, sondern aus ideologischen. »Die rassisch hochwertige Mutter verzichtet grundsätzlich nicht auf ihr Kind«[165] – diese Formel wurde im Laufe der Zeit zum Axiom im Mutterbild der Organisation. Wie diese Verbindung auszusehen hatte, widerspricht allerdings allen Vorstellungen, die wir heute davon haben – dazu später.

1938 begann der Lebensborn, selbst Mütter einzustellen. Damals baute die Organisation ihre Kapazitäten aus und eröffnete neue Heime, und dafür brauchte sie Sekretärinnen und Kindergärtnerinnen, Schwestern und Hebammen, Wirtschafterinnen und Beschließerinnen ... In dieser Zeit wurden auch die meisten meiner Gesprächspartnerinnen engagiert. Vielen Frauen erschien eine solche Anstellung als optimale Lösung: Sie hatten eine vernünftig bezahlte Arbeit, konnten in der Regel mit dem Kind zusammen unter einem Dach leben, und die Geheimhaltung blieb weiter bestehen. Mit diesen Privilegien band der Lebensborn die Frauen allerdings an sich. Bis auf Gerda B., die nur zwei Monate bei der Münchner Zentrale arbeitete und dann kündigte, verbrachten meine Gesprächspartnerinnen viele Monate und manchmal Jahre als Lebensborn-Angestellte: Bei Erika B. und Christine R. waren es acht Monate, bei Anita J. und Therese K. drei Jahre, bei Beate D. fünf, bei Bernhild B. sechs Jahre.

Anita J., Beate D. und Therese K. wurden während dieser Zeit erneut schwanger. Bei Therese K. war das kein Problem, im Gegenteil: Sie war verheiratet und wollte mit ihrem Mann viele Kinder – die beiden hatten zum Schluss sechs. Aber Beate D. und Anita J. waren während ihrer zweiten Schwangerschaft nach wie vor ledig und steckten in Schwierigkeiten …

In unseren Gesprächen war die Frage nach der zweiten Schwangerschaft ein hochsensibler und schwieriger Punkt: Ich wollte eine klare Antwort, und die alten Frauen ergingen sich in Andeutungen. Als Beate D. zum Beispiel erzählte, dass der Vater ihres zweiten Kindes später ihr Ehemann wurde, fragte ich sie, wie sie ihn kennengelernt habe. Sie: »Auf eine interessante Art und Weise …, aber das will ich nicht weiter erzählen.« Ich versuchte es andersherum: »Mich interessiert nur, ob er etwas mit Hohehorst zu tun hatte?« – »Nein«, wehrte sie entschieden ab, »nein, nein!« Ich versuchte es noch einmal: »War er denn in der SS?« »Um Gottes willen! Nein!«, erklärte sie mit Nachdruck.

Nun habe ich mit Beate D. sehr viel gesprochen, sie war eine meiner besten Informantinnen. Dabei konnte ich immer wieder feststellen, dass sie sich nicht nur hervorragend erinnerte, sondern auch glaubwürdig war, dass ihre Informationen stimmten – so auch die Information über ihren späteren Mann, der weder SS- noch NSDAP-Mitglied war. Aber es gab Themen, über die sie ungern sprach. Weil sie zu privat waren? Weil sie sich immer noch der Geheimhaltung verpflichtet fühlte, die sie einmal gelobt hatte? Im Laufe unserer Bekanntschaft verschwanden diese Hindernisse allerdings immer mehr. Und irgendwann erzählte Beate D. doch, wie sie ihren Mann kennengelernt hatte: am Telefon, als sie bei der Wehrmacht nachfragte, ob das Heim über sie Kohlen bekommen könne. Und irgendwann berichtete sie auch von Bachschneider und »Fräulein S.«, von deren Affäre und von dem gemeinsamen Kind. Vom zweiten Kind, das in dieser Beziehung entstand, wusste sie nichts.

Anita J. dagegen blieb bei ihren Andeutungen. Wenn ich sie richtig interpretiere, hatte sie eine Beziehung mit einem der Heimangestellten – und von ihm wurde sie ein zweites Mal schwanger, während ihrer Zeit im norwegischen Lebensborn-Heim Klekken.

Letzter Punkt in der Reihe der Geheimhaltungsmaßnahmen war die Vermittlung der Kinder in Pflege- und/oder Adoptivfamilien. Wenn eine Mutter auch zwei Jahre nach der Geburt keine Möglichkeit hatte, das Kind zu sich zu nehmen, suchte der Lebensborn eine Pflegestelle.[166] Das geschah einerseits aus pragmatischen Gründen: Im Laufe der Zeit lebten immer mehr Kinder in den Heimen, was zur chronischen Überfüllung der Häuser führte. Andererseits gab es einen ideologischen Grund: »Die rassisch wertvollen Kinder ... dürfen niemals einer Kollektiverziehung überantwortet werden«, hieß es in einer Stellungnahme.[167] Die ersten beiden Lebensjahre blieben allerdings unberücksichtigt – so lange lebten viele Kinder im Heim. In diesem Alter, so glaubte man, könne ein Kind sich noch nicht erinnern und nicht selbständig denken. Also hatte man keine Bedenken, es kollektiv aufzubewahren.

Manchmal wurden auch Kinder von Angestellten in Pflegestellen vermittelt. Paul zum Beispiel, der Sohn der Sekretärin Beate D. Er hatte drei Jahre in drei verschiedenen Lebensborn-Heimen – in Klosterheide, Hohehorst und Steinhöring – verbracht, die meiste Zeit mit seiner Mutter unter einem Dach. Als Beate D. nach Norwegen versetzt wurde, kam das Kind zu einer Pflegemutter und später zu einer Pflegefamilie. Denn nach Norwegen durfte Beate D. Paul nicht mitnehmen – und zur Adoption wollte sie ihn nicht freigeben. Irgendwann, so hoffte sie, würde sie heiraten und eine Familie gründen, in der auch für Paul Platz war.

Die meisten unverheirateten Lebensborn-Mütter verhielten sich so oder so ähnlich. Zur Adoption konnten sich nur die wenigsten entschließen,[168] und das passte durchaus ins Mutter-Bild der Organisation: »Keine Mutter trennt sich freiwillig von ihrem Kinde«, schrieb Vorstandsmitglied Guntram Pflaum an Himmler. »Dies ist nur geschehen nach schwersten seelischen Kämpfen und da kein Ausweg mehr aufgezeigt werden konnte.«[169]

Tatsächlich versuchten Lebensborn-Funktionäre immer wieder, die (deutschen) Mütter dazu zu bewegen, ihre Kinder nicht fortzugeben. Anita J. erlebte das am eigenen Leib. Bevor sie Ende 1944 in Steinhöring ihr zweites Kind bekam, war sie fest entschlossen, es adoptieren zu lassen. Gregor Ebner, der die junge Frau medizinisch betreute, weigerte sich aber, mit ihr vor der Geburt darüber zu reden. Tatsächlich änderte Anita J. ihre Meinung, als das Kind da war – und Ebner kommentierte, er habe damit gerechnet.

War eine Frau zur Adoption bereit, kreidete man ihr das häufig als Charakterschwäche an und sah darin einen Hinweis, dass sie nicht besonders »hochwertig« sei. Therese K. hatte sich diese Haltung offensichtlich zu eigen gemacht. Jedenfalls erzählte sie mir mit einer gewissen Verachtung von einer Generalstochter, einem »wunderschönen« Mädchen: »Die kriegte einen Sohn von ihrem Verlobten, einem Offizier. Aber Wehrmachtsoffiziere konnten damals keine uneheliche Mutter heiraten, auch wenn sie selbst der Vater waren. Da hat sie ihren goldigen Jungen wirklich zur Adoption freigegeben! Und hat sich nicht geschämt, mir hinterher noch eine Heiratsanzeige zu schicken – sie hat den Kindesvater nämlich später geheiratet.« Ein absurder Auswuchs der herrschenden Doppelmoral, die Menschen zu absurden Verhaltensweisen brachte – nicht mehr und nicht weniger. Um den Verlobten heiraten zu können, musste das Kind geopfert werden.

Ob auch Anna Grete W. Verachtung für ihre Entscheidung zu spüren bekam? Jedenfalls versuchte der Lebensborn in Gestalt von Emilie Edelmann, einer leitenden Mitarbeiterin in der Vormundschaftsabteilung der Zentrale,

Lebensborn e.V. Abschrift

M ü n c h e n .

Fräulein
Gretel
P o s e n

Sehr geehrtes Frl.

Ihr Schreibenvvom 30. lo. 42 habe ich erhalten und ent= nehme daraus zu meinem Erstaunen, daß Sie sich nun tat= sächlich entschlossen haben, Ihr Töchterchen adoptieren zu lassen, Haben Sie sich denn Ihren Entschluß wirklich reiflich überlegt? Bedenken Sie doch, daß Sie durch eine Adoption jede Verbindung zu Ihrem Kind verlieren und Sie nie mehr die Möglichkeit haben, es zurückzufordern. Finan= zielle Gründe dürfen für eine Adoption niemals ausschlag= gebend sein. Es ist doch sehr leicht möglich, daß sich Ihre Verhältnisse einmal zum Guten wenden, und Sie Ihr Töchterchen dann ohne weiteres zu sich nehmen werden. Sie würden es dann sicherlich bitter bereuen, das Kind zur Adoption gegeben zu haben.

Im übrigen besteht doch z.Zt. garkeine Veranlassung, für die kleine Annemagret eine andere Unterbringungsmöglichkeit zu suchen. Sie wird von Frau in aufopfernder Weise versorgt und betreut, und nur der Pflegemutter haben Sie es zu verdanken, daß sie den Entwicklungsrückstand so rasch aufgeholt hat. Wenn Sie einmal selbst die Möglichkeit haben, die Kleine zu sich zu nehmen, wird Frau ohne weiteres einsehen, daß sie sich von ihm trennen muß. Nach= dem Sie Annegret aber doch fremden Menschen anvertrauen müssen, würde der Pflegemutter die Trennung sehr schwer fallen.
Ich habe Ihnen in meinem letzten Schreiben nicht mitgeteilt, daß jede Adoption von der Genehmigung des Reichsführers SS, die er sich in jedem Fall vorbehält, abhängig ist. Sie müssen mir daher schon ganz ausführlich die Gründe mit= teilen, die für die Adoption maßgebend sind.

Lassen Sie mich doch bitte auch wissen, was Sie veranlaßt hat, sich nach einer anderen Unterbringungsmöglichkeit um= zusehen,
Ihrer Stellungnahme zu meinem heutigen Schreiben sehe ich mit großem Interesse entgegen und begrüße Sie mit

Heil Hitler
Der Leiter der Hauptabteilung A
I.A.
gez. E d e l m a n n .

Wollen Sie wirklich Ihr Kind zur Adoption geben?
Brief von Emilie Edelmann an Anna Grete W.

noch im letzten Moment, eine Meinungsänderung bei ihr zu bewirken.

Anna Grete W. hatte im Mai 1940 eine Tochter zur Welt gebracht und sie bereits wenige Wochen später in »Heim Friesland« zurückgelassen. Die Familie wusste zwar von dem unehelichen Kind, war aber nicht bereit, Tochter und Enkelin zu unterstützen – und an eine Verbindung mit dem Kindesvater war nicht zu denken. Also entschloss sich Anna Grete W., das Kind fortzugeben. Anfang Juli 1941 kam das mittlerweile einjährige Mädchen zu Pflegeeltern, und irgendwann fragten diese nach, ob sie das Kind adoptieren könnten. Anna Grete W. war einverstanden. Nun begann ein langwieriger Papierkrieg mit Gutachten und Genehmigungen, und mitten in diesem Prozess schrieb Emilie Edelmann an Anna Grete W. noch einmal ermahnend: »Sehr geehrtes Frl. W.! Ihr Schreiben vom 30. 10. 42 habe ich erhalten und entnehme daraus mit Erstaunen, daß sie sich nun tatsächlich entschlossen haben, Ihr Töchterchen adoptieren zu lassen. Haben Sie sich denn Ihren Entschluß wirklich reiflich überlegt? Bedenken Sie doch, daß Sie durch eine Adoption jede Verbindung zu Ihrem Kind verlieren und Sie nie mehr die Möglichkeit haben, es zurückzufordern. Finanzielle Gründe dürfen für eine Adoption niemals ausschlaggebend sein. ... Ich habe Ihnen in meinem letzten Schreiben nicht mitgeteilt, daß jede Adoption von der Genehmigung des Reichsführers SS, die er sich in jedem Fall vorbehält, abhängig ist.«

Trotz dieser massiven Intervention blieb Anna Grete W. bei ihrem Entschluss, und sowohl Himmler als auch Hitler waren einverstanden. Also wurde Anne W. 1944 von ihren Pflegeeltern adoptiert.

Zur Palette der Geheimhaltungsmaßnahmen gehörte die Adoptionsvermittlung notwendig dazu. Daher blieb der Lebensborn auch hartnäckig, als er immer wieder in Kompetenzstreitigkeiten mit den staatlichen Behörden geriet. 1942 gelang es ihm, sich endgültig über alle staatlichen Kontroll- und Überprüfungsinstanzen hinwegzusetzen. Nun konnte er die Kinder nach eigenem Ermessen vermitteln und die Geheimhaltung der unehelichen Geburt bis in die letzte Instanz gewährleisten.

Eine Frau, die vom Lebensborn »ausgewählt« war, konnte also im Extremfall in eins der Heime gehen, bevor jemand von ihrer Schwangerschaft erfuhr, das Kind dort bekommen, eine Weile im Heim bleiben und dann in ihr normales Leben zurückkehren. Ohne Kind und ohne Vermerk in ihren Papieren, dass sie ein Kind hatte. Nur der Lebensborn wusste Bescheid – und hütete das Geheimnis. So gründlich und nachhaltig, dass manche Lebensborn-Kinder Jahre und Jahrzehnte brauchten, bis sie ihren Vater und ihre Mutter gefunden hatten.

Wie hoch der Lebensborn selbst die Geheimhaltung einschätzte, zeigen nicht nur seine Auseinandersetzungen mit Jugendämtern oder Vormundschaftsbehörden. Da Himmler immer wieder den Eindruck hatte, dass ausgerechnet »über die Fälle gesprochen werden würde, die als ›Geheim‹ zu gelten hätten«, schlug er 1944 vor, »die Verletzung einer durch uneheliche Geburten gegebenen Geheimhaltungspflicht auf das strengste durch unsere Strafgesetze« zu ahnden, und zwar durch die Todesstrafe, »die dann auch tatsächlich vollstreckt werden müsse«.[170]

Eine groteske Drohgebärde, wenn man bedenkt, dass das Modell der Geheimhaltung im Grunde nur dann funktionierte, wenn alles glatt verlief, wenn es keine Komplikationen bei der Geburt gab, wenn Mutter und Kind gesund blieben, wenn es im Heim nicht zu Konflikten kam. Eine Frau, die sich im Heim nicht an die Regeln hielt, wurde entlassen – Ende der Geheimhaltung. Eine Frau, die im Krankenhaus entbinden musste, hatte dort ihre Personalien anzugeben – Ende der Geheimhaltung. Ein Kind, das wegen einer Behinderung aus dem Heim entfernt wurde, kam bestenfalls in ein anderes Heim – Ende der Geheimhaltung.

Umgekehrt ging die Klientel äußerst flexibel mit dem Thema Geheimhaltung um. Bei der Aufnahme ins Heim nutzte rund die Hälfte der Frauen die angebotenen Möglichkeiten. Mit der Geburt des Kindes änderte sich die Situation. Die Zahl der gewünschten Geheimhaltungen sank kurz vor und nach der Niederkunft von fünfzig auf dreißig Prozent, nach einem weiteren halben Jahr auf zehn Prozent, und nach zwei bis drei Jahren waren die meisten Geheimhaltungen aufgehoben! Mütter hatten geheiratet, Stiefväter hatten Kinder adoptiert oder ihnen ihren Nachnamen verliehen. Und das war auch in den Personenstandsbüchern vermerkt.

Komplett verwöhnt?
Mütter im Lebensborn-Heim

»In das Heim ist mitzubringen: a) Unterwäsche, b) zwei bis drei Kleider, c) Hausschuhe und ein Paar Ausgehschuhe, Schuhputzzeug, d) Waschgarnitur, e) Krankenschein[171] für die Kindesmutter, wenn versichert, f) für das zu erwartende Kind ist nur Bekleidung für den Heimtransport mitzubringen.«[172]

Eine minimale Ausstattung, die den »Pensionärinnen« nahegelegt wurde – immerhin mussten einige von ihnen ein halbes Jahr damit auskommen. Aber ein kleiner Koffer reichte durchaus: Schließlich spielte sich das Leben im engen Radius des Heims ab.

Die Empfehlung hatte aber nicht nur praktische, sondern auch ideologische Gründe: Die Frauen sollten möglichst gleich sein oder wenigstens gleich erscheinen, in der Kleidung, in der Anrede und in der Lebensweise. Ein Ideal, das zu dauerhaftem Konfliktstoff im Heimalltag führte und die schwierige Situation noch schwieriger machte, »dreißig bis vierzig Frauen, die sich in anderen Umständen befinden und dadurch besonders empfindlich und reizbar sind, in Frieden und Harmonie zu halten«.[173]

Der »Unfriede« begann schon damit, dass nicht alle Frauen mit dem empfohlenen kleinen Gepäck anreisten. Bei der Zimmerverteilung stellte sich heraus, dass vor allem Ehefrauen von SS-Führern Einzelzimmer erwarteten. In der Regel gab es zwar nur Zwei- oder Dreibettzimmer, doch schafften es diese Frauen häufig, ein Einzelzimmer zu bekommen.[174] Spätestens dann wussten das Personal und die anderen »Pensionärinnen« über die Stellung der Frau Bescheid. Aber nicht nur die Führer-Frauen waren höchst interessiert, ihre Position klarzumachen. Auch verheiratete Mütter wollten nicht gern mit unverheirateten verwechselt werden und klärten die anderen früher oder später über ihren Familienstand auf.

Darüber hinaus versuchten die »Elite«-Frauen immer wieder, sich dem normalen Heimbetrieb zu entziehen und besondere Regelungen für sich durchzusetzen. Eine Frau wie Sigrid D., die 1944 eine Zeit lang in Steinhöring lebte, war aber vermutlich ein Extremfall. Sie ging lieber mit ihrem Mann spazieren, als ihren Dienst beim Gemüseputzen oder Staubwischen zu erledigen, sie setzte sich über Vorschriften hinweg, indem sie eine Bekannte auf der Entbindungsstation besuchte, sie fühlte sich dazu berufen, das Personal zu kontrollieren. Schließlich war sie nicht nur die Frau eines SS-Führers, sondern auch eine persönliche Bekannte von Himmler!

Nun hatte Sigrid D. allerdings eine starke Gegnerin: die Oberschwester Leni von Radziewski, die jede Extrabehandlung von SS-Ehefrauen ablehnte. In einem seitenlangen Briefwechsel zwischen Zentrale, Heim, Frau D. und ihrem Ehemann sowie der Oberschwester schreibt diese: »In der fast anderthalbjährigen Tätigkeit ... im Lebensborn habe ich beobachtet, daß die Führerfrauen mit ganz wenigen Ausnahmen stets eine Sonderbehandlung für sich beanspruchen ... Z. B. wird der Wunsch nach Einzelzimmern oder nach Zusammenlegung der verheirateten Frauen, Befreiung von den kleinen Hausarbeiten, Sondergenehmigung zu Spaziergängen usw. laut. Diese Wünsche entsprechen in ihrer Tendenz nicht dem nationalsozialistischen Gemeinschaftsgedanken und noch weniger den Bestrebungen der SS, besonders der außerehelichen Mutter Schutz und Gleichstellung zu geben.«[175] Lösen ließ sich dieser Konflikt im Rahmen des Lebensborn nicht, denn hier prallten persönliche Beziehungen, »Elite«-Bewusstsein und ideologische Maximen aufeinander. Also wurde die Oberschwester weggelobt, und das Heim gestand Sigrid D. weiterhin Sonderregelungen zu.

Frauen, die nicht zur SS-Sippe gehörten, die keinen »Elite«-Status besaßen und trotzdem wagten, Regeln und Normen der Heime nicht zu beachten oder zu kritisieren, ernteten weder Nachsicht noch Verständnis, im Gegenteil. Lydia O. und Irmgard T. zum Beispiel, die eines Abends im Tagesraum von »Heim Wienerwald« Walzer tanzten, obwohl wegen der Kriegslage Tanzverbot herrschte. Nach dieser Übertretung wurden die beiden Frauen derart angegriffen, dass Lydia O. die Stelle als Beschließerin, die sie eigentlich im Heim antreten wollte, ablehnte und nach Hause fuhr. Lydia O. und Irmgard T. waren schon vorher wegen Renitenz aufgefallen. Sie hatten zum Beispiel die Oberschwester wegen Hinterhältigkeit und Geheimnisverrat kritisiert und sich über die Ungleichbehandlung von einfachen Müttern und »Elite«-Müttern in einem langen Brief an den »Lieben Reichsführer« beschwert.[176]

Auch Sigrid M. beschwerte sich über eine Oberschwester – in diesem Fall ging es um Ella Blank aus »Heim Harz« in Wernigerode. Sie schrieb per Einschreiben an Himmler persönlich: »Gerade die Verteilung der Ämter läßt sehr zu wünschen übrig. Ich … habe festgestellt, daß ich, nachdem ich am 2.7. entbunden habe, immer ein Amt bekleiden muß, das entweder in die Stillzeiten fällt oder meine Ruhepausen, die vom Heimarzt für mich angeordnet wurden, damit ausgefüllt sind, außerdem beteilige ich mich an den laufenden Kursen, wie z. B. Säuglingspflege, so daß mir persönlich nur noch ganz wenig Zeit zur Verfügung steht ... Die Zeit nach meiner Entbindung hat es nun mit sich gebracht, daß meine Nerven stark in Anspruch genommen sind und von einer Erholung vor Wiedereintritt in meinen Beruf nun keine Rede mehr sein kann.« Ob ihre Beschwerde Folgen für sie oder für das Heim hatte, geht aus den Akten nicht hervor.[177]

Die Konsequenzen, die Margot B. zu tragen hatte, sind allerdings ausführlich dokumentiert. Ihr Konflikt mit dem Lebensborn begann, als sie sich mehrfach »in anstößiger Weise« (die leider in den Akten nicht genauer beschrieben wird) über die Organisation äußerte – ein Verhalten, das sich prompt im Abschlussgutachten am Ende des Heimaufenthalts niederschlug. Dort wurde Margot B. als »Klatschbase« und »streitsüchtige Querulantin« klassifiziert, die sich während der Geburt »ausgesprochen hysterisch« benommen habe. Eine Person mit derartigen »Charaktermängeln« konnte in der Logik des Lebensborn nur negativ beurteilt werden. Margot B. bekam aber nicht nur eine schlechte »rassische Gesamtnote«, sondern wurde auch nicht als Schneiderin eingestellt, was ursprünglich geplant war. Zwei Jahre nach der Geburt – Margot B.s Tochter lebte noch immer im Heim – gab es wieder einen Konflikt. In einem Briefwechsel über die Verlegung bzw. den Verbleib des Kindes äußerte Margot B. den Eindruck, man wolle ihr das Kind wegnehmen. Wenig später forderte der Lebensborn sie auf, einen anderen Vormund für das Kind zu suchen und sich selbst um die Tochter zu kümmern. Dass die Frau nur 18,40 RM Familienunterhalt im Monat bekam, interessierte die Organisation nicht: Schließlich gebe es »eine große Anzahl von Müttern, die ihre Kinder unter gleichen Bedingungen aufziehen müssen«.[178] Damit hatte der Lebensborn die unbequeme Mutter endgültig fallen lassen. Und gleichzeitig ein beredtes Beispiel dafür geliefert, wie unbedeutend der karitative Gedanke für ihn war.

In meinen Gesprächen mit den Zeitzeuginnen war nur ein einziges Mal von einem Konflikt die Rede, und zwar dem zwischen Christine R., einer der ersten Mütter in Hohehorst, und dem Verwalter Otto Bachschneider. Nach der Entbindung arbeitete die ausgebildete freie Krankenschwester für kurze Zeit in einem Bremer Krankenhaus, dann stellte der Lebensborn sie auf der Kinderstation ein. Wenig später begann Otto Bachschneider, Christine R. wegen ihrer Arbeit zur kritisieren. Die ließ sich nicht beeindrucken und erklärte, er habe als Verwalter kein Recht dazu, Kritik an ihrer Arbeit lasse sie sich nur von der Oberschwester gefallen. Bachschneider brachte die Angelegenheit vor den Lebensborn-Vorstand, und Christine R. musste sich rechtfertigen. Obwohl ihre Erklärung akzeptiert wurde, versetzte man die Krankenschwester in die Gärtnerei.

Neben solchen weitreichenden Konflikten findet man in den Archiv-Akten eine Fülle kleinteiliger Beschwerden: Lebensborn-Mütter kritisierten das Essen und dass man »nur über Politik reden und über die Kirche schimpfen« höre.[179] Sie kritisierten den ruppigen Umgangston einer Oberschwester und die schlechte Organisation einer anderen, die ungleiche Behandlung der »Pensionärinnen«, die mangelnde fachliche Qualifikation eines Heimarztes (er war Zahnarzt und nicht Frauenarzt), das allgemein verordnete lange Stillen der Kinder und so weiter und so fort. Damit wandten sich die Frauen an die Heimleitung, an den Lebensborn-Vorstand und immer wieder an Himmler persönlich. Im letzten Fall hielt man sich in den Formulierungen zurück, aber aus den Heimen selbst wurden Äußerungen nach oben weitergegeben, die an Offenheit nichts zu wünschen übrig ließen. Eine Frau wehrte sich zum Beispiel gegen schlechte Behandlung, indem sie erklärte, sie seien doch keine »Gebärmaschinen«. Eine andere lehnte eine ärztliche Anordnung – es ging um das Abpumpen der überschüssigen Muttermilch – mit der Bemerkung ab, sie sei ja hier nicht »in Dachau«.[180]

Leider sind die Beschwerden der Mütter fast nur aus zweiter Hand überliefert, denn in den Lebensborn-Akten werden sie lediglich zitiert oder paraphrasiert. Aber auch in dieser vermittelten Form wird deutlich, dass sich hier ein Protest gegen die Verdinglichung und Entpersonalisierung artikulierte, die der Lebensborn gegenüber seiner Klientel immer wieder durchblicken ließ. Oft genug betrachtete er die Frauen lediglich als Produzentinnen oder Lieferantinnen der neuen »Elite« – und behandelte sie auch so. Das aber kränkte die Frauen in ihrem Selbstbild. Nur so ist zu verstehen, dass sie sich eine offene Kritik leisteten, denn unriskant war sie nicht! Es drohte vorzeitige Entlassung aus dem Heim oder die Verweigerung einer Anstellung. Der Gipfel der Ungnade dürfte ein Entzug aller Privilegien gewesen sein, wie Margot B. ihn erlebte.

Trotz der vielen Beschwerden wäre es natürlich falsch, sich die Lebensborn-»Pensionärinnen« als aufmüpfige Versammlung vorzustellen. Aber Mütter wie die BDM-Führerin »Frau Elfriede«, die 1938 nach Hohehorst kam und sich dort stark engagierte, vom »Politischen Wochenbericht«, den sie im Rahmen der Schulungen übernahm, bis zur Vertretung der kranken Wäscherin – solche Mütter dürften die Ausnahme gewesen sein.[181]

Die Hebamme Therese K. jedenfalls hatte von den Müttern in Hohehorst einen Eindruck, der Kritik und eifriges Engagement gleichermaßen erklärt: »Die lebten da wie die Prinzessinnen. Durch die elegante Ausstattung und das ganze Ambiente wurden die ziemlich verwöhnt. Ich hab damals schon gemeint, dass die Frauen für das normale Arbeitsleben richtig verdorben wurden!« Abgesehen von der Schlussbemerkung, mit der Therese K. eine Selbstaufwertung vornahm (sie arbeitete schließlich!), abgesehen vom Gestus, mit dem sie sich von den »Prinzessinnen« distanzierte, beschreibt ihre Bemerkung das Selbstwertgefühl der Lebensborn-Mütter recht genau. Im Zentrum steht dabei der Begriff der »Prinzessin«, den auch andere Gesprächspartnerinnen – Anita J. und Gerda B. etwa – zur

Schilderung der eigenen Befindlichkeit im Lebensborn gerne benutzten.

Tatsächlich wurde die Aufnahme in ein Lebensborn-Heim von vielen Frauen als Aufwertung und Auszeichnung erlebt – schließlich waren sie bis ins Letzte geprüft und für wert befunden worden! Dass dieser Auszeichnung im Fall der unehelichen Schwangerschaft ein drohender gesellschaftlicher Absturz unmittelbar vorausgegangen war, verstärkte dieses Gefühl noch. Dann kamen sie – wie in Hohehorst – in ein herrschaftliches Haus und erlebten einen Luxus, den die wenigsten kannten. Es gab Zentralheizung und Bäder und fließend warmes Wasser, einen Park zum Spazierengehen und jede Menge Dienstleistungen. Und sie selbst hatten nur eine Aufgabe: Ihr Kind auf die Welt zu bringen, das nun als »Elite«-Kind eingestuft war und nicht als Bastard.

Kein Wunder also, dass unter solchen Bedingungen ein Selbstwertgefühl entstand, das auf Kommandoton oder Inkompetenz, Desorganisation oder Ungerechtigkeit kritisch reagierte und die Frauen ermutigte, sich zu beschweren, und wenn es beim Reichsführer SS Heinrich Himmler persönlich war.

Eine grundsätzliche Kritik am Lebensborn und an den Lebensborn-Heimen, die in Bemerkungen über »Gebärmaschinen« und »Dachau« anklingt, blieb aber die Ausnahme. Letzten Endes waren die »Pensionärinnen« auf einen schöneren, besseren Heimbetrieb aus, in dem es noch mehr Spaß machte, »Prinzessin« zu sein. Und die Tatsache, dass man »nur über Politik reden« hörte, wie eine Mutter kritisch anmerkte, dass sie umgeben waren von NS-Parolen und -Ritualen – die blendeten sie einfach aus, wenn sie nicht damit einverstanden waren. Eine kurze Tagebuchnotiz von Ruth G., einer Pensionärin aus »Heim Harz«, macht diese Haltung überdeutlich: »12. Oktober. Namensgebung! Sie entsprachen weder meinem Geschmack noch meiner Art, die vorgenommenen Zeremonien, und ich habe sie rasch wieder vergessen.« Die Möglichkeit, an dieser Veranstaltung nicht teilzunehmen – die es durchaus gab –, kam für Ruth G. offenbar nicht in Frage. Sie machte mit – und vergaß.

Was auch immer die Mütter dachten und empfanden: Alle wussten, dass sie Teil der nationalsozialistischen »Rassenpolitik« waren, dass ihre Aufwertung und ihre Privilegien genau hierher rührten. Das hatten Aufnahmekriterien und Aufnahmeprozedur jeder Frau deutlich vor Augen gestellt. Da sie sich aber auf der Seite der so genannten positiven Eugenik bewegten, auf der die Guten, die »Arier« versammelt wurden und die Schlechten, die Juden, die Kranken etc. nicht sichtbar waren oder unsichtbar gemacht wurden, erzeugte die eigene Teilnahme an der »Rassenpolitik« damals keine Schuldgefühle – und erzeugte sie auch später nicht. In unseren Gesprächen artikulierten einige wenige ein leichtes Unbehagen. Gleichzeitig verteidigten sie wie alle den Lebensborn und betonten immer wieder, wie sehr er ihnen geholfen habe. Sie kristallisierten sich einen karitativen Kern heraus und bewahrten ihn in guter Erinnerung. Alles andere wurde vergessen, verdrängt oder nicht zur Kenntnis genommen.

Von Kinder-Verschleppungen in Polen wollte keine etwas gewusst haben, bevor ich es ihr erzählte. Vom Schicksal der »Norwegerkinder«, die wie Pakete hin und her geschickt wurden, existierte allenfalls eine vage Vorstellung. Selbst an Namensgebungsfeiern oder an Besuche von SS-Mitgliedern im Heim konnten sich manche »beim besten Willen« nicht erinnern.

Neben den »Pensionärinnen«, die sich in Führer-Frauen, Ehefrauen und ledige Mütter teilten, gab es eine weitere Gruppe von Müttern – die Angestellten. Sie standen im Heim eine Stufe höher als die Frauen von SS-Führern, obwohl zwischen ihnen, wie die Auseinandersetzung zwischen

343

F e i e r a b e n d g e s t a l t u n g

-.-

für alle Mütter, Schülerinnen und Angestellte

von 18.30 bis 19.30 Uhr.

- - - - - - -

Bei gutem Wetter: Spaziergang, danach Handarbeiten, anschl. Nachrichten hören für alle in der Halle.

- - - - -

Sonntag: . . . . Handarbeiten

Montag: . . . . Singen oder Lesen

Dienstag: . . . . Gesellschaftsspiele u. Volkstanz

Mittwoch: . . . . Freier Abend für Baden und dergl.

Donnerstag: . . . . Singen oder Lesen

Freitag: . . . . Handarbeiten und Basteln

Sonnabend: . . . . Freier Abend für Baden u. dergl.

- - - - -

Hohehorst, am 8.9.1939.

Feierabendgestaltung nach Plan

Sigrid D. und Leni von Radziewski zeigt, durchaus Machtkämpfe stattfanden. Als Lebensborn-Mütter waren die Angestellten zwar genauso wie die anderen (unverheirateten) auf die Organisation angewiesen, durch ihre Anstellung verfügten sie aber über größere Spielräume und einige Privilegien.

Wie andere Lebensborn-Mütter auch hatten sie anfangs im Korsett des Heimalltags gesteckt, in dem es für alles Vorschriften gab: für Essen und Feierabendgestaltung, für kleine Pflichten und Schulungen, für Ausgang und Besuch. Selbst für die intimsten Bereiche wie die Geburt (ohne Schmerzmittel) und das Stillen (Pflicht!) gab es genaue Vorschriften.

Wurden sie angestellt, begann ein besseres Leben. Einige bekamen ein Einzelzimmer und damit eine kleine Chance auf Intimität. Gegessen wurde zwar weiterhin nach der Uhr, aber – zumindest in Hohehorst – in kleiner Runde, im Kreise der Angestellten. Freier Ausgang war kein Thema mehr. Wie allerdings mit Besuch verfahren wurde, ist nicht klar. Die verheiratete Hebamme durfte jedenfalls ihren Mann mit ins Haus und auf ihr Zimmer nehmen, später konnte er sogar dort übernachten.

Die Kinder der Angestellten lebten – wie alle größeren Kinder – im Kindergarten des Heims. Dort wurden sie versorgt und beschäftigt, und dort schliefen sie auch. Aber wenn eine angestellte Mutter Zeit hatte, konnte sie sich das Kind holen. »Ich konnte da jederzeit hin«, erzählte Anita J. »Ich konnte mein Kind auch selber füttern und fertigmachen. So streng war das nicht, dass ich von bis im Büro sitzen musste.« Beate D. hielt sich strenger an die Dienstzeiten, aber: »Wenn ich frei hatte, dann konnte ich mir den kleinen Krümel schnappen, und dann spielten wir im Sand oder gingen spazieren, mit dem Kinderwagen.« Therese K., die mit zwei Kindern in »Heim Friesland« lebte, nahm die beiden häufig mit auf ihr Zimmer, wo sie auch eigene Spielsachen hatten. Und Erika B. genoss sogar als ehemalige Angestellte Privilegien. Als sie ihren kleinen Sohn im Bremer

Krankenhaus besuchte, konnte sie eine Woche lang in Hohehorst wohnen. Und als bei ihrem nächsten Besuch plötzlich die Evakuierung des Heims befohlen wurde, durfte sie ihr Kind begleiten und anschließend weiter nach Berlin mitfliegen, wo sie damals noch studierte.

Gerda B. hatte es weniger gut getroffen. Nachdem sie den Sohn in Hohehorst untergebracht hatte, begann sie in der Münchner Lebensborn-Zentrale zu arbeiten. Zwischen ihr und dem Kind lagen damit 600 Kilometer, an häufige Besuche war nicht zu denken. Daher hielt es Gerda B. nicht lange in München, sie kündigte und kehrte in ihr Bremer Elternhaus zurück, um in der Nähe des Kindes zu sein. Später versuchte die Zentrale, für ihre Angestellten verträglichere Lösungen zu schaffen. In München wurden mehrere Wohnungen eingerichtet, wo Mütter, die in der Zentrale arbeiteten, mit ihren Kindern leben konnten und wo tagsüber Pflegekräfte für die Kinder sorgten. Aber diese Wohnheime wurden bald wieder aufgegeben, weil der Krieg die Stadt zu unsicher machte.

»Endauslese«: Der RF-Fragebogen

»Rassisches Erscheinungsbild«, »weltanschauliche Einstellung«, »charakterliche Beurteilung und geistige Fähigkeiten«, »Verhalten während der Schwangerschaft und Geburt«, »Stillwillen«, »Stillfähigkeit« ... Mit diesen und weiteren 28 Fragen ging der Lebensborn seit Dezember 1938 daran, die Frauen, die in seinen Heimen ein gesundes Kind geboren hatten, einem zweiten »Ausleseverfahren« zu unterziehen.[182] Anfangs wurden nur die ledigen Mütter hinsichtlich Charakter, Gesundheit, politischer Einstellung, »Hausfraueneigenschaften«, Verhältnis zum Kind etc. unter die Lupe genommen, später bezog man auch die Verheirateten ein.

Ohne dass die Frauen davon erfuhren, füllten Heimleiter und Oberschwester nach deren Entlassung den so genannten »RF-Fragebogen« aus: Grundlage waren die (höchst subjektiven) Eindrücke, die sie während des Heimaufenthalts von der jeweiligen Mutter gewonnen hatten. Danach ging der Fragenbogen mit der Aufschrift »Geheim« direkt an Himmler, daher auch der Name »R(eichs)-F(ührer)-Fragebogen«. Himmler studierte die Unterlagen genau, denn nun wusste man einiges mehr über die Lebensborn-Mütter – und konnte erneut eine »Auslese« treffen. Sinn und Zweck des Verfahrens war, aus den Frauen, die schon einmal »rassisch« und gesundheitlich begutachtet worden waren und nun im Lebensborn-Heim eine praktische Testphase durchlaufen hatten, diejenigen auszuwählen, die dem »Ausleseprinzip der SS« entsprachen.

So biologistisch die »Rassen-Ideologen« auch sonst argumentierten: Aspekte wie Gemeinschaftsverhalten, Charakter, politische Überzeugung, Bewährung in einer Krisensituation wie der Geburt nahmen im RF-Fragebogen sogar einen weit größeren Raum ein als andere. So heißt es zum Beispiel in einem der wenigen Exemplare, die im Bundesarchiv liegen:[183] »Frau Else war eine ruhige, zurückhaltende und kluge Frau. Trotzdem sie RAD-Führerin (Reichsarbeitsdienst-Führerin) war, konnten wir keine besonderen Führerqualitäten an ihr entdecken. Vor allem mangelte es ihr an jeglicher Energie. Charakterlich war sie nicht zu beanstanden, ein gewisser Egoismus fiel unangenehm auf, sonst verstand sie manche Mängel gut zu tarnen.« Und weiter heißt es: »Während der Schwangerschaft klagte sie über allerlei Beschwerden, bei der Geburt war sie sehr mürrisch und ließ sich sehr gehen. Die Freude an ihrem Kind wurde überdeckt durch die verschiedensten grundlosen Klagen über angebliche körperliche Beschwerden.«[184]

Eine dilettantische, in sich widersprüchliche Charakterisierung, die zeigt, wie wenig diese Frau in ihrer Befindlich-

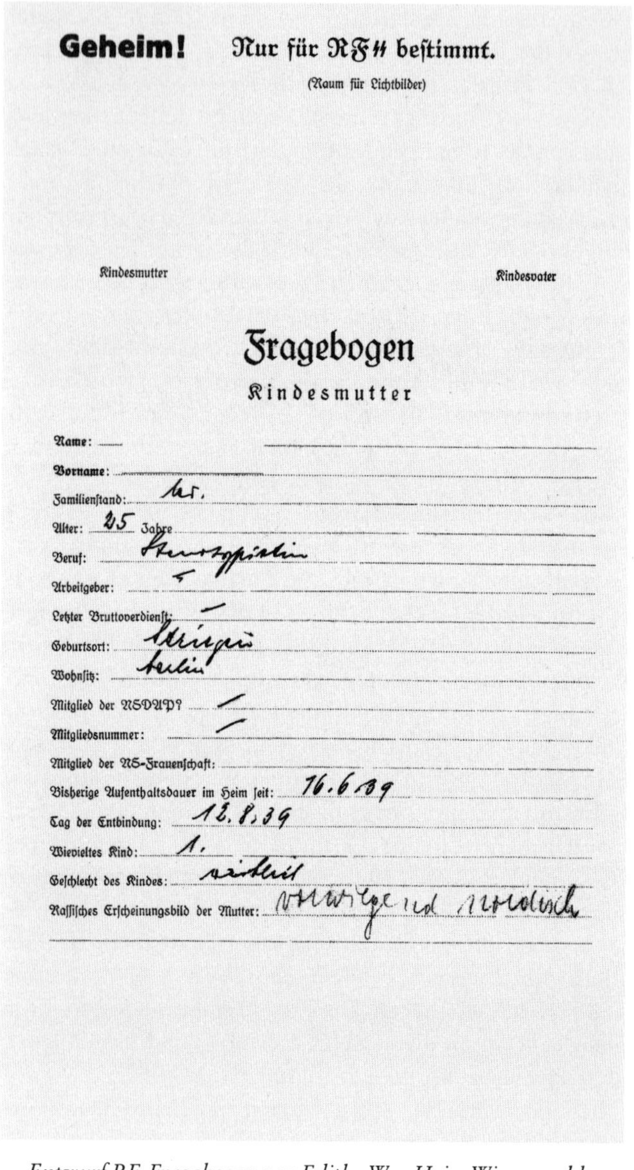

Geheim! Nur für RF↯↯ bestimmt.

(Raum für Lichtbilder)

Kindesmutter

Kindesvater

Fragebogen

Kindesmutter

Name:

Vorname:

Familienstand: led.

Alter: 25 Jahre

Beruf: Stenotypistin

Arbeitgeber: –

Letzter Bruttoverdienst: –

Geburtsort: Striegau

Wohnsitz: Berlin

Mitglied der NSDAP? –

Mitgliedsnummer: –

Mitglied der NS-Frauenschaft:

Bisherige Aufenthaltsdauer im Heim seit: 16.6.39

Tag der Entbindung: 12.8.39

Wievieltes Kind: 1.

Geschlecht des Kindes: weiblich

Rassisches Erscheinungsbild der Mutter: vorwiegend nordisch

Entwurf RF-Fragebogen von Editha W. »Heim Wienerwald«

Weltanschauliche Einstellung? gefestigte Nationalsozialistin.

Glaubensbekenntnis: nicht kirchlich gebunden

Verhalten im Heim

a) Charakterliche Beurteilung: ~~durchaus gemeinschaftsfördernd~~. ehrlicher u. aufrichtiger Charakter. fleißig u. bemüht den Hang zur Unordnung abzulegen mit Erfolg

b) Einstellung zur Heimgemeinschaft: durchaus gemeinschaftsfördernd vor allem durch ihre lustigen Einfälle.

c) Hausfrauen-Eigenschaften: verrät gute Veranlagung brachte viel Vorschläge für Gemeinschaftsarbeiten, die auch durchgeführt wurden.

d) Verhalten während der Schwangerschaft und Geburt: ~~sehr tapfer~~ sowohl in der Schwangerschaft als auch während der schweren Geburt sehr tapfer.

e) Einstellung zum Kind: hängt sehr an ihm. ist rührend in ihrer Sorge darum

Allgemeiner Gesundheitszustand der Mutter: Organisch gesund, nach der Entbindung verlangsamte Rückbildung der Gebärmutter, deshalb sekundäre Blutarmut, die sich in letzter Zeit fast behob.

Welchen Beruf nimmt die Mutter nach der Heimentlassung auf: kommt zum Lebensborn e.V.

Einstellung zum Kindesvater: ist negativ.

Wünscht sich die Kindsmutter noch weitere Kinder: in einer Ehe schon.

überdeckt durch die verschiedensten grundlosen Klagen über angebliche körperliche Beschwerden.«[184]

Eine dilettantische, in sich widersprüchliche Charakterisierung, die zeigt, wie wenig diese Frau in ihrer Befindlichkeit ernst genommen wurde. Und die gleichzeitig erkennen lässt, wie sehr Oberschwester und Heimleiter darauf bedacht waren, sie »auszusortieren«. Die angeblich zimperliche, energielose Person entsprach nach ihrem Urteil weder »rassisch« noch »weltanschaulich« noch »charakterlich« »dem Ausleseprinzip der SS«: »Frau Else kann nicht der Auslese zugerechnet werden. Ihre hier beobachteten Eigenschaften genügen eben noch für den Durchschnitt.«[185] Mit diesem vernichtenden Urteil endete die Begutachtung einer Frau, die mit 36 Jahren ihr erstes Kind bekam – ein Aspekt, der im RF-Fragebogen nicht mit einem Wort berücksichtigt wurde.

Die Abschlussbeurteilung der Lebensborn-Mütter hatte unmittelbare Konsequenzen. Im Fall von Else W. reichte die Gesamtnote »unterer Durchschnitt« immerhin aus, um die Frau in der Lebensborn-Zentrale einzustellen. Bei einer schlechteren Note – es gab anfangs drei, später vier Wertungen[186] – wäre eine solche Anstellung nicht mehr möglich gewesen. Die aufmüpfige Margot B., der man im RF-Fragebogen attestierte, dass sie nicht der »Auslese« entspreche, bekam folglich keine Anstellung beim Lebensborn.[187] Mit anderen Worten: Anhand der »rassischen Gesamtnote« wurde darüber entschieden, ob Frauen und ihre Kinder auch nach der Entlassung aus dem Heim weiter vom Lebensborn unterstützt wurden. Im Fall von Margot B. nutzte der Lebensborn das abschließende Urteil sogar, um die Frau ökonomisch unter Druck zu setzen. Verfuhr die Organisation im Allgemeinen großzügig in finanziellen Angelegenheiten, forderte sie in diesem Fall ausstehende Beträge ein, die für die Heimunterbringung des Kindes nicht bezahlt waren, ohne Rücksicht auf die schwierige wirtschaftliche Lage der Mutter.

Auch Kinder wurden auf der Basis des RF-Fragebogens »aussortiert« – dann nämlich, wenn ihre Eltern eine schlechte »rassische Gesamtnote« bekommen hatten. Dokumentiert ist der Fall eines Lebensborn-Kindes, das eigentlich zu Himmlers Patenkindern hätte gehören müssen: Es war wie er an einem 7. Oktober geboren – und in der Regel erklärte Himmler sich bereit, für diese Kinder die Patenschaft zu übernehmen. Aber mit einem Vater, der die Vaterschaft trotz eines Gerichtsurteils nicht anerkannte, und einer Mutter, die im Heim schlecht zensiert worden war, kam ein Kind dafür nicht mehr in Frage.[188]

Wie viele der ursprünglich »ausgewählten« Frauen nach Geburt des Kindes und Heimaufenthalt dem »Auslese-Prinzip« nicht mehr genügten, zeigt eine Statistik der Zentrale über die Monate November 1941 bis März 1942: Es waren immerhin 17,2 Prozent. 14,1 Prozent entsprachen dem »Ausleseprinzip« nicht ganz, und 68,7 Prozent entsprachen ihm »vollkommen«. Die Väter, die man im Grunde nur nach politischer Einstellung, Mitgliedschaft und Finanzen beurteilte, schnitten besser ab. Bei ihnen entsprachen 73,3 Prozent dem »Ausleseprinzip«, 19,9 Prozent erfüllten die angelegten Maßstäbe »nicht ganz« und 7,1 Prozent gar nicht.[189] Verwunderlich ist diese Differenz nicht. Zum einen waren die Mütter diejenigen, die man genauer unter die Lupe nehmen konnte, zum anderen wurden sie mit deutlich strengeren Maßstäben als die Männer gemessen – erinnert sei nur an die bereits erwähnte Bewertung der männlichen und weiblichen Promiskuität. Damit waren die Frauen letztlich für den »Elite-Status« der Kinder verantwortlich.

Dass die RF-Fragebögen nicht nur für unmittelbar anstehende Entscheidungen erstellt wurden, sondern im Kontext der langfristig angelegten »Rassenpolitik« des NS-Systems standen, zeigt ein Brief, mit dem ein Stapel Fragebögen nach der Begutachtung durch Himmler an den Lebensborn zurückgeschickt wurde: »Der Reichsführer wünscht, daß ihm die Fragebogen O./B. und H./SS-Untersturmführer B.

nach dem Kriege wieder vorgelegt werden.«[190] Eine noch deutlichere Sprache sprachen zwei Rubriken, die mitunter in den Fragebögen auftauchten: »Wünscht sich die Kindesmutter noch weitere Kinder?« und »Sind von der Kindesmutter im Sinne des Ausleseprinzips der SS noch weitere Kinder erwünscht?«[191] Himmler und Lebensborn wollten Frauen mit der Endnote Eins und einem entsprechenden Kindesvater unter Kontrolle behalten, im Krieg und erst recht nach dem – gewonnenen – Krieg. Denn dann sollte die Schaffung der »arischen« Elite und die »Aufnordung« des deutschen Volkes im großen Maßstab weitergehen.

Die Kinder

Schwester mit Stubenwagen auf der Terrasse von »Heim Friesland«

Sigrun, Hartmut, Gerhild, Wigand, Bertfriede, Hagen, Ruthild, Alko ... Manche Lebensborn-Kinder bekamen tatsächlich solche germanisch klingenden Namen: männliche, die in den Augen der NS-Funktionäre »an Kampf, an Mut, an Tapferkeit, an Sieg und Heldentod« erinnerten, und weibliche, die »von Sittsamkeit und Ehrbarkeit, von Frauenwürde und Frauenstolz kündeten«.[192] Aber trotz dieser großartigen Projektionen bevorzugten die meisten Mütter die herkömmlichen Namen. Sie hatten lieber eine Antje oder einen Uwe im Arm, eine Helga oder einen Günter, eine Dagmar oder einen Rüdiger. Das klang nordisch und unchristlich genug, war aber gleichzeitig gewohnt und vertraut.

Der Umgang mit den Namen wirft ein Schlaglicht auf das Spannungsfeld, in das Lebensborn-Kinder hineingeboren wurden. Für die Organisation waren sie fleischgewordene Hoffnung auf eine neue »Elite«, die später – falls männlich – Führungspositionen einnehmen würde oder – falls weiblich – für »hochwertige« Nachkommen zu sorgen hatte. Für die Mütter waren die Kinder sichtbarer Beweis ihres »Auserwählt-Seins« – und gleichzeitig Befriedigung des Kinderwunsches oder notwendige Erfüllung der weiblichen Pflicht oder unwillkommene Folge eines erotischen Abenteuers. Keine leichte Hypothek, mit der die rund 6000 deutschen Lebensborn-Kinder und die 217 aus »Heim Friesland« auf die Welt kamen!

100 Mädchen und 117 Jungen, geboren zwischen dem 25. April 1938 und dem 9. März 1945;[193] 68 eheliche und 149 uneheliche Kinder, davon 96 »Geheimfälle«;[194] 22 Adoptionen[195] und drei kindliche Todesfälle – das ist die nüchterne Bilanz, die sich aus den Geburten- und Sterbebüchern von »Heim Friesland« ablesen lässt.

Wie viele Kinder gleichzeitig im Heim lebten, wie lange sie dort lebten, mit oder ohne die Mutter, wie viele anschließend in Pflegefamilien gegeben wurden – all das lässt sich nicht mehr feststellen. Offizielle Kapazitätsangaben (zuerst 45 Plätze für Kinder, später 63) vermitteln allenfalls einen Eindruck von der Größenordnung, die aber auch deutlich höher liegen konnte. In einem Tagebuch, das Therese K. und ihr Mann über das Leben in Hohehorst führten, ist zum Beispiel im Juni 1940 von 80 Kindern die Rede, die zu diesem Zeitpunkt im Heim lebten.

1940 wurden in Hohehorst allerdings auch die meisten Babys (116) geboren. Hinzu kamen viele Kinder, die nicht dort geboren waren: Kinder bis zum dritten Lebensjahr, die von ihren Müttern ins Heim mitgebracht wurden, während sie niederkamen und im Wochenbett waren – ein Service des Lebensborn vor allem für verheiratete Frauen; Lebensborn-Kinder aus anderen Heimen, die ohne Mutter in Hohehorst untergebracht waren – Gerd B. zum Beispiel; Kinder wie Hartmut M., der in einem normalen Krankenhaus geboren wurde und dann in die Obhut und Vormundschaft des Lebensborn kam; schließlich Kinder von Angestellten. Auch sie waren nur zum Teil Lebensborn-Kinder – Paul, der Sohn von Beate D. zum Beispiel oder die einjährige Gisela, die zweite Tochter von Therese K. Während Inge und Horst Bachschneider, die beiden Kinder des Verwalters, und Eva, die Älteste von Therese K., nicht im Lebensborn geboren waren. All diese Kinder lebten ein Jahr, zwei Jahre, manchmal sogar drei Jahre in Hohehorst.

Sauber, satt und ordentlich: »Die Kinder hatten es gut«

»Die Säuglinge hatten es ganz gut«, erinnerte sich die Krankenschwester Helga S., die im Herbst 1939 acht Wochen die Hohehorster Babys betreute. Und Anita J., Heimsekretärin und Lebensborn-Mutter, kam regelrecht ins Schwärmen: »Es hat wirklich nichts Besseres und Schöneres geben kön-

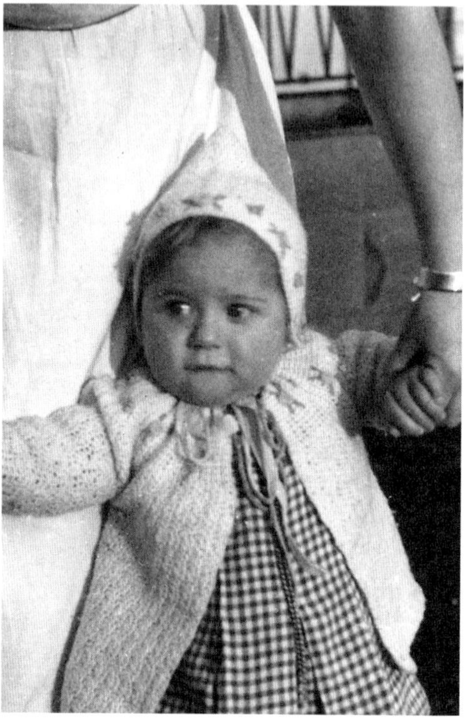

Aline F. – allein in »Heim Friesland« 1940

nen als ein Lebensborn-Heim, das Kinder zu betreuen und betüddeln hatte. Das war ganz vorbildlich! Die waren sauber, die waren sauber angezogen, die waren zum Teil einheitlich angezogen ...«

Immer, wenn ich nach den Kindern fragte, kam die Rede ganz schnell auf das Thema Sauberkeit und Ordnung. Diese beiden Prinzipien hatten beim Umgang mit Säuglingen und Kleinkindern damals einen enorm hohen Stellenwert, nicht nur in Lebensborn-Heimen. Sauberkeit und Ordnung galten als Zeichen einer optimalen Versorgung, die sich vor allem auf die körperliche Pflege konzentrierte. Sechs Mal am

Tag trockene Windeln – »statt wie üblich fünf Mal« –, eine lange Ernährung mit Muttermilch, viel frische Luft, auch wenn man die Babys nur in Stubenwagen auf einen der großen Balkone von »Heim Friesland« stellte: Dabei mussten die Kinder ja gedeihen!

Dahinter stand ein Denkansatz, der Säuglinge und Kleinkinder lediglich als biologische Organismen betrachtete. Ausgangspunkt war der Glaube an die Kraft der guten Gene: Wenn das Erbmaterial stimmte – und dafür hatte das »Ausleseverfahren« vor der Heimaufnahme vermeintlich gesorgt –, musste im Grunde nur eine entsprechende Ernährung und Körperpflege bereitgestellt werden, um einen brauchbaren Menschen heranwachsen zu lassen. Mit Ende des zweiten Lebensjahrs – so glaubte man – setze allerdings eine grundlegende Veränderung ein: In diesem Alter beginne die geistige Aktivität eines Kindes, die sich in »Erinnerungsfähigkeit« und »selbständigem Denken«[196] äußere. Damit war nicht nur der Beginn der Erziehung vorgegeben, sondern auch der letztmögliche Zeitpunkt, ein Lebensborn-Kind aus dem Heim herauszunehmen und in einer Familie unterzubringen. Nur in einer Familie, möglichst einer SS-Familie, könnten die »Elite-Kinder« richtig erzogen werden und aufwachsen, glaubte man im Lebensborn.[197]

Der Umgang der Mütter mit den Kindern schuf einen Ausgleich zu dieser körperorientierten Betreuung – auch wenn den Frauen die Baby-Versorgung verordnet wurde, was die eine oder andere als unliebsamen Druck empfand, auch wenn Lebensborn-Funktionäre ein ambivalentes Verhältnis dazu hatten. Es sei, schrieb Ebner 1939 an Himmler, »nicht gut möglich, die Mütter von ihren Kindern so lange Zeit hindurch völlig zu trennen«. Daher habe er angeordnet, dass die Frauen unter Kontrolle, d. h. »unter Aufsicht einer Stationsschwester« ihre Kinder versorgten.[198] Dazu gehörte an erster Stelle das Stillen – eine »Pflicht«, die fünf Mal am Tag erfüllt werden musste, nach der Uhr – und auch »lange genug«, wie Himmler höchstpersönlich befahl. Vorher dürften die Mütter nicht entlassen werden.[199] Obwohl das Stillen von Seiten des Heims ernährungsphysiologisch und medizinisch begründet war – man dachte vor allem an die gesundheitliche Stabilität der Kinder –, profitierten die Säuglinge von der körperlichen Nähe der Mutter. Auch das Wickeln und Baden durch ein und dieselbe Person förderte die emotionale und soziale Entwicklung und ließ eine Bindung zwischen Mutter und Kind wachsen. Wie viel Zeit die beiden letzten Endes miteinander verbringen konnten, ist aber nicht klar, denn die Babys lebten im »Säuglingssaal«, wo eigene Regeln herrschten.

Die Kinder der Angestellten hatten auf alle Fälle mehr Gelegenheit zum Kontakt mit der Mutter. Die Hebamme, die Sekretärin und die Küchenleiterin konnten es sich leisten, außer der Reihe nach dem Kind zu sehen und mit ihm im Sandkasten zu spielen, abends gute Nacht zu sagen oder bei einer Krankheit zusätzliche Pflege zu übernehmen. Beate D. zum Beispiel trug ihren Sohn zwei Wochen lang so oft wie möglich auf der Terrasse herum, als er eine Lungenentzündung hatte und dringend frische Luft und Bewegung brauchte. Die Schwestern hatten für diese Extrabetreuung nicht genügend Zeit – es sei denn, es handelte sich um das Kind der »Frau Doktor«, die das Heim bereits verlassen hatte. Dann wurde zusätzliche Pflege mobilisiert.

Doch auch die Kinder der Angestellten lebten nicht mit ihren Müttern zusammen, die Kleineren waren im »Säuglingssaal« untergebracht, die Größeren, die älter als sechs Monate waren, kamen in den Kindergarten, einen »wundervollen Kindergarten«, wie sich Therese K. erinnert. Dort schliefen, aßen und spielten sie unter der Aufsicht und nach den Regeln von Kindergärtnerinnen oder Kinderschwestern – und dazu gehörte natürlich auch das gemeinsame Topfsitzen.

Ein Aufenthalt bei der Mutter – wenn sie im Heim lebte – war immer ein »Besuch«, der bei Disziplinverstößen gestri-

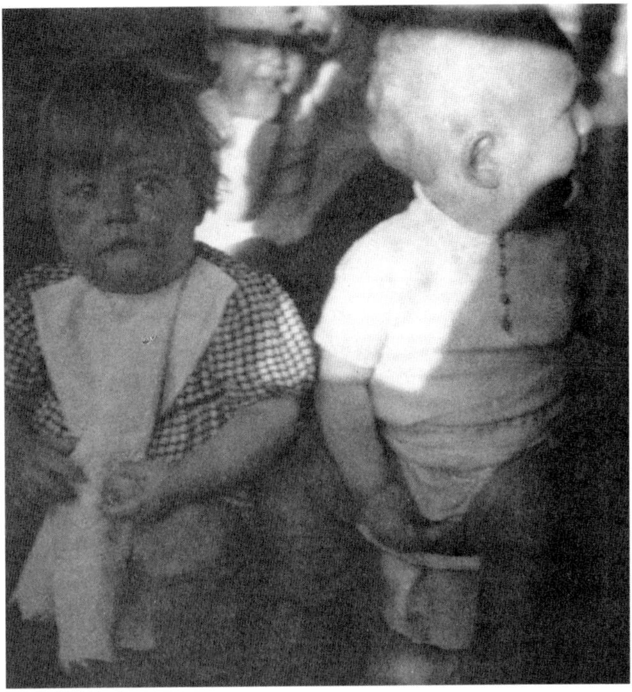

Gemeinsames Topfsitzen, für Aline F. (links) immer ein Anlass zum Weinen

chen werden konnte. Und solche Verstöße waren an der Tagesordnung: Das eine Kind ließ nachts die Tür vom Schlafsaal offen, ein anderes machte ins Bett, ein drittes aß seinen Teller nicht leer oder begann immer wieder Streit mit anderen Kindern. »Aber dass ein Kind irgendwie misshandelt worden ist … Ich glaube, da war ich als Mutter strenger mit meinem Sohn als die Schwestern mit den fremden Kindern«, meinte Anita J. über ihre Erfahrungen im norwegischen Lebensborn-Kinderheim Godthåb. Schlagen war verpönt, ein Kind mit Gewalt zum Essen zwingen ebenfalls – beides kam hin und wieder zwar vor, wurde aber geahndet. Mit den polnischen Mädchen und Jungen ging man allerdings weniger zimperlich um, wie mir Frauen und Männer erzählten, die als »eindeutschungsfähige« Kinder während des Krieges eingesammelt wurden und anschließend eine Tortur von körperlicher und seelischer Gewalt bis zur Gehirnwäsche durchstehen mussten. Der Lebensborn trat zwar erst auf den Plan, wenn die Kinder das Schlimmste hinter sich hatten, aber er gehörte zu den verantwortlichen Organisationen.

Solange die Mütter im Heim lebten, bekamen die Kinder mehr Aufmerksamkeit und Zuwendung, als Reglement und Personal ihnen zubilligten. Problematisch wurde es, wenn eine Frau entlassen wurde und ihre kleine Tochter, ihren kleinen Sohn im Heim zurückließ. In Hohehorst passierte das schätzungsweise jedem dritten Kind, und von meinen alten Gesprächspartnerinnen gingen fast alle erst einmal alleine fort.

Ob ihnen die Trennung vom Kind damals schwergefallen war, konnten die meisten Frauen nicht mehr sagen. Nur Erika B. erinnerte sich an Trennungsschmerz und ein schlechtes Gewissen. Sie führte damals auch ein Tagebuch, in dem sie ihre Gefühle festhielt – eine gute Gedächtnisstütze. Bei den anderen Frauen überdeckten offenbar Pflichten, Zwänge und Anweisungen die Emotionen: »Es ging nicht anders«, meinte Beate D., »ich musste ihn dort abliefern«, erklärte Anita J., »auf Anweisung der Zentrale«. Ausführlicher erzählten sie nur, wenn zur Trennung die Angst kam, das Kind ganz zu verlieren – und dann funktionierte auch das Gedächtnis. Trotzdem fand die eine oder andere auch als alte Frau noch zärtliche Worte: »Ein ganz süßer kleiner Knopf« sei ihr Paul gewesen, erzählte Beate D. zum Beispiel. Aber sie ließ den »süßen kleinen Knopf« mehrere Jahre im Heim bzw. bei Pflegeeltern. Vielleicht war die Beziehung zwischen Mutter und Kind damals pragmatischer und unbedachter, als wir heute gewohnt sind, und weniger symbiotisch? Wenn eine der Frauen den Eindruck hatte, dass ihr

Schwester mit Kindern beim Spaziergang in »Heim Friesland«

Kind im Lebensborn-Heim ordentlich versorgt wurde, fühlte sie sich frei für ihre Ausbildung, für ein neues Kind, für eine neue Beziehung ... »Die hatten eine Menge Personal«, erklärte Gerda B. beruhigend. »Für ein Krankenhaus von heute wäre das ein Traum. Und in der Zeit, als ich Gerd in Hohehorst hatte, da hatte ich immer die gleiche Schwester.«

Aus Kinderperspektive sah die Sache anders aus. War die Mutter gegangen, fielen körperliche Nähe und individuelle Zuwendung weg. Es sei denn, ein Kind hatte eine besondere Stellung – wie Karl B., der Sohn der Ärztin Erika B., um den sich neben Lissi, der zuständigen Schwester, auch die Oberschwester und die Hebamme kümmerten. Oder es gab eine Schwester, die das Kind besonders ins Herz geschlossen hatte und sich deshalb viel mit ihm beschäftigte – wie Helga S., die sich ausgerechnet mit dem kleinen Gerd, dem Sohn von Gerda B., »anfreundete«.[200]

Beate D. erzählte von einem ähnlichen Fall von Zuneigung, den sie in einem norwegischen Heim erlebt hatte. »Da war ein kleines Mädchen, ein scheinbar mutterloses Würmchen – denn da war keine Mutter, die sich kümmerte. Wir haben es dann Erika genannt und richtig bemuttert. Das Kind war völlig verkommen, völlig verschorft, deshalb haben wir es immer unter die Höhensonne gehalten. Das hat ihm gefallen, es heilte und wurde ein richtig gesundes Kind.«

Wie ein Kind bei der vielzitierten Sauberkeit und Ordnung der Heime in einen derartigen Zustand geraten konnte, scheint rätselhaft. Aber »Erika« war kein Einzelfall im fernen Norwegen. Auch im deutschen Lebensborn-Heim »Taunus« wiesen die Kinder »Zeichen der Verwahrlosung« auf. Der beratende Arzt Wilhelm Pfannenstiel kritisierte nach einer Inspektion des Heims im Sommer 1940: »Fast alle hatten verkrustete Nasen, viele Kratzeffekte im Gesicht und an den Händen … Die Säuglinge waren in schlecht gewaschene, graue, zerlumpte Windeln gehüllt … einzelne Kinder lagen derart in der Nässe, dass sie schon stundenlang nicht trockengelegt erschienen.«[201] Die schlechte Ausstattung des Heims (zu dieser Zeit gab es dort kein fließendes Wasser) und unqualifiziertes Personal waren aus der Sicht der Zentrale die Ursachen für die Verwahrlosung der Kinder. Dass die Mütter oder besser: die individuelle Zuwendung fehlten, dürfte eine ebenso große Rolle gespielt haben – ein Mangel, der schwerwiegende Folgen hatte.

Gerda B., die an Sauberkeit und Betreuung ihres Kindes in Hohehorst nichts auszusetzen fand, meldete in unserem Gespräch nach einer langen Lobrede plötzlich Kritik an: »Das einzige war, dass sie den Jungen immer nur auf eine Seite gelegt hatten. Deshalb konnte er sein Köpfchen zum Schluss nicht mehr halten, das hing immer rüber.« Nun war Gerd fast ein Jahr alt, als Gerda B. ihn aus dem Heim holte. In diesem Alter dreht sich ein Kind längst alleine im Bettchen herum – gleichgültig, wie man es hinlegt. Außerdem konnte der Junge Wochen vorher das Köpfchen noch halten, das zeigt ein Foto, auf dem er sieben, acht Monate alt war! Diese Fähigkeit gewann er auch sehr schnell wieder zurück, nachdem er das Heim verlassen hatte. Gerda B. massierte ihn regelmäßig, und bald konnte er sitzen und den Kopf halten.

Gerd hatte sich in Hohehorst nicht weiterentwickelt, wie es seinem Alter entsprach, sondern einen Entwicklungsrückschritt gemacht. Ein häufig auftretendes Phänomen bei Heimkindern, die nicht ausreichend betreut und gefördert werden – also nicht unbedingt lebensbornspezifisch. Anne W. ist ein anderes Beispiel: Sie war im Mai 1940 in »Heim Friesland« geboren und schon bald allein zurückgelassen worden. Im Januar 1941 wurde sie mit anderen Kindern nach Steinhöring evakuiert, im Juli schließlich nahmen Pflegeeltern das gut einjährige Kind zu sich. Im Arztbericht, der Anne von der Heimärztin mitgegeben wurde, hieß es unter anderem: »Da Anne in ihrer körperlichen und geistigen Entwicklung noch um mehrere Wochen hinter Altersgenossen zurück ist, wurde sie hier vorzugsweise zu etwas älteren Kindern gelegt. Das Kind sitzt jetzt gerade, steht aber noch nicht. Mit familiärer Pflege und viel Anregung, die das stille, etwas phlegmatische Kind nötig hat, wird es schnell das fehlende aufholen.« Tatsächlich holte das »stille, phlegmatische Kind«, das im Heim nur in der Ecke gesessen und gegessen hatte, den Rückstand auf – durch Zuwendung und Zuneigung, die ihm entgegengebracht wurden. Selbst Karl

B., der als Arztkind im Heim mehr Aufmerksamkeit und Zuwendung bekam als andere Kinder, konnte mit einem Jahr noch nicht stehen und laufen, und sprechen, so erinnerte sich seine Mutter Erika B., lernte er auch erst spät.

Offensichtlich hatte der Lebensborn in größerem Umfang mit solchen Heimschäden zu tun. In einem Brief an Gregor Ebner kolportierte Otto Bachschneider (zu dieser Zeit schon nicht mehr Verwalter von Hohehorst) das negative Bild, das »Oberbefehlsleiter NSV, Pg. Hilgenfeldt« von den Lebensborn-Kindern habe. Der Leiter der Nationalsozialistischen Volkswohlfahrt gehe davon aus, schrieb Bachschneider, »daß die Lebensborn-Kinder im allgemeinen in einem nicht besonders guten Zustand aus den Heimen des ›Lebensborn‹ e. V. entlassen werden. Es käme ihm immer wieder laufend zu Ohren, daß die Kinder in ihrer Entwicklung sehr zurückgeblieben und gesundheitlich nicht auf der Höhe seien.«[202] Ob Hilgenfeldt seine Kritik aus Besorgnis äußerte oder den Lebensborn aus Konkurrenzgründen abqualifizieren wollte, lässt sich nicht mehr überprüfen. Immerhin hatte im Juni 1940, als Bachschneider den Brief schrieb, das Gerangel um Einfluss und Aufgabengebiete zwischen NSV und Lebensborn einen Höhepunkt erreicht. Trotzdem dürfte die Kritik am Zustand der Lebensborn-Kinder einige Berechtigung gehabt haben. Dafür spricht das Beispiel des Wiesbadener Heims, dafür sprechen die Beispiele von Gerd B., Anne W. und Karl B., und das belegen auch die Notizen über den Hohehorster Kinderalltag, die Therese K. und ihr Mann in einem Tagebuch festhielten.

Auffallend oft ist darin nämlich von Krankheiten die Rede. Die vierjährige Eva, das älteste Kind der beiden, hatte häufig Husten und Ohrenschmerzen, einmal bekam sie Furunkel am ganzen Körper, dann hatte sie plötzlich Würmer. Dazu kam ein Keuchhusten, der mehrere Monate im Heim grassierte, und zwar so schlimm, dass auch Therese K. angesteckt wurde und mehrere Kinder ins Krankenhaus mussten, Evas kleine Schwester Gisela zum Beispiel, Karl B. und Roland H., bei denen zum Keuchhusten eine Lungenentzündung kam.

Nun stecken sich Kinder, die in Gruppen leben, häufig gegenseitig an, aber die Vielzahl der Krankheiten ist auffällig. Selbst wenn man bedenkt, dass das Heim 1940 überbelegt war, was die Ansteckungsgefahr erhöhte, und dass seine Bewohnerinnen und Bewohner wegen des häufigen Fliegeralarms zusätzlich unter Stress standen.

Zu Kriegsangst und Ansteckungsrisiko kam eben die seelische Belastung vieler Kinder hinzu. Eva, um bei ihrem durch das Tagebuch gut dokumentierten Beispiel zu bleiben, hatte schon einige Stationen in ihrem vierjährigen Leben hinter sich – Stationen, die Abschied, Trennung und Verlust mit sich gebracht hatten. Zuerst lebte sie beim Vater, dessen erster Frau und der Großmutter, dann kam sie zur Mutter ins »Heim Wienerwald« und von dort nach Hohehorst. Dort waren Mutter und Vater zwar immer in der Nähe, im Grunde hatte das Mädchen aber mit ständig wechselnden Betreuungspersonen zu tun. Außerdem blieb das Kind ein paar Mal für längere Zeit allein im Heim.

Vier Wochen nach der Ankunft in Hohehorst notierte Therese K. im Tagebuch: »Mit Dir bin ich in den letzten Tagen gar nicht zufrieden. Jedesmal, wenn Du mich siehst, rufst Du ›Mama‹ oder ›Mami‹ und hängst Dich an mich und fängst furchtbar an zu schreien, wenn ich wieder gehen muß. Ich bin oft ganz verzweifelt, weil man kaum dagegen ankommen kann. Auf Zureden hörst Du überhaupt nicht, sondern schreist laut ›dableiben‹ oder ›mit, mit, mit!‹« Und als ein paar Tage später Walther K. zu Besuch kam, schrieb Therese K.: »Eine so große Freude für unsere Eva! Du weichst nicht von Vatis Seite und streichelst ihn fortwährend.«

Eva brauchte einige Zeit, bis ihr unbändiges Bedürfnis nach Nähe und ihre Angst vor Trennung zur Ruhe kamen. In dieser Zeit beschrieben Vater und Mutter sie immer wieder als Kind, das ihnen mit seiner »Quälerei, Trotzerei und

Weinerei« auf die Nerven ging, das eher ängstlich als tapfer war, wie man es von ihm erwartete, das wenig Ausdauer und Ehrgeiz besaß und sich verweigerte, wenn der Vater es »examinieren« wollte, um sein Wissen und seine Intelligenz zu überprüfen. Verhaltensweisen, die vor allem dem Vater nicht gefielen, weil er eine ganz andere Vorstellung von seiner Erstgeborenen im Kopf hatte. Er wollte eine intelligente, tapfere, aktive und gleichzeitig gehorsame Tochter, die auch äußerlich dem Bild eines »arischen« Kindes entsprach. Deshalb vermaß er auch hin und wieder ihren Schädel und notierte im Tagebuch: »Kopfumfang 51,5 cm, Längsdurchmesser 17,5 cm, Breitendurchmesser 19,5 cm, Längsbogen 29 cm und Ohrbogen 31,5 cm«. Wieweit Evas Kopf den »arischen« Idealmaßen entsprach, vermerkte der Vater allerdings nicht.

Hasenscharte, Downsyndrom: »Kranke Kinder wollte keiner«

Hohe Anfälligkeit, häufige Infektionen, grassierende Kinderkrankheiten – all das passte nicht in das Bild, das der Lebensborn von seinen Heimen entwarf. Und es passte auch nicht zu den Menschen, die man für wert befunden hatte, dort zu leben, die vielfach untersucht und geprüft waren und als durch und durch gesund betrachtet wurden.

Dass es hin und wieder Schwierigkeiten bei einer Entbindung gab, wenn ein Kind zum Beispiel verkehrt im Mutterleib lag und mit der Zange oder per Kaiserschnitt auf die Welt geholt werden musste – das wurde zwar genau registriert, aber als normal bewertet. Ähnlich gelassen reagierte man auf eine gelegentliche Totgeburt, ein Kind, das nur kurze Zeit lebte, oder eine Mutter, die im Wochenbett krank wurde oder starb.[203] In den ersten Jahren rühmte sich der Lebensborn sogar, mit einer Kindersterblichkeit von drei

Prozent deutlich unter dem landesweiten Durchschnitt von sechs Prozent zu liegen – woran allerdings Zweifel anzumelden sind.[204] Auch die vielen Kinderkrankheiten sah man in dieser Zeit als normale Begleiterscheinung eines Heimbetriebs an.

Seit 1940 geriet die Situation jedoch immer mehr außer Kontrolle. Die Heime waren chronisch überbelegt, die Kinder erkrankten häufiger, und mit manchen Krankheiten wurde man kaum fertig. Darauf reagierte die Zentrale fast panisch. Sie ordnete Inspektionen an und gab Anweisungen heraus, um die Belegung der Heime zu reduzieren und das Risiko zu senken, dass Krankheiten eingeschleppt wurden. Sie verordnete eine Besuchssperre und verweigerte die Aufnahme von »Begleitkindern«. Umgekehrt durften Angestellten-Kinder nur noch ausnahmsweise das Heim verlassen, um zum Beispiel mit der Mutter in Urlaub zu fahren – und bei ihrer Rückkehr kamen sie im »Isolierzimmer« in Quarantäne ... Aber alle Maßnahmen halfen nicht.

Im Tagebuch der Hebamme ist von Mitte Juli bis Mitte Oktober 1940 immer wieder von Keuchhusten die Rede. Einige Kinder mussten sogar ins Krankenhaus, und drei Kinder, die in »Heim Friesland« auf die Welt gekommen waren, starben sogar – im September, im November, im Dezember 1940.

Roland H. war eins von ihnen. Er wurde Anfang September 1940 geboren, war unehelich und ein »Geheimfall«, sein Vater taucht in den Dokumenten nicht auf. Wenige Tage nach der Geburt stellte sich heraus, dass die Hebamme Keuchhusten hatte. Therese K. hörte sofort auf zu arbeiten und verließ das Heim. Ob sie das Kind angesteckt hat oder die Mutter oder eine dritte Person – jedenfalls bekam das Baby Keuchhusten, wurde ins Kinderkrankenhaus nach Bremen gebracht und starb dort Ende Dezember, knapp vier Monate alt. Zum Keuchhusten war eine Lungenentzündung hinzugekommen, und als Todesursache vermerkte das Sterbebuch neben »Keuchhusten« und »Bronchopneumonie« auch noch eine »alimentäre Intoxikation«, was wörtlich Lebensmittelvergiftung bedeutet. Einen Tag nach dem Tod zeigte die Mutter, die Buchhalterin Maria H., diesen persönlich beim Bremer Standesamt an. Ob sie während der vorangegangenen vier Monate in Hohehorst gelebt hatte oder wegen der Schwere der Krankheit angereist war – beides ist denkbar.

Die schnell erzählte Geschichte von Roland H. hat mich lange beschäftigt, weil ich glaubte, auf die mörderische Seite der Lebensborn-Politik gestoßen zu sein, für die es nur wenige Belege gibt.

Am Anfang meiner Recherche hatte ich nur einige wenige Informationen, die aus den Bremer Archiv-Akten[205] hervorgehen: das Geburtsdatum und den Namen des Kindes, die Tatsache, dass es ein »Geheimfall«[206] war, den Sterbeort (die Bremer Kinderklinik) und eine vage Angabe zum Todesdatum (»geraume Zeit nach der Geburt«). Das, was mich am meisten interessierte, stand nicht in den Akten: Warum war das Kind in der Bremer Kinderklinik gewesen? Warum war es gestorben? Und genau diese offenen Punkte setzten in meinem Kopf eine Kette von Fragen und Vermutungen in Gang. War dieses Kind vielleicht krank geboren worden? War es möglicherweise gar keines natürlichen Todes gestorben?

Die Bremer Kinderklinik erklärte lapidar, sie habe alle Krankenakten, die älter als fünfzig Jahre seien, längst vernichtet. Von dieser Seite konnte ich also keine Aufklärung erwarten. Vom Standesamt, in dem die Geburten- und Sterbebücher von »Heim Friesland« liegen, erfuhr ich zwar das genaue Todesdatum – aber über die Todesursache wusste man dort nichts.

Nun fragte ich meine alten Zeitzeuginnen. Zwei hatten schließlich mit dem Kind zu tun: die Hebamme Therese K., die dem Jungen auf die Welt geholfen hatte, und die Oberschwester Bernhild B. Sie war wegen dieses Kindes nämlich nach Bremen gefahren und hatte die Standesbeamten dar-

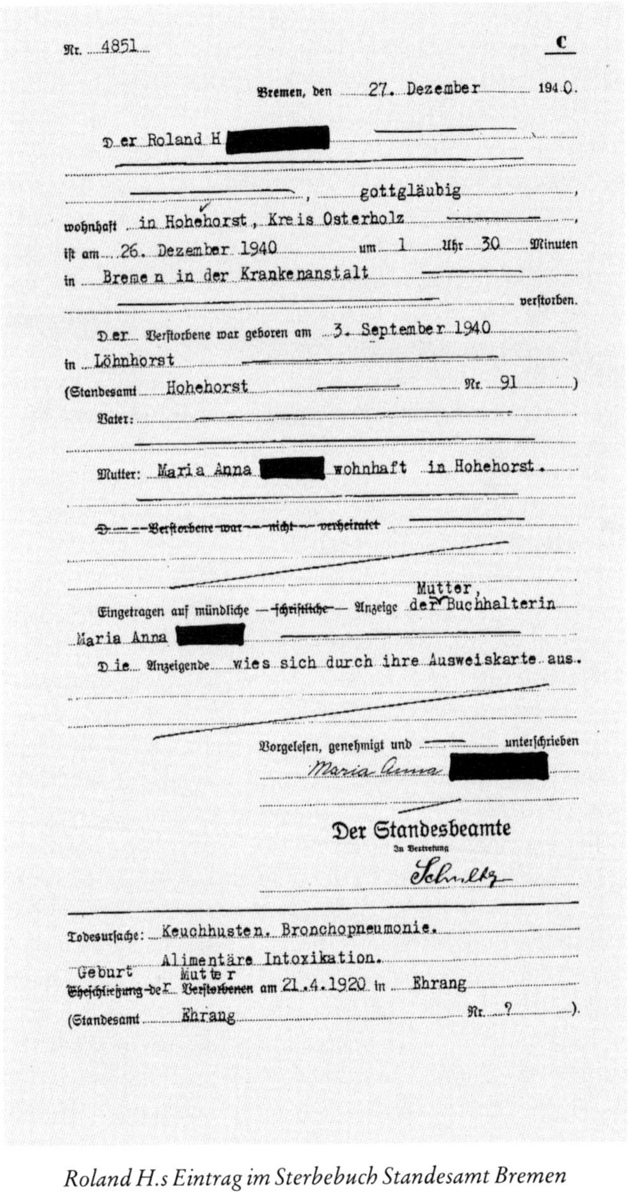

Nr. 4851 C

Bremen, den 27. Dezember 1940.

Der Roland H[geschwärzt]

, gottgläubig,

wohnhaft in Hohehorst, Kreis Osterholz,

ist am 26. Dezember 1940 um 1 Uhr 30 Minuten

in Bremen in der Krankenanstalt

verstorben.

Der Verstorbene war geboren am 3. September 1940

in Löhnhorst

(Standesamt Hohehorst Nr. 91)

Vater:

Mutter: Maria Anna [geschwärzt] wohnhaft in Hohehorst.

~~D Verstorbene war nicht verheiratet~~

Eingetragen auf mündliche ~~schriftliche~~ Anzeige der Mutter, Buchhalterin

Maria Anna [geschwärzt]

Die Anzeigende wies sich durch ihre Ausweiskarte aus.

Vorgelesen, genehmigt und unterschrieben

Maria Anna [geschwärzt]

Der Standesbeamte

In Vertretung

Schultz

Todesursache: Keuchhusten. Bronchopneumonie.

Alimentäre Intoxikation.

Geburt der Mutter ~~Eheschließung der Verstorbenen~~ am 21.4.1920 in Ehrang

(Standesamt Ehrang Nr. ?).

Roland H.s Eintrag im Sterbebuch Standesamt Bremen

über aufgeklärt, dass Roland ein »Geheimfall« war, d. h. dass man seine Geburt nicht an das Heimatstandesamt der Mutter weitergemeldet hatte. Folglich konnten und sollten die Bremer Beamten auch den Tod dieses Kindes nicht weitermelden. Aber beide Frauen konnten sich nicht erinnern, weder an das Kind noch an seinen Tod. Erst als ich Bernhild B. in unserem Gespräch fragte, ob es üblich war, ein Kind mit Lungenentzündung ins Krankenhaus zu bringen, tauchte eine Erinnerung bei ihr auf. Zuerst erklärte sie, das sei auf die Schwere der Krankheit angekommen, dann hatte sie plötzlich ein mattes Bild vor Augen: »Wir hatten mal ein kleines Kind, gerade mit einer Lungenentzündung! Das haben wir immer auf der Terrasse, also an der Luft, herumgetragen. Ob das dieser Roland war, weiß ich nicht, es könnte sein. Und dann ist es nachher ins Krankenhaus gekommen, weil's nicht besser wurde. Aber bei Lungenentzündung ist ja sowieso fast keine Hoffnung.«

Nach Lungenentzündung hatte ich aus zwei Gründen gefragt: Zum einen wusste ich mittlerweile von der Keuchhusten-Epidemie in »Heim Friesland« und wie viele Kinder davon betroffen waren. Zum anderen ist »Lungenentzündung« ein verschleiernder Terminus in der Sprache des Dritten Reiches, der auf »Euthanasie« verweist. Offiziell starben Kranke und Behinderte an Lungenentzündung – in Wirklichkeit wurden sie mit starken Beruhigungsmitteln getötet. Könnte es nicht auch im Lebensborn einen solchen Mord gegeben haben, wenn ein Kind krank oder missgebildet war?

Lange musste ich mich mit der matten Erinnerung der sechsundachtzigjährigen Bernhild B. zufriedengeben. Dann bekam ich wider Erwarten Einblick ins Bremer Sterbebuch und fand endlich heraus, woran Roland H. gestorben war: an Keuchhusten, Lungenentzündung und »alimentärer Intoxikation«. Damit musste ich fast alle Spekulationen über Rolands Tod ad acta legen. Lungenentzündung galt und gilt bis heute als typische Komplikation bei Keuchhusten. Auch ein tödliches Ende bei dieser Erkrankung war damals nicht selten, schließlich gab es kein Penicillin und keine Sulfonamide. Ein Säugling, der wie Roland H. vielleicht schon bei der Geburt angesteckt wurde, war erst recht gefährdet. Nur bei der dritten Todesursache, der Lebensmittelvergiftung, blieb ein Fragezeichen. Wie konnte dieses kleine, kranke Kind an eine Lebensmittelvergiftung kommen?

Erst als mir Erika B., als Ärztin auf Kinderheilkunde spezialisiert, den Sachverhalt genauer erklärte, wichen die letzten Zweifel. Keuchhusten-Kinder bekämen leicht Brechdurchfall, trockneten deshalb aus, könnten die Gifte nicht mehr ausscheiden und vergifteten sich dadurch praktisch selbst.

Roland H. ist also tatsächlich an einer Infektionskrankheit gestorben, die für Säuglinge damals lebensbedrohlich war. Er ist nicht »beseitigt« worden wegen einer Behinderung oder einer schweren Krankheit, wie das mit anderen Lebensborn-Kindern geschah – wobei sich ausgerechnet Erika B. an einen Fall erinnern konnte, bei dem ein solcher Verdacht naheliegt. In »Heim Friesland« wurde während ihres Aufenthalts – 1940 – ein Kind mit einem offenen Rücken geboren. Kaum auf der Welt, verlegte man es in die Bremer Kinderklinik. »Jedenfalls glaubte ich das«, erklärte Erika B. »Aber ob sie etwas mit dem Kind gemacht haben, weiß ich natürlich nicht.«

Im Fall von Jürgen W. gibt es dagegen eindeutige Hinweise.[207] Der kleine Junge wurde am 5. Juni 1941 im pommerschen Lebensborn-Heim in Bad Polzin geboren und bekam wenig später Krämpfe. Nach einigen Monaten beobachtete man auch eine »Zwangsstellung der Augen«. Und Heimleiter Robert Düker merkte an, »dass die geistige Entwicklung des Kindes nicht in normalen Bahnen« verlaufe – möglicherweise die Folge einer Hirnblutung während der Geburt. Daraufhin schlug Ebner der Mutter im November 1941 vor – sie hatte das Heim längst verlassen –, das Kind in eine Anstalt zu verlegen, denn in seinem Zustand sei es nicht

Jürgen W. ist tot - Postkarte aus der Landesanstalt Görden an Lebensborn

an Pflegeeltern zu vermitteln. Die Mutter willigte ein, beauftragte aber kurz darauf einen Anwalt, weil sie das Gefühl hatte, dass man ihr nicht die Wahrheit sage. Ebner hatte unterdessen Kontakt mit der »Jugendpsychiatrischen Fachabteilung« der Landesanstalt Görden bei Brandenburg aufgenommen, den Fall vorgestellt und argumentiert, dass Jürgen W. aus dem Lebensborn-Heim entlassen werde müsse, weil dort »nur gesunde Kinder bleiben können«. Nun begann ein Hin und Her zwischen »Heim Pommern«, der Landesanstalt Görden und der Münchner Lebensborn-Zentrale wegen der Kosten. Schließlich wurde Jürgen W. am 6. Februar von Bad Polzin aus nach Görden gebracht, auf Anordnung des Lebensborn-Vorsitzenden Max Sollmann. Am 24. Februar benachrichtigte die Anstalt die Lebensborn-Zentrale, dass der »geisteskranke« Jürgen W. am 23. Februar gestorben sei. 17 Tage hatte der kleine Junge in Görden gelebt – dann war er tot.

Provinzialverband Mark Brandenburg

Landesanstalt
Pflegeanstalt

Görden, den 24.2. 1942

Aktenzeichen: W. 353
In den Antwortschreiben ist vorstehende Nummer anzugeben.

Der am 6.2.1942 in die hiesige Anstalt aufgenommene geisteskranke Jürgen [illegible], geb.5.6.1941 aus Heim Pommern, Bad Polzin

ist am 23.2. 1942 hier gestorben.

Anst. I 35a
1940 10000 Prov.Druckerei, Potsd.

Die Landesanstalt Görden besaß seit Oktober 1939 eine jugendpsychiatrische Fachabteilung mit sechzig bis achtzig Plätzen, in der kranke und behinderte Kinder umgebracht wurden – auch dann noch, als die »Euthanasie-Aktion« im August 1941 offiziell gestoppt war. In der so genannten »Kinder-Fachabteilung« wurden die kleinen Patienten einer »Sonderbehandlung« unterzogen – wieder ein Terminus aus der Sprache des Dritten Reiches, der den wirklichen Sachverhalt verschleiert. Denn »Sonderbehandlung« in einer »Kinder-Fachabteilung« war nichts anderes als ein Synonym für ein Todesurteil, vollstreckt mit Luminaltabletten und Morphiumspritzen. Durch die starken Beruhigungsmittel gerieten die Kinder in einen Dämmerzustand, der zu körperlicher Unterfunktion und damit rasch zu einer Lungenentzündung führte. Diese blieb unbehandelt und führte zum Tod.

Das Schicksal von Jürgen W. ist kein Einzelfall. Zwar sind die Lebensborn-Akten über Kindereuthanasie, die mit

Sicherheit existiert haben, weitgehend verschwunden. Trotzdem gibt es mehr als einen eindeutigen Beleg für die Abschiebung von Lebensborn-Kindern in Tötungsanstalten – veranlasst, betrieben, forciert durch die diversen Instanzen des Lebensborn, durch Hebammen, Oberschwestern, Heimleiter, Vorstandsmitglieder.

In einem Brief an Gregor Ebner teilte etwa der Leiter von »Heim Wienerwald« mit, dass ein »geistig zurückgebliebener Säugling« in die Wiener Städtische Fürsorge-Anstalt »Am Spiegelgrund« verlegt werden solle, da sie »im Sinne der Ausmerze« tätig sei.[208] Intern scheute sich ein Lebensborn-Arzt also nicht, im Klartext über Tötungsabsicht und Tötungsgrund zu sprechen.

Aus dem Lebensborn-Kinderheim »Sonnenwiese« wurden insgesamt neun Kinder in eine Euthanasie-Anstalt gebracht, unter ihnen auch Mädchen und Jungen, die in Norwegen geboren waren. Die neun landeten auf Umwegen oder direkt in der Landesanstalt Großschweidnitz bei Dresden, wo man sie verhungern und verdursten ließ und ihnen zusätzlich Medikamente gab – bis sie starben. Das war die Methode der Landesanstalt Großschweidnitz, in der nach dem offiziellen Ende der Euthanasie 3272 Menschen umgebracht wurden. Genauer bekannt ist der Weg eines dieser neun Kinder: Sigune Imma D. Sie kam am 18. Januar 1943 im »Heim Wienerwald« auf die Welt, ihre Eltern waren verheiratet und hatten bereits ein Kind. Sigune litt an »mongoloider Idiotie«, d. h. sie hatte ein Downsyndrom und einen so genannten Wasserkopf. Ob die Eltern das Kind nicht haben wollten, ob der Lebensborn die Fäden in der Hand hatte – jedenfalls tauchte das Mädchen wenige Monate später im Kinderheim »Sonnenwiese« in Kohren-Sahlis auf. Die Heimärztin Hildegard Feith meldete das Kind beim Gesundheitsamt Borna, und dieses gab die Meldung am 9. April an den »Reichsausschuss« in Berlin (Reichsausschuss zur wissenschaftlichen Erfassung von erb- und anlagebedingten schweren Leiden) weiter. Am 4. Oktober 1943 wurde das Mädchen in die Uni-Kinderklinik in Leipzig gebracht, nach zehn Tagen kam es in die Kinderfachabteilung Leipzig-Dösen. Am 16. Oktober 1943 schrieb der Arzt Hans Christoph Hempel ein Gutachten und informierte die Heimärztin von Kohren-Sahlis. Als Anfang Dezember Leipzig-Dösen nach einem Luftangriff geräumt werden musste, kam Sigune in einem Sammeltransport nach Großschweidnitz – und starb dort am 29. Dezember. Todesursache: Lungenentzündung.

Der Schritt von der Diagnose einer Behinderung zur Einweisung in eine Tötungsanstalt war also auch für den Lebensborn nur kurz. Er lag in der Logik seiner »Rassenpolitik« und zeigte auf, wohin sie in letzter Konsequenz führte.

In der Öffentlichkeit war der Lebensborn allerdings darauf bedacht, nicht in Zusammenhang mit der »Vernichtung unwerten Lebens« gebracht zu werden – obwohl das Alltagsbewusstsein diese Verbindung durchaus herstellte.

Das zeigt der Brief von Antonia G. aus Einödsbach an den Lebensborn, in dem sie um Unterstützung bat. Antonia G. hatte ein Kind, das in ihren Augen »eine totale Missgeburt« war und das sie loswerden wollte – mit Hilfe des Lebensborn. Nun entsprachen Ansinnen und Logik der Frau durchaus der Gedankenwelt des Lebensborn: Auch er betrachtete »Missgeburten« nicht als »vollwertige Menschen«, auch er sprach ihnen ein Lebensrecht ab. Trotzdem schickte Ebner Antonia G. eine Antwort, die wie eine Absage aussah, die Frau in Wirklichkeit aber in ihrem Entschluss bestärken musste und gleichzeitig den entscheidenden Hinweis auf das Gesundheitsamt enthielt. Denn dort wurden Missbildungen, Behinderungen und Krankheiten registriert, von dort aus wurde der »Reichsausschuss« informiert, der dann Einweisungen in Tötungsanstalten veranlasste – auch 1944 noch.

Die »Auslesepolitik« des Lebensborn betraf also nicht nur Mütter und Väter, sondern auch die Kinder. Auch sie wur-

Einödsbach 2. 10. 44.

An Lebensborn e. V.

Ich habe am 4. 1. 44. ein Kind geboren das leider eine totale Missgeburt ist. Es befindet sich in einem Krankenhaus in München. Da mir demnächst eine Heirat in Aussicht steht wünsche ich mich des Kindes zu entledigen bevor es zum Lebensbewußtsein erwacht. Die Ärzte sagen mir, dass sich dieser Mensch nie mit eigener Hände Arbeit durch das Leben bringt.

»Ich wünsche mir Kinder, aber vollwertige Menschen.«

Ich leide furchtbar unter diesen Umständen.

Wollen Sie mir bitte den Weg weisen den ich zu gehen habe.

Heil Hitler
A. G.
Einödsbach
Post Oberstdorf-Allg.

Dr. E./Fri 11. 10. 44

Fräulein
A. G.,
(13b) Einödsbach/Allg.
Post Oberstdorf

Sehr geehrte Fräulein G.,

mit Bedauern habe ich davon Kenntnis genommen, dass Ihr Kind schwere Missbildungen aufweist. Ich nehme an, dass diese so schwer sind, dass das Kind auf die Dauer nicht lebensfähig sein wird.

Leider kann ich Ihnen keinen Weg weisen, auf dem Sie sich – wie Sie wünschen – Ihres Kindes entledigen können.

Der Lebensborn ist eine Einrichtung der SS, die nur Mütter und Kinder betreut, die der Auslese entsprechen.

Ich würde Ihnen empfehlen, sich an das zuständige Gesundheitsamt zu wenden.

Heil Hitler!
(Dr. med. Ebner)
SS-Oberführer

Totale Missgeburt. Brief von Antonia G. an den Lebensborn und die Antwort von Gregor Ebner den geprüft, bewertet und aussortiert, wenn sie nicht ins »arische« Raster passten. Dabei war Abschieben und Tötenlassen die brutalste und härteste Konsequenz. Bei leichteren Behinderungen zum Beispiel oder wenn ein »verdienter SS-Mann« mit entsprechenden Verbindungen nach oben der Vater war, reagierte man mit einer abgestuften Sanktionsskala.

So empfahl der Lebensborn zum Beispiel eine Sterilisation. Als Claudia H. im Juni 1937 in Steinhöring auf die Welt kam, hatte die schwere Geburt sie scheinbar das Leben gekostet. Jedenfalls landete sie zusammen mit der Nachgeburt in einer Zinkwanne. Durch leises Weinen machte sie aber auf sich aufmerksam – und wurde gerettet. Zurückblieben ein Schiefhals und eine Fehlstellung der Hüfte. Bei der Heimentlassung bekam die Mutter die Anweisung, das Kind sterilisieren zu lassen, man habe es schon angemeldet. Statt in die Charité ging die Mutter zu einem Orthopäden, und der konnte mit einem Attest die Sterilisierung verhindern. »Voraussetzungen für eine angeborene Missbildung« seien nicht vorhanden, schrieb er – und verordnete konsequente Gymnastik.

So verweigerte der Lebensborn die Vormundschaft für ein krankes oder behindertes Kind und überließ den staatlichen Behörden diese Aufgabe. Damit war die Geheimhaltung der Geburt natürlich aufgehoben.

So sah der Lebensborn zu, dass »Kinder, die dem Auslesegedanken der Schutzstaffel nicht entsprachen«, so schnell wie möglich das Heim verließen und zum Beispiel in einem Heim der NSV untergebracht wurden.[209] Ein Kind mit Hasenscharte und Wolfsrachen zum Beispiel gehörte einfach nicht in ein Lebensborn-Heim! Aber auch ein Kind, das »rassisch« aus dem definierten Rahmen fiel, hatte dort nichts zu suchen. 1943 kam in Steinhöring ein Kind auf die Welt, »schwarzhaarig, dunkeläugig und vor allem dunkelhäutig«. Es musste so schnell wie möglich das Heim verlassen.[210]

Auch Kinder, die »Schwierigkeiten« machten, die sich nicht in die Lebensborn-Ordnung einfügten, waren der Organisation auf längere Sicht nicht willkommen. Wilfried W. zum Beispiel. Er wurde 1937 in einem privaten Entbindungs- und Kinderheim geboren, die Eltern waren nicht verheiratet, arbeiteten beide beim RAD, der Vater war in der SS. Mit etwa einem Jahr kam Wilfried ins »Heim Pommern«, im November 1938 übernahm der Lebensborn die Vormundschaft. Von Bad Polzin aus wurde Wilfried zwei Mal in Pflegefamilien vermittelt, aber beide Vermittlungen scheiterten. Im September 1942 brachte man den Jungen ins »Heim Sonnenwiese«, das zu diesem Zeitpunkt noch nicht eröffnet war, einen Monat später in die Jugendpsychiatrische Fachabteilung der Landesheilanstalt Görden, um »über die Anlagen des Kindes ein endgültiges Urteil fällen zu können«. Fünf Monate lang blieb der fünfjährige Junge in Görden und wurde körperlich, psychisch und intellektuell immer wieder getestet. Das Ergebnis lautete: »... intellektuell seinem Alter entsprechend begabter, jedoch leistungsschwankender, sachlich uninteressierter, motorisch unruhiger, selbstsicherer, eigenständiger, gemütsarmer, umtriebiger Knabe in sorglos unbekümmerter Stimmungslage.« Und: »Wilfried fällt nicht unter das Gesetz zur Verhütung erbkranken Nachwuchses« – er wurde also nicht zwangssterilisiert. Gleichzeitig empfahl Dr. Heinze, der Leiter der Landesheilanstalt Görden, den Jungen in einer Erziehungsanstalt unterzubringen, weil er »wegen grober charakterlicher Auffälligkeiten« nur »in geringem Maße erziehbar« sei. Prompt beantragte der Lebensborn im März 1943 beim Amtsgericht Polzin die Rückgabe der Vormundschaft. Aber Wilfried W. hatte Glück: Sein Vater, der von Görden informiert worden war, sorgte dafür, dass er wenig später von einer befreundeten Familie aufgenommen wurde. Und dort blieb der Junge und wurde später auch adoptiert.

»Kranke Kinder wollte keiner.« Mit diesem einfachen Satz brachte die ehemalige Sekretärin Beate D. die Seite der

Lebensborn-Politik auf den Punkt, die vom Entzug der Privilegien bis zur Abschiebung in Tötungsanstalten reichte. Beate D. war neben Erika B. die einzige Gesprächspartnerin, die sich überhaupt an »kranke Kinder«, also Kinder mit einer Störung oder Behinderung, erinnern konnte.[211] Die anderen – die Hebamme, die Oberschwester, die Krankenschwestern und die letzte Sekretärin des Heims – schüttelten auf meine Frage den Kopf: Nein, solche Kinder seien ihnen nicht begegnet, nicht in Hohehorst, nicht in »Heim Wienerwald« und auch nicht in Norwegen. Erst auf mein hartnäckiges Fragen hin erinnerte sich Therese K. an ein totgeborenes Kind, das aber zur Welt kam, als sie gerade nicht im Heim war. An ein behindertes Kind oder an Krankheiten mit tödlichem Ausgang wie im Falle von Roland H. hatte sie keine Erinnerung. Trotzdem meinte sie in diesem Kontext unvermittelt: »Ich glaube nicht, dass da irgendwas falsch gemacht wurde oder sogar absichtlich ... Nein, den Kindern hat man nichts getan, bestimmt nicht.« Therese K. kannte die Vorwürfe gegenüber dem Lebensborn, auch in diesem Punkt – und sie erwartete sie auch von mir. Dabei hatte ich in unserem Gespräch bis zu diesem Moment die »Auslese« mit tödlichen Folgen mit keinem Wort erwähnt.

Aber Beate D., die immerhin fünf Jahre in Lebensborn-Heimen gearbeitet hat, und die Ärztin Erika B. bestanden auf ihren Erinnerungen an kranke Kinder: »Es ist vorgekommen«, erklärte Beate D. »Ich war ja auch in Wernigerode im Heim. ... also ich habe einige Heime durchlaufen.« Und beide Frauen bestätigten auch, dass der Lebensborn bei solchen Kindern die Vormundschaft nicht übernahm und man sie rasch aus den Heimen wegschaffte.

Es ist allerdings kein Zufall, dass sich neben der Ärztin ausgerechnet Beate D. an »kranke Kinder« erinnern konnte, schließlich hatte sie einen konkreten Grund, diesen Aspekt nicht auszublenden. Ihr zweites Kind, das in Wernigerode auf die Welt kam, litt an einem Teratom: »Das ist ein Zwilling, der sich an einer falschen Stelle im Körper entwickelt«, erklärte sie mir. »Und dieses Teratom saß im Bauch der Kleinen und drückte als erstes die Blase ab. Da das Kind kein Wasser mehr ließ, wurde die Schwester im Heim aufmerksam. Und das ging dann weiter.« Operieren konnte man das Kind damals nicht, »das hat mir der Arzt genau erklärt«. Also starb das kleine Mädchen mit einem halben Jahr in einem Münchner Krankenhaus. Zu diesem Zeitpunkt lebte Beate D. bereits in Norwegen und baute – zusammen mit Bernhild B. – in Hurdal Verk das erste norwegische Lebensborn-Heim auf.[212]

Schwierigkeiten wegen des kranken Kindes, das sie zur Welt gebracht hatte, bekam Beate D. übrigens nicht. Lag das daran, dass sie bereits ein gesundes Lebensborn-Kind hatte? Oder war die Organisation angewiesen auf diese zuverlässige Arbeitskraft?

»Elite-Kinder«: Erziehung im Sinne der SS?

Lebensborn-Kinder, die gesund waren und gesund blieben, die sich gut entwickelten und außerdem noch Eltern hatten, die im Sinne der Organisation funktionierten (Mütter, die problemlos niederkamen, stillten und sich in die Heimgemeinschaft einpassten, Väter, die die Vaterschaft anerkannten und Unterhalt zahlten) – solche Kinder waren der SS-Organisation hochwillkommen. Sie entsprachen dem »Ausleseprinzip der Schutzstaffel«, also stand für sie die gesamte Leistungspalette bereit: Geheimhaltung, Vormundschaft, Unterstützung der Mutter, Vermittlung einer Pflegestelle oder einer Adoptivfamilie. Maßnahmen, die Mütter und Kinder nicht nur der staatlichen Kontrolle entzogen, sondern gleichzeitig an den Lebensborn banden. Denn nun musste alles über dessen Zentrale geregelt werden, jede Bescheinigung, jede Beurkundung ... Und auch jenseits der

»3. 10. 1944 vom Patenonkel H. Himmler«
Silberbecher – ein Geschenk für Gunter W.

formal-bürokratischen Ebene versuchte die Organisation, politische und psychologische Abhängigkeiten zu schaffen.

Am deutlichsten äußerte sich dieser Versuch bei der Namensgebung, bei der sich die Mütter verpflichteten, ihre Kinder im Sinne der »nationalsozialistischen Weltanschauung« zu erziehen, und bei der sich die SS-Paten bereit erklärten, die »Erziehung des Kindes im Sinne des Sippengedankens« zu überwachen. Zwar hatte der Lebensborn bereits durch die Vormundschaft die Möglichkeit, auf die Erziehung eines Kindes einzuwirken: Er konnte zum Beispiel darüber entscheiden, ob die Lebensbedingungen der Mutter geeignet waren, ihr das Kind bei der Heimentlassung mitzugeben – er bestimmte also letztlich den Aufenthaltsort des Kindes.[213] Durch die SS-Paten ließ sich der Einfluss konkreter, kleinteiliger gestalten: Sie konnten das Leben von Mutter und Kind im Auge behalten, Entscheidungen beeinflussen etc.

Heinrich Himmler, der selbst Patenschaften übernommen hatte, verlangte nicht nur akribische Berichte über Gesundheit und Verhalten seiner »Lebensborn-Patenkinder« – er studierte diese Berichte auch. Außerdem sorgte er dafür, dass die Kinder kleine Geschenke bekamen und hin und wieder gesunde Lebensmittel, die im Laufe des Krieges selten geworden waren. Ob er auch Einfluss auf die Erziehung nahm, ist aus den Archiv-Akten allerdings nicht erkennbar. Die Rolle des strafenden Übervaters füllte er allerdings aus: Wenn ein Mann die Vaterschaft nicht anerkannte oder wenn die Mutter im Heim ein schlechtes »rassisches Gesamturteil« bekam, dann entzog er dem Kind seine Patenschaft wieder.

Abgesehen davon, dass nur etwa die Hälfte der Kinder dem Namensgebungs-Ritual ausgesetzt war,[214] abgesehen davon, dass einige Mütter schon während des Heimaufenthalts einen ideologischen Kontrapunkt setzten und ihre Kinder heimlich taufen ließen: die Vereinnahmung durch Namensgebung und SS-Patenschaft blieb praktisch ohne Wirkung. Die meisten Paten betrachteten ihre Rolle offenbar nur als formellen Akt – und tauchten im Leben der Kinder nie wieder auf. Deshalb beschwerte sich ein SS-Oberscharführer 1940 bei der Lebensborn-Zentrale: Der Pate seines Kindes, der zwei Jahre zuvor in Klosterheide diese Rolle übernommen hatte, habe sich »bisher nicht um sein Patenkind gekümmert«. »So hat er sich z. B. nicht ein einziges Mal nach dem Befinden ... erkundigt, dieses nicht zu seinem Geburtstag beglückwünscht und auch zum Julfest nicht von sich hören lassen.«[215] Deshalb wollte der Oberscharführer diesen Mann aus der Patenschaft entlassen und einen anderen Paten aussuchen. Auch von meinen Gesprächspartnerinnen und Gesprächspartnern konnte sich fast niemand an einen Paten erinnern. Nur Hiltrud S., 1937 in Steinhöring geboren, fiel ein Name ein: Ein Dr. Greif war ihr Pate – aber ob er sich jemals mit ihr beschäftigt hat, konnte auch sie nicht zu sagen.

Dennoch fand eine ideologische Erziehung der Lebensborn-Kinder statt, direkt und indirekt, durch die Eltern und durch die Umgebung. Im Tagebuch, das die »ganz überzeugten« Eltern Therese und Walther K. in »Heim Friesland« führten, findet man eine Vielzahl von Erziehungsmaßnahmen. So erklärte der Vater seiner vierjährigen Tochter Eva, die einige Zeit in »Heim Friesland« lebte, ohne im Lebensborn geboren zu sein: Sie könne »stolz darauf sein, ein deutsches Mädchen zu sein«, und gab ihr Ratschläge wie den folgenden mit auf den Weg: »Nur in unseren vielen Kindern lebt Deutschland in der Ewigkeit weiter. Du mußt auch eine tüchtige Mutter werden.« Tatsächlich schwärmte Eva für Frauen mit vielen Kindern, bewunderte die väterliche Uniform und grüßte an »Führers Geburtstag« die Fahne. Aber hätte das nicht jedes andere Kind in Nazideutschland auch tun können?

Für Ortwin S. sah die Mutter schon eine nationalsozialistische Karriere voraus: Lebensborn-Geburt in Steinhöring, Namensgebung am 30. Januar 1943, dem Tag der »Machtergreifung«. Später sollte er auf die Napola (Nationalpolitische Erziehungsanstalt), dann auf die Ordensburg und schließlich in die Führungsriege der NS-Machthaber aufsteigen. »Das hat meine Mutter mir immer erzählt«, berichtete Ortwin S., »manchmal hat sie ganz stolz gesagt, du hättest zur Elite gehört, wenn ...« Die Mutter war schon lange vor 1933 NSDAP-Mitglied, verkehrte in SS-Kreisen, wo sie auch Ortwins Vater kennenlernte und sich einen Paten für ihren Sohn aussuchte. Nach dem Krieg hielt sie lange an ihrer Weltanschauung fest, pflegte Kontakte zu den »alten Kameraden« und profitierte von deren Netzwerk. Nur der Sohn spielte nicht mit: Er ließ sich nicht hineinziehen in ihre politische Welt, sondern setzte sich mit der Mutter auseinander und distanzierte sich.

Paul D., 1938 in Klosterheide geboren, in Hohehorst durch die Namensgebung auf die NS-Ideologie verpflichtet, vermittelte in unserem Gespräch dagegen den Eindruck, jenseits jeder Weltanschauung aufgewachsen zu sein. Mit beinahe drei Jahren verließ er die Lebensborn-Heime, kam zu einer Pflegemutter, später zu Pflegeeltern und noch später

Paul D. im Papierkorb vor dem Eingang von »Heim Friesland«

zur Mutter, die mittlerweile verheiratet war. Damit wurde Paul aus der Vormundschaft des Lebensborn entlassen.

An die Jahre, in denen er im Einflussbereich der Organisation aufwuchs, konnte sich Paul D. praktisch nicht erinnern. Und er wusste auch nicht, ob er nach dem Krieg jemals eine Unterstützung oder Einflussnahme durch seinen SS-Paten erfuhr. Falls es so etwas gegeben hatte – und vorstellbar ist es durchaus –, Paul bemerkte es nicht.

Wenn sich Mütter weigerten, ihre Kinder bei einer Namensgebung auf die nationalsozialistische Weltanschauung zu verpflichten, wenn sie später nicht verlässlich dafür sorgten, dass die Kinder im Sinne der Ideologie aufwuchsen – hätte es in der Logik des Lebensborn nicht nahegelegen, die

Erziehung der »Elite«-Kinder selbst in die Hand zu nehmen?

Tatsächlich kursierten ja Gerüchte, der Lebensborn wolle den ledigen Müttern die Kinder fortnehmen, um sie im Sinne der SS zu erziehen. Und einige Frauen – Gerda B. und Erika B. zum Beispiel – berichteten mir von ihrer Angst, der Lebensborn könnte ihre Kinder für immer aus ihrem Blickfeld verschwinden lassen.[216] Schließlich wussten sie, dass die Organisation die größeren Kinder, die noch in den Heimen lebten, in Pflege- und Adoptivfamilien unterbringen wollte, die möglichst zur SS gehörten und das »Wahlkind« entsprechend der Ideologie erziehen würden. So plausibel Gerücht und Ängste auch waren – sie waren schon deshalb unrealistisch, weil nur wenige SS-Familien überhaupt bereit waren, ein Lebensborn-Kind aufzunehmen. In diesem Punkt gingen die Erwartungen der Organisation ins Leere.[217] Und eine Kollektiverziehung, eine letztlich viel effektivere Möglichkeit, die Kinder im Sinne der SS aufzuziehen, lehnte der Lebensborn kategorisch ab. Stattdessen beharrte er darauf, dass »das Aufwachsen des Kindes im Kreise der Familie ... für die volle Entfaltung seiner Anlagen von grundlegender Bedeutung«[218] sei.

Indirekt und deswegen nicht weniger gewollt war der Umgang mit den Kindern im Heim natürlich nichts anderes als Erziehung. Da lief der Tag nach der Uhr ab – mit festgelegten Still-, Bade- und Schlafzeiten jenseits persönlicher Bedürfnisse. Da wurde der Umgang von Mutter und Kind reguliert und kontrolliert, damit die Frauen lernten, das Kind richtig – und das hieß: distanziert – zu tragen, zu wickeln, zu baden, zu betten. Schließlich sollten die Kinder nicht verwöhnt werden, sondern frühzeitig Regeln lernen. Das propagierte auch der damals gängige Erziehungsratgeber von Johanna Haarer »Die deutsche Mutter und ihr erstes Kind«, der in den Lebensborn-Heimen zur Grundausstattung gehörte. Mit solchen Maximen, das hat die Soziologin Sigrid Chamberlain in ihrer Analyse von Johanna

Haarers Schrift nachgewiesen, wurde der Boden für eine tiefe Bindungsunfähigkeit bereitet. Und die war gewollt, denn bindungsunfähige Menschen sind leichter lenkbar und neigen zu Hörigkeit.[219]

Blasse Erinnerungen

Kaum eins der Lebensborn-Kinder, mit denen ich gesprochen habe, konnte sich an Ereignisse der frühen Kindheit gut erinnern. Meist waren es Bruchstücke und einzelne Bilder, die stark von der kindlichen Perspektive geprägt waren und zusätzlich durch Erzählungen der Eltern oder durch Fotos gestützt und gedeutet wurden.

Eva S., die als Vier- bzw. Fünfjährige zwischen Februar 1940 und Mai 1941 in Hohehorst lebte, erinnerte sich zum Beispiel an eine Quarkspeise, die sie nicht aufessen mochte und derentwegen sie stundenlang vor dem gefüllten Teller sitzen musste. Sie erzählte von ihrem kindlichen Stolz, als sie wegen Keuchhusten-Verdacht auf die »Isolierstation« geschickt wurde. Dadurch erregte sie Aufmerksamkeit, dadurch wurde sie etwas Besonderes und unterschied sich von den anderen Kindern. Sie erinnerte sich an helle Flure und weiß gestrichene Türen, an den Kinderschlafsaal und die Gitterbettchen und einen Mittagsschlaf, dessen Reglement sie so ernst nahm, dass sie sich – anstatt zur Toilette zu gehen – vors Bettchen hockte und dort ihren Haufen machte. Und sehr genau konnte sie von ihrer Angst vor Fliegerangriffen berichten und von ihren Albträumen, in denen »Stukas« auftauchten, die sie sich als rosa Nackenrollen vorstellte ... Nicht alle Erinnerungen sind im Tagebuch festgehalten, das die Eltern führten. Aber das Buch war für Eva ein Fundus, der Daten, Begebenheiten und Erlebnisse aufbewahrte und lebendig hielt und gleichzeitig eine Art Erinnerungsraum bildete, der ihr half, auch andere Situationen und Erlebnisse im Gedächtnis zu behalten, von denen die Eltern gar nichts wussten: ihre Träume von den »Stukas« zum Beispiel.

Gebhard H., der von 1939 bis 1942 mit einer kurzen Unterbrechung (vorübergehende Evakuierung des Heims) in Hohehorst lebte, erinnerte sich deutlich an den Ort. Im Gedächtnis hatte er Bilder von den beiden Torhäusern, vom großen elektrischen Tor und von der Auffahrt, wo seiner Meinung nach ein Hakenkreuz im Pflaster eingelassen war, vom dicken geschnitzten Treppengeländer, an dem er sich so schlecht festhalten konnte, von den Zimmern im ersten Stock, in denen er mit Mutter und Bruder zum Schluss wohnte ... Auch an den Verwalter Franz Langer und sein Auto konnte er sich gut erinnern: Der Mann lud den kleinen Gebhard trotz Benzinrationierung manchmal zu einer Autofahrt ums Rondell vor dem Haus ein.

Gebhards Eltern, die beide in Hohehorst angestellt und damit für den Sohn in nächster Nähe waren, sprachen später viel von diesen »guten Jahren«. Der Vater schimpfte zwar ein bisschen auf die SS, aber der Lebensborn war und blieb in ihren Augen eine »wunderbare Einrichtung«, bei der sie sofort wieder mitmachen würden. Und so blieb das Heim im Gedächtnis des Sohnes ein schöner Ort kindlicher Abenteuer, an dem es imponierende Technik und ein »superblondes« Kindermädchen gab, das er anhimmelte, einen Hund namens Ranko, mit dem man spielen konnte, und aufregende Gerüchte über das Verschwinden des Verwalters, Onkel Franz.

Paul D.s Erinnerungen setzten mit dem Vierjährigen ein, der er einmal war. Damals lebte er bei einer Pflegefamilie, zu der sich eine so enge Bindung entwickelte, dass Paul viele Jahre lang den Kontakt aufrechterhielt. »Heim Friesland«, das er mit zweieinhalb Jahren verließ, die Evakuierung per Flugzeug (an die sich der jüngere Gebhard H. gut erinnern kann), Steinhöring, die erste Pflegemutter – nichts, keine Erinnerung. Die ersten Lebensjahre, in denen er ein »alleinstehendes Kind« war, wie er sich ausdrückt, kamen in seinem Gedächtnis einfach nicht vor. Paul D. schloss daraus, dass es ihm in dieser Zeit gut ging, »denn in der Regel prägt man sich ja Dinge ein, die einen beunruhigt haben«. Um seine These zu erklären, erzählte er von einer Situation, die ihm deutlich vor Augen stand: Damals war er sechs und floh mit Mutter und Tante aus Pommern nach Westen. Irgendwann ließen ihn die beiden Frauen einmal kurz allein – und Paul bekam »fürchterliche Ängste«, weil er glaubte, Mutter und Tante verloren zu haben.

Diese Szene erscheint wie ein Schlüssel zu anderen, vergessenen Situationen. Denn im Grunde wiederholte sie in dramatischer Form das Gefühl der Verlassenheit, das Paul in diesem Alter bereits öfter durchlebt hatte: zuerst, als die Mutter von Hohehorst fortging und ihn dort zurückließ, später, als die Mutter nach Norwegen versetzt wurde und er bei einer Pflegemutter blieb. Einer Frau, wie sich Beate D. erinnerte, »die kein Gefühl für ein Kind hatte, das erst mal ohne Eltern aufgewachsen war. Und ihr am Schürzenbändel hing, selig, dass es jemand hatte, der für es da war.« Einer Frau also, die den Jungen in seiner Verlassenheit nicht aufnahm, sondern zurückwies und froh war, als sich andere Pflegeeltern für ihn interessierten. Bei ihnen fühlte Paul sich geborgen, zumindest für einige Zeit, und mit ihnen begannen prompt seine Erinnerungen.

Beate D. hat mit ihrem Sohn lange nicht über diese Zeit gesprochen, und so konnte Paul auch keine Erinnerungen reaktivieren. Immerhin kannte er einige Essentials: dass der Ehemann der Mutter nicht sein Vater war und dass er im Lebensborn geboren wurde – aber was Lebensborn bedeutete, das wusste er nicht so genau. Erst beim Auszug aus dem Elternhaus erfuhr er Genaueres. Damals gab die Mutter ihm einen Brief, in dem sie ihm von seinem leiblichen Vater erzählte, von seiner Geburt in Klosterheide und von seinem Leben in Hohehorst. »Aber nur in groben Zügen, nicht sehr detailliert«, erinnerte sich Paul D. im Interview. Und fügte schnell hinzu: Er sei damals gar nicht auf die Idee gekommen, nachzufragen. Offensichtlich war dieses Thema zwischen Mutter und Sohn nicht besprechbar. Und während Paul D. mir einerseits erklärte, das alles habe ihn auch nicht so sehr interessiert, erfuhr ich wenig später, dass er das Lebensborn-Buch von Hillel und Henry gelesen hat, als es auf den Markt kam, dass er nach der Wende in Klosterheide, seinem Geburtsort, war und dass er einmal seine Großeltern väterlicherseits besucht hat. An seinen Vater habe er sich allerdings nie herangetraut, fügte er hinzu, er kenne nicht einmal ein Foto von ihm. Vor ein paar Jahren hat Paul D. begonnen, sich mit seiner Geschichte zu beschäftigen, und er hat auch versucht, mit seiner Mutter darüber ins Gespräch zu kommen. Aber es blieb schwierig – und mittlerweile ist Beate D. gestorben.

Anne W. war erst 14 Monate, als sie die Lebensborn-Heime verließ und zu Pflegeeltern gebracht wurde. Aber sie hat Erinnerungen, Gefühlserinnerungen – zum Beispiel an viele, zu viele Kinder um sie herum, zum Beispiel daran, dass sie vor dem Einschlafen immer mit dem Kopf hin und her schlug, um sich selbst zu beruhigen. Anders als Paul D. hat Anne W. sich viel mit der eigenen Geschichte beschäftigt, sie hat Bücher über die kindliche Entwicklung gelesen und über Heimschäden, die Kinder davontragen, wenn sie unterversorgt sind. Und das war Anne W., ein Kind unter vielen, von der Mutter im Heim zurückgelassen und zur Adoption freigegeben.

Wilfried W., das älteste Lebensborn-Kind, mit dem ich gesprochen habe, hat rund fünf Jahre in Lebensborn-Heimen gelebt. Er erinnerte sich an Personen, zum Beispiel an eine »Tante Hulda« aus Kohren-Sahlis, die als Reiseschwester die Kinder zu den Pflegefamilien brachte und sie dort auch wieder abholte. Wilfried hing ihr am Rockzipfel, sie war seine Lieblingsschwester – wahrscheinlich die größte Konstante in seinem bewegten Kinderleben. Er erinnerte

Kinder vor dem Lebensborn-Kinderheim »Sonnenwiese« in Kohren-Sahlis

sich an drastische Erziehungsmaßnahmen: den Zwang, alles essen und trinken zu müssen, auch bei größter Abwehr, und an die Strategie »kalt abduschen«, mit der jeder kindliche Widerstand gebrochen wurde. An andere Kinder oder an die verschiedenen Orte erinnerte er sich allerdings nicht – vermutlich ein Selbstschutzmechanismus, den er sich damals zulegte, als er ständig hin und her verfrachtet wurde. Irgendwann hat Wilfried W. versucht, Erinnerungslücken zu schließen, und Kontakt zu Erika Wittmann aufgenommen, der Oberschwester von Kohren-Sahlis. Sie hat ihm ein paar Mal geschrieben, vom Alltag im Heim erzählt und Fotos dazugelegt, auch von »Tante Hulda«. An Wilfried W. konnte sie sich aber nicht erinnern.

Dietlind B. hat die Möglichkeit, zu fragen und zu recherchieren, immer wieder verstreichen lassen – ein beinahe klassisches Verhalten von Lebensborn-Kindern. Sie wurde 1942 in Stettin geboren und lebte bis Kriegsende zum Teil mit, zum Teil ohne die Mutter im »Kriegsmütterheim« Stettin, das vom Pommerschen Provinzialverband betrieben und vom Lebensborn gefördert wurde. An diesen frühen Lebensabschnitt konnte sich Dietlind aber nicht erinnern, und von der Mutter bekam sie nur bruchstückhafte Informationen. So war das Stettiner Heim durchaus Thema – ausgespart blieb die Tatsache, dass es etwas mit dem Lebensborn zu tun hatte. Auch die Informationen über den Vater reduzierte die Mutter auf ein Minimum: Dietlind erfuhr seinen Namen, sein ungefähres Alter und seine Waffengattung bei der Wehrmacht. Sie wusste von seiner SS-Mitgliedschaft und von seinen Familienverhältnissen. Der Vater war mit einer anderen Frau verheiratet und hatte mit ihr mehrere Kinder. Aber Dietlind B. hat nie gewagt, ihre Mutter genauer zu fragen und darauf zu bestehen, dass sie ein Recht auf Antworten, auf vollständige Antworten hat. Sie fürchtete, die Mutter zu verletzen und dadurch das Risiko einzugehen, ihre Liebe zu verlieren. Erst als die Mutter tot war, konnte die Tochter bei Behörden und in Archiven nach dem Vater forschen und nach dem Stettiner Heim. Eine mühsame Suche, die vor allem auf eine Frage keine Antwort gibt – auf die Frage nach ihrer Entstehung.

Stimmt es, dass der Vater der Mutter die Ehe versprochen hat, wie eine der mütterlichen Erklärungen nahelegt? Oder hat die Mutter diese Geschichte erfunden, um ihre Moral zu belegen und gleichzeitig das Mitleid der Tochter mit der »armen, betrogenen Mutter« zu wecken? Benutzte die Mutter vielleicht den Vater, um ohne Ehemann ein Kind zu bekommen, wie Dietlind B. aus anderen Andeutungen der Mutter ableitet? Sie wird auf ihre Fragen keine Antworten mehr bekommen.

Angst vor dem Verlassenwerden, vor dem Beiseitegeschobenwerden, vor dem Alleinsein und als Gegenreaktion der Versuch, Personen festzuhalten, die Zuwendung und Stabilität versprechen, auch um den Preis einer allzu großen Anpassung – diese Reaktionsmuster tauchten in den Erzählungen von Lebensborn-Kindern und Lebensborn-Müttern immer wieder auf. Es sind adäquate Reaktionen auf konkrete Erfahrungen: Wenn ein Kind allein im Heim bleiben musste, wenn die Mutter immer wieder fortging, wenn ein Vater von Anfang an nicht da war, dann war die kindliche Angst vor dem Verlassenwerden mehr als berechtigt und auch der kindliche Wunsch, es zu verhindern. Einige Mütter verstärkten das Nähe- und Stabilitätsbedürfnis ihrer Kinder noch, als sie später eine symbiotische Beziehung aufbauten – froh, wenigstens das Kind zu haben, von dem sie sich einen emotionalen Ausgleich für das eigene Alleinsein, die eigene Verlassenheit, die eigene Außenseiterrolle erhofften.

Aber nicht alle Lebensborn-Kinder tragen eine Hypothek aus der Kinderzeit mit sich herum, nicht alle sind »abgespalten«, »verstört« oder »psychisch beschädigt«, wie manche Veröffentlichungen suggerieren.[220] Hiltrud S. und Gebhard H. zum Beispiel. Sie wurden im Lebensborn geboren und verließen das Heim wenige Wochen nach der Geburt zusammen mit der Mutter, oder sie wuchsen dort auf, die Eltern in greifbarer Nähe. Sie gehörten nicht zu den Lebensborn-Kindern, die mehr oder weniger lange allein in den Heimen lebten, ausschließlich versorgt und betreut vom Pflegepersonal, das seine Arbeit mit unterschiedlichem Engagement erledigte. Sie wurden nicht hin und her geschickt zwischen verschiedenen Heimen und verschiedenen Pflegefamilien. Und es gibt Frauen und Männer, die zwar diese schlimmen Erfahrungen gemacht haben, denen es aber gelungen ist, die Beschädigungen auszugleichen, zu heilen – dank liebevoller Aufnahme bei Pflege- und Adoptiveltern, dank eigener individueller Stärke, dank späterer Auseinandersetzung.

Männer-Herrschaft

»Die Kindesmutter Charlotte R. ist nach ihrer Heimentlassung ... mit ihrem Kind zu ihren Eltern gezogen und hat dann ihren alten Arbeitsplatz wieder eingenommen. Sie strebt nach wie vor eine Eheschließung mit dem um 22 Jahre älteren KV an, der sich (auch aus finanziellen Gründen) nicht entschließen kann, sich von seiner Frau und seinen sechs ehelichen Kindern zu trennen.«[221] Ein Fall aus den Lebensborn-Akten.

»Vergessen wir ... niemals die biologischen Unterschiede«, schrieb Heinrich Himmler kommentierend zu einem Rechenschaftsbericht des Lebensborn. »Der Mann zeugt, die Frau empfängt das Leben. Die Männer haben deshalb größere Freiheiten, können sich in manchem mehr erlauben, was die Frau nicht kann, das ist aber der naturgegebene Unterschied.«[222]

Ein zweiter Fall: »Der Vater des von Fräulein S. erwarteten Kindes ist der SS-Sturmbannführer M. M. ist in erster Ehe geschieden, in zweiter Ehe lebt er seit Jahren von seiner Frau getrennt. Er hat zwischendurch verschiedene Verhältnisse gehabt, aus denen insgesamt vier uneheliche Kinder hervorgegangen sind. M. hatte der Untergauführerin S. die Ehe versprochen und ihr sowohl die Tatsache verschwiegen, daß er noch verheiratet ist, wie auch ..., daß er bereits mehrere uneheliche Kinder hat.«[223] »Streng abzulehnen«, erklärte Himmler im bereits erwähnten Schreiben, »ist jedoch eine leichtsinnige Zeugung, wenn ein Mann mit einem Mädchen Verkehr hat, das nicht unserer Auslese entspricht. Der Mann hat hier einen großen Fehler gemacht, wofür man im einzelnen Falle vielleicht noch Verständnis haben kann, aber aufgenommen in unsere Heime wird ein solches Mädchen nicht. Der Mann muß für das, was er getan hat, auch einstehen, das verlange ich.«

Fall drei: »Der Frage der Eltern der Kindesmutter an S., ob er ihre Tochter heiraten werde, wich S. mit den Worten aus, er könne diese Frage erst nach seinem Referendarexamen bzw. nach der Geburt des Kindes beantworten. Nach bestandenem Referendarexamen lehnte S. die Ehe mit der Begründung ab, daß Charlotte K. ihm für sein künftiges Leben hinderlich sei, weil sie nicht standesfähig für seine Kollegen und seinen Beruf sei, da sie ja ein uneheliches Kind habe.«[224]

Väter, die keine Verantwortung übernehmen wollten, tauchen in den Archiv-Akten immer wieder auf: Männer, die eine Frau verließen, als sie schwanger wurde, die ein Eheversprechen zurücknahmen, die die Vaterschaft abstritten, die keinen Unterhalt zahlen wollten. Und die Liste der Ehemänner und Familienväter, die nebenher ein Kind zeugten, ist noch viel länger. Nach einer Statistik waren rund 30 Prozent der Lebensborn-Väter verheiratet – und bekamen nun ein Kind mit einer anderen, ledigen Frau.[225]

Ein Sittenbild der dreißiger und vierziger Jahre? Zeichen der neuen »rassischen« Sexualmoral? Ausdruck einer offen gelebten Männerherrschaft?

Auch wenn man davon ausgehen kann, dass die Lebensborn-Akten vorwiegend Problemfälle schildern und damit Extreme und Absonderlichkeiten im Vordergrund stehen, war das männliche Potenz- und Zeugungsgebaren, das die drei Beispiele schildern, offenbar nicht ungewöhnlich – zumindest in bestimmten politischen Kreisen, vor allem in der SS. Das zeigen die Himmler-Befehle vom Oktober 1939 und August 1942, die SS-Männer zur unehelichen Zeugung aufforderten. Und das zeigen auch die konkreten Reaktionen des Lebensborn auf die oben geschilderten Problemfälle.

Die beiden Männer mit den sechs ehelichen bzw. den vier

unehelichen Kindern wurden weder als moralische Versager noch als verantwortungslose Sexprotze betrachtet, die nur ihrer Eitelkeit und Schwanzeslust gefrönt hätten. SS-Sturmbannführer M. mit den vier unehelichen Kindern wurde lediglich kritisiert, weil er die BDM-Untergauführerin S. »belogen und betrogen«, in diesem Punkt also den männlichen Ehrenkodex der SS verletzt hatte. Wegen des fünften unehelichen Kindes, das bald zur Welt kommen würde, fiel dagegen kein kritisches Wort. Beim sechsfachen Familienvater bemängelte man zwar den »egoistischen und rücksichtslosen« Charakter, aber diese Kritik betraf nicht etwa sein Verhalten gegenüber der Ehefrau oder der schwangeren Freundin, sondern sein Agieren als SS-Hauptscharführer!

Kein Grund also für den Lebensborn, sich nicht um die jüngsten Sprösslinge und um deren Mütter zu kümmern – und die beiden Erzeuger zu entlasten, finanziell, moralisch und menschlich.

Im dritten Fall lag die Sache anders: Der Referendar und SA-Mann berief sich auf das bürgerlich-tradierte Standesbewusstsein, um seinen Verpflichtungen gegenüber Mutter und Kind zu entgehen. Und genau darum geriet er mit dem Lebensborn aneinander. Dass der Mann die Kindesmutter nicht heiraten wollte, war nicht der springende Punkt, sondern dass er die uneheliche Mutter als »nicht standesfähig« ansah und deshalb nicht heiraten wollte! Also wurde ein Disziplinarverfahren gegen ihn eingeleitet – und prompt erklärte sich der SA-Mann zur Verlobung bereit.

Im Kern war das eine Umwertung der herkömmlichen Werte. Nicht die uneheliche Mutterschaft wurde verdammt, sondern die Diskriminierung der unehelichen Mutterschaft. Nicht die erste, zweite, dritte, vierte, fünfte uneheliche Zeugung wurde verurteilt, sondern falsche Versprechungen, Lügen und Versuche, einem Rest von Verantwortung auszuweichen.[226] Nicht die »leichtfertige Zeugung« als solche stand am Pranger, sondern die Zeugung mit der falschen

Frau – einer Frau, die den »Auslesekriterien« nicht entsprach. An die Stelle des moralischen Leichtsinns früherer Zeiten rückte der »rassische« Leichtsinn. Und statt Ehebrüche zu verurteilen, wurden Strukturen geschaffen, die – männliche – Ehebrüche entschärften, indem sie die Folgen auffingen.

Denn so radikal sich die Veränderung der Werte gebärdete, die alte Scheinheiligkeit und Doppelmoral berührte sie nicht. Auch die »neue Moral« war eine Männermoral. Das Beispiel einer verheirateten Frau, die ein uneheliches Kind bekam und nicht in den Lebensborn aufgenommen wurde, weil dies ihren »Treuebruch« angeblich unterstützt hätte, macht drastisch die unterschiedlichen ideologischen und moralischen Kriterien klar, mit denen Frauen und Männer gemessen wurden. Die Geschlechterdebatte hatten die Nazis früh entschieden, dabei war den Männern die dominante Position als quasi natürliche zugesprochen worden. Und diese Position lebten sie aus, wie die drei beschriebenen Fälle deutlich zeigen. Die Frauen aber, obwohl betrogen und missachtet, als Sexual- und Zeugungsobjekte benutzt und ausgebeutet, spielten das Spiel mit. Sie ließen sich auf diese Männer ein, waren bereit, sie zu heiraten, auch wenn sie verraten worden waren, und bewunderten häufig genug das demonstrative Männlichkeitsgehabe.

Lebensborn-Väter

Etwa die Hälfte der Väter, deren Kinder in Hohehorst auf die Welt kamen und/oder eine Zeit lang dort gelebt haben, war »geheim«: Ihre Namen tauchen in Geburtenbüchern, auf Geburtsbescheinigungen und Geburtsurkunden der Kinder nicht auf. Auch physisch dürften sie kaum in Erscheinung getreten sein. Oft bestand keine Verbindung zur

Mutter, oder der Mann interessierte sich einfach nicht für das Kind. Ganz unsichtbar blieben diese Väter trotzdem nicht. Die vorhandenen Lebensborn-Akten berichten durchaus über »geheime Erzeuger«. Und von den Vaterschaftsanerkennungen, die »beim Lebensborn aufbewahrt« wurden und seitdem verschwunden sind, existieren Zweitschriften, zum Beispiel im Bayerischen Staatsarchiv. Aber neben diesen »geheimen« Vätern gab es durchaus solche, die präsent waren, die im Heim lebten und arbeiteten oder die zu Besuch ins Haus kamen, die sich später um die Kinder kümmerten, sie aufnahmen und großzogen – Väter, von denen die Lebensborn-Mütter und -Kinder mir erzählen konnten.

Den typischen Lebensborn-Vater gibt es also nicht, im Gegenteil. Auch hier fächert sich, wie bei den Müttern, ein relativ breites Spektrum auf – vom nachwuchsversessenen alternden Mann bis zum traditionellen Familienvater, vom diensteifrigen Karrieristen, der die Kinderproduktion unter das Diktat seines Terminkalenders stellte, über den zögernden, erst spät zur Verantwortung bereiten Erzeuger bis zum Verweigerer, der nichts mit Mutter und Kind zu tun haben wollte. In den Archiv-Akten existiert sogar der Brief eines Mannes, der sich den Aufnahmebedingungen des Lebensborn verweigerte. Kurt L. erklärte dem Amt für Vormundschaften, er denke nicht daran, seine arische Abstammung nachzuweisen – der Lebensborn könne sich die Unterlagen ja selbst besorgen. Prompt bekam Kurt L. Ärger – er wurde verhaftet.[227]

Eins haben die meisten Männer, in deren Vita ich Einblick bekam, gemeinsam: Sie waren Mitglieder der SS. Eine Häufung, auf die auch eine Lebensborn-Statistik[228] von 1942 hinweist, in der allein 26 Prozent der Väter als »SS-Angehörige (hauptamtlich)« aufgeführt werden. Tatsächlich dürften SS-Mitglieder diejenigen gewesen sein, die sich am ehesten zu einer Lebensborn-Vaterschaft bekannten,[229] die am ehesten die Dienste der Organisation in Anspruch nahmen, die von Seiten des Lebensborn favorisiert wurden und damit in den Akten auch präsenter sind.

SS-Sturmbannführer M. mit vier unehelichen Kindern und zwei Ehefrauen war einer von ihnen. Sein fünftes uneheliches Kind kam 1938 in Hohehorst zur Welt, also einige Zeit vor dem Krieg. Die Zeugungswut dieses Mannes steht damit zwar in keinem direkten Verhältnis zu den Himmler-Befehlen von 1939 und 1942, könnte aber trotzdem politisch motiviert sein, als Ausdruck von »Rassenstolz« oder Machtbewusstsein. Ebenso gut sind allerdings Eitelkeit oder Rücksichtslosigkeit vorstellbar oder ein schwaches Selbstbewusstsein, das der Bestätigung bedurfte – und sei es durch die Zahl der Geliebten und der gezeugten Kinder. Wie auch immer: SS-Sturmbannführer M. kümmerte sich weder um die Kindesmutter Elfriede S. noch um sein Kind. Im Gegenteil, er bestritt, der Erzeuger zu sein, und ließ es auf einen Prozess ankommen. Tatsächlich wurde die Vaterschaft erst vier Jahre später per Gerichtsurteil festgestellt und M. namentlich in die Geburtsdokumente des Kindes eingetragen. Während dieser ganzen Zeit übernahm der Lebensborn die Rolle eines Ersatzvaters. Elfriede S., die längst eine neue Position weit weg von zu Hause gefunden hatte, korrespondierte eifrig mit Ebner und berichtete über ihre kleine Thuried, die ein echter »Trotzkopf« geworden war – und gesundheitliche Probleme hatte, vermutlich Folgen einer Früh- oder Schnellgeburt.[230]

Auch Walter H. weigerte sich, die Vaterschaft anzuerkennen. Walter H. war ein österreichischer Nationalsozialist, der nach der Dollfuß-Affäre 1934 nach Deutschland geflohen und nach dem »Anschluss« Österreichs 1938 dorthin zurückgekehrt war. Seitdem wurde seine Beziehung mit Erika B. schwierig – trotzdem oder gerade deswegen besuchte ihn die angehende Ärztin in Wien. Danach hörte sie nichts mehr von ihm, auch nicht, nachdem sie ihn über ihre Schwangerschaft informiert hatte. Beim Lebensborn als Vater angegeben, vom Lebensborn zur Anerkennung der

Vaterschaft gedrängt, stritt Walter H. diese ab – bis es 1943 zum Prozess kam. Nach den Erinnerungen von Erika B. wurde sie dabei vom Lebensborn unterstützt – als Rechtsperson taucht die Organisation allerdings nicht auf, sondern das Bezirksjugendamt Wien. Walter H.s Argument lautete: »Mehrverkehr«. Also musste Erika B. eine Blutprobe von sich und ihrem kleinen Sohn abgeben und sich einer peinlichen Befragung durch das Gericht stellen. Darin ging es um ihre dreijährige Beziehung zu Walter H., um Geschlechtsverkehr, Schutzmittel, die letzte Menstruation und um die Behauptung, mit mehreren Männern verkehrt zu haben. »Die Kindesmutter als Zeugin vernommen bestreitet mit anderen Männern überhaupt in ihrem Leben Geschlechtsverkehr gehabt zu haben, das Gericht zweifelt an dieser Behauptung der Kindesmutter nicht«, heißt es später in einem Teilurteil. Dieses bestätigte, dass Walter H. als Kindesvater anzusehen sei – entschied aber nicht über den Unterhalt, weil H. »nicht kriegsbesoldet« wurde und seine finanziellen Verhältnisse noch nicht geklärt waren. Tatsächlich hatte Walter H. kurz vor oder nach Erika B.s Besuch in Wien geheiratet – ihr aber nichts davon gesagt.

Ernst W., der in die SS eingetreten war, um einen Studienplatz in Medizin zu bekommen, brauchte lange, um seine Verantwortung als Vater zu akzeptieren. Während der Schwangerschaft seiner Freundin Christine R. hatte er einen schweren Motorradunfall, und dieser Unfall wurde zum Vorwand, sich nicht um Mutter und Kind zu kümmern, als dieses im September 1938 in »Heim Friesland« auf die Welt kam. Am Vatertag, also im Mai 1939 reiste Ernst W. schließlich nach Hohehorst und begutachtete den Sohn. Danach schlug er seiner Freundin vor, zu heiraten und zusammen in eine andere Stadt zu gehen. Da er als SS-Mitglied eine Heiratsgenehmigung brauchte, dauerte es noch ein paar Monate bis zur Eheschließung. Und seinem Sohn Ulrich wurde erst 1941 der Name seines Vaters zugeschrieben.

SS-Obersturmführer Horst F. orientierte sich noch an

bürgerlichen Konventionen: Er hatte wegen einer Schwangerschaft geheiratet, er nahm Rücksicht auf die Meinung der Leute. Dabei hatte das Paar für die voreheliche Zeugung durchaus ideelle Gründe, wie Horst F. dem Lebensborn in einem Brief vom 20. März 1939 mitteilte: Er musste »auf Grund der außenpolitischen Lage« mit einem »bevorstehenden Einsatz für September/Oktober«[231] rechnen. Also hatte das Paar vorgesorgt und rechtzeitig ein Kind gezeugt. Horst F. rechtfertigte in seinem Brief nicht nur die vorgezogene Zeugung, sondern erklärte auch den Wunsch, seine Ehefrau im Lebensborn unterzubringen: »Leider habe ich Grund annehmen zu müssen, daß nicht überall Verständnis für die Geburt eines Kindes fünf Monate nach erfolgter Eheschließung vorhanden ist. Es gibt eben leider noch Menschen, die derartigen Dingen grundsätzlich verständnislos gegenüber zu stehen scheinen ...« Bis zu seinem Tod an der Ostfront 1944 zeugte Horst F. noch zwei weitere Kinder und kletterte auf der Karriereleiter zwei Stufen nach oben. Aus dem Obersturmführer war zum Schluss ein Sturmbannführer geworden, der für seine Kinder vermutlich immer ein abwesender Vater war.

Julius M. brauchte einen Sohn, weil er einen Erbhof zu vererben hatte – aber seine Ehefrau konnte keine Kinder bekommen. Ob er aus diesem Grund eine Beziehung zu Irmgard H. einging oder einfach aus Liebe – Irmgard H. hat nie darüber gesprochen. Jedenfalls kam es in dieser Nebenbeziehung, in der auch von Heirat die Rede war, zu einer Schwangerschaft, und im Mai 1940 wurde Robert H. in Hohehorst geboren. Ende Dezember erkannte Julius M. die Vaterschaft vor dem Jugendamt Bremen an, Ende Oktober 1941 wurde Robert für ehelich erklärt und bekam den Nachnamen seines Vaters. Das Kind hatte bis Januar 1941 in Hohehorst gelebt, dann in Steinhöring – und war von dort im Juni 1941 zu seinen Großeltern ins Ruhrgebiet gekommen. Irgendwann holte der Vater den Jungen zu sich und seiner Frau und verlangte von Irmgard H., den Umgang mit dem

Kind aufzugeben. Die war dazu nicht bereit, und auch Robert fügte sich nicht. Also kam er zurück zur Mutter. Im Interview erzählte Robert H., dass sein Vater nie richtig für ihn gezahlt habe, sich aber in die Erziehung einmischte und zum Beispiel entschied, dass Robert die Waldorfschule besuchte. Julius M. war übrigens kein Nationalsozialist. Er wagte es sogar, den unbedingten Treueeid auf Hitler zu verweigern, als man ihn im Oktober 1944 zum Sicherheits-Hilfsdienst verpflichtete. Er wurde verhaftet, kam in ein Lager und musste mit einer Anklage wegen Landesverrats vor dem Volksgerichtshof rechnen. Auf Bitten seiner Ehefrau sorgte der SS-Arzt Karl Brandt dafür, dass M. in die Neurologische Uni-Klinik in Hamburg-Eppendorf verlegt wurde, wo er bis Kriegsende blieb. Zum Dank verfasste M. ein Affidavit für Brandt, der im Nürnberger Ärzteprozess Hauptangeklagter war, zum Tode verurteilt und hingerichtet wurde.[232]

Auch Walther K. war verheiratet, als er die viele Jahre jüngere Therese K. kennenlernte. Er war Arzt in leitender Stellung, Wehrmachtsoffizier, SA-Mitglied – und kinderlos, ein Makel für einen Mann nicht nur in seiner Position. »Der Wunsch nach Kindern wurde damals geradezu geschürt«, erinnerte sich Therese K., »aber wie es mit seinem Kinderwunsch wirklich aussah, das kann ich nicht mehr sagen. Zumal es anfangs auch nur Mädchen waren ...«[233] Als das zweite Kind geboren war, ließ Walther K. sich scheiden: Die Auflösung der Ehe war kein Problem bei einem Ehescheidungsgesetz, das Unfruchtbarkeit eines Ehepartners zum Scheidungsgrund machte. Der Hochzeit mit Therese K. stand aber der militärische Ehrenkodex im Wege. Einem Wehrmachtsoffizier war es nicht erlaubt, eine ledige Mutter zu heiraten, auch wenn er der Vater des Kindes war. »Und mein Mann sagte: Ich ziehe keinesfalls meinen grauen Rock aus!« Schließlich bekam das Paar eine Sondererlaubnis. In Hohehorst wurde Therese K. dann zum dritten Mal schwanger, und kurz bevor sie das Heim verließ, kam der ersehnte Stammhalter auf die Welt.

In Hohehorst spielte Walther K. eine besondere Rolle. Er besuchte seine Frau und seine Kinder regelmäßig und hielt rassenpolitische Vorträge für die Mütter. Möglicherweise sprang er auch als Arzt ein, auf alle Fälle betreute er seine beiden Töchter häufig selbst. Damals schon Mitte vierzig, stellte er für viele Frauen im Heim eine Mischung aus Respektsperson, Vaterfigur und idealem Mann dar. Er sah gut aus und erschien häufig in Offiziersuniform, was nach damaligem Geschmack seine Männlichkeit markant unterstrich. Seine berufliche Position – er war Klinikdirektor – verlieh ihm Autorität und eine Aura von Macht, die durch Uniform und militärischen Rang noch unterstrichen wurde. Seine Vorträge sorgten zusätzlich für Renommee und Respekt. Außerdem erwies er sich als fürsorglicher Vater, da er die vierjährige Tochter regelmäßig besuchte, als sie einige Wochen lang allein im Heim war. »Die Mütter schwärmten richtig für ihn«, erzählte Therese K. lachend. »Und die Oberschwester wich und wankte nicht, wenn mein Mann zu Besuch kam. Oft saß sie bis in die Nacht bei uns.« Vielleicht schwärmte auch sie für den Mann, der so viele gute Eigenschaften zu verkörpern schien? Vielleicht wollte sie auch nur verhindern, dass er im Heim übernachtete?

Dass dieser Mann zur selben Zeit als Gutachter für die T4-Aktion arbeitete und über den »Lebenswert« von Psychiatriepatientinnen und -patienten entschied, zeigt noch einmal, wie dicht – bis in einzelne Personen hinein – die beiden Seiten der »Rassenpolitik« beieinander lagen: Zeugung »arischen« Nachwuchses und Vernichtung kranker Menschen.[234]

Walther K. war nicht der einzige Mann im Heim, auf den sich weibliche Wünsche, Bedürfnisse und Ideale projizieren ließen. Auch männliche Angestellte spielten zuweilen diese Rolle: der Verwalter zum Beispiel oder der Heimleiter oder der Heimarzt. Sie repräsentierten die Macht der Organisation, verfügten qua Amt über Autorität – und gehörten zu den wenigen männlichen Wesen, die sich im Heim aufhielten. »Ein ganz toller Mann war das«, schwärmte Anita J., wenn sie auf den Verwalter des norwegischen Kinderheims Godthåb zu sprechen kam, wobei sie den Akzent eindeutig auf seine Männlichkeit legte. Auch die Oberschwester des Heims, dieselbe Bernhild B., die vorher in Hohehorst gearbeitet hatte, war von ihm angetan und verliebte sich diesmal ganz offensichtlich.

Kein Mann zum Verlieben, aber eine Vertrauensperson – das scheint die Rolle von Gregor Ebner gewesen zu sein, dem obersten Arzt des Lebensborn. Einige meiner Gesprächspartnerinnen lernten ihn persönlich kennen: »Der war sehr, sehr nett«, erklärte Anita J. und schilderte, wie sensibel er mit ihrem Entschluss umgegangen sei, das zweite Kind zur Adoption zu geben. Das war 1945 – damals hatte Ebner bereits viele Jahre Erfahrung mit ledigen Müttern und ihren Ängsten und Unsicherheiten. Am Anfang seiner Lebensborn-Karriere waren Vorsicht und Einfühlung nicht seine Stärke. Da hatte er sich – als Nicht-Gynäkologe – bei einer schweren Geburt immer wieder auf den Leib der Frau gekniet. Was die leidtragende Mutter ihm allerdings nicht übel nahm, wie ihre Tochter Hiltrud S. staunend erzählte. Die Mutter habe Ebner im Gegenteil immer in den höchsten Tönen gelobt. Gerda B. schließlich erinnerte sich an Ebner als »einen ganz väterlichen Menschen«. Deshalb sei sie auch »sehr bestürzt« gewesen, als sie gesehen habe, wie Ebner auf der Anklagebank des Nürnberger Prozesses behandelt wurde. Wie ein Angeklagter vermutlich, und vor allem: ohne die Aura seiner Macht, seiner Autorität, seiner Uniform.

Zeugungshelfer und künstliche Befruchtung

Trotz Umwertung der Werte und (zeitweilig) steigender Geburtenziffern wurden in den Augen von Heinrich Himmler, Lebensborn-Vorstand und Reichsgesundheitsführer zu wenig Kinder geboren: »Elitekinder«, die einmal an der Spitze von Staat und Gesellschaft stehen sollten, und ganz normale Kinder. Selbst in der SS-Sippe kamen viele Paare den generativen Anforderungen ihrer Führung nicht nach: Sie bekamen lediglich ein, zwei, höchstens drei Kinder. Außerdem standen viele nach wie vor der Arbeit des Lebensborn skeptisch gegenüber. 1941 versuchte sich Ebner noch einmal in einer grundsätzlichen Erklärung »Über die Lebensborn-Arbeit«: »Was man an offenen oder versteckten Vorwürfen auch von Seiten mancher SS-Führer zu hören bekommt, zeugt von einem krassen Unverständnis über diesen Sektor der SS-Arbeit. Es ist weder wahr, daß die SS-Männer zur Kinderzeugung um jeden Preis angehalten werden, dafür vielleicht noch ein Handgeld bekommen, und daß der Lebensborn dann diese Kinder auf Kosten der anderen SS-Führer[235] aufzieht, noch ist es wahr, daß wir mit unserer Arbeit die Ehe unterminieren oder gar zerstören, weil wir angeblich das uneheliche Kind fördern. Wir wissen so gut wie jeder andere, daß die Ehe, allerdings nur die kinderreiche, das Fundament des Staates ist.«[236]

Da Aufrufe und Befehle, Argumente und Unterstützung nicht den gewünschten Effekt hatten, besannen sich die »Rassenpolitiker« auf ungenutzte Potenziale.

Reichsgesundheitsführer Leonardo Conti entwickelte seit 1942 Vorschläge zu Eheanbahnung, Eheberatung und so genannten »Wahlkindern«. Dabei hatte er einerseits kinderlose, unfruchtbare Paare im Auge, denen er eine Sterilitätsbehandlung verordnen wollte, und andererseits ledige Frauen, die nicht für eine uneheliche Mutterschaft zu haben waren bzw. keinen Mann dafür fanden. Ihnen wollte Conti zu einem Ehemann, einem »Zeugungshelfer« oder einer künstlichen Befruchtung verhelfen. Auch den Lebensborn bezog Conti in seine Pläne ein: Wenn ein Kind entstanden war, sollte er für die Betreuung und die wirtschaftliche Sicherheit von Mutter und Kind sorgen.

Himmler lehnte Contis Vorschläge ab, der Zeitpunkt für

ein solches Programm sei verfrüht, argumentierte er. Für diese Einschätzung dürfte die Reaktion der Öffentlichkeit auf seine Zeugungsbefehle eine Rolle gespielt haben. Außerdem erschien ihm die künstliche Befruchtung nicht für »rassische« Zwecke geeignet, auch wenn er später gegen deren administrative Vorbereitungen nichts einwandte. Künstliche Befruchtung führe, schrieb er im März 1943, schon bei Tieren »zu einer Verarmung an Erbanlagen und Genfaktoren« und letztlich zu einer »Entartung bei der Nachzucht und wahrscheinlich zur Impotenz oder Sterilität.«[237] Und beim Menschen sei nichts anderes zu erwarten.

Auch Ebner wandte sich gegen künstliche Befruchtung und argumentierte mit dem Interesse des Kindes: »Es ist sicher für ein Kind später nicht sehr angenehm«, schrieb er 1944 einer Elisabeth H., die sich dringend ein Kind wünschte und darüber mit ihm korrespondierte, »daß es aus einer künstlichen Befruchtung stammt und somit den ›Samenspender‹, der ihm zum Leben verholfen hat, gar nicht kennt; sondern es wird dem Kind immer ein angenehmeres Gefühl sein zu wissen, daß es auf natürliche Art gezeugt wurde, auch wenn seine Mutter nicht verheiratet war«.[238] Dass viele uneheliche Lebensborn-Kinder ihren Vater ebenfalls nicht kannten und die Geheimhaltungspraxis der Organisation ein Kennenlernen regelrecht verhinderte, empfand Ebner offenbar nicht als Widerspruch.

Statt künstlicher Befruchtung empfahl Ebner Elisabeth H., sich im Bekanntenkreis einen geeigneten Mann für Zeugungszwecke zu suchen: »Wenn Sie schon einmal, liebe Frau H., sich zu dem Gedanken an ein außereheliches Kind durchgerungen haben, so werden Sie doch nicht aus moralischen Rücksichten vor dem letzten entscheidenden Schritt zurückschrecken.«

Ebners Vorschlag ließ der Adressatin immerhin Spielraum für die Wahl eines Kindesvaters. Himmler, der die Idee eines »Zeugungshelfers« ebenfalls favorisierte, zumal er sie bei den »Doriern« und »Germanen« realisiert glaubte, mochte der weiblichen Seite einen solchen Spielraum nicht zugestehen. Er präsentierte stattdessen – modellhaft – eine alte, angeblich noch lebendige Sitte: Danach wurde eine Frau im heiratsfähigen Alter, die keinen Bräutigam hatte, von einem Mann aus dem Dorf auf dem Ahnengrab »begattet« – einem Mann, den der Vater der Frau ausgesucht hatte, der für sie aber auch beim Koitus anonym blieb.[239]

Tatsächlich wurde über »Zeugungshelfer« nicht nur diskutiert. Das Rasse- und Siedlungshauptamt der SS richtete 1943 eine Stelle ein, die ledigen Frauen mit Kinderwunsch einen solchen »Zeugungshelfer« vermitteln sollte. Die dabei gewonnenen Erfahrungen waren aus der Sicht der »Rassenspezialisten« allerdings wenig überzeugend: Es hatten sich vor allem Frauen und Männer gemeldet, »deren erbbiologischer und charakterlicher Wert meist unter dem Durchschnitt stand. Nachwuchs von diesen Leuten wäre für den Staat nicht immer ein Gewinn gewesen«, heißt es in einem Aktenvermerk von Oktober 1943. »Außerdem ist es nur in wenigen Fällen gelungen, einen wirklichen Erfolg zu erzielen, indem tatsächlich Kinder geboren wurden.«[240] Ob diese Stelle daraufhin ihre Arbeit einstellte oder weiterarbeitete, ist unklar. Die Idee jedenfalls wurde nicht aufgegeben – man verschob sie auf die Zeit nach dem (gewonnenen) Krieg. Dann, so fantasierte Himmler einmal seinem Leibarzt und Masseur Felix Kersten vor, werde es jede Frau als ihre »Ehrenpflicht« ansehen, Kinder zu bekommen. Und wenn sie bis zum 30. Lebensjahr noch nicht Mutter geworden sei, könne sie die Kinder beim Lebensborn »beziehen«, indem sie sich »unter drei zur Wahl gestellten SS-Leuten den Vater ihres zukünftigen Kindes aussuche«.[241]

Trotz oder wegen dieser weitreichenden Pläne und Fantasien zur Kinderproduktion agierten Himmler und vor allem der Lebensborn ausgesprochen vorsichtig. Ebner half einzelnen Frauen, die sich künstlich befruchten lassen wollten, indem er sie an die richtige Adresse verwies, oder er ermunterte andere, wenn sie ihn um Rat in Sachen »Zeugungshelfer« fragten. Gleichzeitig verweigerte der Lebensborn einer Frau die Heimaufnahme, die sich mit Fremdsperma hatte schwängern lassen. Die Unterscheidung zwischen dem Agieren der SS-Organisation und seiner individuellen Hilfestellung war Ebner enorm wichtig. Auf Anfragen von Männern, die eine Frau (gerne mit Kind) zum Heiraten suchten, erklärte er, »dass wir als Dienststelle uns nicht mit Vermittlungen von Ehen abgeben können und dürfen«. Gleichzeitig versprach er, »auf privatem Weg« einige Mütter über die Anfrage zu informieren, und schickte den Vorgang an die Oberschwester von »Heim Schwarzwald« weiter. Mit der dringenden Bitte, »die ganze Angelegenheit rein privat und ja nicht dienstlich zu behandeln«[242].

Das Lebensborn-Image war den Funktionären wichtig, und es wurde alles vermieden, was die Gerüchte über die »Zuchtbullen der SS« und die »Begattungsheime« hätte bestärken können.

Kinderraub und Kinderproduktion: Zum Beispiel Polen und Norwegen

Der Krieg lieferte den »Rassenspezialisten« ein neues Betätigungsfeld. Nun wurden auch die Menschen in den besetzten Ländern nach ihren Kriterien begutachtet – und entweder vernichtet oder zur Ausbeutung bestimmt oder »auserwählt«. Dabei kamen »gutrassige« Kinder aus Polen, der Tschechoslowakei und Slowenien, aus Frankreich, Belgien, Luxemburg und Norwegen in die Hände des Lebensborn und wurden mit seiner Hilfe »eingedeutscht« – gemäß der Himmlerschen Devise: »Ich habe wirklich die Absicht, germanisches Blut in der ganzen Welt zu holen, zu rauben und zu stehlen, wo ich kann.«[243] Vor allem in zwei Ländern wurde die Organisation aktiv: in Polen, aus dessen angeblich »minderwertiger« Bevölkerung versprengtes »gutes Blut« herausgefiltert werden sollte, und in Norwegen, dem »Stammland der arischen Rasse«. Dabei war die Praxis des Lebensborn in den beiden Ländern völlig verschieden – entsprechend der »rassischen« Definition der Völker.[244]

In Polen, vor allem im so genannten Warthegau, trat der Lebensborn erst auf den Plan, wenn Jugendämter, Rasse- und Siedlungshauptamt SS, Gauselbstverwaltung und der Reichskommissar für die Festigung deutschen Volkstums die Drecksarbeit erledigt hatten. Diese vier NS-Instanzen nahmen seit 1942 Waisen und Halbwaisen, uneheliche Kinder und Kinder, deren Eltern verhaftet, getötet oder nach Deutschland »zwangsverschickt« worden waren, unter die »rassische« Lupe und griffen sich die Blonden und Blauäugigen heraus, denn sie versprachen »gutes Blut«. Diese Kinder wurden – oft mit brutaler Gewalt – Heimen, Pflegefamilien, Verwandten und auch den Müttern fortgenommen, um sie »rassisch« zu untersuchen. Diejenigen, die Begutachtungen, Kontrollen und psychischen Terror bestanden hatten, kamen in die (polnischen) Kinderheime Brockau und Kalisch. Und dort wurden sie – nach einer psychologischen Begutachtung – einer drakonischen Umerziehung unterworfen, die sie zwang, ihre polnische Identität aufzugeben, ihre Sprache und ihren Namen zu vergessen. Am Ende dieser Tortur stand dann der Lebensborn: Er übernahm diejenigen, die alles überstanden und überlebt hatten. Es waren Kinder zwischen zwei und sechs Jahren, die bereits Deutsch sprachen und ihr verlorenes Zuhause fast vergessen hatten. Im September 1942 wurden die Ersten nach Deutschland gebracht, in die beiden größten Lebensborn-Heime Steinhöring und Bad Polzin.

Barbara P. gehörte zu diesen Kindern: 1938 in Gdingen geboren, lebte sie nach dem Tod ihrer Mutter 1939 bei der Großmutter. Mit ihr wurde sie auch nach Łódź umgesiedelt. 1942 kam eine Vorladung vom Jugendamt, und unter dem

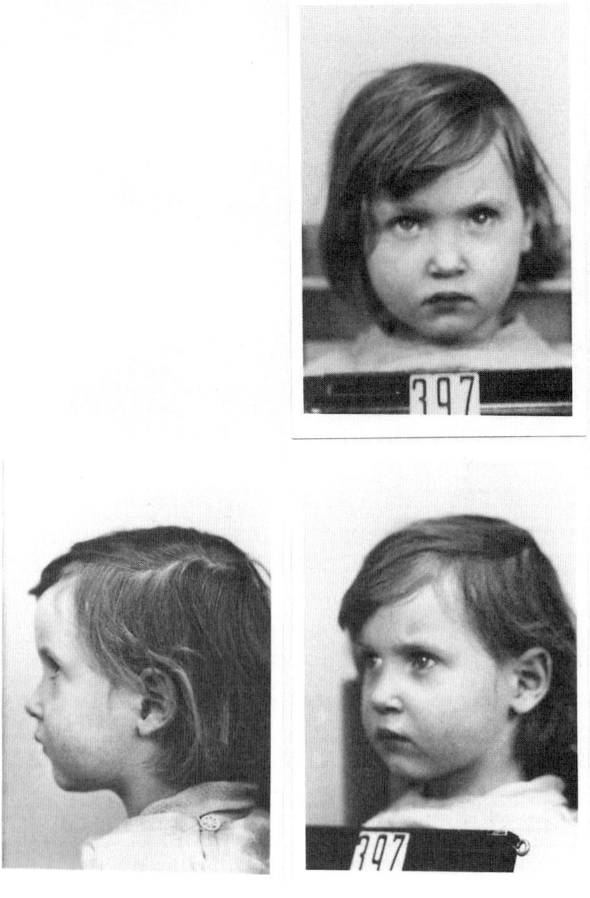

Zwangsweise eingedeutscht - Barbara P., Kind 397

Vorwand einer Untersuchung verfrachtete man Barbara zuerst in ein Kinderheim der Stadt, später in das Übergangsheim Bruckau. Dort wurde ihr Name zwei Mal geändert – und schließlich landete sie im Lebensborn-Heim Bad Polzin. Erst hier setze ihre Erinnerung ein, erzählte Barbara P.

Was vorher mit ihr geschah, war aus ihrem Gedächtnis verschwunden: das Gesicht der Großmutter, der Verlust des Zuhauses, die Untersuchungen, der Zwang, Deutsch zu sprechen …

Als ein Jahr später das österreichische Heim in Oberweis am Traunsee in Betrieb ging, schickte man die »Ostkinder«, wie sie im Lebensborn-Jargon hießen, vor allem dorthin. Und nun waren auch größere dabei, die schon schulpflichtig waren.

Mit der Ankunft im Lebensborn-Heim begann die »Auslese«- und »Umerziehungs«-Prozedur von Neuem. Wieder wurden die Mädchen und Jungen untersucht und begutachtet – und »aussortiert«, diesmal von Gregor Ebner. Kranke, in der Entwicklung zurückgebliebene und »vermutlich« erblich belastete Kinder, die in seinen Augen nicht »eindeutschungsfähig« waren, schickte er wieder zurück, ohne sich darum zu kümmern, was weiter mit ihnen geschah.

Die anderen versuchte man in Pflege- und Adoptionsstellen zu vermitteln. Auf der bürokratischen Ebene stand dem nichts im Wege. In seiner Funktion als Vormund hatte der Lebensborn den Kindern eine völlig neue Identität aufgezwungen: Sie trugen jetzt deutsche Namen und besaßen Papiere, die sie als Findelkinder auswiesen, ohne Eltern, ohne Geburtsort und ohne genaues Geburtsdatum.

Barbara P. konnte sich genau an das Lebensborn-Heim erinnern. Sie wusste noch, dass sie und die anderen Kinder Angst hatten, dass sie täglich untersucht wurden und Spritzen bekamen, dass es Schläge gab und dass sie alle ins Bett machten. Und sie hatte auch noch die Szene im Gedächtnis, als eines Tages ein Mann kam und sie ins Auge fasste. Später besuchte er sie ein paar Mal, und schließlich nahm er sie mit und brachte sie zu seiner Familie. Dort blieb Barbara bis 1948, bis sie repatriiert wurde. Ein langer, schwieriger, trauriger, zerstörerischer Prozess – der Barbara aber zu ihrer Herkunftsfamilie zurückbrachte.

250 bis 300 polnische Kinder, schätzt der Historiker Lilienthal, landeten nach »Auslese«-Prozedur und Gehirnwäsche mit falscher Identität in Lebensborn-Heimen.[245] Die meisten wurden in deutsche Familien vermittelt, die sie später adoptieren wollten – aber dazu kam es nur in Ausnahmefällen.

Entbindungs- und Kinderheime wie in Frankreich und Belgien, Luxemburg und vor allem in Norwegen konnte der Lebensborn im Osten nicht eröffnen – obwohl dies immer wieder vermutet wurde und wird.[246] Himmler hatte zwar schon 1939 befohlen, im besetzten Polen Heime einzurichten, aber der Lebensborn begann erst 1942 mit der Suche nach geeigneten Immobilien. Dabei geriet er mit der Gesundheitsabteilung im »Generalgouvernement« in Konflikt, sodass Pläne für Häuser in Krakau, Lemberg und Warschau aufgegeben werden mussten. Als schließlich die Vorbereitungen für ein Heim in einer ehemaligen jüdischen Tuberkulose-Anstalt bei Warschau, in Otwock, konkret wurden – Ebner hatte sich bereits auf den Namen »Heim Ostland« festgelegt –, meldete die Wehrmacht ihren Bedarf an und richtete dort ein Lazarett ein. Nur eine Siedlung für ledige Lebensborn-Mütter und ihre Kinder auf dem Landgut Smoscewo rund hundert Kilometer nördlich von Warschau kam teilweise zustande. Im April 1944 wurden dort 22 Häuser (von 120) fertig gestellt und von Frauen und Kindern bezogen.

Zwei Heime in Österreich (1938 und 1943 eröffnet), jeweils ein Heim in Luxemburg (1943), Belgien (1943) und Frankreich (1944), und seit 1941 elf Heime in Norwegen – damit erweiterte der Lebensborn seine Kapazität um mehr als das Doppelte. Die Heime in Belgien und Frankreich und auch das erste österreichische »Heim Wienerwald« waren vor allem Entbindungsheime, ebenso die norwegischen Heime Hurdal Verk und Klekken. Das luxemburgische Haus in

Das norwegische Lebensborn-Kinderheim »Godthåb« Sommer 1944

Bofferdingen, das österreichische in Oberweis und die norwegischen Heime »Godthåb«, »Stalheim« und »Moldegård« waren dagegen reine Kinderheime. Nach den Erfahrungen mit den deutschen Häusern und ihrer Raumnot während der Kriegsjahre begann der Lebensborn im Ausland schon früh, Mütter mit ihren neugeborenen Babys und alleinstehende Kinder getrennt unterzubringen. Das hatte allerdings nicht nur organisatorische, sondern auch politische Gründe.

Abgesehen von den Samen, die den Stempel »slawisch« bekamen, abgesehen von den Juden, die bis zur letzten Konsequenz auch dort verfolgt wurden – abgesehen davon galt Norwegen in den Augen der »Rassenpolitiker« als das Land, in dem die »arischsten aller Arier« lebten. Von Anfang an wurden daher deutsche Männer – Wehrmachtssoldaten, SS-Mitglieder, Polizeiangehörige etc. – von ihren Vorgesetzten nicht daran gehindert, Beziehungen mit norwegischen Frauen einzugehen, im Gegenteil. Dabei dachte man nicht nur an die Befriedung des Landes, sondern auch an die Kinder, die dabei entstehen würden. Friedrich Wilhelm Rediess, ein hoher SS- und Polizeifunktionär in Norwegen, sprach diese Absicht in einem internen Rundschreiben unverblümt aus: »Es ist wünschenswert, daß die deutschen Soldaten mit norwegischen Frauen so viele Kinder wie möglich zeugen, egal ob ehelich oder außerehelich.«[247]

Tatsächlich erwarteten schon nach wenigen Monaten so viele Norwegerinnen[248] ein Kind von einem Deutschen, dass eine Regelung für sie gefunden werden musste, denn ihr Umfeld reagierte mit massiver Ablehnung und Ausgrenzung. Genau hier lag der Ansatzpunkt für den Lebensborn. Ihm ging es allerdings weniger darum, den Frauen aus einer Notlage zu helfen, ihm ging es vor allem um die Kinder, die »gutes Blut« versprachen. In zweiter Linie interessierten ihn die »erscheinungsbildlich und erbbiologisch besonders wertvollen Mütter«, die er zur »Aufnordung« des deutschen Volkes ins so genannte »Altreich« schicken wollte. Also setzte die Organisation alles daran, sich als einzige Anlaufstelle für Schwangere mit deutschem Kindesvater zu etablieren, richtete zu diesem Zweck in Oslo eine eigene Dependance ein und begann im Sommer 1941 mit dem Aufbau von Entbindungsheimen. Als Erstes schickte man bewährtes Personal – Frauen und Männer, die schon in Deutschland Heime eingerichtet hatten und sich mit Verwaltung und Leitung auskannten – nach Norwegen. Dazu gehörten auch zwei ehemalige Angestellte aus Hohehorst: die Oberschwester Bernhild B. und die Sekretärin Beate D.

Für die beiden Frauen war Norwegen ein »Abenteuer«, eine fremde Welt, von der sie keine rechte Vorstellung hatten. Beate D. erinnerte sich zum Beispiel, dass sie im Juli 1941 im dicken Wintermantel nach Norden reiste – es schien ihr unmöglich, dass ein norwegischer Sommer heiß sein kann. Und sehr schnell wurde den Frauen klar, dass das Land ihnen vor allem Privilegien bescherte: »Wir waren aus dem Kriegsgebiet raus,« erzählte Beate D., »alles war friedlich und ruhig. Zuerst gab's auch noch sehr gut zu essen, Schlag-

Kinderwagenparade in »Hurdal Verk«.
Im Vordergrund Beate D., mit Schwesternhaube Bernhild B.

sahne und solche Sachen. Ich habe mir gleich den Magen verdorben, weil ich an so etwas nicht mehr gewöhnt war.«

Die erste Station der beiden Frauen war Hurdal Verk, ein kleiner Ort knapp hundert Kilometer nördlich von Oslo. Dort wurde in einem Hotel ein Entbindungsheim eingerichtet, das am 14. August 1941 seine Arbeit aufnahm. Ein Jahr später, im August 1942, folgte für Beate D. der zweite Einsatzort, das Entbindungsheim Klekken in der Nähe von Hønefoss, rund dreißig Kilometer westlich von Oslo. Wie in Hurdal Verk arbeitete sie auch dort als Sekretärin und blieb bis Mitte 1943. Auch Bernhild B. versetzte man von Hurdal Verk zuerst nach Klekken und dann ins Kinderheim »Godthåb«, das in Bærum am Stadtrand von Oslo lag. Dort fungierte die Oberschwester als Heimleitung – bis Kriegsende und auch noch einige Monate danach. Schließlich mussten die Kinder weiter versorgt werden.

Seit August 1941 konnten also schwangere Norwegerinnen, die ein Kind von einem Deutschen erwarteten, Aufnahme in einem der neuen Lebensborn-Heime finden. Voraussetzung war ein Gesundheitsnachweis und eine Erklärung, dass sie »arisch« seien. Außerdem musste ein umfangreicher Fragebogen ausgefüllt werden: Darin ging es um persönliche Angaben, um den Kindesvater und sein Verhalten, um die Eltern und Großeltern der werdenden Mutter – und um die Frage, ob eine Übersiedlung nach Deutschland geplant sei. Samische Frauen wurden nicht in eins der Heime aufgenommen, allerdings unterstützte der Lebensborn sie finanziell.

Insgesamt wurden rund 8000 Schwangere mit deutschem Kindesvater vom Lebensborn registriert – unabhängig davon, wo sie entbinden wollten, zu Hause, in einem norwegischen Heim, in einer norwegischen Klinik, in einem Lebensborn-Heim. Die Organisation versuchte, möglichst alle Schwangerschaften, an denen ein deutscher Mann beteiligt war, zu erfassen – und bot den Frauen als Anreiz materielle Hilfen. Im Juni 1942 hatte Hitler angeordnet, dass für alle Kinder von Wehrmachtssoldaten Gelder zur Verfügung standen – Gelder, die der Lebensborn vergab. Davon wurden Entbindungskosten und Unterhaltsgeld für Mutter und Kind bezahlt, außerdem ein »Stillgeld« und eine Erstausstattungsbeihilfe. Im Februar 1943 dehnte der Reichskommissar für das besetzte Norwegen, Josef Terboven, diese Verfügung auf alle in Norwegen eingesetzten Reichsdeutschen aus. Trotzdem ist davon auszugehen, dass 2000 bis 4000 Geburten nicht erfasst wurden, weil die Frauen die Registrierung verweigerten oder die angebotenen Hilfeleistungen nicht annahmen.

In den norwegischen Lebensborn-Heimen kamen rund 1200 Kinder auf die Welt – das konnte der Historiker Kåre Olsen auf der Grundlage der Lebensborn-Akten nachweisen, die in Norwegen so gut wie komplett erhalten sind.

Warum ihre Mütter in die Heime gingen, kann bislang nur

vermutet werden. Sicher gab es wie in Deutschland Frauen, die politisch einverstanden waren. Aber die Mehrzahl dürfte in einer Notlage gewesen sein: unverheiratet, ein Arbeitsplatz, der sich mit einem Kind nicht vereinbaren ließ, eine unsichere Beziehung, ein deutscher Kindesvater. Und genau darauf reagierte ihre Umgebung häufig mit massiver Ablehnung. Geschäfte mit den Deutschen machten viele – Männer vor allem. Wenn norwegische Frauen sich auf Sex, Affären oder Liebesbeziehungen mit deutschen Soldaten, SS-Männern oder Polizisten einließen, wurde das oft noch hingenommen. Aber wenn sie ein Kind von einem Deutschen bekamen, war aus männlicher Sicht eine Grenze überschritten, denn nun war die »horizontale Kollaboration« augenfällig. Beschimpfungen als »Deutschenhure« waren an der Tagesordnung, manchen Frauen wurden (schon während der Besatzungszeit) die Haare geschoren – und das kam einem Ausstoß aus der Gemeinschaft gleich. »Sie hatten es schwer, die Frauen«, erinnerte sich Beate D. »Wir Deutschen waren ja der böse Feind.«

Eine Norwegerin, die sich für ein Lebensborn-Heim entschieden hatte, konnte allerdings nicht mit demselben Service rechnen wie die deutschen »Pensionärinnen«. Eine Aufnahme war erst sechs Woche vor der Geburt möglich, also konnten viele Frauen ihre Schwangerschaft nicht geheim halten. Beate D. erinnerte sich außerdem, dass sie als Sekretärin nicht – wie im deutschen Lebensborn – zur Geheimhaltung verpflichtet war. Trotzdem boten die Heime Vorteile, die für die Norwegerinnen eminent wichtig gewesen sein dürften: Hier wurden sie wegen ihrer Schwangerschaft nicht diskriminiert, und hier konnten sie das Kind erst einmal zurücklassen, ohne sich festlegen zu müssen, ob sie es später zu sich nehmen oder zur Adoption freigeben wollten. Wieweit der Lebensborn auch in Norwegen als Vormund agierte, ist nicht klar. Angedacht war eine Regelung wie in den deutschen Heimen,[249] und seit Oktober 1943 besaß die Organisation auch das alleinige »Betreuungsrecht« für alle unehelichen Kinder mit norwegischer Mutter und deutschem Besatzungsvater. Damit waren norwegische Behörden und Heime zumindest in diesem Punkt ausgeschaltet.

Die abgespeckte Variante der Heim-Praxis verweist auf den realen Kern des norwegischen Lebensborn-Projekts. Nicht die schwangeren Frauen waren primär von Interesse, sondern die neugeborenen Kinder. Sie waren es, die SS und Lebensborn in die Hand bekommen wollten. Ihnen war die Rolle von »deutschgesinnten Vorposten im norwegischen Volke« zugedacht, sie sollten »eingedeutscht« werden und der »Volksgemeinschaft rassisch wertvolles Blut« zuführen.[250] Da viele Mütter ihre Kinder erst einmal im Heim zurückließen, waren die Voraussetzungen für den Lebensborn günstig.

Der norwegische Heimalltag unterschied sich kaum vom Heimalltag in Deutschland. Schließlich kamen Schwestern und Oberschwestern, Sekretärinnen und Verwalter von dort – und sie bestimmten die Regeln. Auch die ärztliche Betreuung lag in deutscher Hand, meistens war es ein Wehrmachtsarzt, der die Heime mitversorgte. Nur das Küchen- und Hauspersonal stammte aus der Umgebung.

Die deutschen Angestellten bestimmten nicht nur das Reglement im Heim, sie bestimmten auch die Sprache. Aus diesem Grund blieb der Kontakt zu den »Pensionärinnen« oberflächlich. Beate D. erinnerte sich, dass sie kaum mit den Müttern reden konnte, weil diese meistens nur ein paar Brocken Deutsch beherrschten – und auch recht verschlossen waren. »Sie sind ja sehr zurückhaltend, unsere nordischen Völker«, meinte sie entschuldigend, und zog wie selbstverständlich die Mentalität heran, wo ebenso gut Verunsicherung, Depression, Angst oder Feindseligkeit im Spiel gewesen sein können. Wenig später berichtete Beate D. allerdings mit einigem Stolz, dass sie selbst ganz gut Norwegisch gesprochen habe: »Wenn man in einem Land ist, wo man sich nicht anders verständigen kann, dann muss man's eben lernen«, meinte sie pragmatisch. Schließlich hatte sie als Sekretärin viele Außenkontakte. Gespräche mit den Müttern kamen trotzdem kaum zustande. Vermutlich waren sie von oben nicht sonderlich erwünscht – die Mütter sollten sich nicht zu Hause fühlen, sondern das Heim schnell wieder verlassen. Und Beate D. lag an solchen Kontakten nicht viel. Sie hatte andere Interessen, lief im Winter viel Ski und pflegte die Bekanntschaft mit einer deutschfreundlichen Tierarztfamilie, die ihr und ihrem späteren Mann eine kleine Wohnung vermietete, wenn er zu Besuch kam.

Die Sekretärin Anita J. arbeitete bei der Polizei in Norwegen, als sie schwanger wurde. Weil die Eltern ihr als lediger Mutter nicht beistehen wollten, ging sie zur Geburt in ein norwegisches Lebensborn-Heim.[251] An irgendwelche Formalitäten für die Heimaufnahme konnte sie sich in unserem Gespräch nicht erinnern, aber sie hatte auch gute Beziehungen: Der Vater des Kindes war bei der SS. Während sie im Entbindungsheim Klekken auf die Geburt wartete, vertrat sie die Sekretärin Beate D., die gerade in Urlaub war. Eine Aktion mit Folgen, denn mit ihr begann für Anita J. ein längeres Engagement beim Lebensborn. Nach der Entbindung im August 1942 arbeitete sie rund zwei Jahre als Sekretärin im Kinderheim Godthåb, wo sie gleichzeitig den kleinen Sohn unterbringen konnte.

Die beiden Jahre in Godthåb waren Anita J. ganz präsent, schließlich hatte sie eine gute Gedächtnisstütze: eine Unmenge Fotos, die sie in dieser Zeit aufgenommen hat. Darauf sieht man Einjährige, die mit Schwestern auf dem Heimgelände spazieren gehen; Kleinkinder, die sich um einen Laufstall drängen oder die vor dem Haus aufgereiht auf Bänken sitzen und darauf warten, gefüttert zu werden. Ihr schönstes Foto zeigt achtzehn kleine Mädchen und Jungen, die nebeneinander am Rand einer Wiese sitzen – nicht auf Stühlchen, nicht auf der Erde, sondern auf dem Topf. Fast

Erster Ausflug des Kindergartens in »Heim Godthåb« April 1943

alle tragen dieselben durchgehenden Hemdhöschen, die man über dem Hinterteil aufknöpfen konnte. Nur die Kinder der Angestellten, erinnerte sich Anita J., durften sich unterscheiden: Sie trugen geblümte Höschen und weiße Hemdchen oder umgekehrt.

Fast immer zeigen die Fotos zwischen zwölf und achtzehn Kinder. Beim Füttern ist nur eine Schwester bei ihnen, beim Spaziergang werden sie von drei Frauen begleitet. Anita J. konnte sich nur an sechs, sieben deutsche Schwestern erinnern, die in Godthåb gearbeitet haben. Dazu kamen einige norwegische Frauen – auf den Spaziergang-Fotos sind vermutlich zwei von ihnen zu sehen. Trotzdem scheint der Personalschlüssel nicht gerade günstig gewesen zu sein. Schließlich war das Haus für 160 bis 200 Kinder eingerichtet und zeitweise mit 250 kleinen Mädchen und Jungen belegt, keines von ihnen älter als vier Jahre.

Die Erinnerungen von Anita J. enthielten allerdings nur positive Bilder: »Das war ganz vorbildlich. Die waren sauber, die waren sauber angezogen … Aber dass ein Kind irgendwie misshandelt worden wäre … Da war ich als Mutter

Topfparade im »Heim Godthåb« Sommer 1944

strenger mit meinem Sohn als die Schwestern mit den fremden Kindern.« Misshandelt vielleicht nicht, aber vernachlässigt? Wie das kleine Mädchen, an das sich Beate D. erinnerte – ein Kind, das in einem der norwegischen Heime völlig verkam, bis die Oberschwester es endlich bemerkte.

Wie lange ein Kind im Heim blieb, hing maßgeblich davon ab, ob die Mutter es irgendwann zu sich nahm. Oder ob sie die Entscheidung immer wieder hinausschob. Oder ob sie einwilligte, dass es in eine Pflegefamilie kam. Oder ob sie einer Adoption zustimmte. Auf alle Fälle drängte der Lebensborn die Mütter zu einer Entscheidung, weil er verhindern wollte, dass sich typische Heimkinder entwickelten.[252]

Trotz aller Probleme kamen die meisten Kinder früher oder später nach Hause, zu ihrer Mutter.[253] Andere wurden von Verwandten aufgenommen, an norwegische Pflegefamilien oder Adoptiveltern vermittelt.[254] Circa 400 der freigegebenen Mädchen und Jungen, deren »rassischer und erbbiologischer Wert« minutiös belegt war, transportierte der

Lebensborn nach Deutschland, um sie dort »einzudeutschen«. Ihre Mütter wussten davon allerdings nichts. Dann hätten sie einer Adoption vermutlich nicht zugestimmt, erklärten viele nach dem Krieg, als sie erfuhren, wo ihre Kinder gelandet waren.

So aber organisierte der Lebensborn 1943 und 1944 einige Transporte, um diese Mädchen und Jungen nach Deutschland zu bringen. Im März 1944 saßen 12 Kinder, im April 16, im Juni 15 im Flugzeug nach Dresden bzw. Leipzig, begleitet von vier bzw. fünf Schwestern. Eine von ihnen war Bernhild B., die sich vage erinnern konnte: »Das waren vielleicht zwanzig Kinder.« Wohin der Flug ging, wusste sie nicht mehr. Nur dass jemand am Flughafen stand, der sie in Empfang nahm und mit den Kindern allein weiterfuhr, das wusste sie noch genau.

Zunächst kamen die Kinder in deutsche Lebensborn-Heime, nach Kohren-Sahlis, mit den Flughäfen Leipzig und Dresden in der Nähe, nach Bad Polzin und Hohehorst. Einige wurden von ihren Vätern aufgenommen, andere konnten in Familien vermittelt werden, die sie adoptieren wollten. Ein großer Teil aber blieb bis Kriegsende im Heim.

Im September 1944 begleitete Anita J., erneut schwanger, 48 Kinder von Godthåb nach Kohren-Sahlis – es war vermutlich der letzte Gruppentransport, der stattfand. Diesmal fuhr man mit dem Schiff, der »Monte Rosa«, auf der sich außer den Lebensborn-Kindern 670 Frauen mit ihren Kindern und doppelt so viele deutsche Soldaten befanden.[255] »Der Transport wurde zusammengestellt«, erzählte Anita J., »und ich wurde mit einigen Kinderschwestern nach Hause abkommandiert. Und dabei sind wir fast untergegangen in der Ostsee, weil wir auf eine Mine gelaufen sind. Ich saß gerade mit einer Schwester in der Kabine, als es im Schiff plötzlich dunkel wurde. Da hab ich mir nur meinen Jungen geschnappt und auf den Schoß genommen: So, nun komme, was will, ich hab alles bei mir. Und draußen rannten die Leute rum und eine Aufregung war auf dem Schiff! Aber

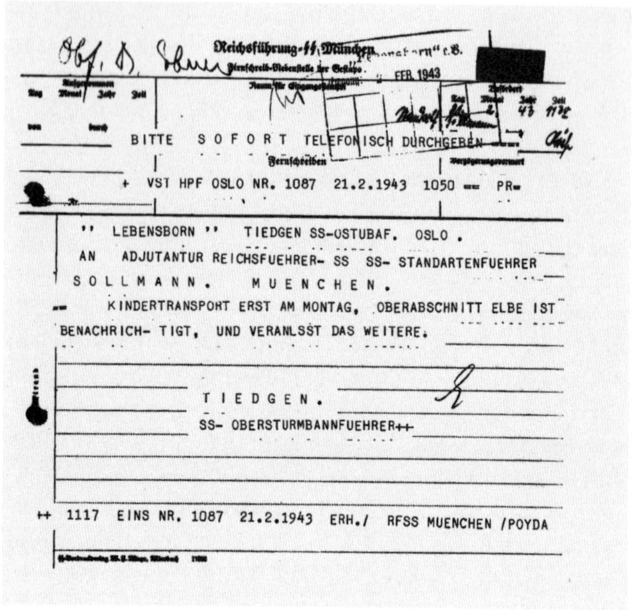

BITTE SOFORT TELEFONISCH DURCHGEBEN

+ VST HPF OSLO NR. 1087 21.2.1943 1050 == PR=

" LEBENSBORN " TIEDGEN SS-OSTUBAF. OSLO .
AN ADJUTANTUR REICHSFUEHRER- SS SS- STANDARTENFUEHRER
SOLLMANN. MUENCHEN.
-- KINDERTRANSPORT ERST AM MONTAG, OBERABSCHNITT ELBE IST
BENACHRICH- TIGT, UND VERANLSST DAS WEITERE.

TIEDGEN.
SS- OBERSTURMBANNFUEHRER++

++ 1117 EINS NR. 1087 21.2.1943 ERH./ RFSS MUENCHEN /POYDA

Kindertransport aus Norwegen 1943

nach einiger Zeit ging das Licht wieder an, da hatten sie das Loch abgeschottet, und die Fahrt ging weiter. Den Kindern ist nichts passiert! Sie lagen in Etagenbetten, die sind zwar zusammengebrochen, aber den Kindern dazwischen ist nichts passiert. Die waren durch die Pfosten geschützt. Nicht ein Kind ist verletzt worden.« Sie müssen jedoch eine schreckliche Angst ausgestanden haben.

Auf der »Monte Rosa« gab es zwei Gruppen von Frauen. Ein Teil war in derselben Situation wie Anita J.: Sie hatten in Norwegen gearbeitet, einige hatten dort auch ein Kind bekommen – und nun wurden sie per »Führerbefehl« ins Reich zurückbefohlen. Eine Maßnahme, die acht Monate vor Kriegsende den Untergang voraussehbar machte. Die andere Gruppe bestand aus Norwegerinnen, die zu Hause einen deutschen Soldaten, Polizisten oder SS-Mann kennengelernt und geheiratet hatten – oder die den Mann heiraten wollten. Seit Anfang 1942 mussten sie dazu in die Heimat des Mannes fahren, gemäß einer Heiratsverordnung mit »rassenpolitischem« Hintergrund. Die norwegischen Frauen sollten, einmal in Deutschland, dort bleiben, weitere Kinder bekommen und auf diese Weise dazu beitragen, das deutsche Volk »aufzunorden«. Und wieder operierten die »Rassenpolitiker« mit Dienstleistungen: Reisekosten wurden übernommen, Unterhaltsbeihilfen gezahlt, Krankenversicherungen abgeschlossen. In Berlin wurde eine Anlaufstelle eingerichtet, die Norwegerinnen betreute. Gleichzeitig entwickelte man den Plan, die Frauen zuerst im Lebensborn-Heim Klosterheide unterzubringen, sie dort »umzuschulen« und ihnen die deutsche Sprache beizubringen. Umgesetzt wurde dieser Plan aber offenbar nicht.

Wie viele norwegische Frauen auf diese Weise nach Deutschland gekommen sind, ist nicht genau erforscht. Nach dem Krieg erklärte der Leiter des zentralen Lebensborn-Büros in Oslo, Ernst Ragaller, es seien rund zweitausend gewesen. Die norwegische Journalistin Veslemøy Kjendsli spricht von rund vierhundert Norwegerinnen, die während des Krieges in Deutschland einen Deutschen heirateten.[256] Die Zahlen klaffen weit auseinander, und doch könnten beide stimmen. Denn viele Frauen, die nach Deutschland fuhren, konnten dort nicht heiraten. Rut Brandt, die nach dem Krieg mit ihrem Mann Willy Brandt nach Berlin ging, erinnerte sich daran, wie ihr dort norwegische Frauen begegneten: »Es gab eine Gruppe von Menschen, die in der seltsamen Welt Berlins hilflos in der Klemme saßen: junge Frauen aus Norwegen, die ›Deutschenmädchen‹ gewesen waren. Sie hatten sich während des Krieges mit deutschen Soldaten eingelassen und wurden zu Hause in Norwegen verachtet. Aufgrund eines flüchtigen Eheversprechens waren sie nach Deutschland gekommen. Für viele bedeutete das, die Asche mit der Glut zu vertauschen. Wenn sie ihren Mann fanden, war der bereits verheiratet, oder die Liebe hielt nicht. Jetzt kamen sie zu uns in die Militärmission in all ihrem Elend und mit den armen hungrigen Kindern und wollten nichts lieber als heim nach Norwegen. Aber das durften sie nicht, und wir konnten nicht viel für sie tun.«[257]

Das Ende

Die Norwegerinnen im Nachkriegsberlin wussten immerhin, wer sie waren, und sie wussten auch, wie und warum sie nach Deutschland gekommen waren. Die norwegischen, polnischen, slowenischen, tschechischen, französischen, luxemburgischen und belgischen Lebensborn-Kinder wussten das oft genug nicht. Und auch viele deutsche Lebensborn-Kinder standen am Kriegsende mit durchtrennten Wurzeln, ausgelöschten Erinnerungen und lückenhaften Papieren da. Dabei machte es manchmal keinen Unterschied, ob sie den Zusammenbruch der NS-Herrschaft bei der Mutter erlebten, bei einer Pflege- oder Adoptivfamilie oder in einem der Heime, die bis zum Schluss in Betrieb waren – in Hohehorst, in Kohren-Sahlis, in Wernigerode oder in Steinhöring. Der zusammenbrechende Lebensborn-Apparat riss sie in einen Strudel hinein, in dem Lebensgeschichten und soziale Beziehungen, Dokumente und Garantien verloren gingen und zerstört wurden.

Die Stationen, die Anita J. in den letzten Monaten des Krieges durchlief, dokumentieren diesen Zusammenbruch, vom ahnungsvollen Rückzug über mühsame Scheinnormalität bis zum chaotischen Ende.[258] Als die junge Frau im September 1944 norwegische Lebensborn-Kinder nach Deutschland begleitete, war dies kein Kindertransport wie die vorangegangenen auch, sondern stand im Kontext der Aktion »Rückführung deutscher Frauen und Kinder in die Heimat«, die Hitler befohlen hatte. Diese Politik traf auch Anita J. ganz persönlich. Denn diesmal durfte sie nicht wie bei der ersten Geburt in Norwegen bleiben, sondern musste in Deutschland, in Steinhöring entbinden. Auch ihr zweijähriger Sohn Hartwig sollte »heim ins Reich«. Er kam zusammen mit den »Norwegerkindern« ins »Heim Sonnenwiese« nach Kohren-Sahlis, weil, so hatte man Anita J. mitgeteilt, »im Entbindungsheim Steinhöring keine größeren Kinder untergebracht werden durften«.

Ende Dezember – in der Zwischenzeit hatte sie für die Zentrale gearbeitet, die nach Steinhöring ausgelagert war – brachte Anita J. ihr zweites Kind auf die Welt. Und entschloss sich, trotz Krieg und ungewisser Zukunft, auch diesen zweiten Sohn alleine großzuziehen und nicht zur Adoption freizugeben. Im März 1945 wurde sie dann mit dem Baby nach Hohehorst geschickt, um dort den Sekretärinnenposten zu übernehmen. Eigentlich wollte sie vorher den älteren Sohn abholen, aber in Kohren-Sahlis war Keuchhusten ausgebrochen, und Hartwig musste erst einmal dort bleiben.

In Hohehorst traf Anita J. auf einen funktionierenden Heimbetrieb. Da arbeiteten der Verwalter Lang, die Oberschwester Else Schwartmann, die Ärztin Almut Roselius, die Hebamme Anneliese R. und elf Schwestern, dazu eine Köchin und einige Hausangestellte. Und es gab Kinder.[259] Acht Kinder von angestellten Frauen, ein »alleinstehendes« Kind, das im Februar in Hohehorst auf die Welt gekommen war, ein Kind, das 1943 in Rotterdam geboren wurde, und eine Gruppe norwegischer Kinder.

Wie viele es zu diesem Zeitpunkt waren, ist schwer zu sagen, denn diese Gruppe wurde ständig kleiner. Am 4. Juni 1945 lebten 32 norwegische Mädchen und Jungen in Hohehorst – das ist aktenkundig. Einen Monat vorher waren es vermutlich noch 34, wenn man Anita J. glaubt. Sie erinnerte sich an zwei Kinder, die in diesen Tagen zur Adoption weggegeben wurden: »So hintenherum, mit Mühe und Not. Eins ist nach Aumund, hier in der Nähe, gekommen.« Zumindest dieses Kind ist ebenfalls aktenkundig. Und vorher gab es in der Gruppe auch noch eine Johanne Marie P. und einen Karl-Heinz P. Die beiden lebten bis zum 1. Februar

1945 in Hohehorst und wurden dann – noch regulär vermittelt durch die Lebensborn-Zentrale – zu Pflegeeltern nach Lübeck gebracht. Dort bekamen sie neue Namen, dort wurden sie adoptiert, dort wuchsen sie auf – und begannen erst Jahrzehnte später, ihre Geschichte zu erkunden.

Johanne Marie ist in Hurdal Verk geboren, im November 1943. Ihre Mutter war geschieden, hatte einen Sohn, arbeitete als Krankenschwester in einem Ortslazarett, hatte eine Beziehung mit einem deutschen Soldaten – und wollte kein weiteres Kind. Also gab sie die kleine Tochter zur Adoption frei. Die kam ins Lebensborn-Kinderheim »Moldegård« und wurde von dort zuerst nach »Heim Sonnenwiese« und im November 1944 nach Hohehorst gebracht. Ihr späterer Bruder Karl-Heinz P. kam, laut Information der Lübecker Eltern, zur selben Zeit aus Norwegen nach Hohehorst, hatte aber eine andere Vorgeschichte. Sie begann im Kinderheim Godthåb, wo er vermutlich kurz nach der Geburt im März 1943 untergebracht wurde. Seinen Geburtsort kennt er bis heute nicht, es war mit Sicherheit kein Lebensborn-Heim. Seine Mutter – eine junge Frau, die als Köchin für die Deutschen arbeitete und dabei den deutschen Kindesvater als Kollegen kennenlernte – hatte die Schwangerschaft aber beim Lebensborn gemeldet. So wurde Karl-Heinz dort registriert, bekam eine Nummer und landete im Lebensborn-Kinderheim. Dass er von dort anderthalb Jahre später direkt nach Hohehorst kam, macht eine Information des Adoptivvaters plausibel. In einer Chronik, die er für seine beiden Kinder schrieb, notierte er, dass »Rainer (aus Karl-Heinz war mittlerweile ein Rainer geworden) trotz seiner zwei Jahre sich noch nicht mit uns verständigen konnte«. Der Junge sprach nämlich kein Wort Deutsch.

Ob zwischen November 1944, dem Eintreffen der norwegischen Kinder, und März 1945, der Ankunft von Anita J., noch weitere Jungen und Mädchen an Pflegeeltern vermittelt wurden, muss offenbleiben.

»Ich hab mich zunächst mal um gar nichts gekümmert«,

Anita J. und ihr kleiner Sohn Helmut in Hohehorst, Sommer 1945

erinnerte sich Anita J. an ihre ersten Tage in Hohehorst. »Es ist ja Ostern, hab ich mir gesagt. Aber die anderen waren fleißig am Packen. Alles einpacken, alles in Kisten verpacken ... Und ich bekam einen Rüffel: Wo sind Sie geblieben, wir haben Sie gesucht, Sie hätten mithelfen müssen! Die müssen wohl irgendwas geahnt haben. Dann wurden die Kisten vergraben, hinten im Gelände, Papiere, die Standesamtsbücher, Karteien von den Kindern, alles wurde vergraben. Anschließend haben sie, was ich persönlich furchtbar fand, den Kindern andere Namen gegeben! Es sollte nicht daraus hervorgehen, woher die Kinder kamen! Später haben sie eingesehen, dass das nicht geht, und dann haben sie wieder angefangen, die Bücher auszugraben und reinzuholen.«[260]

Trotz der Angst vor dem heranrückenden Feind versuchte man, den Heimbetrieb weiter aufrechtzuerhalten. Derweil wurden in den Nebengebäuden von Hohehorst immer neue Flüchtlingsfamilien einquartiert, und auch die Ställe des angrenzenden Gutes waren voll belegt: Dort hatte man dreihundert Remonte-Pferde aus einem polnischen SS-Gestüt untergebracht.

Anita J. empfand die Situation zwiespältig: Einerseits war sie froh, mit dem Baby untergekommen zu sein, Arbeit zu haben und Geld zu verdienen, andererseits wuchs ihre Sorge um den größeren Sohn, den sie nun schon ein halbes Jahr nicht mehr gesehen hatte. Mit dem Wiedersehen sollte es auch noch eine ganze Weile dauern!

Eines Tages war der Verwalter Lang verschwunden, und die meisten Pferde auch. Am 5. Mai 1945 kamen britische Soldaten und inspizierten das Haus. Ob zu diesem Zeitpunkt noch Mütter – abgesehen von den angestellten Müttern – in Hohehorst waren, ist ungewiss, aber Kinder waren da. Und Personal: die Oberschwester und die Ärztin, die elf Schwestern, die Hebamme und die Sekretärin. Personal und Kinder konnten im Haus bleiben, mussten aber Keller und Erdgeschoss für die Besatzer räumen (am 20. Mai wurden die Briten von Amerikanern abgelöst). Ansonsten änderte sich der Betrieb in der Erinnerung von Anita J. kaum, nur das Standesamt wurde geschlossen. Und das Personal versuchte nach wie vor, Kinder in Familien unterzubringen – was in dem einen bereits erwähnten Fall auch gelang: »Die damaligen Adoptiveltern haben alles versucht, um das Kind hier zu behalten, und haben es dann auch geschafft.«[261]

Glaubt man allerdings Annemarie B., einer Frau, die elf Tage

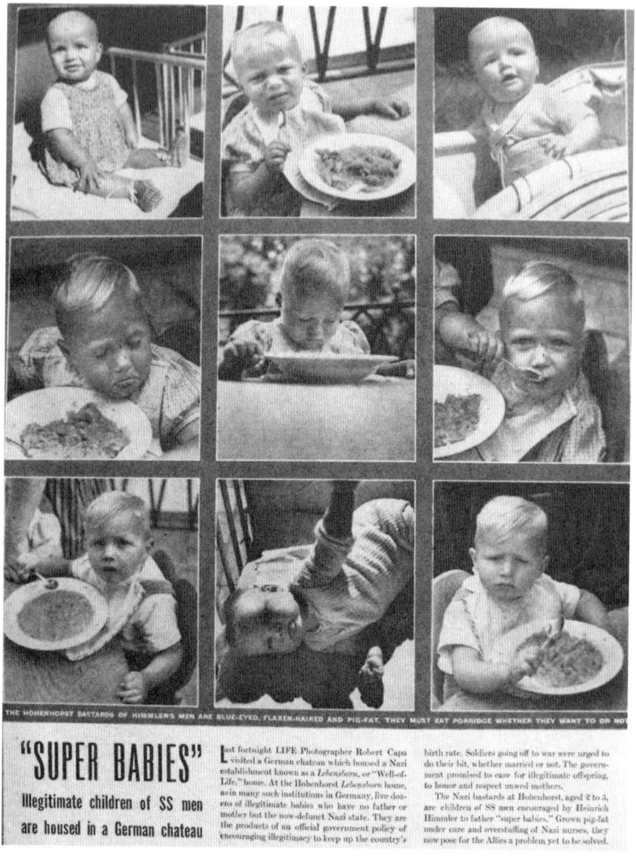

THE HOHENHORST BASTARDS OF HIMMLER'S MEN ARE BLUE-EYED, FLAXEN-HAIRED AND PIG-FAT. THEY MUST EAT PORRIDGE WHETHER THEY WANT TO OR NO

"SUPER BABIES"

Illegitimate children of SS men are housed in a German chateau

Last fortnight LIFE Photographer Robert Capa visited a German chateau which housed a Nazi establishment known as a *Lebensborn*, or "Well-of-Life," home. At the Hohenhorst *Lebensborn* home, as in many such institutions in Germany, five dozens of illegitimate babies who have no father or mother but the now-defunct Nazi state. They are the products of an official government policy of encouraging illegitimacy to keep up the country's birth rate. Soldiers going off to war were urged to do their bit, whether married or not. The government promised to care for illegitimate offspring, to honor and respect unwed mothers.

The Nazi bastards at Hohenhorst, aged 2 to 5, are children of SS men encouraged by Heinrich Himmler to father "super babies." Grown pig-fat under care and overstuffing of Nazi nurses, they now pose for the Allies a problem yet to be solved.

Life Magazine Juli 1945: Super Babies.
Illegitimate children of SS men are housed in a German chateau

nach Kriegsende ihr Kind in Hohehorst zur Welt brachte, dann hatte sich etwas Entscheidendes geändert. Die hochschwangere Frau wurde nicht von »braunen Schwestern« empfangen, sondern von Personal in Rote-Kreuz-Tracht – aus »Heim Friesland« war ein DRK-Hilfskrankenhaus geworden. Dass hier ein schneller Wechsel stattgefunden hatte, wusste

Annemarie B. nicht. Und sie hatte auch keine Ahnung, welche Geschichte in Hohehorst zu Ende ging, denn sie war Flüchtling und wohnte erst kurze Zeit in der Nachbarschaft. Trotzdem fielen ihr zwei Dinge auf: »Ich war ganz allein da, ich war die einzige Wöchnerin. Und als ich nachher aufstehen konnte, sah ich, dass da Kinder rumliefen, blonde Kinder, hübsche Kinder ... Keine Kleinkinder, keine Babys. Die waren bestimmt sieben, acht Jahre alt!« Flüchtlingskinder werden das gewesen sein, vermutete Anita J., darauf angesprochen. Denn zu diesem Zeitpunkt lebten in der Obhut des früheren »Heim Friesland« nur ein paar Kinder von Angestellten und die norwegischen Mädchen und Jungen – und die waren höchstens zwei, drei Jahre alt.

Einen Monat später, im Juni 1945, kam der Kriegsfotograf Robert Capa nach Hohehorst. Er hatte einen Auftrag der amerikanischen Illustrierten »Life« in der Tasche und sollte die »Norwegerkinder« fotografieren. Was er auch – offenbar mit tiefer Verachtung – tat. Denn die Reportage, die im Juli erschien, zeigt 15 Aufnahmen von durchweg mürrischen blonden Kleinkindern, die misstrauisch in die Kamera schauen. Dazu veröffentlichte die Illustrierte einen knappen Text, in dem von »Nazi bastards« die Rede ist, »grown pigfat« von zu viel Haferbrei und Sonne und Fürsorge der »Nazi nurses«. Die Leserbriefe, die das Magazin einen Monat später veröffentlichte, schlugen einen anderen Ton an. Die Kinder seien unschuldig, hieß es da, und einige fragten, ob man sie adoptieren könne.

Zu diesem Zeitpunkt waren die Kinder nicht mehr in Hohehorst. Trotz unklarer Weisungen hatte der norwegische Repatriierungsoffizier Einar Sørensen Ende Juni damit begonnen, den Transport der Kinder in ihre Heimat vorzubereiten.[262] Die norwegische Seite erklärte sich bereit, sie aufzunehmen – gleichzeitig stimmten alle Beteiligten darin überein, dass man jede Chance zu einer Adoption, die sich zwischenzeitlich ergeben würde, nutzen sollte. Schließlich traf am 23. Juli eine kleine Abordnung in Hohehorst ein: der norwegische Repatriierungsoffizier Edvardsen, der norwegische Seemannspfarrer Arne Berge,[263] der schwedische Arzt Torsten Arneus und Vertreter des Schwedischen Roten Kreuzes. »Die kamen mit großen Bussen vorgefahren und haben die ganzen Kinder abgeholt.« Anita J. konnte sich gut an diesen Tag erinnern, der das Ende des Heimbetriebs bedeutete. »Die Kinder sollen damals nach Schweden gebracht worden sein, denn es war auch ein schwedischer (sic!) Pfarrer dabei, der sich der ganzen Sache angenommen hat. Naja, und dann haben wir nichts mehr davon gehört«, beendete sie lapidar ihren Bericht, der eine komplizierte Geschichte stark vereinfacht und damit auch verfälscht.

Edvardsen hatte 34 Kinder abholen sollen – tatsächlich nahm er nur 30 Kinder mit, so stand es später im Bericht. Ein Kind war krank geworden und lag im Krankenhaus, ein weiteres lebte bei Pflegeeltern in Löhnhorst, dem Dorf, zu dem Hohehorst gehört – und durfte dort bleiben.

Unter den 30 Kindern, die in den Bus kletterten, befand sich auch Turid W. Sie war damals 1 3/4 Jahre alt und hatte bereits eine kleine Odyssee hinter sich. Geboren im September 1943 im Krankenhaus von Bærum, wurde sie anschließend von ihrer Mutter in einem Kinderheim in Oslo untergebracht. Von dort kam sie im Juni 1944 ins Lebensborn-Heim »Godthåb«.

Im November füllte eine Lebensborn-Sekretärin in Hohehorst eine Karteikarte für Nummer 7742 – Turid W. – aus: »Einweisung am 9. 11. 1944 durch Lebensborn: Norwegen«. Vermutlich war Turid in der Zwischenzeit auch noch im »Heim Sonnenwiese« in Kohren-Sahlis gewesen.

Am 23. Juli 1945 ging es zusammen mit den anderen Kindern wieder Richtung Norden: von Hohehorst nach Lübeck und am 26. Juli an Bord des Ostseedampfers »Kastelholm« weiter nach Malmö. Dort wurden die Kinder noch am selben Tag entlaust, untersucht, gewogen, geröntgt, geimpft – ein rabiater Empfang. Ein paar Tage später fiel

Turid W. im norwegischen »Heim Godthåb« 1944

eine folgenschwere Entscheidung: Die Kinder würden in Schweden bleiben. Die norwegische Seite zog diese Lösung einer Repatriierung vor – und die schwedische Seite glaubte, dass sie bei ihr besser aufgehoben seien und leichter Adoptiveltern finden würden. Also bekamen die Mädchen und Jungen eine schwedische Personennummer und wurden mit einer Ausnahme (ein Kind blieb bei Pflegeeltern in Malmö) Ende August in ein schwedisches Kinderheim verfrachtet. Gleichzeitig erschien ein großer Zeitungsartikel über die Mädchen und Jungen, und spätestens jetzt begann eine Uminterpretation ihrer Identität: Dort stand, die Kinder kämen aus dem Konzentrationslager Buchenwald, und ihre Herkunft sei unbekannt. Vielleicht war dies ein Versuch, mitleidige Adoptiveltern zu finden – denn tatsächlich wurden alle Kinder schnell vermittelt. Turid war noch keine 14 Tage im Heim, als ein kinderloses Ehepaar sie zu sich holte. Im Februar 1946 starb die Pflegemutter, und Turid wurde in der Verwandtschaft weitergereicht, an eine Familie, die bereits eins der Hohehorster Kinder aufgenommen hatte. Dort konnte sie endlich bleiben – aber wirklich willkommen war sie nicht.

In der Zwischenzeit hatten die schwedischen Behörden die wahre Identität der Kinder annulliert. In Turids Ausländerpass, ausgestellt im Januar 1946, heißt es: »Geburtsort Oslo, Vater- und Muttername für schwedische Behörden unbekannt, Nationalität unbekannt«. Bei der Abreise von Hohehorst hatte man noch genau gewusst, wann sie geboren war, wo sie geboren war, wie ihre Mutter hieß, wo die Mutter zuletzt gewohnt hatte.

Bis diese Informationen bei Turid landeten und sie endlich über ihre tatsächliche Herkunft Bescheid wusste, sollten fünfzig Jahre vergehen …

Warum die Kinder nach Schweden und nicht nach Norwegen gebracht wurden, hat der Historiker Lars Borgersrud in den letzten Jahren detailliert erforscht.[264] Norwegen wollte die Kinder mit norwegischer Mutter und deutschem Besatzervater einfach nicht haben, weder diejenigen, die im Land lebten, noch diejenigen, die nach Deutschland gebracht worden waren. Also richtete man eine Kommission ein, und die entwickelte diverse Strategien: Mal plante man, die im Land lebenden Kinder nach Schweden zu bringen, und dafür waren die Hohehorst-Kinder eine Art Experimentalgruppe. Mal verhandelte man mit einer australischen Delegation über eine Aufnahme am anderen Ende der Welt. Gleichzeitig gab das Sozialdepartement in Oslo die Devise aus, die Kinder, die in Deutschland lebten, möglichst in der Umgebung der Heime (Hohehorst und Kohren-Sahlis[265]) bzw. in Schweden unterzubringen, zwecks späterer Adoption. Nur diejenigen, die übrig blieben, sollten nach Norwegen gebracht werden.

Im November 1947 fasste das norwegische Parlament auf mehrfaches Drängen der Alliierten und der United Nations Relief and Rehabilitation Administration (UNRRA) den Beschluss, »außereheliche Kinder mit norwegischer Mutter und deutschem Vater, die während der Besatzungszeit nach Deutschland geschickt worden sind und die dort nicht ausreichend versorgt werden, nach Norwegen zurückzuholen«.[266] Denn im zerstörten Deutschland waren viele Kinder alles andere als »ausreichend versorgt«. Mit diesem Beschluss in der Tasche machte sich die UNRRA auf die Suche nach »Norwegerkindern«, um ihre Situation zu überprüfen. Das bekamen auch Johanne Marie P. und Karl-Heinz P. (mittlerweile Helga und Rainer) zu spüren. »Wir sollten wieder zurück«, erinnerte sich Karl-Heinz alias Rainer. »Da kam die Militärmission. Und wir standen da und Mutter hielt uns fest und wusste wohl, was auf sie zukommt.« In der Zeitung hatte etwas von »Heimsendung norwegischer Kinder« gestanden, auch daran konnte sich Rainer erinnern. Aber die beiden Kinder durften bleiben, ihnen ging es gut. Und die Eltern – früher Mitglieder der NSDAP – waren im Besitz eines »Unbedenklichkeitsausweises« und damit rehabilitiert.

Lange ging man davon aus, dass etwa hundert norwegische Kinder nach Norwegen zurückgebracht wurden – mittlerweile konnte Borgersrud zeigen, dass es nicht mehr als 28 waren.

Wenn Anita J. geglaubt hatte, dass mit der Abreise der norwegischen Kinder das Kapitel Lebensborn für sie abgeschlossen war, dann irrte sie. Als Erstes mussten die ehemaligen Lebensborn-Angestellten das Hauptgebäude räumen. Stattdessen wurde dort ein Offizierskasino eingerichtet, und in die Zimmer zogen amerikanische Offiziere ein. Anita J. kam mit ihrem kleinen Sohn im Gärtnerhaus unter, arbeitete in der Gärtnerei und wurde von den amerikanischen Offizieren immer wieder gefragt, warum sie beim Lebensborn gewesen war. Vorgeladen und verhört wurde sie allerdings nicht. Auch als sie einen Mann aus dem Dorf kennenlernte und ein Jahr später mit ihm zusammenzog, hatte sie keinen leichten Stand, weder in dessen Familie noch bei den Nachbarn. Eine Frau aus dem Lebensborn! Mit einem unehelichen Kind! Von dem zweiten hatte sie noch gar nicht gesprochen …

Schlimmer als der schlechte Ruf und das Gerede war, dass Hartmut, der ältere Sohn, verschwunden blieb. Seit das Kinderheim Kohren-Sahlis aufgelöst worden war, fehlte von ihm jede Spur. Erst im Sommer 1946 tauchte er wieder auf – das Rote Kreuz hatte ihn bei einer ehemaligen Kinderschwester von Kohren-Sahlis gefunden, die das Kind in ihre Obhut genommen hatte. »Ich hab ihn kaum wiedererkannt, nach fast zwei Jahren«, erinnerte sich Anita J. »Als Kleiner war er ganz hell, und jetzt war er entschieden dunkler geworden. Und er hat mich überhaupt nicht mehr gekannt, er hat mich nur mit SIE angesprochen!« Im Vergleich zu anderen Lebensborn-Kindern hatte der kleine Junge Glück. Die ersten beiden Lebensjahre verbrachte er zwar im Heim, aber die Mutter war in der Nähe. Und nach zwei wirren, sicher traumatischen Jahren der Trennung konnte er wieder zu ihr zurückkehren: zu einer Person, die ihn gesucht hatte und glücklich war, als er wiederauftauchte.

Vielen, vor allem den ausländischen Kindern, ist es schlimmer ergangen. Die norwegischen Mädchen und Jungen, die am Ende des Krieges in Deutschland waren, hatten fast nur in Heimen gelebt. Wie Pakete hatte man sie von einem Ort zum anderen, von einem Land ins andere geschickt. Und wirklich willkommen waren sie allenfalls dann, wenn sie eine Familie fanden, die sich ein Kind wünschte und Verständnis für seine speziellen Erfahrungen aufbrachte.

Wie destruktiv es für einen Menschen ist, derart hin und her verfrachtet zu werden, ohne Rücksicht auf seine Gefühle und ohne den leisesten Versuch, ihm irgendetwas zu erklären, zeigt die Geschichte von Turid O., die von der norwegischen Journalistin Veslemøy Kjendsli veröffentlicht wurde.[267] Turid O. hat ihre ersten Lebensjahre, in denen sie zwischen Norwegen und Deutschland, zwischen Heimen und Pflegeeltern pendelte, vollständig vergessen – und damit auch ihren Schmerz, ihre Angst, ihre Verlassenheit. Obwohl sie ihre Kindheitsgeschichte heute weitgehend kennt und durchgearbeitet hat, ist eine Wunde geblieben: die Sehnsucht, von den leiblichen Eltern wahrgenommen und letztlich angenommen zu werden.

Mittlerweile sind viele norwegische Kriegskinder, wie sie sich selbst nennen, an die Öffentlichkeit gegangen, und einige von ihnen haben sogar den norwegischen Staat (erfolglos) verklagt. Ihr Schmerz über den Mangel an Zuwendung und Liebe, ihre Wut über die diskriminierende Behandlung in der norwegischen Nachkriegsgesellschaft ist dadurch zwar nicht kleiner geworden – aber sie verbergen sie nicht mehr und müssen sie nicht mehr alleine tragen.

Die polnischen Kinder, die eine brutale Geschichte von Abgeholtwerden und Eingesperrtsein, von Überprüfung und »Umerziehung« hinter sich hatten, bevor sie nach Deutschland kamen – auch sie erlebten nach dem Krieg eine Repatriierung, die ihnen neue Wunden zufügte. Zu Barbara P.s Pflegefamilie kam 1948 »eine Frau in amerikanischer Uniform«, um das Mädchen abzuholen. Die Erwachsenen wussten Bescheid, Barbara glaubte, sie mache einen Ausflug. Stattdessen kam sie in ein Lager der UNRRA, später ging es in einer tagelangen Reise nach Kattowitz. Und dort begann ein ungewisses Warten: Entweder, so sagte man den Kindern, die jetzt wieder ihre polnischen Namen trugen, würden sie von Verwandten abgeholt – oder sie kämen in ein Waisenhaus. Barbara wartete lange, dann kam ein Onkel und brachte sie in seine Familie. Barbara konnte kein Wort Polnisch, vermisste ihre Pflegeeltern, kam mit den Lebensbedingungen nicht zurecht, mit der Schule, der neuen

Kindersuchdienst UK – 1490 – männlich

Familienname: Unbekannt

Vorname: Unbekannt

angenommenes Geburtsdatum: 2. 12. 1944

Fundort: Wurde im März 1945 in Misdroy in der Hauptstraße oder in Swinemünde gefunden.

Bekleidung: Er lag in einem Rucksack.

Personenbeschreibung: Dunkelbraune Augen, blondes Haar.

Kindersuchdienst UK – 01508 – weiblich

Familienname: Unbekannt, vielleicht „Matko“

Vorname: Unbekannt, vielleicht „Erika“

angenommenes Geburtsdatum: 11. 11. 1941 – Sauerbrunn

Fundort: 1944 aus dem Lebensbornheim Kohren-Sahlis zu Pflegeeltern.

Bekleidung: Unbekannt

Personenbeschreibung: Graubraune Augen, mittelblondes Haar, kleines linsengroßes Muttermal hinter dem rechten Ohr, 3 kleine Leberflecken am Halsrücken.

Suchdienst-Anzeige für Erika Matko

(katholischen) Religion. Die Großmutter holte sie zu sich, gab sie an eine andere Tante weiter – nirgends konnte Barbara bleiben. Ein Gefühl, das sich einbrannte und durch einen Umzug in ein Kinderheim nur noch bestätigt wurde.

Anderen polnischen Kindern, die in ihre Heimat zurückkehrten, ging es nicht anders. Obwohl Eltern und Großeltern, Tanten und Onkel nach ihnen gesucht hatten – wirklich willkommen waren sie nicht. Ihre Umgebung reagierte skeptisch: Waren sie nicht beim Feind gewesen? Waren sie nicht gut genährt und ohne erkennbare Beschädigung zurückgekommen? Fragen, die für Distanz sorgten und die Kinder mit ihrer schwierigen Seelenlage alleinließen. Dass sie nicht nur Liebe und Zuwendung brauchten, sondern auch psychologische Betreuung, nahm die polnische Gesellschaft lange nicht wahr. Aber das hat sich geändert – nicht zuletzt dadurch, dass die polnischen Kriegskinder sich zusammengeschlossen haben und versuchen, sich gegenseitig zu helfen und zu stützen. Denn wer kann sie besser verstehen als diejenigen, die ähnliche Erfahrungen gemacht haben.

Auch für deutsche Lebensborn-Kinder ist ihre Herkunft, ihre frühe Geschichte oft eine Last, die sie nicht loswerden können.

Manchmal ist es die uneheliche Geburt, die das Leben beschwert – wie bei Gerd B. Sein Großvater konnte es nicht lassen, den Jungen immer wieder als »Bastard« zu beschimpfen und klarzustellen, dass der gute Ruf der Familie durch Tochter und Enkel ruiniert war. Dabei hatte dieser Mann die Vormundschaft für den Enkel übernommen und damit auch einen Teil der Verantwortung für sein Aufwachsen. Andere Lebensborn-Kinder wurden ausgegrenzt, weil sie keinen Vater hatten. Und wenn die Mutter eine neue Familie gründete, gerieten sie leicht an den Rand, als Kind, das nicht richtig dazu gehörte.

Manchmal quält das ungestillte Bedürfnis, auf dieser Welt erwünscht und willkommen zu sein. Wilfried W. fragte sich jahrelang: »Bin ich ein Kind der Liebe? Bin ich ein Verkehrsunfall? Oder bin ich ein Kind der Naziideologie, extra gemacht, um eine neue Elite aufzubauen oder um das deutsche Volk zu vergrößern?« Fragen, die Wilfried W. seinen Eltern nicht stellen konnte, weil er keinen Weg zu ihnen fand. Fragen, die durch das falsche Bild vom Lebensborn als »Zuchtanstalt« immer wieder neue Nahrung bekamen.

Manchmal ist es das Schweigen der Mütter, das Lebensborn-Kinder belastet. Die Mutter von Dietlind B. zum Beispiel war nicht bereit, ihrer Tochter zu erzählen, wie sie entstanden ist, wie ihr Vater heißt, wo sie geboren wurde – vielleicht aus Scham, vielleicht aus Angst, vielleicht, weil sie Schuldgefühle hatte. Und die Tochter wagte nicht zu fragen oder nachzufragen, wenn sie fertige, schnelle Antworten präsentiert bekam. Sie hatte Angst, die Mutter zu verletzen, sie hatte Angst, ihr Wohlwollen zu verlieren – und verschob das Thema immer wieder. Bis es zu spät war und die Mutter keine Fragen mehr beantworten konnte.

Manchmal entsteht die Lebenslast durch ein Vakuum – wenn ein Lebensborn-Kind überhaupt nicht weiß, wer seine Eltern sind und dank der perfekten Lebensborn-Bürokratie auch nichts darüber herausfinden kann. Die ehemalige Heim-Sekretärin Beate D. wurde einmal mit dieser bitteren Konsequenz ihrer Arbeit konfrontiert – und erinnerte sich an diese Situation, als sei es gestern gewesen:

»Hier besuchte mich vor Jahren ein junges Paar, er war ein gut aussehender, großer, stattlicher Mann. Die beiden wollten heiraten oder hatten geheiratet. Und er suchte seine Mutter. Ich kannte sie dem Namen nach, aber mehr konnte ich ihnen dazu auch nicht sagen, auch nicht, was aus ihr geworden ist. Aber die beiden wollten mir einfach nicht abnehmen, dass ich nicht wusste, wo sie geblieben war. Ich versuchte ihnen klarzumachen, dass Hunderte von Namen durch meine Hände und durch meinen Kopf gegangen sind und ich nicht wissen kann, wo die alle geblieben sind – aber das wollten sie nicht glauben. Sie dachten, ich müsste das wissen. Aber ich wusste es nicht.«

Und nicht zuletzt sind es die Vorzeichen ihrer Geburt, die auf Lebensborn-Kindern lasten. Gerhild M.[268] zum Beispiel empfindet die Zuschreibung »arisch« als Stigma – und als Schuld. Sie geht davon aus, dass dieses Denkraster der Elterngeneration ihr nicht nur zugeordnet wurde, sondern dass sie auch davon geformt ist. Hiltrud S. hat sich immer gegen diese Zuschreibungen gewehrt – sie hatte allerdings auch die Chance, sich mit ihren Eltern und mit deren NS-Verstrickung direkt auseinanderzusetzen. Hiltrud S. gehört damit zu den Lebensborn-Kindern, denen die Vorzeichen ihrer Geburt heute keine Last mehr sind. Weil sie Bescheid wissen. Weil sie darüber diskutiert und gestritten haben. Und weil sie bei Menschen aufgewachsen sind, die ihnen ein zuverlässiges, fürsorgliches Umfeld boten, die sie manchmal sogar liebten. So hatten sie die Chance, selbstbewusst und selbständig zu werden, obwohl die Vorzeichen am Anfang ihres Weges schlecht standen, obwohl der Lebensborn ihnen Informationen und Kontakt, Berührung und Individualität zu rauben drohte, um sie zu »Herrenmenschen« zu machen, die das »Rassenprojekt« vollenden sollten.

Lebensborn – lebenslang
Gibt es eine typische Lebensborn-Kind-Biographie?

Rund 6000 Kinder wurden in einem der deutschen Lebensborn-Heime geboren. Aber nur zwei Prozent – etwa 120 Frauen und Männer – haben sich bisher geoutet und sind mit Namen, Adresse und Lebensgeschichte bekannt. Für »Heim Friesland«, das Haus mit der niedrigsten Geburtenquote, sieht das Zahlenverhältnis auf den ersten Blick besser aus: Von den 217 Menschen, die dort auf die Welt kamen, kenne ich 92 mit ihrem ursprünglichen Namen, das ist fast die Hälfte. Aber diese Namen stehen nur auf dem Papier, die Frauen und Männer sind nicht physisch greifbar und ansprechbar. So konnte ich bis heute erst neun Frauen und Männer interviewen, die in »Heim Friesland« geboren sind. Dazu vier weitere Personen, die als Kinder im Heim untergebracht waren. 217 zu 9 – ein Missverhältnis, das nach Erklärung verlangt.

Erste Möglichkeit: Viele Lebensborn-Kinder wissen bis heute nicht, was es mit ihrem Geburtsort auf sich hat. So ist es jedenfalls vielen gegangen, die inzwischen Bescheid wissen. Sie ahnten nichts. Sie fragten nicht nach diesem Ort. Und die Mütter, die Eltern, die Verwandten erzählten nichts. Man war eben in Steinhöring geboren oder in Löhnhorst, in Wernigerode oder in Bad Polzin, in Wiesbaden oder Nordrach oder Klosterheide … fertig.

Zweite Möglichkeit: Es gibt Lebensborn-Kinder, die wissen, dass sie ebensolche sind, die aber nicht in Erscheinung treten, weil sie dieses Faktum unwichtig finden. Sie glauben, dass die Konditionen ihrer Geburt keine Bedeutung für ihr weiteres Leben haben. Oder sie haben niemals Schwierigkeiten deswegen gehabt. Oder sie sind davon überzeugt, dass sie keine richtigen Lebensborn-Kinder sind, weil sie Vater und Mutter und ihre Beziehung zueinander kennen, folglich nicht »gezüchtet« wurden. Deshalb – so glauben sie – haben sie mit der Institution nichts zu tun. Es ist schon verblüffend, wie groß die Unkenntnis über Lebensborn selbst bei den Betroffenen ist – und wie fest auch in ihren Köpfen das Bild der »Zuchtanstalt« sitzt.

Dritte Möglichkeit: Lebensborn-Kinder, die Bescheid wissen, sprechen nicht über ihre Geburt, weil es ihnen unangenehm ist. Wegen der Verstrickung mit einer SS. Wegen der Mutter, die auf keinen Fall in Misskredit gebracht werden soll. Wegen der Leute, die immer noch an den Mythos von der »Zuchtanstalt« glauben und deswegen abfällige Bemerkungen machen …

Aber einige zeigen sich und geben Auskunft. Sie schreiben Briefe oder rufen an, melden sich bei Lesungen zu Wort, kommen bei Tagungen oder Ausstellungen auf einen zu, bitten Dritte, einen Kontakt zu vermitteln. Mir sind auf diesen Wegen mittlerweile 67 Frauen und Männer begegnet, die in deutschen Lebensborn-Heimen geboren sind: Menschen, die mir ihre Lebensgeschichten anvertraut, mir Dokumente und Fotos, Tagebücher und Briefe zur Verfügung gestellt haben. Und einige schickten später noch eine selbstverfasste Biographie.

Eine gute Basis für eine Zusammenschau, für die Suche nach Gemeinsamkeiten und Unterschieden, für die Frage, ob es so etwas wie ein typisches Lebensborn-Kind gibt und wie und worin das zum Ausdruck kommt.

Natürlich ist jede Lebensgeschichte einzigartig. Natürlich gibt es eine Fülle von Konstellationen, Varianten, Verläufen. Das zeigen drei mehr oder weniger zufällig herausgegriffene Beispiele aus »Heim Friesland«.

Da ist zum Beispiel Karl B., 1940 unehelich geboren. Sein Vater, mit dem die Mutter immerhin eine dreijährige Beziehung hatte, leugnete die Vaterschaft, die Mutter musste deswegen prozessieren. Als angehende Ärztin übernahm sie im Heim eine Zeit lang die Rolle der Heimärztin, dann ging sie fort und beendete ihr Studium. Karl blieb solange beim Lebensborn, zuerst in »Heim Friesland«, dann in »Heim Hochland«, schließlich in »Heim Kurmark« – dort konnte die Mutter ihn regelmäßig besuchen. Nach ihrem Examen holte sie den Jungen zu sich, aber der Alltag war schwierig: Sie war alleinstehend, berufstätig, musste oft umziehen – und Karl war häufig sich selbst überlassen. Trotzdem gelang es den beiden, eine enge Beziehung aufzubauen, und auch die Großeltern waren jetzt stolz auf den Enkel. Karl machte Abitur, studierte, promovierte, habilitierte sich, wurde Hochschullehrer. Er heiratete, bekam einen Sohn, kümmerte sich um seine Mutter – und entdeckte irgendwann, dass er homosexuell ist ... Von seinem Vater wollte er nie etwas wissen.

Da ist zum Beispiel Aline F., 1939 unehelich geboren, gezeugt in einer Liebesbeziehung der Mutter mit einem verheirateten Mann. Aline blieb lange allein im Heim, später kam sie in eine Pflegefamilie. Als diese »gen Osten« zog, nahm die Mutter das Mädchen zu sich – sie wollte das Kind nicht aus den Augen verlieren. Alines Vater kam hin und wieder zu Besuch, nach dem Tod seiner Ehefrau überraschte er Alines Mutter mit einem Heiratsantrag. Aber sie lehnte ab, es kam zum Bruch. Aline wuchs in der DDR auf, machte mehrere Ausbildungen (Waldarbeiterin, kaufmännische Berufe), arbeitete bei verschiedenen Banken und brachte es zu einer guten Position. Ihr Privatleben wies jedoch dauerhafte Leerstellen auf: Sie blieb unverheiratet und kinderlos.

Da ist zum Beispiel Anne W., gezeugt in einer kurzen Liebesgeschichte der Eltern, 1940 unehelich geboren. Für ihre Mutter war klar, dass sie das Kind zur Adoption freigeben würde, der Druck der Familie war zu stark. Anne blieb monatelang in »Heim Friesland«, kam später ins »Heim Hochland« – und regredierte. Dann fanden sich Pflegeeltern, die das zurückgebliebene Kind aufnahmen, keine Nationalsozialisten übrigens, sondern Menschen, die politisch schon angeeckt waren. Sie adoptierten Anne, die rasch aufholte und mit sechs auf der Straße erfuhr, dass ihre Eltern nicht ihre Eltern sind. Später floh die Familie nach Westdeutschland, hier machte Anne Abitur, studierte, wurde Lehrerin, heiratete, bekam zwei Kinder, von denen eins behindert ist. Als die Adoptiveltern starben, erfuhr Anne aus den Dokumenten den Namen der leiblichen Mutter, des leiblichen Vaters. Aber sie brauchte noch Jahre, bis sie sich auf die Suche nach ihnen machte. Am Ziel musste sie feststellen, dass sie zu spät kam, dass beide bereits gestorben waren. Dafür lernte sie zahlreiche Halbgeschwister kennen.

Unterschiedliche Ausgangsbedingungen, unterschiedliche biographische Verläufe, unterschiedliche Lebenssituationen, die sich immer weiter ausdifferenzieren, je mehr Frauen und Männer man in den Blick nimmt. Dennoch lassen sich Parallelen und durchgängige Linien beobachten, dennoch gibt es eine Fülle von Gemeinsamkeiten.

Die oberflächlichste ist ein Negativmerkmal, denn die meisten Lebensborn-Kinder entsprechen nicht dem Bild vom »rassereinen Arier«, das die Nationalsozialisten entworfen haben. Natürlich gibt es große, blonde und blauäugige Menschen unter ihnen. Aber die meisten sind allenfalls mittelgroß, ihre Augenfarbe ist ein unbestimmtes blau-grau-grün-braun. Und früher waren sie eher dunkelblond – aber davon ist heute kaum noch etwas zu sehen. Schließlich sind die Ältesten mittlerweile über siebzig!

Damit liegt die längste Strecke ihres Lebens hinter ihnen. Trotzdem – und das ist die zweite Gemeinsamkeit, die sofort auffällt – ist ihr Blick auf den Anfang gerichtet, auf die Geburt in einem Lebensborn-Heim, denn dort gibt es weiße Flecken, die ausgemalt, Fragen, die endlich beantwortet werden sollen. Einige meiner Gesprächspartner haben erst vor wenigen Monaten begonnen, sich mit ihren Wurzeln zu beschäftigen, stehen also ganz am Anfang – andere recherchieren seit Jahren. Aber Selbstbewusstsein, Kraft und Mut, laut darüber zu sprechen und in der Öffentlichkeit auf sich aufmerksam zu machen, sind auch ihnen erst in den letzten Jahren zugewachsen.[269]

Diese Blickrichtung steht in enger Korrelation mit der Lebensphase, in der die Lebensborn-Kinder sind: der Beruf tritt in den Hintergrund, die Kinder sind erwachsen – plötzlich gibt es Raum, Aufgeschobenes hervorzuholen und zu bearbeiten, Vergessenes oder Verdrängtes zuzulassen. Außerdem muss man weniger Rücksicht nehmen, wenn es keinen Chef und keine Kollegen mehr gibt, wenn die Kinder aus dem Haus und die Eltern begraben sind. Und: Familienforschung ist en vogue – auch das motiviert, nach den Lebensborn-Wurzeln zu suchen. Last not least ermutigt die mediale Präsenz von NS-Themen und eine Betrachtungsweise, die in der Tendenz an Differenziertheit gewinnt. Tatsächlich haben mir Lebensborn-Kinder immer wieder erzählt, dass ihre Auseinandersetzung erst richtig anfing, nachdem sie ein einschlägiges Buch in die Hand bekommen oder eine TV-Dokumentation gesehen hatten. Manchen ging sogar erst in diesem Moment ein Licht auf – Herta K. zum Beispiel. In einem Film über den Lebensborn, den sie zufällig im Fernsehen sah, tauchte das Ortsschild von Steinhöring auf. »Da bin ich doch auch geboren«, schoss ihr durch den Kopf. Und dann dämmerte ihr langsam, dass sie etwas mit dem Lebensborn zu tun hat.

Wenn sie erst einmal anfangen, nach ihren Wurzeln zu graben, wollen sie alles wissen. Dass sie dazu Zeit und Geduld brauchen, dass Hartnäckigkeit und Fantasie gefragt sind, wird vielen allerdings erst im Lauf der Recherchen klar. Am Anfang herrscht Sammelwut: Alles, was über den Lebensborn zu finden ist, wird vereinnahmt, vom Zeitungsausschnitt bis zur TV-Dokumentation, von der Radiosendung bis zum Internet-Link, vom Foto bis zu Adressen von anderen Betroffenen. Im zweiten Schritt werden Archive, Standesämter, Melde- und Vormundschaftsbehörden, Arbeitsämter und Krankenkassen mit Briefen bombardiert, die nach Unterlagen über die Mutter, über den Vater, über sich selbst fragen. Einige machen sich auf den Weg in die einschlägigen Archive, um selbst nach Informationen zu suchen. Fast alle fahren irgendwann an ihren Geburtsort, besichtigen das Haus, in dem sie auf die Welt gekommen sind, und sprechen beim örtlichen Standesamt vor. Dort liegen – wenn sie erhalten sind – die Geburtenbücher, dort kann man das Blatt einsehen, auf dem die eigene Existenz zum ersten Mal schwarz auf weiß dokumentiert ist.

Am schwierigsten ist es, die Menschen auszufragen, die sich an damals erinnern müssten. Einerseits haben sich viele Lebensborn-Kinder das Fragen abgewöhnt, als sie in der Kindheit keine Antworten bekamen. Andererseits sind diejenigen, die man fragen könnte, zum großen Teil gestorben und die anderen sind uralt. So fallen die Auskünfte einer Nachbarin oder einer Tante ungenau aus. Eine Mutter, die noch lebt, zögert immer noch, offen zu sprechen. Der Kontakt zum Vater war immer schwierig – und seine Ehefrau mag man nicht mit Fragen bedrängen …

Die meisten Lebensborn-Kinder stecken also mittendrin, in der Recherche, in der Auseinandersetzung. Es kommt zwar vor, dass jemand erklärt, er habe alle Möglichkeiten der Recherche ausgeschöpft und sei damit am Ende angekommen. Aber wenig später geht es wieder los, weil im Nachlass einer Verwandten Briefe der Mutter gefunden wurden oder weil bei YouTube ein englischer Dokumentarfilm eingestellt ist, in dem der Vater auftaucht. Und selbst diejenigen, die eigentlich sicher sind, alles zu wissen, weil die Mutter sie über alles informiert hat, treibt der Wunsch nach Gewissheiten. Obwohl klar ist, wer der Vater ist, obwohl sie ihn gekannt haben, wollen sie ein Dokument – eine Kopie der Vaterschaftsanerkennung.

Dieser Wunsch, alles zu erfahren, auch das kleinste Detail, ist so stark, dass er wohl nie befriedigt werden wird. Der Grund liegt auf der Hand: Fast alle Lebensborn-Kinder sind in einem Kreis des Schweigens aufgewachsen. Mütter und Väter, Verwandte und Behörden haben das Thema Lebensborn ausgeklammert, vertuscht, verleugnet – und tun es zum Teil noch heute. Dieses Schweigen hat alle Fragen verschluckt und zum Verstummen gebracht. Das ist – um es vorwegzunehmen – die zentrale Gemeinsamkeit aller Lebensborn-Biographien, die ich kenne.

Wann begann das? Vor der Geburt? Mit der Geburt? Als der Krieg zu Ende war und das Nazireich besiegt?

Bei fast allen Lebensborn-Kindern, die ich kenne, war der Start ins Leben schwierig. Ihre Mütter waren ledig und konnten nicht mit einer Heirat rechnen, die Kindesväter wollten keine Ehe oder hatten zu Hause schon Ehefrau und Kinder. Einige Frauen versuchten abzutreiben, die wenigsten freuten sich auf das Baby, das sie erwarteten. Und wenn, dann wurde diese Freude oft genug überschattet vom Stress, den eine ledige Schwangerschaft bedeutete. Das Lebensborn-Heim war ein Ausweg und ein Ort, um sich vor der Außenwelt zu verbergen. Und damit beginnt die Geheimnisspirale, die sich in den Biographien der Lebensborn-Kinder bis heute auswirkt.

Die meisten Mütter entschieden sich für eine Geheimhaltung der Geburt, und der Name des Kindesvaters wurde nicht in die Dokumente eingetragen. Trotzdem konnte sich kaum eine Frau dazu entschließen, das Kind zur Adoption freizugeben. Im Gegenteil: Früher oder später nahmen sie ihre Kinder zu sich. Wenn die Eltern informiert waren und sich die erste Aufregung gelegt hatte zum Beispiel. Oder wenn sie mit der Unterbringung und Versorgung des Kindes im Heim oder bei Pflegeeltern nicht zufrieden waren. Oder wenn die Ausbildung abgeschlossen, ein neuer Arbeitsplatz gefunden war.

Manchmal dauerte das nur ein paar Wochen, häufig allerdings Monate oder sogar Jahre – so lange blieben die Kinder in der Regel im Heim bzw. bei Pflegeeltern. In dieser Zeit hatten die Mädchen und Jungen einiges durchzustehen: Sie waren durch den Fortgang der Mutter sozial und seelisch unterversorgt. Sie erlebten wechselnde Bezugspersonen – in verschiedenen Lebensborn-Heimen, bei verschiedenen Pflegeeltern. Sie überstanden schwere, manchmal lebensbedrohliche Krankheiten. Einige Kinder – Anne W., Gerd B., Irene M. – blieben in ihrer Entwicklung zurück, Wilfried W. galt als verhaltensauffällig und wurde psychiatrisch untersucht. Eine Situation, die sein Leben hätte kosten können.

Wenn sie später zur Mutter kamen oder zu Pflegeeltern, bei denen sie willkommen waren und bleiben konnten, holten die Kinder zwar rasch auf. Aber die Erfahrung, alleingelassen zu werden, keinen Ort zu haben, wo sie hingehörten, keinen Menschen, der sie wollte – diese Erfahrung hatte sich eingeschrieben. Einige Lebensborn-Kinder berichten, dass es ihnen bis heute schwer fällt, allein zu sein oder dass sie unter starker Verlustangst leiden – und führen dies auf ihre frühen Erfahrungen zurück. Auch ihre übergroße Sehnsucht nach verlässlichen sozialen Beziehungen schreiben sie den ersten Wochen, Monaten, Jahren im Lebensborn-Heim oder bei wechselnden Pflegeeltern zu.

Nun bedeutete ein Leben mit der Mutter oder mit Pflegeeltern nicht automatisch, dass jetzt »alles gut« war. Nicht jeder und jede Erwachsene hatte die Fähigkeit, auf die Bedürfnisse eines bedürftigen Kindes einzugehen und erlittene Verletzungen auszugleichen. Zudem waren die meisten Lebensborn-Mütter – so mein eigener Eindruck, so die Berichte ihrer Kinder – distanzierte Mütter.[270] Sie hielten ihre Kinder auf Abstand, ließen keine körperliche Nähe zu, orientierten sich an autoritären Erziehungsvorstellungen. Diejenigen, die an die Elite-Ideen des Lebensborn glaubten, wie die Mütter von Eva S. und Ortwin S., leiteten daraus hohe Leistungsanforderungen ab. Aber es waren nicht nur die gängigen pädagogischen Ideen und die ideologische Verblendung, die Frauen zu kühlen, ja harten Müttern machten. In dieser Haltung wirkte die frühe Ablehnung des Kindes fort. Das konnte so weit gehen, dass manche – die Mütter von Herta K., Gisela H. oder Hanna V. etwa – die Existenz ihrer Tochter Freunden und Bekannten gegenüber verleugneten, auch als diese bereits junge Mädchen waren. Siegfried S. wurde von seiner Mutter immer wieder körperlich misshandelt. »Sie hat versucht, mich nachträglich abzutreiben«, erklärt er sich ihr Verhalten. Und nicht nur Adele B. reagierte auf die mütterliche Ablehnung mit Schuldgefühlen: »... dass ich überhaupt auf der Welt war, dass sie sich mit mir so rumplagen musste.«

Natürlich hatten viele Frauen zu kämpfen, in den letzten Kriegsjahren und in der ersten Zeit nach dem Krieg. Ledige Mütter – und viele blieben ihr Leben lang unverheiratet – wurden nach wie vor schief angesehen. Die Mutter von Mirko S. deklarierte deshalb ihren Familienstand als »geschieden« und benutzte einfach die Tarnung weiter, die der Lebensborn ermöglicht hatte. Ursula B.s Mutter hatte sich den Namen des Kindesvaters zugelegt, ohne mit ihm verheiratet gewesen zu sein. Und auch ihre beiden unehelichen Kinder hießen wie ihr Vater. Andere Frauen entwarfen – zumindest ihren Kindern gegenüber – das Bild einer vollständigen Familie und behaupteten, der Vater sei gefallen. Nachbarn, Freunde und Verwandte wussten es in der Regel besser, und gegenüber Ämtern und Behörden blieb diese Konstruktion ebenfalls wirkungslos. Denn für einen vermeintlich gefallenen Ehemann und Vater gab es weder Witwen- noch Waisenrenten. Aber dem Kind gegenüber funktionierte diese Lüge manchmal jahrelang – schließlich waren auch andere Väter gefallen.

Und dann war da noch das Thema Lebensborn. Wie sollten die Mütter damit umgehen? Mit dem Kriegsende lösten sich die Privilegien in nichts auf, die dokumentierte Nähe zu dieser SS-Organisation, die Verstrickung in ihren Apparat dagegen blieb. Beides konnte bedrohlich werden, vor allem für ehemalige Angestellte. Die Mutter von Adele B., die in vier verschiedenen Lebensborn-Heimen als Hebamme gearbeitet hatte, bekam kurz nach dem Krieg den Tip unterzutauchen. Woher dieser Hinweis kam, weiß die Tochter nicht – vermutlich aus dem Netzwerk, das ehemalige Angestellte weiter pflegten. Adeles Mutter nahm den Hinweis ernst, verließ ihren Wohnort, ging aufs Land, schickte die Tochter für ein Jahr zu ihren Eltern, heiratete. Ob ihr etwas passiert wäre? Was wäre ihr passiert? Die Erfahrung, die Gisela Heidenreichs Mutter machte, war sicher eine Ausnahme. Als Angestellte der Abteilung Vormundschaften in der Lebensborn-Zentrale wurde sie verhaftet und kam ins Untersuchungsgefängnis nach Nürnberg, wo der Prozess gegen das Rasse- und Siedlungshauptamt und damit auch gegen den Lebensborn stattfand. Dort war sie einige Zeit inhaftiert und wurde als Zeugin verhört – angeklagt und verurteilt wurde sie nicht.[271]

Auch ohne Warnung gingen die meisten Lebensborn-Mütter in Deckung und schwiegen – vor allem gegenüber ihren Kindern. Nur die wenigsten erzählten ihnen vom Lebensborn, antworteten auf Fragen und sagten ihnen die Wahrheit. Die Mutter von Ortwin S., auch nach dem Krieg eine bekennende Nationalsozialistin, war eine solche Ausnahme. Da sie die Entbindung im Lebensborn als Auszeichnung empfand, erzählte sie ihrem Sohn häufig von Steinhöring, schwärmte vom Essen, von der Betreuung, von der Pflege der Kinder. Die Mehrheit der Mütter aber schwieg. Wenn Fragen kamen, lenkten sie ab, wenn das Kind nicht nachließ, brachen sie in Tränen aus oder bekamen Migräne. Sie logen und erzählten Geschichten von einem ruhigen Entbindungsheim auf dem Land, außerhalb der bombardierten Heimatstadt. Sie erfanden Phantomväter oder beteuerten, der Adoptivvater sei der richtige Vater. Manche scheuten nicht davor zurück – die Mutter von Ursula S. zum Beispiel –, eidesstattliche Erklärungen von alten politischen Freunden zu besorgen und ihren Kindern auf diese Weise neue, unverfängliche Dokumente zu beschaffen.

Damit war sicher auch der Wunsch verbunden, das Kind

zu schützen, vor Ämtern oder hänselnden Kameraden, vor neugierigen Nachbarn oder unsensiblen Lehrern. Aber genauso stark wird das Motiv gewesen sein, sich selbst zu schützen. Vor politischen Konsequenzen, die aus der Nähe zur SS folgen mochten, vor allem vor dem Image der »Zuchtanstalt«, das sie zu »Zuchtmüttern« und letztlich zu Huren stempelte. Dagegen half vor allem eins: Schweigen. Und das war in den Westzonen genauso angebracht wie in der Ostzone, in der Bundesrepublik genauso wie in der DDR. Ja, es scheint so, als sei das Schweigen dort noch tiefer gewesen. Aber dazu später mehr.

Die Kinder hatten feine Antennen. Sie merkten früh, dass etwas nicht stimmte. Sie verstanden zwar nicht, was geschah – sie verstanden nur, dass irgendetwas nicht in Ordnung war. Einige wagten erst gar nicht zu fragen, aber die meisten fragten. Immer wieder. Bis sie irgendwann aufhörten, weil sie spürten, dass sie keine aufrichtigen Antworten bekamen. Stattdessen fingen sie an, selbst zu suchen, ohne eigentlich zu wissen wonach. Sie kramten in Schubladen und Schränken, wühlten in Papieren und Fotoalben, spitzten die Ohren, wenn die Erwachsenen sich unterhielten. Manchmal schnappten sie etwas auf, konnten sich aber keinen Reim darauf machen. Oder sie fanden Papiere, die mit ihnen zu tun hatten, deren Sinn sie aber nicht verstanden. Trotzdem blieben Details, ein Name, ein Datum, ein Gesicht, fest verankert im Gedächtnis – später oft ein wichtiger Ansatzpunkt für die Suche nach der Wahrheit. Nur: Je länger dieser Zustand in der Kindheit andauerte, desto größer wurden Unsicherheit, Misstrauen – und paradoxerweise Schuldgefühle.

Dass ihre Mütter sich falsch verhielten, dass ihre Umgebung ignorant reagierte, durchschauten sie nicht, konnten sie nicht durchschauen. Stattdessen fingen sie an, die Ursachen bei sich selbst zu suchen. Es konnte nicht anders sein: Sie mussten etwas an sich haben, was die anderen dazu brachte, sich so zu verhalten, wie sie es taten. Mit mir stimmt etwas nicht, ich bin schuld, das war die Schlussfolgerung. Selbst Rita G. hatte dieses Gefühl – dabei war bei ihr die Welt fast in Ordnung: Die Mutter hatte sich auf sie gefreut, sie kannte ihren Vater, er kam zu Besuch. Aber seit die Mutter ihr von der Lebensborn-Geburt erzählt und ihr gleichzeitig bedeutet hatte, nicht darüber zu sprechen, fühlte sie sich als Außenseiterin. Sie war anders als die anderen, und vor allem: »Ich war nicht so viel wert wie die anderen.«

Die Reaktion auf solche Gefühle war bei den meisten Anpassung. Sie taten, was die Mutter von ihnen verlangte. Sie gehorchten. Sie wurden brave und fleißige Kinder und hofften, dadurch Zuneigung und Liebe von der Mutter zu bekommen. Widerspruch oder Streit war für die meisten unmöglich, das Risiko, es mit der Mutter zu verderben, war einfach zu hoch. Nur einige wenige gingen in Opposition. Karl B. entwickelte »ein paar asoziale Tendenzen«, wie er sich ausdrückt, und fing an zu klauen. Ortwin S. setzte sich über die Wünsche und Verbote der Mutter hinweg: Sie wollte zum Beispiel nicht, dass er seinen Vater traf – aber Ortwin traf sich mit ihm. Selbst als sie erwachsen wurden, schafften es viele nicht, sich mit der Mutter auseinanderzusetzen. Lieber gingen sie fort. Hans B. heuerte mit 17 auf einem Schiff an, Paul D. ging zum Militär, um sich dem Einflussbereich der Mutter zu entziehen. Brigitte O. brach den Kontakt zur Mutter vollständig ab – und wechselte dreißig Jahre lang kein Wort mit ihr. »Auf die Verletzungen, die sie mir immer wieder zugefügt hat, konnte ich gut verzichten«, sagt Brigitte. Sie ist bei Pflegeeltern aufgewachsen, ein, zwei Mal im Jahr durfte sie die Mutter besuchen, und selbst dann war sie im Weg. Zwischen Hartmut M. und seiner Mutter begann die Funkstille, als er begriff, dass er nicht geliebt wurde und dass die Mutter ihn deshalb zu Verwandten abgeschoben hatte. Seitdem klagt er die Mutter an, seitdem hat er den Wunsch, sie zu demontieren, zu entlarven, zu überführen – obwohl sie mittlerweile gestorben ist.

Die meisten Lebensborn-Kinder kämpften allerdings

noch als Erwachsene um die Anerkennung und Liebe der Mutter. Töchter verzichteten auf eine eigene Familie, zogen mit der Mutter zusammen, pflegten sie später jahrelang, gaben dafür sogar ihre ökonomische Selbständigkeit, ihren Beruf auf. Söhne wurden Mutter-Beschützer, besorgt um den guten Ruf und das Wohlergehen dieser Frau. Manchmal wurde dieses Ringen um Anerkennung und Liebe irgendwann belohnt. »Als meine Mutter alt war, haben wir uns gut verstanden«, erzählt Helga G. »Plötzlich waren wir uns nah.« Im Alter konnte die eine oder andere Lebensborn-Mutter tatsächlich ihre Distanz und Härte aufgeben – und ihr »Kind« annehmen, mit seiner Art, mit seinen Fähigkeiten. Selbst Brigitte O. und ihre alte Mutter haben sich kurz vor deren Tod angenähert. Brigitte machte noch einmal einen Schritt auf die alte Frau zu – es war ihre letzte Chance, etwas über ihren Vater zu erfahren. Sie wurde zwar noch einmal enttäuscht, trotzdem war das Ende halbwegs versöhnlich. Aber solche späten Annäherungen sind selten. Die alten Mütter waren und sind nicht mehr in der Lage, ihr Verhalten zu relativieren. Und die Lebensborn-Kinder schaffen es nach wie vor nicht, ihr Bedürfnis und ihr Recht, Antworten auf ihre Fragen zu bekommen, jetzt noch durchzusetzen. Detleff N., der mit seiner Mutter seit Jahren unter einem Dach wohnt, kann und will die alte Frau nicht unter Druck setzen. Er hat Angst, an ihrem Tod schuldig zu werden.

Tatsächlich hat diese Mutter ihrem Sohn bis heute nicht gesagt, wer sein Vater ist. Und sie ist in dieser Konsequenz kein Einzelfall. Auch Herta K.s Mutter schwieg – und starb, ohne den Namen des Vaters preiszugeben. Damit hatte Herta keine Möglichkeit mehr, ihren »Erzeuger« zu finden, dank der Geheimhaltung des Lebensborn. Denn in ihren Dokumenten wird der Name des Vaters nicht genannt, obwohl er die Vaterschaft anerkannt hat, aber dort steht lediglich der übliche Eintrag: »Der Vater hat die Vaterschaft anerkannt, die Unterlagen werden beim Lebensborn e. V.

verwahrt.« Für Herta war das Thema »Vater« also mit dem Tod der Mutter beendet. Doch dann geschah etwas Unglaubliches: Ein paar Wochen später meldete sich ein Mann am Telefon, der sich nach einigem Hin und Her als ihr Vater vorstellte. Warum er ausgerechnet zu diesem Zeitpunkt angerufen hatte, hat Herta nie herausgefunden. Viel wichtiger war etwas anderes: Ihr Vater wollte sie kennenlernen, nach 52 Jahren.

Ganz so verschwiegen blieben die meisten Lebensborn-Mütter nicht. Ihnen war klar, dass sie ihr Kind irgendwann aufklären mussten. Aber je länger sie stumm geblieben waren, je mehr sie erfunden oder gelogen hatten, desto schwerer wurde es. Kein Lebensborn-Kind hat mir von einem ruhigen Gespräch oder einer regelrechten Aussprache erzählt, bei der die Mutter alle Karten auf den Tisch gelegt hätte.

Paul D. zum Beispiel bekam von seiner Mutter einen Brief zugesteckt, als er das Elternhaus verließ und zur Bundeswehr ging. Darin teilte sie ihm mit, dass er im Lebensborn geboren war und wie sein Vater heißt. Dass er nicht das Kind seines Stiefvaters war, hatte Paul gewusst. Vom Lebensborn hatte er bis zu diesem Zeitpunkt noch nie gehört. Und weil er mit dem Wort nichts verband, vergaß er es, für lange Zeit.

Im Vergleich mit anderen Lebensborn-Kindern hatte Paul D. trotzdem Glück: Seine Mutter gab ihm den Schlüssel zum Vater in die Hand. Dagegen bekam Iris D. nur Bruchstücke serviert: den Vornamen des Vaters, dass er aus demselben Ort wie die Mutter stammte und dass er SS-Offizier gewesen war. Mit diesen spärlichen Informationen konnte Iris wenig anfangen. Wie sollte sie in einer großen Stadt einen Mann finden, von dem sie nur den Vornamen kannte? Zumal sie in der DDR lebte und der Vater im damals noch unerreichbaren Westen?

Und schließlich gab es Mütter, die erst unter äußerem Druck Informationen preisgaben. Die klassische Situation, von der mir immer wieder erzählt wurde: Das Lebensborn-Kind wollte heiraten und brauchte dazu eine Geburtsurkunde – aber entweder hatte es gar kein Dokument oder nur eine Geburtsbescheinigung, ausgestellt von der Hebamme oder vom Heim. Die zuständigen Lebensborn-Standesämter gab es nicht mehr, ihre Unterlagen waren in der Regel an die normalen Standesämter vor Ort übergegangen. Dort musste eine Abschrift bestellt werden, und wenn zwischen Geburtsort und Wohnort die innerdeutsche Grenze lag, war das kein leichtes Unterfangen. Noch schwieriger wurde es, wenn es um Dokumente aus »Heim Kurmark« oder »Heim Pommern« ging, denn die waren verschwunden. Also musste »nach-beurkundet« werden, dazu brauchte man Zeugen und musste Erklärungen abgeben. In diesem bürokratischen Vorgang gab es für die Mütter kein Ausweichen mehr, zumal nun auch künftige Schwiegerkinder Fragen stellten. Und trotzdem versuchte eine (Adoptiv-)Mutter noch in dieser Situation, ihr Lebensborn-Kind zu täuschen und hinter seinem Rücken einen Pakt mit dem Schwiegersohn zu schließen. Gerhild M. erzählt eine solche Geschichte.

In diesem Hin und Her von Verschweigen und Gestehen, Verbergen und Aufdecken blieben die Väter außen vor. Nur die wenigsten standen mit ihrem Kind in Kontakt, fühlten sich ein Stück weit verantwortlich, zahlten regelmäßig oder brachten auch einmal ein Geburtstagsgeschenk vorbei – wie die Väter von Rita G., Rudolf F., Aline F. oder Robert H. Wohlgemerkt, die Rede ist hier von unehelichen Vätern, denn bei den ehelichen Kindern waren die Väter in der Regel mehr oder weniger präsent. Nur: Unter meinen Interviewpartnern ist fast niemand, der oder die mit beiden leiblichen Eltern aufgewachsen ist. Es gab Stiefväter wie bei Paul D. oder Adele B. oder bei den beiden Halbgeschwistern Gunter und Ingrid W. Es gab Adoptivväter wie bei Anne W. oder Heilwig W. Die biologischen Väter blieben verschwunden und erzeugten in der Gefühlswelt ihrer Kinder ein Vakuum – und eine tiefe Sehnsucht nach »dem Vater, dem Vater, dem Vater«, wie Rosi M. erzählt.

Manchmal tauchte einer plötzlich doch auf. Heilwig W., die viele Jahre lang die Mutter mit der Frage nach dem Vater bedrängt hatte, lernte ihn kennen, als sie mit 18 sterbenskrank wurde. Auf die Frage, ob sie sich noch etwas wünsche, sagte sie nur zwei Worte: »Meinen Vater«. Welche Mutter hätte es in diesem Moment fertiggebracht, die Bitte ihres Kindes auszuschlagen? Tochter und Vater trafen sich, verstanden sich, mochten sich – aber sie hatten nur anderthalb Jahre. Dann starb der Mann, und Heilwig hatte wieder keinen Vater. Als Herta K. ihrem »Erzeuger« mit 52 Jahren begegnete, war sie überglücklich, kümmerte sich um ihn, investierte Zeit und Geld. Und er genoss die Fürsorge und Liebe der Tochter. Zwei Jahre später starb er – und hinterließ Herta nichts, obwohl er versprochen hatte, sie zur Haupterbin zu machen. Damit war Herta finanziell ruiniert, denn in Erwartung eines Erbes hat sie ihre ganzen Ersparnisse für das Leben mit dem Vater aufgebraucht. An ihrer Stelle erbten die ehelichen Kinder, die Herta immer misstrauisch beäugt hatten. Herta als uneheliches Kind war nicht erbberechtigt.

Meistens war der Kontakt zwischen Vater und Kind aber schwierig – und oft genug scheiterte er. Ortwin S. verabredete sich ein paar Mal mit seinem Vater, fand ihn aber immer unsympathischer und entschied sich schließlich, ihn nicht mehr zu besuchen.[272] Andere Söhne befiel vor einer ersten Begegnung eine Art Lähmung: Als sie endlich Namen und Adresse des Vaters in der Tasche hatten, unternahmen sie nichts, um den Vater zu treffen. Paul D. besuchte einmal seine Großeltern väterlicherseits, an den Vater traute er sich nicht heran. Karl B. wollte den Mann nicht kennenlernen, der seiner Mutter so viele Scherereien gemacht hatte, als er die Vaterschaft nicht anerkennen wollte. Er verzichtete aus Loyalität der Mutter gegenüber – vielleicht hatte er auch Angst, dass ein Schatten auf sie fallen könnte.

Wilfried W. wollte seinen Vater unbedingt kennenlernen, und zwar sofort. Als er endlich die Adresse herausgefunden hatte, ließ er alles stehen und liegen und machte sich auf den Weg. Eine Viertelstunde sprach er mit dem alten Mann, dann ging er, um ihn nicht zu überfordern. Dass dies nicht nur seine erste, sondern seine einzige Chance gewesen war, ahnte er nicht. Denn nach dieser Begegnung entzog sich der Vater und beauftragte sogar einen Anwalt, der dem Sohn jeden weiteren Kontakt verbot.

Schließlich waren da die Väter, denen man nicht mehr begegnen konnte, weil sie bereits gestorben waren, als Sohn oder Tochter sie aufspürten. Väter, denen man vielleicht auch nicht begegnen wollte, weil sie zu den NS-Verbrechern gehörten. Gunter W.s Vater war ein solcher Täter, ein Mann, der Mordbefehle erteilt hat – eine schwere Last für den Sohn, nicht, weil er sich mitschuldig, sondern weil er sich verantwortlich fühlt. Also hat sich Gunter auf die Spur von »Herrn A.«, wie er ihn nennt, gesetzt. Er liest alles, was er über ihn finden kann, wühlt sich durch Archive, durchforstet das Internet – und entdeckt immer etwas Neues. Er hat eine ehemalige Angestellte des Vaters aufgespürt, die eine verblüffende Ähnlichkeit feststellte, er hat Kontakt zu den ehelichen Kindern des Vaters aufgenommen ... »Es sind meine Wurzeln«, sagt Gunter, »ich möchte sie kennen«. Und noch etwas treibt ihn: Die Frage, wie seine Mutter sich mit diesem Mann einlassen konnte, wie ihre Beziehung zu ihm ausgesehen hat.

Diese Frage hat für viele Lebensborn-Kinder eine enorme Bedeutung – unabhängig davon, welche Rolle Vater oder Mutter im NS-System gespielt haben. Haben sich die Eltern geliebt? Hatten sie eine Beziehung oder war es eine zufällige Begegnung? Wollten sie ein Kind, oder war dieses Kind ein »Verkehrsunfall«, wie Wilfried W. sich ausdrückt? Und wenn sie ein Kind wollten: Gab es dafür ideologische Motive? »Meine Mutter hätte dem Führer nie ein Kind geschenkt«, empört sich Rita G. über diese Zuschreibung, die gern im Kontext Lebensborn erfolgt. Sie ist fest davon überzeugt, dass ihre Mutter sich ein Kind wünschte, wie eine Frau sich eben ein Kind wünscht. Für sich selbst, vielleicht zur Festigung ihrer Beziehung – schließlich war ihr Partner verheiratet und hatte bereits Kinder. Siegfried S. glaubt, dass für seine Eltern das Gegenteil zutrifft: »Meine Mutter hat mich an den Lebensborn verkauft«, erklärt er bitter, »sie hat schon vor der Geburt einen Antrag gestellt, damit er die Vormundschaft übernimmt.« Tatsächlich wollte seine Mutter ihn nicht haben und hat versucht, die Schwangerschaft abzubrechen. Und als das misslang, ging sie zum Lebensborn. Dass sie dort vor der Geburt den Antrag auf die Übernahme der Vormundschaft durch den Lebensborn stellte, war allerdings üblich – und kein Zeichen dafür, dass sie Siegfried dem Lebensborn »verkaufen« wollte. Denn nach der Geburt nahm sie den kleinen Sohn mit nach Hause.

»Meine Eltern haben sich auf einer ›Siegesfeier‹ kennengelernt«, weiß Herta K. »Nach der Besetzung von Paris. Es war ein One-Night-Stand, bei dem meine Mutter schwanger wurde. Danach haben meine Eltern sich nicht wieder gesehen.« Herta K. verurteilt die »Abenteuerlust« der Mutter nicht, sie verurteilt allenfalls den Anlass – und das Schweigen der Mutter über den Vater.

»Mein Vater hat meine Mutter geschätzt, er ist mit ihr noch ausgegangen, als sie im siebten Monat schwanger war«, erzählt Rudolf F. mit einer gewissen Genugtuung. »Ist das nicht eine Art Bekenntnis?« Sein Vater und seine Mutter waren Kollegen, der Vater war verheiratet, erkannte die uneheliche Vaterschaft an, allerdings ohne seinen Namen in die Dokumente eintragen zu lassen. Später ließ er sich gelegentlich blicken und brachte dem Sohn kleine Geschenke mit – ein Federmäppchen zum Beispiel, zur Einschulung.

Das Verhalten der Mutter, die Rolle des Vaters – das sind bestimmende Faktoren im Leben eines Kindes, eines Heranwachsenden. Aber auch die Schule, die Freunde, die Nachbarn, die Behörden, die Medien, die Politik, die Gesellschaft mit ihren Ideen und ihrem Geschichtsverständnis haben Einfluss auf eine Biographie. Und in diesen Kontexten lassen sich Unterschiede beobachten zwischen Lebensborn-Kindern, die in der alten Bundesrepublik aufgewachsen sind, und denjenigen, die in der DDR groß wurden.

In der alten Bundesrepublik war der Lebensborn immer wieder Thema, von Anfang an: Zwei große Prozesse (1947 und 1950) fanden statt, mit entsprechender Medienresonanz, der Bundestag debattierte darüber (1955), die Illustrierte »Revue« brachte eine große Artikelserie (1958), der Film »Lebensborn« wurde zum Skandal (1961), es erschienen so genannte »Tatsachenromane« (1975) ... Und auf die eine oder andere Weise wurde dabei ständig das Bild von der »Zuchtanstalt« reproduziert. Die Lebensborn-Kinder waren damals 10, 15, 20 Jahre alt. Einige können sich erinnern. Vor allem die Illustriertenartikel sind im Gedächtnis geblieben, denn sie wurden zu Hause gelesen. Sie kamen sogar bis in die DDR, erzählt Mirko S. Seine Lieblingstante brachte die entsprechenden Hefte aus Frankfurt (am Main) mit.

Gisela Heidenreich beschreibt in ihrer Autobiographie, wie schmerzlich es für sie war, als sie begriff, dass es eine Verbindung gab zwischen ihr und dieser Illustriertengeschichte. Auch Heilwig W. hat diese Begegnung als verstörend erlebt. Die Erinnerung anderer Lebensborn-Kinder ist weit unkonkreter, aber einen Einfluss hat das damals herrschende Bild von der »Zuchtanstalt« Lebensborn sicher gehabt – vorausgesetzt, dass sie den Begriff Lebensborn in Verbindung mit sich selbst bringen konnten.

Bemerkungen, Sticheleien, Hänseleien von Freunden, Nachbarn, Lehrern bezogen sich eher auf die uneheliche Geburt, den fehlenden Vater, die Tatsache, dass es einen Widerspruch gab zwischen dem, was das Kind erzählte (der Vater ist im Krieg gefallen) und was etwa im Klassenbuch der Schule stand (Mutter ledig). Oder darauf, dass die Eltern gar nicht die richtigen Eltern waren – eine Erfahrung, die

Adoptivkinder häufig machen, ganz unabhängig vom Lebensborn.

Manchmal gab es allerdings auch Bemerkungen, die die Lebensborn-Geburt im Fokus hatten und von »Kennerschaft« und Eingeweihtsein zeugten. Besonders deutlich haben das Frauen und Männer erlebt, die in der Nähe eines Heims blieben. Die beiden Söhne von Anita J. zum Beispiel wuchsen ein, zwei Kilometer von Hohehorst entfernt auf. Alle im Dorf wussten, dass ihre Mutter aus »Heim Friesland« kam und dass sie ihre Kinder im Lebensborn auf die Welt gebracht hatte – auch die Gleichaltrigen, die es von ihren Eltern erfahren hatten. Dieses Wissen bekamen die beiden Jungen zu spüren, von verbalen Attacken bis zur realen Ausgrenzung.

Herta K. erlebte das Gegenteil. Einer ihrer Münchner Professoren meinte einmal anerkennend, sie von unten bis oben musternd: »Gelungenes Produkt.« Und dann fragte er zur Sicherheit: »Sie sind doch in Steinhöring geboren?« Tatsächlich ist Herta groß und schlank und hat helles rotes Haar – lauter Anzeichen der »arischen Rasse«, wie der unübersehbar Ewiggestrige erfreut registrierte. Auch Heilwig W. (in Steinhöring geboren, in München ansässig) erlebte immer wieder Reaktionen auf ihren Geburtsort, wertschätzende und mitleidige. In ihrer Jugend ergab sich daraus schon einmal eine besonders freundliche ärztliche Behandlung. Heute erlebt sie eher mitfühlende Nachfragen. Der Name Steinhöring ist offenbar in München bekannt und gilt als Synonym für eine Lebensborn-Geburt.

Auf sachliche und vor allem richtige Informationen mussten die Lebensborn-Kinder (West) lange warten. In Lexikon-Artikeln war die SS-Organisation eine »Zuchtanstalt«, das erste Sachbuch über Lebensborn von Hillel und Henry (1975) präsentierte vermeintliche Belege für eine »Zuchtanstalt«. Erst die Publikation von Lilienthal (1985) markierte den Wendepunkt, aber sie erreichte anfangs vorwiegend universitäre Kreise.

Ämter, Behörden und Archive zeigten lange Unverständnis, Unwillen und Unsicherheit im Umgang mit Lebensborn-Kindern. Oft agierten sie nur zögernd und erweckten den Eindruck, als wollten sie Vorgänge bis zum Sankt-Nimmerleinstag verschleppen. So dauerte es nach Kriegsende viele Monate, bis die zuständigen Ämter die Lebensborn-Mündel übernahmen. Hartmut M. zum Beispiel kam erst nach zwölf Monaten in die Obhut des Bremer Jugendamtes. Dazwischen lag ein rechtsfreier Raum, schließlich existierte der Vormund Lebensborn nicht mehr.

Oft agierten Ämter und Behörden buchstabengetreu und engstirnig. Die Geschichte von Hannes Dollinger ist dafür ein trauriger Beleg.[273] Hannes kam in Norwegen als Kind einer norwegischen Mutter und eines deutschen Vaters zur Welt, landete nach einer Odyssee durch deutsche Lebensborn-Heime am Kriegsende in Bayern, bekam einen anderen Namen, wurde als »Kind unbekannter Herkunft« klassifiziert – und adoptiert. Als er mit über 50 seine wahre Herkunft entdeckte, drohte ihm – seiner norwegischen Mutter wegen – der Verlust der deutschen Staatsbürgerschaft und des Beamtenstatus, der daran gekoppelt war. Nur durch massive Interventionen konnte beides verhindert werden.

Oft ließen Behörden und Archive es an Unterstützung und Bereitschaft zur Aufklärung fehlen, wenn Lebensborn-Kinder nach ihrem Vater oder ihrer Mutter suchten. Anfragen wurden schleppend bearbeitet: Vier Jahre hat Kerstin E. auf Auskünfte aus dem Archiv des Internationalen Suchdienstes gewartet. Wenn Lebensborn-Kinder selbst recherchieren wollten, stießen sie auf Ignoranz – dabei sind Laien ohne die fachkundige Unterstützung zwischen den Aktenbergen eines Archivs verloren. Und mehr als einmal stellte sich der Eindruck ein, dass sie regelrecht behindert wurden. Natürlich gab es Ausnahmen: Eine engagierte Standesbeamtin, die ein offenes Ohr und ein offenes Herz für Lebensborn-Kinder hatte und sogar ein kleines Archiv aufbaute für diejenigen, die ganz am Anfang ihrer Suche standen. Einen

Bürgermeister, der sich nicht hinter dem Wort »Datenschutz« versteckte, sondern den gesetzlichen Rahmen ausschöpfte und wichtige Quellen zugänglich machte.

Mittlerweile hat sich das Klima deutlich verändert. Mittlerweile ist an vielen Stellen das Bewusstsein gewachsen, dass Lebensborn-Kinder Unterstützung brauchen. So hat das Archiv des Internationalen Suchdienstes endlich seine Tore geöffnet, Betroffene können dort selbst im umfangreichen Dokumentenbestand recherchieren. So gibt es im Staatsarchiv München Mitarbeiter, die bei der Suche nach Vormundschafts- und Adoptionsakten engagiert helfen und wissen, wo Vaterschaftsanerkennungen zu finden sind.

In der medialen Öffentlichkeit der DDR herrschte 99-prozentiges Schweigen über die SS-Organisation. Einzige Ausnahme sind zwei Romane. Der eine stammt aus dem Jahr 1965 und trägt den viel sagenden Titel »Die Schande«. Hier ist Lebensborn eine »Zuchtanstalt«, und die Frauen, die von SS-Männern geschwängert werden, sind arisch anmutende Polinnen, die man in die Heime zwingt. Der zweite Roman »Kontrollverlust« ist kurz vor der Wende (1988) erschienen und erzählt unter anderem von einer harten, grausamen Mutter, einer glühenden Alt-Nazisse. Sie war einmal im Lebensborn-Heim Klosterheide angestellt – einer »Zuchtanstalt« mit polnischen Zwangsgebärmaschinen, wo gleichzeitig Menschenversuche stattfanden und unbrauchbare Kinder getötet wurden.

In DDR-Lexika verschiedener Jahrgänge kam das Stichwort »Lebensborn« nicht vor. Und Zeitungsartikel, Radioberichte, Fernsehdokumentationen über die SS-Organisation scheint es in DDR-Medien nicht gegeben zu haben – kein Lebensborn-Kind, das dort aufgewachsen ist, kann sich daran erinnern. Erst kurz nach der Wende tauchte das Thema plötzlich auf, in der »Für Dich«, einer beliebten DDR-Frauenzeitschrift, die damals noch existierte. Dort wurde das Porträt einer Pfarrerin abgedruckt, die einmal ein

»Kind für den Führer« gewesen war – ein Lebensborn-Kind also. Und dort war, wie in einer Art Wiederholreflex, noch einmal von gelenkter Zeugung die Rede, obwohl die Porträtierte versucht hatte, der Reporterin klarzumachen, dass es mitnichten im Lebensborn so zugegangen sei!

Im Gegensatz zu den Medien war das Thema »Lebensborn« im Alltagsbewusstsein durchaus existent – jedenfalls in den ersten Jahren nach dem Krieg, jedenfalls an den Orten, an denen einmal Heime existiert hatten, in Wernigerode, in Klosterheide, in Kohren-Sahlis. Hier wussten die Leute von der Existenz der Häuser – auch wenn sie nicht unbedingt das Richtige wussten. Hier hatten Ämter und Behörden mit der Lebensborn-Hinterlassenschaft zu tun, mit den Immobilien und mit den Kindern. Im April 1945 lebten schließlich 93 alleinstehende Mädchen und Jungen im Lebensborn-Kinderheim »Sonnenwiese«, und für die musste gesorgt werden. Es waren Pflegefamilien zu finden und Vormünder zu bestellen, Pflegegelder und Renten zu bewilligen und zu zahlen, Anforderungen von Flüchtlingshilfswerken und fremden Staaten – vor allem aus Norwegen – zu bearbeiten. Auch die Kinder, die bei den Müttern lebten, beschäftigten die Behörden, von den Jugendämtern bis zu den Standesämtern, die Lebensborn-Dokumente zu übernehmen oder durch Nachbeurkundungen zu ersetzen hatten.

Und ausgerechnet hier fand Vertuschung und Mauschelei statt – vielleicht in der guten Absicht, die Kinder zu schützen, fatalerweise mit der Folge, dass die Identität verwischt und später nur schwer rekonstruierbar wurde. Bei Detleff N. agierte vermutlich die Behörde. Auf einer Abschrift seiner Geburtsurkunde aus dem Jahre 1970 machte jemand aus »SS-Mütterheim«, das im Original als Geburtsort benannt ist, ein »... Mütterheim«. Da wusste ein Standesbeamter, eine Standesbeamtin Bescheid! Denn eine solche Auslassung erfolgte nicht automatisch und nicht bei jedem Dokument, das Hinweise auf eine Verstrickung in das NS-System enthielt.

Bei Aline F. und Mirko S. waren die Mütter die Initiatorinnen, und die Behörden spielten mit. Alines Mutter ließ die Papiere der Tochter verschwinden – in ihnen tauchte das Wort Lebensborn auf – und besorgte neue, dank eines hilfreichen Juristen. Dass diese Vertuschung nur an der Oberfläche funktionierte, erfuhr Aline F., als sie nach der Wende ihre Stasi-Akte studierte. Dass sie wegen ihrer Nähe zu Kirchenkreisen und wegen Westkontakten jahrelang bespitzelt wurde, hatte sie vermutet. Dass auch ihre Lebensborn-Geburt bekannt war, verblüffte sie dann doch. In ihrer Akte fand sie den unbeholfenen Satz: »Die F. war auch in ein (sic!) Heim der NS, wo man den angeblichen Germanenstamm züchtigte bzw. züchtete.«

»IM Tulpe« hatte offenbar von der »Zuchtanstalt« Lebensborn gehört und wusste, woher auch immer, dass sein »Beobachtungsobjekt« damit etwas zu tun gehabt hatte.

Die Mutter von Mirko S. behauptete nach dem Krieg, sie sei geschieden – eine Zuschreibung, die ihr der Lebensborn möglich gemacht hatte, die aber nicht den Tatsachen entsprach. Die DDR-Behörden kümmerte das nicht. Mirkos Mutter tat ein Übriges: Sie machte den Kindesvater zum Widerstandskämpfer des 20. Juli – in Wirklichkeit war dieser Mann ein NS-Täter. Diese Legende, die unhinterfragt akzeptiert wurde, erwies sich allerdings als Bumerang: als Kind eines hohen Wehrmachtsoffiziers durfte Mirko die Oberschule nicht besuchen – er galt als ein Kriegsverbrecherkind.

Für andere Frauen und Männer wurde ihre Lebensborn-Herkunft zum lebenslangen Makel – vielleicht, weil sie niemand hatten, der sich für sie einsetzte, der sich hinter sie stellte, der sie schützte, der vertuschte. Denn natürlich gibt es im Osten genauso wie im Westen Lebensborn-Kinder, die bei Menschen aufwuchsen, die sie auffingen, gesund machten, förderten, liebten.

Ulf W. wuchs bei Pflegeeltern auf, und die bekamen für ihn Unterhalt. »Ein normaler Halbwaise bekam damals schon 50 DDR-Mark«, erinnert sich Ulf W. »Aber ich als

Haldensleben, den 20.12.71

BStU
000016

A u f k l ä r u n g

Frl. F, wohnhaft Haldensleben, Bornschestr. 8

-.-.-.-.-.-.-.-.-.-.-.-.-.-.-.-.-.- -.-.-.-.-.-.-.-.-.-.

die F. besuchte die Volksschule und hat sich danach in der Volkshochschule bei der Bank für Handwerk und Gewerbe weiter qualifiziert.-

Sie erlernte aber noch den Beruf einer Forstfacharbeiterin.

Mutter blieb bis jetzt ledig. Diese Tochter ist unehelich geboren.
Der Vater des Frl. F gewesen, wo dieser jetzt abgeblieben ist, ist nicht bekannt.-
Die F. war auch in ein Heim der NS. wo man den angeblichen Germanenstamm züchtigte bzw. zühtete.-
Mutter
Bruder ist 1945 in WD. verblieben und zwar hat dieser zuletzt in Helmstedt gewohnt. Er ist verstorben.
Schwägerin
Frl. F ist Mitglied der "jungen Gemeinde" (ev) und Mitglied des ev. Chores).-
Sie sowie ihre Mutter nohmen aktiv am Kirchlichen Leben Teil.
Sie verkehren nur in religösen Kreisen.-
Sie haben Verwandte in Westberlin und in WD.
welche Personen in WD. oder WB. ist nicht bekannt.-
(zu erfahren in Kartei PM)
haben laufende Verbindungen Pakete, Briefe aus WB und WD.-
Frl. F und Mutter schwärmen nur für den Westen.-------
ganz zuletzt kommt erst die DDR.-
Polizeilich sind beide noch nicht in Erscheinung getreten.
Mutter und Tochter leben in einem Haushalt.-
Wohnung ist normal eingerichtet.
Feindliche Verbindungem irgendwelcher Art sind nicht bekannt.-

Aus Aline F.s Stasi-Akte

Vollwaise (als solcher wurde Ulf eingestuft, DSK) bekam nur 23 Mark, weil ich ein Nazikind war.« Als Ulf seine Pflegemutter nach seiner Herkunft fragte, erklärte sie ihm schließlich, er komme aus dem Kinderheim in Kohren-Sahlis, dort hätten Frauen mit SS-Ärzten und -Offizieren Kinder gezeugt, und diese Kinder seien später ins Heim gekommen ... Die Pflegemutter kannte also die Legende von der »Zuchtanstalt«. Ulf sprach mit niemandem darüber.

Bei der Bewerbung um eine Lehrstelle brauchte er eine Geburtsurkunde – aber die hatte er nicht. Die Pflegemutter wusste, wo er geboren war, also schrieb er nach Wernigerode und bekam eine Abschrift mit dem Namen der Mutter und dem lebensborn-üblichen Randvermerk zum Vater: »Der Vater hat in gerichtlicher Urkunde die Vaterschaft anerkannt, die Urkunde wird vom Lebensborn verwahrt.« Ulf war froh, dass er eine Geburtsurkunde hatte – alles andere interessierte ihn damals nicht. Als er 1975 zum zweiten Mal heiratete, entdeckte seine Frau den Randvermerk. Da forschen wir nach, erklärte sie – und trat damit eine Lawine los. Ulf hatte mittlerweile eine Dokumentation über Lebensborn im Westfernsehen gesehen und wusste, dass Kohren-Sahlis dazu gehörte. Er besuchte das Heim, bekam dort eine Liste der Kinder, die am Kriegsende dort lebten – und entdeckte darunter seinen Namen. Er bat das Standesamt Wernigerode um weitere Auskünfte – und erhielt stattdessen einen Brief, der ihn »zu einer Aussprache« in seinem Heimatort bat, beim Rat des Kreises, Abteilung Inneres, also bei der Staatssicherheit. Dort erklärte man ihm – und Ulf erinnert sich genau an den Wortlaut: »Das war eine faschistische Einrichtung. Die Unterlagen sind alle weg. Wir können Ihnen nichts weiter dazu sagen. Wir können Ihnen nur raten, lassen Sie das ruhen, das sind Sachen, die interessieren heute niemanden mehr. Wenn Sie weiter forschen, kann es passieren, dass Sie Ärger bekommen.« Tatsächlich wusste die Stasi einiges, wie Ulf nach der Wende herausfand. Sie wusste Bescheid über das Lebensborn-Heim in Wernigerode, angefangen von der SS-Zugehörigkeit bis zum Sonderstandesamt. Und sie wusste auch einiges über Ulfs Mutter: Geburtsort und -datum, Beruf und Familienstand.

Ulf und seine Frau ließen sich nicht einschüchtern. Ein Jahr später fragten sie erneut in Wernigerode nach – und Ulf wurde wieder zur Aussprache bestellt. Diesmal drohte man ihm mit dem Verlust seines Arbeitsplatzes. »Solche Leute wie Sie werden in diesem Betrieb nicht geduldet«, hieß es. Ulf arbeitete bei der Wismut, im Uranbergbau. Dass er die zweite Drohung nicht ignorieren konnte, war Ulf sofort klar – also stellte er seine Suche ein. Kurz nach der Wende begann er aufs Neue, mit Hilfe eines Fernsehreporters. In Wernigerode entdeckte er eine Fülle von Informationen über seine Person, denn dort lagen nicht nur sämtliche Standesamtsunterlagen, sondern auch die Hebammenbücher von »Heim Harz«. Und er fand schließlich seine Mutter: Sie lebte im Westen, in Baden-Württemberg – auch das hatte die Alarmglocken der Stasi schrillen lassen.

Bei einigen Norwegerkindern, die am Kriegsende in »Heim Sonnenwiese« lebten,[274] verhinderte die Stasi nicht nur die Suche nach den eigenen Wurzeln. Sie tat ein Übriges: Sie benutzte diese Frauen und Männer für die eigenen Ziele. Wegen ihrer Mütter hatten die Kinder ein Recht auf die norwegische Staatsbürgerschaft und konnten diese von der DDR aus beantragen. In einigen Fällen übernahm das die Stasi, stattete später Agenten mit den norwegischen Pässen aus und setzte sie mit Spitzelaufträgen Richtung Norden in Marsch. Dass sie dort Kontakt zu ihren angeblichen Familien aufnehmen, war Teil der Tarnung. Die richtigen Norwegerkinder erfuhren davon nichts, im Gegenteil: Sie wurden unter Informationssperre gestellt. Als Ludwig B. zum Beispiel versuchte, Kontakt nach Norwegen aufzunehmen, kam seine Post nicht durch, und er erhielt die Auskunft, seine Mutter sei unauffindbar. Obwohl er seitdem nichts mehr unternahm, stand er unter Beobachtung, und einmal musste er unterschreiben, dass er keinen Kontakt nach Norwegen aufnimmt. Erst nach dem Fall der Mauer hatte er die Chance, nach seiner Mutter zu suchen, und erfuhr, dass sich schon Jahre vorher ein anderer Mann als Sohn und Halbbruder vorgestellt hatte. Die Mutter war mittlerweile gestorben, aber die norwegischen Halbgeschwister öffneten noch einmal ihr Herz – für den richtigen Ludwig.

In den Geschichten von Ulf W. und Ludwig B. spielt der »Westen« als unerlaubter Kontaktraum bzw. als von der Stasi begehrter Informationsraum eine Rolle. Im Leben von Hanna V. und Mirko S. hat er eine andere Funktion: Bei beiden instrumentalisierten die Mütter die innerdeutsche Grenze für ihre Zwecke. Hanna V. wurde im Lebensborn zurückgelassen und kam nach Kriegsende aus »Heim Sonnenwiese« zu Pflegeeltern. Als der Pflegevater sich an sie heranmachte, sorgte sie selbst dafür, dass sie wieder in ein Heim kam. Dort drängte Hanna die Heimleiterin, nach den Eltern zu suchen. Tatsächlich tauchte nach einer Durchsage im Radio eine Spur der Mutter auf. Sie hatte sich in den Westen abgesetzt, nachdem sie vor einer anstehenden Verhaftung gewarnt worden war. Hanna nahm Kontakt zu ihrer Mutter auf, aber die hielt sich die unerwünschte Tochter vom Hals, mit Hilfe der Grenze. Hanna bekam nur selten eine Einladung, und wenn sie einmal zu Besuch in den Westen fuhr, durfte niemand dort wissen, wer sie war. Wenn die Mutter allerdings ihre Eltern in der DDR besuchte, wo Hanna mittlerweile lebte, war sie »Mutters Kind«.

Als Mirko S. nicht zur Oberschule zugelassen wurde (er war ja ein Kriegsverbrecherkind), schlug seine Tante vor, dass er mit seiner Mutter zu ihr nach Westdeutschland kommen solle. Sie hatte sogar schon eine Lehrstelle besorgt. Aber Mirkos Mutter lehnte ab – nicht aus politischen Gründen, da ist Mirko sich sicher. Sie lehnte ab, weil Mirkos Vater im Westen lebte, mitsamt seiner Familie. So würde der Sohn – dank der undurchlässigen Grenze – ihn niemals finden, falls er ihn einmal suchen sollte.

Wer und was sind sie schließlich geworden, die Mädchen und Jungen, die im Lebensborn geboren wurden, die in Ost und West und Nord und Süd aufgewachsen sind?

Die meisten Frauen und Männer, die ich kennengelernt habe, führen ein unspektakulär-bürgerliches Leben. Ruhe, Normalität und Beständigkeit, im Privatleben und im Beruf, haben für sie eine enorme Bedeutung. Sicher, es gibt auch den umtriebigen Unternehmer und die Politikerin, die hoch in die Brüsseler EU-Hierarchie aufgestiegen ist, den Universitätsprofessor, der zum Politikberater wurde, die Bestsellerautorin, den Künstler, der seine vielen Begabungen auslebt und auf allen Hochzeiten tanzt. Menschen in exponierten Positionen also, für die der Lebensborn und zuweilen auch die Eltern sie einmal ausersehen hatten. Ortwin S. zum Beispiel erinnert sich, dass seine Mutter ihm immer wieder die Schritte seines Aufstiegs vorbuchstabiert hat, vorausgesetzt, die Nazis wären an der Macht geblieben: Lebensborn – Napola – Ordensburg – Junkerschule – ein hohes Tier irgendwo im Osten. Aber solche Mütter waren eine Ausnahme.

Viele Frauen haben sich ganz klassisch für einen sozialen Beruf entschieden, sie sind Krankenschwester, Arzthelferin, Lehrerin, Pfarrerin oder Therapeutin geworden, haben bei einer Versicherung gearbeitet, bei einer Bank, im öffentlichen Dienst. Unter den 67 Interviewten gab es nur eine traditionelle Hausfrau – auf diese Frauengeneration hat die Nachkriegsorientierung, die Ausbildung und ökonomischer Selbständigkeit eine hohe Bedeutung beimisst, offenbar schon stärkere Wirkung gehabt als das NS-Bild der »Hausfrau und Mutter«. Bei den Männern findet sich die ganze Berufspalette. Vom Techniker bis zum Maschinenschlosser, vom Berufsoffizier bis zum Journalisten, vom Makler bis zum Hotelier ist alles vertreten. Gescheiterte Berufsbiographien sind mir nicht begegnet – allerdings mussten einige Frauen und Männer frühzeitig aus dem Arbeitsleben ausscheiden, wegen eines kaputten Rückens oder einer Herzkrankheit, wegen anhaltender Depressionen oder Angstzuständen.

Auch in ihren politischen Einstellungen machen die Lebensborn-Kinder ihrem ersten Vormund einen Strich durch die Rechnung. Die NS-Ideologie, zu der sie der Lebensborn erziehen wollte, ist nicht auf Resonanz gestoßen. Dazu haben zu viele an den Folgen dieser Ideologie zu tragen. Zwar blitzt bei dem einen oder der anderen gelegentlich eine Reminiszenz an den Elitegedanken auf – aber offen geäußert oder gar gelebt wird er nicht. Klassisch Konservative sind eher selten vertreten, die Mehrzahl lässt sich von liberalen, sozialdemokratischen oder sogar sozialistischen Ideen leiten und distanziert sich vom »braunen« Gedankengut der Eltern. Einige setzen sich intensiv mit der Schuld auseinander, die der Vater als SS-Angehöriger auf sich geladen hat, andere treibt die Position der Mutter um. Emma B., die Mutter von Adele B., war Hebamme – und gehörte damit zu denjenigen, die das Gesundheitsamt informieren mussten, wenn ein behindertes oder schwerkrankes Baby auf die Welt gekommen war. Mit einer solchen Anzeige aber begann ein Bewertungsprozess, der für einige Kinder in einer Euthanasieanstalt endete. Der Gedanke, dass ihre Mutter darüber Bescheid wusste und daran beteiligt war, ist für Adele unerträglich.

Allein mit der Mutter aufgewachsen, ohne Vater, ohne Geschwister, auf Distanz zu Verwandten, die ihren scheelen Blick auf das Kind nie ganz ablegen konnten: Solche Erfahrungen haben bei vielen Lebensborn-Kindern den Wunsch nach einer »richtigen Familie« wachsen lassen, wie Rita G. formuliert. Ihre eigene solitäre Erfahrung vor Augen, hat sie geheiratet und Kinder bekommen – und die meisten Lebensborn-Kinder haben dasselbe getan. Für viele ist es ganz wichtig, dass möglichst viele Positionen im Familiengefüge besetzt sind, dass es Schwiegereltern und Tanten, Cousins und Nichten, Kinder und Enkel und Schwiegerkinder gibt. Und auch die Halbgeschwister, die bei der Suche nach den Wurzeln irgendwann auftauchen, gehören in dieses Setting der »richtigen Familie«. »Eine Zeit lang hatte ich das Gefühl, ich sammle Geschwister«, erzählt Anne W. Die Mutter hatte Kinder aus einer Ehe, die sie kurz vor Kriegsende eingegangen war, also ein paar Jahre nach Annes Geburt. Und auch der Vater war verheiratet gewesen, hatte eheliche und – außer Anne – noch weitere uneheliche Kinder. Bis zu dieser Entdeckung hatte Anne das Gefühl, als sei jede Wurzel abgeschnitten, als sei sie völlig allein. Und dann gab es plötzlich sechs Halbgeschwister! Zwischen ihr und den Kindern der Mutter hat sich mittlerweile eine geschwisterliche Beziehung entwickelt. Keine Selbstverständlichkeit, wie manches Lebensborn-Kind erfahren hat. Anne und ihre Schwestern und Brüder vertrauten nicht darauf, dass die Blutsbande sie einander nahebringen würden, sondern sie gingen aufeinander zu wie Menschen, die sich sympathisch sind und versuchen, eine Freundschaft aufzubauen. Bei den Kindern des Vaters, erzählt Anne, fehlte die Sympathie – und so war es für Anne gut, sie getroffen zu haben, aber damit war die Angelegenheit erledigt.

Annes schöne Erfahrung ist eher die Ausnahme. Viele Lebensborn-Kinder stellen auf lange Sicht fest, dass ihre Hoffnungen enttäuscht werden. Vor der ersten Begegnung herrscht eine Mischung aus Hochgefühl und Angst. Dann liegt man sich in den Armen und hat sich viel zu erzählen. Danach wird es schwieriger: Die Erwartungen sind groß, die Realität kann sie kaum einholen. Und wenn dann noch Partner oder Partnerinnen da sind, die bremsen oder sich querstellen, oder wenn – wie bei norwegisch-deutschen Halbgeschwistern – Sprachschwierigkeiten hinzukommen, dann droht die Geschwisterbeziehung im Sande zu verlaufen. Johanne Marie P. alias Helga R. hat das schmerzlich erlebt. Zuerst fanden sie und der norwegische Halbbruder kein Ende, wenn sie telefonierten oder wenn sie zusammenkamen. Inzwischen behindert die Schwägerin den Kontakt, und der Bruder akzeptiert das. Johanne aber ist ratlos, verletzt, traurig. Sie war so glücklich, diesen Halbbruder gefunden zu haben. Ihr Adoptivbruder Karl-Heinz P. alias Rainer R. hat für sich daraus den Schluss gezogen, sich nicht auf solche Gefühlsabenteuer einzulassen.

Im Wunsch nach einer »richtigen« Familie steckt implizit auch der nach einer intakten Beziehung. Tatsächlich spielen für die meisten Lebensborn-Kinder Partner und Partnerin eine existentielle Rolle. Sie brauchten und brauchen einen Menschen, der ihnen Wärme und Geborgenheit gibt, der Verständnis und Geduld aufbringt, der bereit ist, Liebe und Unterstützung zu geben. Der damit all das ausgleicht, heilt, wiedergutmacht, was ihnen als Kindern gefehlt hat. Einige haben tatsächlich einen solchen Menschen gefunden: Siegfried S. zum Beispiel, der einen Gleichklang mit seiner Frau erlebt, die selbst ein adoptiertes Kind ist. Oder Asta F., deren warmherziger und fröhlicher Mann einen Gegenpol zu ihrer harten und kalten Mutter darstellt. »Ich kann nicht allein sein«, gesteht Hans B. und macht mit dieser einfachen Feststellung klar, welche Bedeutung Nähe für ihn hat. Wenn seine Frau einmal ohne ihn aus dem Haus geht, verlässt er es wenige Minuten später auch und geht unter Menschen, irgendwohin. Seine Frau hat früh verstanden, was Hans umtreibt – und gelernt, damit umzugehen.

Die Fülle der Wünsche und Bedürfnisse kann allerdings eine Partnerschaft überfordern, ja zerstören. Als Adele B. ihren Mann kennenlernte, war sie hingerissen: Endlich ein Mensch, der sie und keine andere »ganz« wollte, ganz für sich, so wie sie war – genau das hatte ihr ja immer gefehlt. Adele nahm seinen Wunsch lange als Liebesbeweis. Dass er ihre Möglichkeiten (ein Studium zum Beispiel) beschnitt, sie abhängig machte und letztlich erstickte, merkte sie erst spät. Und in ihrer Fixierung realisierte sie auch lange nicht, dass ihr Mann alkoholkrank war und sie ihm nicht helfen konnte. Aber irgendwann gelang ihr die Trennung doch.

Tatsächlich kommt ein solcher Schritt häufiger vor, als man bei der starken Familien- und Partnerorientierung erwartet. Oft sind es die Frauen, die eine Partnerschaft aufkündigten: weil sie nicht ausreichend Unterstützung bekamen, weil sie alleingelassen wurden, weil der Mann sich zurückgezogen hatte, überfordert war ... Tatsächlich sind mir unter meinen Gesprächspartnern weit mehr geschiedene oder allein lebende oder nie verheiratete Frauen begegnet als Männer. Gewählt und gewünscht ist dieses Leben nicht. Bewusst alleinstehend sind nur wenige. Rosi M. zum Beispiel hat sich so entschieden wegen ihrer Mutter, die sie brauchte, und weil sie glaubte, eine Familie nur schwer mit ihrem Beruf als medizinisch-technische Assistentin (MTA) im Schichtdienst vereinbaren zu können. Auch Herta K. hatte nie eine Familie: »Ich habe es wie meine Mutter gemacht, die hat auch immer alleine gelebt«, erklärt sie stolz und scheint zu vergessen, dass die Mutter ja mit ihr, der Tochter zusammengelebt hat. Nur: Sosehr Herta ihre Unabhängigkeit betont, so deutlich klingt in ihren Worten die Schutzfunktion durch, die das Alleinleben für sie hat. Wer allein ist, den kann auch kein Partner, keine Partnerin verletzen.

Eigene Kinder gehören für die meisten Lebensborn-Geborenen zum Leben dazu – in ihrer Generation ist Elternschaft noch selbstverständlich. Aber bei Lebensborn-Kindern kommt etwas hinzu: Ein starkes Bedürfnis, eine unbeschädigte Kindheit mitzuerleben. Einem kleinen Menschen ins Leben zu helfen, der willkommen ist. Und vielleicht wollen sie auch den Beweis antreten, dass sie es besser machen als die Mutter, die sich so hart und kühl ihrem Kind gegenüber verhalten hat.

Vielen ist es gelungen, diesen Wunsch in die Tat umzusetzen. Sie haben Söhne und Töchter großgezogen, die ihr Leben meistern, die ihnen nah sind und die sensibel für die Beschädigungen sind, die ihre Mütter oder Väter zu verkraften hatten. Manche haben selbst erlebt – die Kinder von Heilwig W. zum Beispiel –, wie die dramatische Lebensgeschichte der Mutter weiterwirkt, in die Ehe, in die Familie hinein. Sie waren selbst vom Schweigen betroffen, mit dem ihre Mutter aufgewachsen ist und das sie gegenüber ihren Kindern fortsetzte.[275] Aus solchen Erfahrungen erwächst manchmal eine enorme Fürsorglichkeit für die Mutter, für den Vater, die einer Umkehr der Rollen gleicht. Die Tochter von Edda H. zum Beispiel spürt und weiß, dass ihre Mutter Erdung braucht, dass es wichtig ist, zu ihr zu halten – und sie zu halten. Und hat diese Aufgabe angenommen.

Natürlich haben Lebensborn-Kinder auch Probleme und Sorgen mit ihrem Nachwuchs. Dass einige zu früh oder unehelich Mutter oder Vater wurden und damit einen Teil der Familiengeschichte wiederholen – das ist noch das kleinste Problem. Aber es ist eines, wie Rita G. verblüfft feststellte. Es war ihr einfach unangenehm, dass ihre Tochter ein uneheliches Kind bekam und sie damit eine uneheliche Großmutter wurde. Mittlerweile ist die Tochter verheiratet, mit dem Vater des Kindes, alles ist in bester bürgerlicher Ordnung – und Rita G. genießt ihre wachsende Familie.

Von Schuldgefühlen sprechen Paul D. oder Ilse S. nicht – und doch klingen sie im Gespräch manchmal durch. Der Jüngste von Paul D. entwickelte mit 20 plötzlich eine Psychose. Ilse S. hat einen alkoholkranken Sohn. Ein Kind von Anne W.s ist geistig behindert, Elke S. hat schlimme Erfahrungen mit ihrem Sohn gemacht, der drogenkrank war und mittlerweile gestorben ist.[276] Ironie des Schicksals? Spätfolgen der schwierigen Lebensumstände, unter denen die Lebensborn-Kinder auf die Welt, in die Welt gekommen sind? Wie auch immer: Wenn es noch eines Beleges bedürfte, dass die nationalsozialistischen Fantasien von Rasse und Erbgesundheit ohne jede Grundlage sind, hier wäre er.

»Fang endlich an, nach deinen Wurzeln zu suchen« – diesen Satz hat Mirko S. vor knapp zwei Jahren von seinen beiden Kindern gehört. Und um klarzumachen, dass es ihnen wirklich ernst mit dieser Bitte war, fing der Sohn an zu recherchieren und verbuchte bald einen ersten Fund. Mirko begriff, dass er nicht länger warten konnte. Er musste endlich herausfinden, wer sein Vater ist und was es mit seinem Geburtsort Bad Polzin auf sich hatte. Und damit kam eine

Lawine ins Rollen, die vieles in seinem Leben durcheinander wirbelte. Mittlerweile hat Mirko seinen Vater, einen hohen Wehrmachtsoffizier, gefunden – aber er lebt nicht mehr. Mittlerweile weiß er, dass sein Vater schwere Verbrechen zu verantworten hat. Er hat Halbgeschwister getroffen und begonnen, eine Beziehung zu ihnen aufzubauen. Und er weiß jetzt, was der Geburtsort Bad Polzin bedeutet: Er ist im dortigen Lebensborn-Heim auf die Welt gekommen. Als Beweis hat er nur ein paar Fotos, die ihn als Baby zeigen, in Innenräumen von »Heim Pommern«. Denn eine Geburtsurkunde besitzt Mirko S. nicht, und den Lebensborn hat seine Mutter nie erwähnt. Eine klassische Geschichte also, die ohne den Druck von Mirkos Kindern, ohne ihre Initiative nicht ans Tageslicht gekommen wäre. Sie wollten wissen, was es mit ihrem Großvater auf sich hat, welche Geheimnisse das Leben ihres Vaters überschatten. Die jungen Leute – beide erst Mitte dreißig – wollten Aufklärung. Bei vielen Lebensborn-Kindern hat der Partner, die Partnerin einen solchen Prozess befördert, begleitet, mitgetragen, oft schon vor vielen Jahren. Aber sie haben die Suche nie eingefordert – das ist Sache der nächsten Generation, der Lebensborn-Enkel.

Ihnen fehlt die Scheu vor diesem Thema. Schließlich ist ein Kind ohne Ehe heute kein Problem mehr. Und das Gefühl von Mitschuld, das manche Lebensborn-Kinder umtreibt, ist ihnen fremd – der Abstand zur Zeit des Nationalsozialismus ist mittlerweile zu groß für eine unmittelbare Identifikation. Die Enkel wissen, dass ihre Großmütter und Großväter verstrickt waren – und können das viel klarer benennen als die meisten Lebensborn-Kinder. Deren Blick auf die Eltern, vor allem auf die Mütter ist häufig getrübt vom Bedürfnis nach Liebe und Anerkennung. Dieses Angewiesensein kennen die Enkel nicht mehr. Sie blicken auf diesen Teil der Familiengeschichte, neugierig, fasziniert, erschrocken, nachdenklich – und werden neue, andere Fragen stellen als ihre Eltern.

An Reproduktionsmediziner etwa, die auf das Machbare fixiert sind und die Konsequenzen nicht bedenken, die für die »Gemachten« daraus entstehen, für die Retortenbabys oder für die Kinder mit fünf Eltern, für die Implantierten und Fertilisierten und möglicherweise einmal Geklonten. An Politiker und Kirchenleute, die sich für »das Leben« stark machen und sich so gerne neue Varianten der anonymen Geburt ausdenken, ohne in Betracht zu ziehen, was es heißt, aufzuwachsen, ohne seine Wurzeln zu kennen. An Philosophen, die ein Bild vom perfekten Menschen entwerfen, der vom defekten Körper befreit über ein »hochgeladenes« Bewusstsein verfügt. Wirkt Lebensborn mit seinem Versuch, »Rasse« und Gesundheit zu optimieren, nicht wie ein Vorläufer dieser modernen Frankensteins?

Eigentlich könnten die Lebensborn-Kinder sich mit ihren Erfahrungen in diese Debatten einmischen – aber so weit sind sie nicht. Sie sind verstrickt in ihre eigenen Geschichten, gefangen in ihren eigenen Lebensfragen. Kein Wunder: Das aufzuarbeiten, was man ihnen jahrzehntelang vorenthalten hat, ist ein großes Stück Arbeit. Und schon heute überfällt manche gelegentlich die Sorge, ob sie ihre Suche noch abschließen können. Die Vertiefung in die individuellen Lebensgeschichten macht auch ein gemeinsames Handeln schwierig. Anders als ihre norwegischen Geschwister schaffen es die deutschen Lebensborn-Kinder bisher nicht, sich vorbehaltlos zusammenzuschließen. Die Idee, dass man gemeinsam Forderungen erheben und durchsetzen könnte – Offenlegung der Quellen, personelle oder finanzielle Unterstützung der Recherche –, ist noch im Anfangsstadium. Und an eine Aktion, wie sie norwegische Lebensborn-Kinder auf die Beine gestellt haben, ist bisher nicht zu denken. Die haben vor ein paar Jahren den norwegischen Staat verklagt, wegen der diskriminierenden Behandlung in der Nachkriegszeit, und Entschädigung gefordert. Der Prozess ging verloren, in allen Instanzen, wegen Verjährung und fehlender Dokumentation. Trotzdem wurden den Betroffenen kleine Geldsummen gezahlt, ein Forschungsprojekt kam in Gang, das historische Aufarbeitung leistet, ein Ministerpräsident sprach eine offizielle Entschuldigung aus – und die norwegische Öffentlichkeit hat große Sympathie für ihre Kriegskinder entwickelt.

Für die deutschen Lebensborn-Kinder wäre wichtig, wenn die vielen, die nicht wissen oder nicht wissen wollen oder nicht genauer wissen wollen, wo sie geboren sind und was mit ihnen geschehen ist, auftauchten und anfingen, sich der eigenen Geschichte zu stellen. Dabei brauchen sie Unterstützung, Ermutigung, Trost und Zuspruch von denjenigen, die schon lange dabei sind, die sich auskennen mit Archiven und Behörden und den Höhen und Tiefen der Recherche. Wer jemals erlebt hat, wie eine Frau jubelt, die mit 68 Jahren zum ersten Mal ein Foto des Vaters in der Hand hält, oder wie ein Mann strahlt, der in Archivdokumenten Belege dafür findet, dass ihn seine Kindheitserinnerungen und -gefühle nicht getäuscht haben, der versteht, wie wichtig die Suche nach den Wurzeln ist und wie dieses Wissen das Leben reicher, runder, vollständiger macht.

Anhang

Anmerkungen

1 Bundesarchiv NSD 41/103, S. 7.

2 SS-Befehl für die gesamte SS und Polizei (28. 10. 1939); An alle Männer der SS und Polizei (30. 1. 1940). In: Josef Ackermann: Heinrich Himmler als Ideologe. Vgl. Faksimile S. 57, und Bundesarchiv NS 2/276.

3 Im Prozess gegen das Rasse- und Siedlungshauptamt (RuSHA), einem der 12 Nachfolgeprozesse vor dem Nürnberger Gerichtshof (1947–48) waren auch vier Vorstandsmitglieder des Lebensborn angeklagt: Gregor Ebner (ärztlicher Leiter), Max Sollmann (Vorsitzender seit 1940), Günther Tesch (Leiter der juristischen Abteilung) und Inge Viermetz (zeitweilige Leiterin der Hauptabteilung A).

4 Im diesem Prozess – »Fall 8« – befasste sich der Nürnberger Gerichtshof vor allem mit dem Kinderraub aus osteuropäischen Staaten und untersuchte, ob und wie der Lebensborn darin verstrickt war. Im Urteilsspruch heißt es: »It is quite clear from the evidence that the Lebensborn Society, which existed long prior to the war, was a welfare institution, and primarily a maternity home ... of the numerous organizations operating in Germany who were connected with foreign children brought into Germany, Lebensborn was the one organization which did everything in its power to provide for the children and protect the legal interests of the children placed in its care.« The RuSHA-Case Band V, S. 162 f.

5 Vgl. Berthold: Der Lebensborn e. V., und Kirst: Die Nächte der langen Messer.

6 Vgl. Hillel/Henry: Lebensborn e. V. Im Namen der Rasse. Von Hillel und Henry stammt auch der Film »... dem Führer ein Kind schenken«, der 1975 im deutschen Fernsehen ausgestrahlt wurde.

7 Lilienthal: Der »Lebensborn e. V.«. Ein Instrument nationalsozialistischer Rassenpolitik (1985); überarbeitet und erweitert 1993 und 2003.

8 Lilienthal 1993, S. 152.

9 Bundesarchiv Koblenz und Berlin, Staatsarchiv Bremen, Niedersächsisches Staatsarchiv Stade, Kreisarchiv Osterholz-Scharmbeck, Institut für Zeitgeschichte in München, Archiv des Internationalen Suchdienstes Bad Arolsen, Riksarkivet Oslo.

10 Mit dieser Veröffentlichung kam in Norwegen eine lang verdrängte Auseinandersetzung über die Kriegskinder in Gang: über den Teil ihrer Geschichte, der sich während des Krieges abspielte, und über die Jahre danach, in denen sie von der norwegischen Gesellschaft diskriminiert, ausgegrenzt, weggeschlossen wurden. Eine Auseinandersetzung, die bis heute andauert.

11 Ehrhardt: Brand-Zeichen. Kinder aus dem Lebensborn; seit 1995 unter dem Titel »Ruhelos. Kinder aus dem Lebensborn« als ARD-Video auf dem Markt.

12 Kåre Olsen: Vater Deutscher. Das Schicksal der norwegischen Lebensborn-Kinder und ihrer Mütter. 2004 erschien eine Taschenbuchausgabe, die den Titel »Schicksal Lebensborn. Die Kinder der Schande und ihre Mütter« trägt.

13 Vgl. Lilienthal/Hahn: Totentanz und Lebensborn. Zur Geschichte des Alters- und Pflegeheims in Kohren-Sahlis bei Leipzig. Lilienthal/Pohl: Das Lebensborn-Heim Taunus in Wiesbaden. Knotzinger: Das SS-Heim »Wienerwald« und die Geschichte des Hauses von 1904 bis zur Gegenwart.

14 Vgl. Burmester/Perthen: Lebensbornheim Friesland/Hohehorst. Ein Versuch zur »Local« und »Oral History«.

15 Eine Ausnahme ist z. B. die Dissertation von Wiebke Lisner über Hebammen im Nationalsozialismus (2006), die auch ein Kapitel über den Lebensborn enthält.

16 Vgl. Fest: Das Gesicht des Dritten Reichs, S. 359.

17 Vgl. Thürmer-Rohr: Vagabundinnen. Feministische Essays.

18 Vgl. Schwarz: Verdrängte Täterinnen. Frauen im Apparat der SS; Schwarz: Die Frau an seiner Seite; Breiding: Die braunen Schwestern; Heyne: Täterinnen. Offene und versteckte Aggression von Frauen.

19 Eine Liste all dieser Personen, in der Namen, Funktionen, verwandtschaftliche Beziehungen und Zeitpunkt des Aufenthalts in Hohehorst verzeichnet sind, ist im Anhang zu finden. Personen, die im Anhang mit einem * versehen sind, habe ich interviewt, die übrigen Namen und Daten stammen aus den Berichten meiner Gesprächspartnerinnen und aus diversen Dokumenten.

20 Mittlerweile war ich selbst ein paar Mal dabei, als Lebensborn-Kinder ihren Geburtsort besuchten – zum ersten oder zum x-ten

Mal. Sie alle wollten Informationen und Eindrücke sammeln, um eine Lücke in der eigenen Biographie zu schließen. Und für den einen oder die andere war dieser Besuch ein äußeres und inneres Zeichen dafür, dass sie ihre Lebensborn-Geburt akzeptieren und integrieren.

21 Der Begriff Lebensborn = Quelle des Lebens war keine Erfindung der SS-Organisation. Er tauchte zum Beispiel schon 1927 als Titel eines Kalenders »zur inneren Erneuerung« auf (Wilhelm Limpert Verlag Dresden). Die SS-Organisation bemerkte erst spät, dass hier eine Konkurrenz der »Firmen«-Namen bestand. 1941 bekam die Gestapo den Auftrag, sich mit dem Kalender-Herausgeber in Verbindung zu setzen. Vgl. Archiv des Internationalen Roten Kreuzes (ITS), Ordner 26, Blatt 131.

22 Dass die SS eine Terrororganisation war, die im Deutschen Reich und in den besetzten Ländern politische Gegner ermordete, jüdische Frauen, Männer und Kinder vernichtete, Sinti und Roma auszurotten versuchte, Homosexuelle, so genannte Asoziale, Zeugen Jehovas in Konzentrationslager sperrte und drangsalierte und schließlich Kriegsgefangene entgegen aller internationalen Vereinbarungen quälte, ausbeutete, verhungern ließ – daran soll an dieser Stelle noch einmal erinnert werden, wenn auch im Folgenden nicht weiter darauf eingegangen werden kann. Diese Verbrechen machen die moralische und politische Gratwanderung, auf die sich eine Untersuchung über die SS-Organisation Lebensborn begibt, noch schwieriger.

23 Das RuSHA war für »Sippenpflege« und »Rassenprüfung« zuständig, verbreitete durch Schulung und Propaganda die Idee von der »Vereinigung aller Menschen nordischer Rasse« (Buchheim: Anatomie des SS-Staates, S. 207) und bereitete schon lange vor Kriegsbeginn die »Germanisierungspolitik« vor. In einer Selbstdarstellung aus dem Jahre 1942 heißt es: »Das Rasse- und Siedlungshauptamt SS bearbeitet in seinen Ämtern die rassische Auslese des SS-Nachwuchses, lenkt die Gattenwahl der SS-Männer und fördert die Bildung erbbiologisch wertvoller kinderreicher Familien. Geeigneten und siedlungswilligen SS-Männern wird der Weg zum eigenen Hof ermöglicht.« (Zitiert nach Ackermann, S. 114).

24 Vgl. Smith/Peterson: Heinrich Himmler. Geheimreden, S. 127.

25 Smith/Peterson: Heinrich Himmler. Geheimreden, S. 100. Der Begriff der »Züchtung« meint nicht das gezielte Zusammenführen von ausgesuchten Frauen und Männern zum Zweck der Kin-

derzeugung. »Züchtung« meint vor allem Kontrolle: dass sich die »Richtigen« zusammentun (SS-Mitglieder mussten eine Heiratserlaubnis einholen), wie der Nachwuchs ausfällt etc. (vgl. Anmerkung 30 und 35).

26 Bundesarchiv NSD 41/103.

27 Bundesarchiv NS 37/1030.

28 SS-Familien mit fünf und mehr Kindern wurden seit 1937 mit einmaligen oder monatlichen Beihilfen zwischen 20 und 50 Reichsmark unterstützt. Dieses Geld machte drei Prozent des Lebensborn-Etats aus. Seit 1942 kamen diese Gelder aus Fürsorgemitteln der SS. Vgl. Lilienthal 1993, S. 44 f.

29 Realisiert wurde diese Vorstellung nie. Zwar verschwanden Frauen aus leitenden Positionen, die Zahl der Arbeiterinnen und weiblichen Angestellten wuchs aber von 11,6 Millionen (1933) auf 14,6 Millionen (1939).

30 »Rassenpflegerische« Vorstellungen waren keine Erfindung der Nationalsozialisten. Schon vor 1933 hatten Wissenschaftler, Ärzte und konservative Politiker immer wieder den »rassischen Niedergang« des deutschen Volkes beschworen und entsprechende Gegenmaßnahmen gefordert und vorbereitet. In Preußen zum Beispiel gab es bereits vor der NS-Herrschaft einen Gesetzentwurf zur »Verhütung erbkranken Nachwuchses«. Im Kontext wissenschaftlicher Diskussionen und Veröffentlichungen waren auch Begriffe wie »Züchtung«, »Zuchtwahl« oder »Verseuchung der Rasse« durchaus gängige Vokabeln – vor 1933! Vgl. Czarnowski: Das kontrollierte Paar, und Koonz: Mütter im Vaterland.

31 Zitiert nach Bäumer: NS-Biologie, S. 93.

32 Diese Bestimmung galt nur bis 1937.

33 Eine andere Vergleichsgröße: 1932/33 hatten 33 Prozent der Ehepaare keine Kinder, 1939 sank ihre Zahl auf 20,6 Prozent. Gleichzeitig stieg die Zahl der Vier-Kind-Familien von 9 auf 21,7 Prozent. Dahinter verbirgt sich eine Verschiebung: Kinderlose Paare wurden zu Ein-Kind-Familien, Familien mit drei Kindern leisteten sich ein viertes Kind. Tatsächlich sank die Zahl der kinderlosen Ehen und der Drei-Kind-Familien. Nur die Zahl der Zwei-Kind-Familien blieb gleich. Vgl. Koonz: Mütter im Vaterland, S. 501.

34 In der Weimarer Republik hatte es bereits Einrichtungen (z. B. Heime) für unverheiratete Mütter gegeben, betrieben von Kirchen, Wohlfahrtsverbänden und Frauenorganisationen. 1933 wurden sie von der NSV übernommen und umfunktioniert. Die

NSV unterhielt keine Heime für ledige Mütter, bekundete allerdings seit 1940 ein wachsendes Interesse daran.

35 In die SS aufgenommen wurden nur Männer, die einen Ariernachweis bis 1800 beibringen konnten (SS-Führer bis 1750) und bestimmten äußerlichen Kriterien entsprachen (über 1,70 m groß, proportionierter Körperbau, gute Haltung, möglichst blond und blauäugig). Stammbaum und Körper versprachen in den Augen der selbsternannten »Rassespezialisten« besonders »gutes Blut«, das für den Eliteanspruch neben einer »nordischen Gesinnung« unabdingbar war. Seit 1932 mussten auch die Bräute von SS-Männern »arische« Abstammung, Gesundheit, »Erbgesundheit« und Fruchtbarkeit nachweisen. Erst wenn diese Voraussetzungen für die Zeugung vieler »Elite«-Kinder nachgewiesen werden konnten, bekam ein Paar eine »Heiratserlaubnis« von Himmler. Vgl. Ackermann, S. 114–199.

36 Nicht alle Maßnahmen wurden von Anfang an angeboten. Die Vormundschaft für uneheliche Kinder zum Beispiel übernahm der Lebensborn erst ab Februar 1937.

37 Brief von Guntram Pflaum, damals Leiter des Lebensborn, an Heinrich Himmler. Bundesarchiv NS 19/2649, Blatt 25 ff. Gegenüber Zahlen und Statistiken, mit denen der Lebensborn operierte, ist allerdings Vorsicht angebracht. Nach den Angaben von Pflaum waren es nicht einmal drei Prozent der Mütter, die ihre Kinder im besagten Zeitraum zur Adoption freigaben. Die Geburtenbücher von »Heim Friesland« liefern andere Zahlen: Von den 217 dort geborenen Kindern wurden 22 adoptiert, das sind immerhin knapp 10 Prozent! Und aus dem Geburtenbuch von »Heim Schwarzwald« geht hervor: Von den 247 dort geborenen Kindern wurden 24 adoptiert – also 9,7 Prozent der Kinder. Allerdings in zwei Fällen von der eigenen Mutter, in fünf vom späteren Ehemann der Mutter. Bleiben 17 klassische Adoptionsfälle übrig – das ergibt einen Prozentsatz von 6,8. Diese Zahl ist aber immer noch doppelt so hoch wie die von Pflaum genannte. Hinzu kommt noch ein anderes Problem. Es existieren keine Gesamtstatistiken, sondern nur Statistiken über bestimmte Zeiträume oder aus einzelnen Heimen. Das erschwert die Beurteilung und macht deutlich, wie wichtig die Recherche an den jeweiligen Standorten ist.

38 1939 hatte die Organisation 15 520 Mitglieder und kassierte 423 438 RM aus Beiträgen – das waren 21,3 Prozent der gesamten Einkünfte.

39 Bis Ende 1939 lag die Kindersterblichkeit in den Lebensborn-Heimen nach Angaben der Organisation bei 3 Prozent, Mitte 1940 bei 4,17 Prozent, ein Jahr später bei 4,23 Prozent. Im Deutschen Reich betrug die Rate dagegen 6 Prozent. Ob diese Zahlen stimmen, ist fraglich. Nach dem Krieg erklärte ein Statistiker, der für Himmler gearbeitet hatte, nach seinen Berechnungen habe die Kindersterblichkeit in den Heimen bei 8 Prozent gelegen – also zwei Prozent höher als im Reich.

40 Zitiert nach Ackermann: Heinrich Himmler als Ideologe. Dokument Nr. 4.

41 Völkischer Beobachter, Münchner Ausgabe, 24.–26. 12. 1939.

42 Dass Hitler ähnliche Vorstellungen vertrat, ohne sie allerdings in der Öffentlichkeit auszubreiten, belegt eine »Denkschrift«, in der Martin Bormann, Leiter der Parteikanzlei und Hitlers Sekretär, am 29. 1. 1944 nach einem Gespräch mit Hitler folgende Pläne für die Zeit nach dem (gewonnenen) Krieg festhielt: Die »anständigen, charaktervollen, physisch und psychisch gesunden Männer« sollten sich stärker fortpflanzen, und »die Frauen, die nach diesem Krieg keinen Ehemann mehr haben oder bekommen, (sollen) mit möglichst einem Mann ein eheähnliches Verhältnis, aus dem möglichst viele Kinder erwachsen, eingehen.« (Zitiert nach Jacobsen: Der Weg zur Teilung der Welt, S. 274.)

43 Bundesarchiv NS 2/276.

44 Zitiert nach Ackermann: Heinrich Himmler als Ideologe, S. 136.

45 Dass in der »SS-Sippe« Druck auf Kinderlose ausgeübt wurde, erzählte mir eine alte Frau, die mit einem Napola-Schüler und SS-Mitglied verheiratet war und dadurch zu dieser Sippe gehörte. Als ihr Mann 1943 fiel, wurde sie nach einiger Zeit von einem SS-Arzt dazu aufgefordert, ihre Gene weiterzugeben und ein Kind zu bekommen – die Ehe war nämlich kinderlos geblieben. Zu diesem Zweck, so schlug der Arzt vor, solle sie sich aus einer Kartei einen Mann auswählen – aus einer Kartei, die beim Lebensborn in Hanau geführt werde. Da sie dieses Ansinnen als Zumutung empfand und den Arzt daraufhin mied, war die Angelegenheit offensichtlich erledigt. Man konnte sich also einem solchen Ansinnen entziehen. Die Geschichte klingt glaubwürdig, enthält aber einen Fehler: In Hanau gab es keinen Lebensborn. Und eine Kartei von zeugungswilligen Männern, die der Lebensborn führte, wird in keinem Archivdokument erwähnt, geschweige denn, dass sie irgendwo aufgetaucht wäre.

46 Vgl. Lilienthal 1993, S. 136 f.

47 Vgl. Lilienthal 1993, S. 113. Detaillierte Zahlen existieren von vier Heimen. In »Heim Hochland«, dem größten Lebensborn-Heim, gab es pro Monat durchschnittlich:
1939 – 11 Geburten
1940 – 15,7 Geburten
1941 – 12,9 Geburten
1942 – 14,4 Geburten
1943 – 16 Geburten
1944 – 18 Geburten

In »Heim Friesland«
1939 – 7,1 Geburten
1940 – 9,6 Geburten

In »Heim Schwarzwald«
1943 – 8,08 Geburten
1944 – 9,1 Geburten

In »Heim Harz«
1938 – 9,3 Geburten
1939 – 9 Geburten
1940 – 12 Geburten
1941 – 12 Geburten
1942 – 13,08 Geburten
1943 – 14,2 Geburten
1944 – 15,2 Geburten

48 Gleichzeitig sank im Deutschen Reich die Zahl der unehelichen Geburten: 1933 waren es 10,8 Prozent der Geburten, 1940 7,2 Prozent. Und diese Entwicklung setzte sich fort.

49 31.12.1937: 23 Angestellte, 31.12.1938: 48, 31.12.1939: 96, Frühjahr 1942: 220 Angestellte.

50 Zahlen existieren nur für »Heim Pommern«: 1938 blieben ledige Frauen dort 100 und verheiratete 64 Tage. 1942 blieben Ledige 81, Verheiratete 41 Tage.

51 Zitiert nach Smith/Peterson: Heinrich Himmler. Geheimreden, S. 38.

52 Zitiert nach Ackermann: Heinrich Himmler als Ideologe, S. 153 f.

53 Auch in Österreich wurden zwei, in Belgien, Luxemburg und Frankreich jeweils ein Lebensborn-Heim eröffnet. Ihre Funktion und Arbeitsweise ist der der norwegischen Heime vergleichbar.

54 Vgl. Olsen: Schicksal Lebensborn. Die Kinder der Schande und ihre Mütter, S. 45 f. und 93.

55 Auch in Weißrussland und in der Ukraine fanden Eindeutschungsaktionen statt, an denen der Lebensborn aber nicht beteiligt war. Diese Aktionen hatten ein gigantisches Ausmaß: Die gesamte Bevölkerung wurde einer »rassischen Siebung« unterworfen, wie Himmler es im Mai 1940 angekündigt hatte. Die Juden wurden ermordet, die »Volksdeutschen« nach Deutschland umgesiedelt, und anschließend wurde die verbliebene Bevölkerung – Russen, Ukrainer, Polen, Ruthenen – unter die Lupe genommen. Denn auch unter ihnen wurden »rassisch Wertvolle« vermutet. Dabei gerieten die Kinder in die Hände der »Rassenspezialisten«, wurden von ihren Eltern getrennt und in Heimen untergebracht, wo man sie umerzog, eindeutschte, umbenannte und dann an deutsche Pflegeeltern gab.

56 Der damals von der amerikanischen Besatzungsmacht herangezogene Wehrmachtsarzt Josef Kleinle erinnerte sich sogar an 300 Kinder. Vgl. Hillel/Henry, S. 305 f.

57 Lilienthal stützt sich auf Angaben des Internationalen Roten Kreuzes (IRO), das bis 1948 allein in der amerikanischen Zone 344 ausländische Kinder gefunden hatte und davon ausging, noch mehr aufspüren zu können. Vgl. Lilienthal 1993, S. 219.

58 Die Zahl 1072 ergibt sich aus den Geburtenbüchern, von denen allerdings nur der Jahrgang 1941 komplett erhalten ist. Die Zahl 1296 resultiert aus Berechnungen von Knotzinger, S. 34.

59 Zum Begriff Lebensborn-Kinder zwei Anmerkungen. Es mag seltsam erscheinen, Menschen, die mittlerweile zwischen 65 und 75 Jahre alt sind, als Kinder zu bezeichnen. Da aber ihre Geburt und ihre Kindheit im Zentrum steht, scheint dieser Begriff gerechtfertigt – zumal viele sich selbst Lebensborn-Kinder nennen. Wer aber ist ein Lebensborn-Kind? Sind es nur diejenigen, die in den Heimen geboren wurden, wie die angestellten Berechnungen nahelegen? Oder alle, die in den Heimen untergebracht waren, also auch solche, die nicht dort geboren sind? Was ist mit denjenigen, die vom Lebensborn finanziell und materiell unterstützt wurden wie die meisten der »Norwegerkinder« oder auch die Kinder von gefallenen SS-Mitgliedern? An den beiden letztgenannten Gruppen wird klar, dass hier eine Grenzlinie verläuft. Wer ein paar Wochen zur Erholung in »Heim Friesland« war oder wessen Mutter/Familie über den Lebensborn finanzielle Unterstützung bekam, war nur in peripherem Kontakt mit der

Organisation. Anders sieht die Situation für Menschen aus, die monatelang, manchmal jahrelang in einem Lebensborn-Heim gelebt haben – und durch diese Zeit geprägt wurden. Sie sind – zusammen mit den dort Geborenen – in meiner Untersuchung die Lebensborn-Kinder.

60 Zitiert nach Behnke: Dorfchronik Löhnhorst, S. 175.

61 Zu »Heim Friesland« gehörten folgende Liegenschaften: Herrschaftshaus/Holzung, Hofraum, Weide, Lusthaus, Gewächshaus, Gärtnerwohnhaus, Stall in der Gärtnerei, Gewächshaus/Acker, Geräteschuppen, Transformatorenhaus/Holzung, Wärterhaus, Wärterhaus, Garten, Weide. Vgl. Grundbuch Hohehorst/Brundorf Bd. 4, 23. 7. 1938.

62 Vgl. Niedersächsisches Landesamt für die Beaufsichtigung gesperrten Vermögens 25. 11. 1949, Niedersächsisches Staatsarchiv Stade MC/STA/IV/25Vg.

63 Für »bauliche Verbesserungen« gab der Lebensborn in Hohehorst 1937 12 095,73 RM aus, ein Jahr später waren es 213 264,62 RM und 1939 noch einmal 17 085,62 RM. Vgl. Bundesarchiv NS 48/29.

64 1937 betrugen die laufenden Kosten für »Heim Friesland« 7136,62 RM, ein Jahr später 71 018,95 RM, 1939 waren es 109 473,48 RM, und für 1940 rechnete man bei der Aufstellung des Etats mit 112 000 RM, die dann noch einmal um 17 000RM aufgestockt wurden. Vgl. Bundesarchiv NS 48/29.

65 Die englischen Bomberverbände überquerten beim Angriff auf Bremen das Gebiet, in dem das Heim lag. Außerdem war in der Nähe von Hohehorst eine Flakbatterie stationiert. Bomben fielen allerdings erst im Oktober 1944 in der Nähe des Heims. Dabei brannten einige Bauernhöfe in der unmittelbaren Nachbarschaft ab.

66 Vgl. Life Magazine, August und September 1945.

67 In einem Bericht der amerikanischen Militärregierung (26. 4. bis 30. 9. 1945) heißt es: »Through negociations with the Norwegian consul in Hamburg, it was learned that the government of Norway preferred not to have these children returned. Arrangements were then made with the Swedish government for the evacuation of the children to Sweden for adoption.« (Staatsarchiv Bremen, 16,1/2 OMGBRE FHMG B. l. 26. 4. – 30. 9. 1945 Part 1).

68 Mutter-und-Kind-Plastiken gab es vermutlich in allen Lebensborn-Heimen. Bekannt ist die überlebensgroße Steinskulptur von Josef Thorak: Eine Frau, die sich über ein Kind auf ihrem

Schoß beugt. Sie steht bis heute auf dem Gelände des ehemaligen Heims in Steinhöring. Auch in Klosterheide steht nach wie vor die kleine Steinskulptur, die eine Frau mit drei puttenähnlichen Kleinkindern darstellt. In einigen Lebensborn-Heimen gab es auch Besteck und Porzellan mit dem Schriftzug Lebensborn, in Hohehorst allerdings nicht.

69 Ob der landwirtschaftliche Betrieb, der in unmittelbarer Nachbarschaft des Heims lag, wie zur Lahusen-Zeit zum Anwesen dazugehörte, ist nicht klar. Keine meiner Gesprächspartnerinnen erinnert sich an einen solchen Betrieb, und aus den Akten geht nicht hervor, dass der Lebensborn ihn irgendwann gekauft hätte. Der Beruf des Verwalters Ernst Günter Häusing – er war gelernter Landwirt – könnte auf eine Anbindung des Gutsbetriebs hinweisen.

70 Eine Nachbarin von »Heim Pommern« äußert sich entschiedener. Überall habe man SS-Soldaten herumlaufen sehen (»die schönsten Männer, die ich je gesehen habe«), und schwangere Frauen. Und alle in der Stadt hätten erzählt, dass dort Kinder gezeugt wurden. Ihr Vater habe ihr deshalb verboten, allein in die Nähe des Heims zu gehen, sie sei nämlich ein ganz blondes Mädchen gewesen!

71 In »Heim Schwarzwald« arbeiteten zwölf junge Mädchen aus der Umgebung, vor allem in der Küche und im Kindergarten. Einige »Mädles«, wie eine von ihnen erzählt, seien in der Ausbildung gewesen als Schwestern-Vorschülerinnen. Mit den Lebensborn-Müttern hätten sie nichts zu tun gehabt, aber sie hätten mit allen zusammen (Müttern und Angestellten) gegessen. Ob die Pflichtjahrmädchen und Schwestern-Vorschülerinnen, die es ja auch in Hohehorst gab, ebenfalls aus der näheren Umgebung stammten, ist nicht bekannt.

72 Tatsächlich haben einige verheiratete Frauen aus Osterholz-Scharmbeck und Bremen, aus Verden und Vegesack in Hohehorst entbunden – aus Orten, die zwischen 5 und 50 Kilometer entfernt liegen.

73 In Deutschland gab es nur diese neun Lebensborn-Heime – dafür gibt es unendlich viele Belege. Das ändert nichts daran, dass immer wieder Namen von Orten genannt werden, an denen ebenfalls ein Lebensborn-Heim existiert haben soll. Jedes Mal, wenn ich einem solchen Hinweis nachging, stellte sich heraus, dass hier ein Irrtum vorlag. Zwei Beispiele: In Hützel, einem Dorf in der Lüneburger Heide, befand sich kein Lebensborn-

Heim, wie mir erzählt wurde, sondern ein Müttererholungsheim der NSV. Vor 1933 war es ein Heim der Arbeiterwohlfahrt für ledige Mütter. Und die Institution in Edewecht in der Nähe von Oldenburg, die mir als Lebensborn-Heim avisiert wurde, war eine »Bräuteschule«, wo die künftigen Ehefrauen von SS-Mitgliedern in Hauswirtschaft, Kindererziehung und NS-Ideologie unterrichtet wurden.

74 Bundesarchiv NS 48/29.

75 Vgl. Knotzinger: Das SS-Heim »Wienerwald« und die Geschichte des Hauses von 1904 bis zur Gegenwart.

76 Vgl. Olsen: Vater: Deutscher; und Evi Weissteiner: Der Lebensborn in Norwegen.

77 Bundesarchiv NS 37/1030.

78 Im ersten Jahr wurden in Hohehorst nur 10 Kinder geboren. Auch am 1. 1. 1940 gab es noch 12 freie Plätze für Mütter und 4 für Kinder.

79 Ende 1938 waren insgesamt 201 Personen beim Lebensborn beschäftigt, davon knapp ein Viertel (48) in der Münchner Zentrale. Blieben für die 5 Heime 153 Angestellte, im Schnitt also 30 pro Heim. Ein Jahr später wuchs die Gesamtzahl der Angestellten auf 371, davon arbeiteten 96 in der Zentrale und 271 in den 6 Heimen, das waren im Schnitt 45 Angestellte pro Heim.

80 Hier wirkte sich zum einen das Frauenbild der NS-Zeit aus, das die »naturgemäße Bestimmung« der Frau in der Hausfrauen- und Mutterrolle sah, und zum anderen der männerbündische Charakter der SS, die Frauen lediglich als »Gefolge« ihrer Organisation akzeptierte und daher nur in untergeordneten Positionen zuließ.

81 Bundesarchiv NS 48/3.

82 Hans-Joachim Lang war seit Dezember 1931 SS-Mitglied. 1933/34 hatte er im Berliner Columbia-Haus am Tempelhofer Feld und in der Gestapo-Zentrale in der Prinz-Albrecht-Straße eine Funktion inne, die ihn mit Gestapo-Häftlingen zusammenbrachte. Während die Klageschrift der Spruchkammer Bremen vom 29. Juli 1949 von »Häftlingsbetreuung« sprach und Lang unter anderem deshalb als »Hauptschuldigen« anklagte, erklärte Lang selbst, er sei dort lediglich 3- bis 4-mal als Berater bei schwierigen Diagnosen hinzugezogen worden. Ein anderer Punkt der Klageschrift war die Lebensborn-Mitgliedschaft und die Arbeit in »Heim Friesland«. Lang erklärte dazu 1949: »Ich glaube, es war Verpflichtung aller SS-Führer, dem Verein Lebensborn bei-

zutreten. Dass ich eine Beitrittserklärung zum Lebensborn unterschrieben habe, weiß ich nicht, will aber nicht ableugnen, diesem angehört zu haben. Im April 1938 wurde ich als Frauenarzt zum Lebensborn-Heim Hohehorst kommandiert, da ich der einzige Gynäkologe unter den SS-Ärzten war. Ich betone, dass diese Tätigkeit nebenamtlich war, mit Genehmigung der Behörde und meines Chefarztes. Als Entschädigung bekam ich dafür monatlich 100,– RM und Kilometergeld. Die Entschädigung wurde späterhin auf 300,– RM erhöht.« Das Verfahren wurde gemäß Heimkehrergesetz eingestellt – Lang war erst 1949 aus russischer Kriegsgefangenschaft zurückgekehrt.

83 Drei Jahre später wurde Erika B. unmittelbar mit dem Schicksal behinderter Kinder konfrontiert. Sie war dienstverpflichtet worden und sollte in einer Kinderklinik in Posen anfangen, konnte das aber gerade noch verhindern, als sie herausfand, dass in dieser Klinik kranke und behinderte Kinder getötet wurden. Übrigens wandte sich Erika B. wegen ihrer Dienstverpflichtung, der alleinerziehende Frauen eigentlich nicht unterworfen waren, an den Lebensborn – und der half ihr kurzfristig, indem er sie zu einer Urlaubsvertretung ins »Heim Schwarzwald« schickte.

84 Bundesarchiv NS 48/29.

85 Bachschneider berichtete Ebner von einem Gespräch mit Erich Hilgenfeldt, dem Leiter der NSV, der den Gesundheitszustand der Lebensborn-Kinder bemängelt hatte. Bundesarchiv NS 48/29.

86 Vgl. Zentralkartei der Deutschen Dienststelle (Brief an die Autorin vom 11. 10. 2000) und Dokumente des Bundesarchivs (Brief an die Autorin vom 28. 1. 2002). Ob Bachschneider dabei in Verbindung mit Guntram Pflaum, ehemals Mitglied des Lebensborn-Vorstands, kam, ist nicht klar. Pflaum leitete seit Sommer 1942 in Russland-Mitte ein Sonderkommando und richtete in Bobruisk ein erstes Kinderheim ein, um »gutrassige« und eindeutschungsfähige Kinder zu erfassen. Vgl. Lilienthal 1993, S. 219–221. Die SS-Heimschulen sollten in diesem Prozess die Rolle der Umerziehung übernehmen.

87 Bundesarchiv NS 48/31.

88 Auch die Sekretärin Beate D. verließ in dieser Situation »Heim Friesland« und ging zur Entbindung in ein anderes Lebensborn-Heim.

89 Abschrift der Verhandlung vom 17. 5. 1940 Nr. 859/40 der Urkundenrolle des Notars Dr. Wilhelm Reiss im Schriftwechsel

Hannoversche Siedlungsgesellschaft mbH, 7. November 1949, Anlage zur Übereignung von Schloss Hohehorst. Niedersächsisches Staatsarchiv Stade.

90 Staatsarchiv Bremen 7, 1066–241.

91 Unwahrscheinlich erscheint diese Vaterschaft nicht, und eine Unterbringung der Mutter im Lebensborn ist nicht auszuschließen, zumal der (verheiratete) Heydrich eng mit Himmler zusammenarbeitete. Auf alle Fälle verweist die Position von Margot Holm – Oberschwester ohne Schwesternqualifikation – auf eine besondere Unterstützung, die diese Frau genoss. Generell sind Vermutungen wie diese mit Vorsicht zu genießen, weil Hinweise auf »Führerfrauen« wie ein beliebtes Muster wirken. Im »Heim Wienerwald« soll zum Beispiel eine Schauspielerin entbunden haben, die als Vater ihres Kindes Heinrich Himmler angab – eine Wichtigtuerin? In »Heim Schwarzwald« glaubte man, dass Eva Braun dort entbunden habe: Es gab nämlich eine Mutter, die bevorzugt behandelt wurde und deren Identität geheimer gehalten wurde als die der anderen. Dass diese Frau Eva Braun war, erzählte Elisabeth O., sei ihr allerdings erst im Kino klargeworden, bei einer Wochenschau. Nun wurde Eva Braun aber in der NS-Propaganda verschwiegen, weil Hitler sich als Junggeselle stilisierte ...

92 Bundesarchiv NS 48/29.

93 Welche Funktion Tono A. in Hohehorst hatte, ist unklar. Aus einem Dokument geht hervor, dass sie auf eine Veranlassung Himmlers zur Einarbeitung nach Hohehorst geschickt wurde. Christine R. berichtete, Tono A. sei eine Cousine Himmlers gewesen, und die Mütter hätten vermutet, dass sie als Spitzel nach Hohehorst geschickt worden sei.

94 Bundesarchiv NS 48/31.

95 Bundesarchiv NS 19/3382, Blatt 28.

96 Bundesarchiv NS 48/31.

97 Am 17. Oktober 1940 legten Beate D. und Oberschwester Bernhild B. eine Nachtschicht im Büro ein – vermutlich bereiteten sie die Übergabe des Sekretariats an eine andere Person vor. Archiv des Internationalen Roten Kreuzes (ITS), Ordner 55/36 ff. (80242301)

98 Insgesamt registrierte das Lebensborn-Standesamt fünf Todesfälle: 2 Kinder wurden tot geboren, ein Mädchen starb einen Tag nach der Geburt, außerdem starben 2 Frauen, 26 und 30 Jahre alt.

99 Bundesarchiv NS 48/29.

100 Das Thema ›Übernachtung des Partners im Lebensborn-Heim‹ war für Therese K. ein großes Thema: 1939 hatte Walther K., ihr

Verlobter und späterer Ehemann, mit dem sie bereits zwei Kinder hatte, seinen Sommerurlaub im »Heim Wienerwald« verbracht, ihrer ersten Lebensborn-Stelle. D. h. er hatte verbotenerweise auf dem Heimgelände gewohnt – und war einmal dabei erwischt worden, wie er mit Therese K. nachts auf deren Zimmer ging. Heimleiter und Ebner erteilten den beiden eine Rüge, aber K. bestritt den Sachverhalt und kritisierte seinerseits die »Behandlung« seiner Braut: Durch diese Unterstellung werde ihre Ehre in den Schmutz gezogen, deshalb werde er sich bei Himmler beschweren. Himmler reagierte über seinen persönlichen Referenten Rudolf Brandt und veranlasste eine Versetzung von Therese K. ins »Heim Friesland«. Das sei, so Brandt, auch viel praktischer, weil Walther K. in dieser Zeit nach Bremen versetzt und Direktor der Bremischen Heil- und Pflegeanstalten wurde. Vgl. Archiv des Internationalen Roten Kreuzes (ITS), Ordner 31, 359–398.

101 Vgl. Breiding: Die braunen Schwestern, S. 272.

102 Vgl. die Statistik der Schwestern und Kinder im Kinderheim »Sonnenwiese«, 19. 1. 1942. In: Lilienthal/Hahn: Totentanz und Lebensborn, S. 347.

103 Vgl. Breiding: Die braunen Schwestern, S. 271 f.

104 Im Oktober 1940 waren von 106 insgesamt im Lebensborn angestellten Schwestern 95 »braune Schwestern«, im April 1944 von 138 Schwestern 119 Mitglied der NS-Schwesternschaft. Im Einzelnen ergeben sich für April 1944 folgende Zahlen: Wiesbaden – 22 Schwestern, Steinhöring – 18, Kohren-Sahlis – 18, Bad Polzin – 14, Klosterheide – 12, Wernigerode – 10, Nordrach – 9, Hohehorst – 3, Pernitz -15, Oberweis -1, Wegimont – 9, Lamorlay – 4, Bofferdingen – 3. Vgl Knotzinger: Das SS-Heim »Wienerwald«, S. 29.

105 Vgl. Bundesarchiv NS 48/28. Im Mai 1940 kritisierte Prof. Dr. Becker, der »Heim Friesland« inspizierte, dass »die Verhältniszahl der ausgebildeten Schwestern zu gering (11:5)« sei. Vgl. ITS Dokument 80 228 745.

106 Die These von Hillel/Henry ist im Übrigen so konstruiert, dass sie nicht widerlegt werden kann. Die beiden Journalisten gehen per se davon aus, dass die Verhältnisse anders waren, als der erste Augenschein nahelegt, und auch anders, als genauere Untersuchungen ergeben. Damit ist jede Argumentation und jeder Beleg hinfällig.

107 In einigen Lebensborn-Heimen gehörten zu diesem Personal auch »Fremdarbeiterinnen«, Kriegsgefangene und Gefangene

aus Konzentrationslagern, vor allem Zeugen Jehovas. Bei ihnen bestand keine Fluchtgefahr, weil sie das KZ als Glaubensprüfung ansahen – deshalb wurden sie auch nicht bewacht und trugen keine Häftlingskleidung. In »Heim Taunus« arbeiteten mindestens zwölf Zeuginnen Jehovas aus dem KZ Ravensbrück, in »Heim Franken« vier, in »Heim Moselland« zwei Männer und zwei Frauen, die sogar zu Kinderaufsicht eingesetzt waren. In Steinhöring mindestens vier Zeugen Jehovas, dazu kamen noch französische Kriegsgefangene. Auch die Münchner Lebensborn-Zentrale beschäftigte vier Zeugen Jehovas. Für Hohehorst gibt es einen Hinweis auf eine »Fremdarbeiterin«, die im Haus beschäftigt war – wann, das ist allerdings unklar.

108 Der »Frauenhilfsdienst« war ein zweijähriger freiwilliger Hilfsdienst in der Wohlfahrts- und Krankenpflege, um den Nachwuchsmangel in den pflegerischen Berufen zu überwinden. Die Angehörigen des Frauenhilfsdiensts bekamen freie Wohnung und Verpflegung, Taschengeld und bei Verheiratung ein nicht zurückzahlbares Ehestandsdarlehen von 1000 Reichsmark.

109 Die Informationen über Adele K. habe ich einem transkribierten Interview entnommen, das mir Herbert Johannes Perthen zur Verfügung gestellt hat.

110 Was Adele K. damit meint, ist nicht mehr zu klären, da sie seit vielen Jahren tot ist und ihr Sohn (ein Napola-Schüler) keine Auskunft gibt. Die SS war jedenfalls eine reine Männerorganisation, und Frauen gehörten lediglich zum »Gefolge« oder zur »Sippe« – als Ehefrauen von SS-Männern zum Beispiel.

111 Vgl. zum Beispiel »Das Schwarze Korps«, 7. 1. 1937 und 30. 12. 1937.

112 Bundesarchiv NS 48/29.

113 Bundesarchiv NS 19/3382.

114 Bundesarchiv NS 37/1030.

115 Bundesarchiv NS 2/65, Blatt 152.

116 Bundesarchiv NS 2/65, Blatt 115 und 116.

117 Bundesarchiv NS 48/29.

118 Bundesarchiv NS 2/65, Blatt 152.

119 Vgl. S. 218 ff.

120 Staatsarchiv Bremen 7,1066–241.

121 Bundesarchiv NS 48/29.

122 Bundesarchiv NS 37/1030.

123 In »Heim Pommern« wurde auch der 1. Mai gefeiert – das belegt ein Foto, das während der Maiparade in Bad Polzin aufgenom-

men wurde und eine Gruppe von Heimangestellten und Müttern zeigt. Ob in Hohehorst ebenfalls am 1. Mai marschiert wurde, ist nicht bekannt.

124 Für »Heim Friesland« lassen sich fünf Namensgebungsfeiern mit genauem Datum, zum Teil mit Ablaufplan, Zahl der teilnehmenden Kinder, Namen der eingeladenen Gäste und der Paten nachweisen: 20. 6. 1939 – 11 Kinder (Gregor Ebner ist anwesend), 18. 8. 1939 – 12 Kinder, 30. 10. 1939 – 11 Kinder, 16. 3. 1940 – 18 Kinder, 2. 6. 1940 – 11 Kinder. Außerdem wird aus Verweisen deutlich, dass vor dem 20. 6. 1939 bereits eine erste Namensgebungsfeier stattgefunden hat.
Aus »Heim Pommern« liegen Zahlen der prozentualen Beteiligung vor: In den ersten Lebensborn-Jahren gab knapp die Hälfte der ledigen Mütter ihre Einwilligung, im Mai 1941 sank ihre Zahl auf 22,8 Prozent, im Oktober schnellte sie plötzlich auf 90 Prozent und pendelte sich dann bei 70 Prozent ein. Der Anstieg dürfte auf den Druck der Heimleitung zurückzuführen sein.

125 Therese K. war übrigens auch diesmal nicht unmittelbar dabei. Sie erinnerte sich, dass sie oben auf der Treppe zum ersten Stock stand und auf die Versammlung heruntersah. Vermutlich habe eine Frau in den Wehen gelegen, meinte sie, und deshalb konnte sie sich nur kurze Zeit entfernen. Aber sie habe alles genau gesehen: Wie das »Männchen« Himmler die Augen ständig leicht zusammenkniff, wie er bei der Zeremonie den Dolch über die Kinder hielt …

126 Aus Steinhöring und Klosterheide existieren ausführliche Berichte von Namensgebungsfeiern, die als vorbildlich herausgestellt wurden. Vgl. Bundesarchiv NS 2/65, Blatt 149/150, und NS 48/29.

127 Die SS betrachtete sich einerseits als »Orden«, deren männliche Mitglieder alles für ihre Ziele einsetzen. Gleichzeitig verstand sie sich als »Sippenorden«, der Frauen und Kinder in die Sippe aufnimmt und sich für sie verantwortlich fühlt. Aus dieser Vorstellung heraus sorgte die SS für ihre Witwen und Waisen, gab Fürsorgemittel aus, betrieb eigene Erholungsheime etc. Himmler erklärte 1944: »Es ist ein uralter deutscher Brauch, dass Familie und Sippe für jedes einzelne Glied einstehen. Ebenso ist es klar, dass die Sippe geehrt wird, wenn einer sich besonders auszeichnet.« (Zitiert nach Ackermann, S. 151.) Aus diesem Gedanken wurde auch die »Sippenhaftung« abgeleitet, die eine »Sippe« für die Taten eines Einzelnen verantwortlich macht.

128 Bundesarchiv NS 2/65, Blatt 149/150.

129 Der »Ehrendolch« wurde einem Mann übergeben, wenn er nach Überprüfungen, »Bewährungen« und einem Eid in den »SS-Orden« aufgenommen wurde. Der Dolch symbolisierte die »Sonderehre«, die auch für das neue Mitglied galt, eine Ehre unabhängig von weltlicher Justiz: »Jeder SS-Mann«, hatte Himmler im November 1935 verfügt, »hat das Recht und die Pflicht, seine Ehre mit der Waffe zu verteidigen.« Damit war – im ideologischen Kontext – eine Wiederbelebung des Duells bei persönlichen Beleidigungen gemeint.

130 Der in Steinhöring geborene Ortwin S. (dessen Vater SS-Mitglied war) berichtete, dass er bei der Namensgebung einen Ehrendolch bekommen habe, den seine Mutter dann am Kriegsende unauffindbar vergrub. In Dokumenten und anderen mündlichen Berichten konnte ich keine Bestätigung für eine Dolch-Übergabe an ein Kind finden.

131 Die meisten Lebensborn-Kinder, die ich kennengelernt habe, besitzen keine solche Urkunde, auch diejenigen nicht, deren Teilnahme an einer Namensgebungsfeier anderweitig dokumentiert ist. Vermutlich haben ihre Mütter diese Urkunden am Kriegsende vernichtet. Ein ähnliches Schicksal dürften die Namensgebungsbücher, die in den Heimen geführt wurden, erlebt haben. Heute existiert ein solches Buch nur noch von »Heim Wienerwald«. Das Namensgebungsbuch von »Heim Friesland« ist ebenso verschwunden wie das Meldebuch.

132 Vgl. ITS Dokument 80226071.

133 Victor Klemperer: Ich will Zeugnis ablegen bis zum letzten. Band 2, S. 187.

134 Bundesarchiv NS 37/1030.

135 Nach den Recherchen von Lilienthal und meinen Berechnungen kamen in den deutschen Lebensborn-Heimen rund 6000 Kinder auf die Welt. Diese Zahl ist aber nicht mit der Zahl der Mütter identisch: Manche Frauen bekamen Zwillinge, andere kamen mehrmals zur Geburt in ein Lebensborn-Heim. Außerdem müssen Frauen hinzugerechnet werden, die von Deutschland aus in besetzte Länder, vor allem nach Österreich ins »Heim Wienerwald« geschickt wurden, wo zwischen 1200 und 1300 Kinder auf die Welt kamen. Umgekehrt kamen in den deutschen Lebensborn-Heimen auch ausländische Frauen nieder, die von einem deutschen Mann schwanger waren. Aus Steinhöring sind zwei Beispiele bekannt: Dort brachte eine Niederländerin (Constanze

S.) ihr Kind auf die Welt und eine rumänische Flüchtlingsfrau (die Mutter von Ute T.), die von einem verheirateten SS-Obersturmführer ein Kind erwartete. In »Heim Schwarzwald« bekamen eine Finnin (Inkari A.), eine Norwegerin (Agnes S., sie bekam sogar zwei uneheliche Kinder) und eine Niederländerin mit niederländischem Kindesvater ihre Babys.

136 Bei den unehelichen Geburten gibt es 18 Einträge in den Geburtenbüchern, die keine Angaben über den Vater enthalten. Bei 53 Einträgen wird der Vater namentlich genannt, bei 78 Einträgen ist die Vaterschaft anerkannt, der Name des Vaters aber fehlt. Eine Notiz verweist darauf, dass die Anerkennungsurkunde beim Lebensborn liegt. Für »Heim Schwarzwald« (1942 bis 1945) gelten folgende Zahlen: 88 eheliche Geburten, 159 uneheliche, bei diesen 34 namentliche Vaterschaftsanerkennungen, 60 Vaterschaftsanerkennungen ohne Namensnennung, bei 63 Geburtseinträgen fehlt jeder Hinweis auf einen Vater.

137 Der Tätigkeitsbericht des Lebensborn für die Zeit vom 12. 12. 1935 bis 31. 12. 1939 spricht von 613 ehelichen und 832 unehelichen Müttern, von denen 61 noch vor der Entbindung im Heim heirateten. Vgl. Bundesarchiv NS 48/29.

138 Nach einer Gesamtstatistik über den Zeitraum November 1941 bis März 1942 waren die Frauen im Durchschnitt 25 Jahre alt, die 21-jährigen bildeten die größte Gruppe. Vgl. Bundesarchiv NS 48/30. Im »Heim Schwarzwald«, dem einzigen Heim, für das ich genaue Zahlen erheben konnte, waren die Mütter zwischen 14 und 42 Jahre alt, die meisten in der Altersgruppe zwischen 21 und 26 Jahren.

139 Bundesarchiv NS 48/29.

140 Bundesarchiv NS 48/29 und (für 1941/42) NS 48/30.

141 Aus »Heim Schwarzwald« gibt es genaue und vollständige Zahlen, die das Bild der Statistik von 1940 weitgehend bestätigen. Von den 159 unverheirateten Müttern waren in Nordrach nur 10 ohne Beruf, davon waren 3 Schülerin bzw. Studentin. Ähnlich wie in der Gesamtstatistik sind Anstellungen im Haushalt (9) und als Arbeiterin (1) kaum vertreten, auch Berufe wie Kellnerin oder Zimmermädchen kommen nur selten vor (7). Die größte Gruppe bilden die Frauen, die im Büro arbeiteten (67): als Kontoristin, Stenotypistin und Sekretärin. 26 Frauen waren im Gesundheitssektor beschäftigt, die meisten als Schwestern, aber auch als Masseurin, Sprechstundenhilfe und Ärztin. Vier Frauen waren Lehrerin, vier arbeiteten in technischen, sechs in künstlerischen

Berufen. Neu gegenüber der Statistik von 1940: Eine andere große Gruppe (23) Frauen, die in NS-Organisationen gearbeitet haben, beim RAD, bei der SS, der NSDAP, der HJ – und bei der Wehrmacht.

142 Bundesarchiv NS 19/2649, Blatt 8.

143 Bundesarchiv NS 19/204. Vgl. Faksimile S. 184.

144 Bundesarchiv NS 48/3.

145 Anfangs durfte für diese Untersuchung und Begutachtung nur ein SS-Arzt herangezogen werden, nach Kriegsanfang war jeder zugelassene Arzt dazu berechtigt.

146 Bundesarchiv NSD 41/103.

147 Wenn im Geburtenbuch bei einem unehelichen Kind der Name eines Vaters auftaucht, dann ist dieser fast immer Mitglied der SS. Ansonsten steht dort in einem Randvermerk: »Der Vater hat am ... in gerichtlicher Verhandlung/vor dem Notar XY das nebenbezeichnete Kind als von ihm erzeugt anerkannt. Die Urkunde wird vom Lebensborn verwahrt.«

148 Bundesarchiv NS 19/1127. In den Geburtseinträgen unehelicher Kinder taucht seit Winter 1944 nur noch selten eine Vaterschaftsanerkennung auf. Dies ist vermutlich darauf zurückzuführen, dass es in der Regel einige Monate dauerte, bis dieser Akt vollzogen war, und dass das Kriegsende solche juristischen Vorgänge zusätzlich verzögerte. Die Annahme, dass dahinter eine Lockerung der Vaterschaftsanerkennungen steht, scheint unbegründet.

149 Bundesarchiv NS 19/3194.

150 Vgl. Lilienthal 1993, S. 149.

151 Bundesarchiv NS 19/1111.

152 Bundesarchiv NS 48/29.

153 Bundesarchiv NS 48/30. In Informationsbroschüren ist vom äußeren Erscheinungsbild als Aufnahmekriterium nie die Rede (vgl. Bundesarchiv NSD 41/103 und NS 37/1030). Andererseits wurde 1942 darüber verhandelt, ob Rosa S., die auf Fotos »vorwiegend ostisch« aussah und nur 1,48 Meter groß war, »erscheinungsbildlich« in den Rahmen des Lebensborn passe (vgl. Bundesarchiv NS 19/3207). Rosa S. wurde aufgenommen, weil, wie es in einer Randnotiz Himmlers hieß, »bei solch ganz klar gewünschten Kindern« »rassig (gemeint ist »rassisch«) ein milderer Maßstab angelegt« werden könne. Außerdem war Rosa Kreisfrauenschaftsleiterin und eine »überzeugte Nationalsozialistin«.

154 Von den 217 Kindern, die in »Heim Friesland« geboren wurden, wird bei 121 der Name des Vaters genannt, bei 96 nicht (vgl.

Anm. 136). Bei den 159 unehelichen Geburten in »Heim Schwarzwald« wird in 123 Fällen der Name des Vaters nicht genannt, in 34 wird er genannt. Dazu kommen 88 eheliche Geburten und namentlich genannte Vaterschaften.

155 Zahlen existieren nur für »Heim Pommern« (vgl. Anmerkung 50, S. 359). Dort blieben verheiratete Frauen mit 64 Tagen (1938), 26 Tagen (1941) und 41 Tagen (1942) deutlich kürzer, als die »Stillpflicht« vorschrieb. Vgl. NS 48/29.

156 Die Münchner Adressen Isabellastraße 13, Ismaninger Straße 95 und 129 waren eindeutig Deckadressen. Und vermutlich traf das auch auf Freimannerstraße 218 und Regerstraße 5 zu.

157 Mittlerweile hat sich herausgestellt, dass das Standesamt von »Heim Friesland« genau wie andere (preußische) Standesämter ein Zweitregister führte, das »nach Ablauf des Kalenderjahrs« der »Aufsichtsbehörde« einzureichen war (entsprechend einem Gesetz der Preußischen Gesetzessammlung von 1874). Tatsächlich wurde 1999 im zuständigen Kreisarchiv Osterholz-Scharmbeck eine zweite Ausfertigung der Geburtenbücher von »Heim Friesland« über die Jahre 1938, 1939, 1940 und 1941 gefunden, außerdem ein Geburtsregister, ein Sterbebuch und ein Heiratsbuch. Ein Melderegister fehlt allerdings.

158 Tatsächlich wurden die Zweitschriften auch bei den Notariaten, Amtsgerichten und Feldgerichten verwahrt, bei denen die Vaterschaftsanerkennungen vorgenommen wurden. Für Lebensborn-Kinder, die auf der Suche nach ihrem Vater sind, ist das ein Glück: Denn diese Zweitschriften sind zum Teil noch vorhanden, während die Vaterschaftsakten, die der Lebensborn verwahrte, verschwunden sind.

159 Über die juristischen Feinheiten der Auseinandersetzung, die zwischen Lebensborn und staatlichen Stellen in Sachen Vormundschaft und Adoption stattfanden, berichtet Lilienthal in aller Ausführlichkeit (Lilienthal 1993).

160 Für die Zeit vom 12. 12. 1935 bis 31. 12. 1939 gab der Lebensborn 592 übernommene Vormundschaften an (bei 1360 Geburten), von denen zur Zeit des Berichts noch 559 bestanden (Bundesarchiv NS 48/29). Zwischen November 1941 und März 1942 wurde nur noch bei 36,2 Prozent der Geburten die Vormundschaft vom Lebensborn übernommen (Bundesarchiv NS 48/3).

161 Vgl. ITS 80229947#1.

162 Vgl. ITS Dokument 80225863#1.

163 Bundesarchiv NS 2/65, Blatt 188 f.

164 Bundesarchiv NS 19/2649, Blatt 33, 34, 36, 37, 44.
165 Bundesarchiv NS 2/65, Blatt 188 ff.
166 Im Tätigkeitsbericht für die Zeit vom 12. 12. 1935 bis 31. 12. 1939 ist von 214 Kindern die Rede, die in Pflegestellen gegeben wurden (Bundesarchiv NS 48/29). Die Zahl dürfte in den folgenden Jahren deutlich gestiegen sein.
167 Bundesarchiv NS 2/65, Blatt 188 ff.
168 Der Tätigkeitsbericht über die Zeit von 1935 bis 1939 nennt 20 Kinder, die zur Adoption freigegeben wurden (Bundesarchiv NS 48/29), eine Statistik über die Zeit von November 1941 bis März 1942 21 Kinder, das sind 6,3 Prozent der Geburten (Bundesarchiv NS 48/30). Insgesamt wurden 260 Adoptionsverfahren (für deutsche Kinder?) eingeleitet und ca. 100 abgeschlossen. Vgl. Lilienthal 1993, S. 77 f.
169 Bundesarchiv NS 19/2649, Blatt 25 f.
170 Bundesarchiv NS 19/3384.
171 Eine versicherte Frau musste das Geld, das ihr die Krankenkasse für die Entbindung zahlte, an den Lebensborn abtreten. Außerdem wurde der Kindesvater herangezogen, um den Heimaufenthalt der Frau und des Kindes anteilig mitzufinanzieren. Als Tagessatz nennt ein Merkblatt (vgl. Anmerkung 172) von 1938 2 RM vor der Entbindung bzw. 2,50 nach der Entbindung. War eine Frau nicht versichert oder konnte der Kindesvater das nötige Geld nicht aufbringen, dann gab es »Vereinbarungen von Fall zu Fall«, die bis zur völligen Kostenübernahme durch den Lebensborn führten.
172 Merkblatt über die Aufnahme in ein Heim des Lebensborn e. V. (1938). Bundesarchiv NS 37/1030. Dass die Kinder Kleidung trugen, die das Heim zur Verfügung stellte, ist auf vielen Fotos deutlich zu erkennbar – an einer Bordüre mit kleinen Blumen oder Herzen, mit der Kleidchen, Hemdchen, Höschen verziert waren.
173 Bundesarchiv NS 19/3382.
174 Bundesarchiv NS 19/3382 und NS 19/1819.
175 Bundesarchiv NS 19/3382, Blatt 9.
176 Bundesarchiv NS 19/1819.
177 Bundesarchiv NS 19/2649, Blatt 50 ff.
178 Bundesarchiv NS 19/3194.
179 Zitiert nach Lilienthal 1993, S. 67.
180 ITS Dokument 80225834 und 80225835.
181 Bundesarchiv NS 2/65, Blatt 83.

182 Es gab auch zwei Rubriken, in denen nach dem »Kind« und dem »Kindesvater« gefragt wurde. Diese Fragen beschränkten sich aber auf sachliche Angaben wie Name, Alter, Beruf, Familienstand, Mitgliedschaften, Bruttoverdienst etc.

183 Bei Knotzinger ist erwähnt, dass von »Heim Wienerwald« viele RF-Fragebögen erhalten sind. Dabei handelt es sich um die Rohentwürfe – siehe Faksimile S. 220 f.

184 Bundesarchiv NS 48/30.

185 Welchen Bedeutungshorizont Begriffe wie »Auslese« und »Durchschnitt« beschreiben, lässt sich aus den Archiv-Akten nur erschließen. Verhaltensweisen wie »energisch«, »unempfindlich« oder »kontrolliert«, Einstellungen wie »kameradschaftlich«, »nicht egoistisch«, »mütterlich« und politische Haltungen wie »überzeugte Nationalsozialistin« und »Führungswille« gehörten zu den Kriterien, die eine Frau besitzen musste, um der »Auslese« zu entsprechen.

186 Zuerst lauteten die Noten: »1 = vollkommen der Auslese der SS entsprechend, 2 = guter Durchschnitt, 3 = der Auslese nicht mehr entsprechend«. Später ging es differenzierter zu: »1 = für die Mutter und den Vater, charakterlich, weltanschaulich, rassisch, erbgesundheitlich und gesundheitlich in Ordnung, 2 = charakterlich und weltanschaulich in Ordnung, jedoch rassisch, erbgesundheitlich oder gesundheitlich gewisse Mängel, 3 = gewisse Mängel und unreife charakterliche oder weltanschauliche Art [!] oder rassische, erbgesundheitliche und gesundheitlich stärkere Fehler, 4 = unerwünschte Mutter oder unerwünschter Vater, charakterlich oder weltanschaulich fehlerhaft oder rassisch abzulehnen oder erbgesundheitlich und gesundheitlich ernsthaft zu beanstanden und deswegen als Erzeuger von Kinder [sic!] unerwünscht.« Zitiert nach Lilienthal 1993, S. 97.

187 Bundesarchiv NS 19/3194.

188 Bundesarchiv NS 19/482.

189 Bundesarchiv NS 48/30.

190 Bundesarchiv NS 19/1115.

191 Siehe Faksimile S. 221.

192 Bundesarchiv NS 48/29.

193 1938 waren es 10 Geburten, 1939 86, 1940 116, 1941 zwei und 1945 drei.

194 Bei 78 Geheim-Kindern ist in den Geburtenbüchern vermerkt, dass die Vaterschaft anerkannt wurde und die Urkunde beim Lebensborn liegt. Bei den restlichen 18 fehlt jede Angabe über den

Vater und die Vaterschaft. Da die Zentrale nur Frauen in die Heime aufnahm, die eine eidesstattliche Versicherung über den Kindesvater abgaben, ist zu vermuten, dass bei diesen 18 Kindern die Vaterschaft (noch) nicht anerkannt war.

195 Die Zahlen in den Geburtenbüchern des Heims liegen deutlich höher als die Zahlen der Lebensborn-Zentrale (vgl. Anmerkung 168). Eine Erklärung: Die in den Geburtenbüchern festgeschriebenen Adoptionen fanden zum Teil nach dem Krieg statt.

196 Bundesarchiv NS 2/65, Blatt 188 ff.

197 »Die rassisch wertvollen Kinder der SS dürfen niemals einer Kollektiverziehung überantwortet werden«, schrieb George Ebrecht, später Mitglied im Lebensborn-Vorstand, in einem Brief an Himmler (Bundesarchiv NS 2/65, Blatt 188 ff.). Dass im NS-System durchaus Kollektiverziehung praktiziert wurde, in der Hitlerjugend, im Jungmädelbund und im BDM, in der Napola und in der Ordensburg – dieser Widerspruch irritierte die NS-Ideologen offensichtlich nicht. Genauso wenig wie die Tatsache, dass sie selbst das Auseinanderfallen des Familienverbandes beschleunigten, indem sie alle Familienmitglieder in getrennte Organisationen einzubinden versuchten.

198 Vgl. ITS Dokument 80225505 und 80225506.

199 Vgl. ITS Dokument 80225266.

200 Solche Beziehungen gingen oft noch viel weiter: Schwester Lotte aus »Heim Friesland« wollte ein dreijähriges Kind mit nach Hause nehmen, dessen Mutter gestorben war. Vgl. ITS Ordner 31, Blatt 147. Und Oberschwester Erika Wittmann adoptierte ein Kind, das in Klosterheide auf die Welt gekommen war. Vgl. ITS Ordner 19, Blatt 362.

201 Zitiert nach Lilienthal/Pohl 1992, S. 301.

202 Bundesarchiv NS 48/29.

203 Genau belegt sind solche Vorkommnisse für das »Heim Pommern« (vgl. Bundesarchiv NS 48/29). In Hohehorst gab es 2 Todesfälle bei den Müttern und 3 bei den Kindern. Zwei Kinder wurden tot geboren, eins starb einen Tag nach der Geburt.

204 Vgl. dazu Anmerkung 39.

205 Bremer Staatsarchiv C 1 a. Nr. 802.

206 Der Aktenvorgang um Roland H. ist ein Beispiel für die Konflikte, in die Lebensborn und städtische oder staatliche Behörden wegen der Geheimhaltung von Geburten gerieten. Da Roland H. in Bremen, außerhalb des Heims, gestorben war, wollte das Standesamt seinen Tod wie üblich an das Heimatstandesamt der Mutter wei-

termelden. Um dies zu verhindern und die Geheimhaltung zu sichern, schrieb die Zentrale Briefe und schickte die Hohehorster Oberschwester zwecks Aufklärung zum Bremer Standesamt.

207 Zwei Blätter des Archivmaterials über dieses Kind sind bei Hillel/Henry, S. 106, abgebildet. Weitere Hinweise und Zitate in ITS Ordner 44, Blatt 117–138.

208 Vgl. Lilienthal 1993, S. 103.

209 Bundesarchiv NS 31/183.

210 Vgl. ITS Dokument 80228207.

211 Zahlen über Behinderungen, Fehlbildungen, Krankheiten von Lebensborn-Kindern existieren nur für »Heim Pommern«. Dort werden zwei Kinder mit Hasenscharte und Wolfsrachen aufgeführt und eins mit multiplen inneren Missbildungen und angeborenem Darmverschluss – drei unter 545 Kindern. Vgl. Bundesarchiv NS 48/29.

212 Vgl. ITS Dokument 80238164.

213 In einer Informationsbroschüre heißt es dann auch: »Jede alleinstehende Mutter kann ihr Kind bei ihrer Entlassung aus dem Heim mitnehmen ... Die Genehmigung, das Kind mitzunehmen, muss rechtzeitig bei der Reichszentrale des Lebensborn eingeholt werden.« Eine alleinstehende Mutter brauchte also eine Erlaubnis, wenn sie das Kind mitnehmen wollte. Sie musste in der Lage sein, selbst »dem Kind eine entsprechende Pflege und Erziehung zu geben«, oder nachweisen, dass es bei »Angehörigen bzw. Verwandten gut aufgehoben ist«. Vgl. Bundesarchiv NSD 41/103, S. 27.

214 Vgl. Anmerkung 124.

215 Vgl. ITS Dokument 80235300.

216 Vgl. Bundesarchiv NS 19/3194.

217 Natürlich gab es politisch korrekte Pflegeeltern – wie die von Herta K. Der Vater war ein hoher Parteifunktionär und ging mitsamt Familie und Pflegekind nach Łódź, wo er in die Organisation der Judenvernichtung verstrickt war. Aber es gab auch Pflegeeltern, die das genaue Gegenteil darstellten. Anne W.s Pflege- und spätere Adoptiveltern waren Nazigegner – und das wusste man in ihrer Umgebung auch. Trotzdem bekamen sie ein Pflegekind aus dem Lebensborn. Sie hatten sich darum bemüht, weil die Frau hoffte, auf diese Weise einer Dienstverpflichtung zu entgehen. Schließlich gab es Pflegeeltern, die wie zufällig zu einem Lebensborn-Kind gekommen waren: Die Mutter hatte sie im Zug getroffen oder auf einem Spaziergang mit dem Kind.

218 Bundesarchiv NS 41/103, S. 31.

219 Vgl. Chamberlain: Adolf Hitler, die deutsche Mutter und ihr erstes Kind.

220 Eine solche Gefahr besteht etwa in Ehrhardts Fernsehfilm »Brand-Zeichen«. Auch Hellbrügges Studie »Zur Prognose des frühkindlichen Deprivations-Syndroms bei Heimkindern« aus dem Jahre 1968 wird gern als Beleg für die psychische Gestörtheit von Lebensborn-Kindern herangezogen. Hellbrügge führte damals eine medizinische und psychologische Untersuchung bei 70 Lebensborn-Kindern durch. Im Ergebnis wurden Erziehungs- und Lernschwierigkeiten konstatiert, neurotische Symptome wie Bettnässen und seelische Schäden: Störungen der zwischenmenschlichen Beziehungen, Gefühlsarmut, wirklichkeitsferne Vorstellungen, Angst, Sehnsucht nach Geborgenheit. Hellbrügge untersuchte aber nur Kinder, die im Kleinkindalter mehrere Jahre in Lebensborn-Heimen lebten und in diesem Punkt mit anderen Heimkindern vergleichbar sind. Er wollte übrigens mit seiner Untersuchung zeigen, dass nicht die »ausgesuchten Erbanlagen« für die Herausbildung der Symptome eine Rolle spielen, sondern die frühkindliche Erfahrung.

221 Bundesarchiv NS 19/2966.

222 Bundesarchiv NS 48/31.

223 Bundesarchiv NS 2/65, Blatt 137/138.

224 Bundesarchiv NS 19/2649.

225 Die Statistik beschreibt den Zeitraum von November 1941 bis März 1942. Vgl. Bundesarchiv NS 48/30. Der Familienstand dieser Väter war ein wesentlicher Grund für die Geheimhaltung, die der Lebensborn anbot. Was zu der Frage berechtigt, ob die Geheimhaltung nicht vor allem für diese Männer gedacht war.

226 Oswald Pohl, Mitglied des Lebensborn-Vorstands, erklärte im April 1939: »Man darf den unehelichen Vätern das Leben nicht zu leicht machen. Die soll man ordentlich rankriegen. Das ist eine Erziehungssache der Schutzstaffel.« Vgl. Bundesarchiv NS 48/29.

227 Vgl. ITS Ordner 35, Blatt 259.

228 Mitgliedschaften und Berufe tauchen in zwei Lebensborn-Statistiken auf, deren Kriterien und Angaben differieren.
(? = taucht nicht auf):

	1935–39	11/1941 bis 3/1942
SS-Angehörige (hauptamtlich):	17,8	25,8 %
Parteimitglieder (hauptamtlich):	3,9	5,9
Wehrmacht:	11,4	12,1

Arbeiter:	1,3	7,7
Angestellte (kaufm. u. techn.):	14,4	16,1
Beamte (untere u. mittlere):	?	9,1
Handwerker (selbständig) usw.:	6,5	6,5
Handel und Gewerbe (selbst.):	15,3	?
Höhere Beamte u. akademische Berufe:	(27,7)	13,5
Freie Berufe (Künstler):	?	1,5
Sonstige Berufe:	?	0,9
Beruf nicht festzustellen:	?	3,0

Vgl. Bundesarchiv NS 48/29 und NS 48/30.

229 In den Geburtenbüchern von »Heim Schwarzwald« tauchen in den Vaterschaftsanerkennungen, in denen die Namen der Männer genannt werden, vorwiegend SS-Mitglieder auf.

230 Vgl. ITS Ordner 40, Blatt 53 ff.

231 Horst F. unterlief offensichtlich ein Datierungsfehler: Er schrieb »September/Oktober 1938«, meinte aber 1939, da von einem bevorstehenden Einsatz die Rede war und der Brief vom 20. März 1939 stammt. Vgl. Bundesarchiv NS 19/2649.

232 Vgl. Affidavit vom 28. Januar 1947, gefunden auf der Webseite der Havard Law School – Nuremberg Trials Project http://nuremberg.law.harvard.edu/

233 Dass der Wunsch nach Söhnen in dieser Männergesellschaft stark ausgeprägt war, verwundert nicht. Auch der Vater von Hiltrud S. war tief enttäuscht über die Geburt einer erstgeborenen Tochter und zeigte weder Interesse, sich an der Namensfindung für das Mädchen zu beteiligen, noch Mutter und Kind im Heim zu besuchen.

234 Vgl. Engelbracht: Der tödliche Schatten der Psychiatrie.

235 SS-Führer waren Zwangsmitglieder im Lebensborn und mussten entsprechende Beiträge zahlen.

236 Bundesarchiv NS 48/3.

237 Reichsführer! … Briefe von und an Himmler. Hrsg. von Helmut Heiber. Dokument 226.

238 Bundesarchiv NS 48/30.

239 Reichsführer! … Briefe von und an Himmler, Dokument 344.

240 Zitiert nach Lilienthal 1993, S. 145.

241 Zitiert nach Lilienthal 1993, S. 156.

242 Vgl. ITS Dokument 80228037, 80228038, 80228039.

243 Vgl. Ackermann: Heinrich Himmler. Geheimreden, S. 38.

244 Man kann davon ausgehen, dass die Lebensborn-Arbeit in Frankreich, Belgien und Luxemburg derjenigen in Norwegen

ähnelte, obwohl die Organisation den »Pensionärinnen« in den westlichen Ländern eine gewisse Skepsis entgegenbrachte – aus »rassischen« Gründen. Deshalb wird hier nur auf Norwegen eingegangen. Meine Darstellung beschränkt sich – wegen weitgehender Parallelen – auch auf den Umgang der Organisation mit den polnischen Kindern, voraussetzend, dass mit den tschechischen und slowenischen Kindern genauso verfahren wurde. Auch sie wurden zusammengetrieben, zwangskaserniert, umerzogen und »eingedeutscht«. Der Hintergrund war bei ihnen allerdings ein anderer: Die slowenischen und tschechischen Kinder hatten Eltern, die bei einer »Strafaktion« (unter anderem in Lidice) ermordet oder ins KZ verschleppt worden waren. Bei diesen »Strafaktionen« fielen der SS die blonden Kinder auf – sie sammelten sie ein und brachten sie zur »Rassenüberprüfung«.

245 Zehn Kinder aus dem tschechischen Lidice und 25 slowenische Kinder wurden ebenfalls »eingedeutscht« und gerieten damit in Lebensborn-Vormundschaft. Sie durchliefen nach dem gewaltsamen Abtransport verschiedene Kinder-Sammellager, bis sie 1943 in Kohren-Sahlis, dem deutschen Lebensborn-Kinderheim, landeten.

246 Für das Kinderheim in Bobruisk, das erste Kinderheim beim Höheren SS- und Polizeiführer Russland-Mitte, liegt die Zuschreibung »Lebensborn-Heim« noch am nächsten. Dieses Heim wurde auf Befehl Himmlers vom »Sonderkommando Pflaum« im Sommer 1942 eingerichtet. Und Guntram Pflaum war bis zum Frühjahr 1940 verantwortlicher Leiter des Lebensborn, danach allerdings nicht mehr für die Organisation tätig.

Das Kinderheim in Bobruisk hatte – wie viele später eingerichtete Heime auch – die Aufgabe, das »gute Blut« aus der Bevölkerung »herauszudestillieren«. Zu diesem Zweck wurden 35 russische Kinder, die Pflaum nach »rassischen« Gesichtspunkten in der Umgebung selbst ausgesucht hatte, mit einigen deutschen Kindern zusammen im Heim aufgezogen, um sie später nach Deutschland zur Adoption zu vermitteln.

Barbara Walli B. war vier, als sie in dieses Heim kam. Sie konnte sich an den Vater erinnern (er war bei der Roten Armee) und an die Mutter, an einen Bruder und an eine Großmutter. Warum sie von der Familie getrennt wurde, wusste sie allerdings nicht. Zuerst kam sie zu zwei »Tanten«, dann in ein russisches Kinderheim und schließlich nach Bobruisk. Auch an dieses Heim hatte sie Erinnerungen: So kannte sie die Namen der Kindergärtnerinnen und des Arztes – und sie hatte ein Fotoalbum mit rund 100 Fotos. Auch die Flucht und die Stationen der Flucht hatte sie im Gedächtnis: Litauen, die Ostsee, das Heim in Kalisch, Berlin, Belzig …

247 Zitiert nach Kjendsli: Kinder der Schande, S. 38.

248 Zwischen norwegischen Frauen und deutschen Männern existierten alle möglichen Varianten von sexuellen Beziehungen. Es gab One-Night-Stands und feste Liebesbeziehungen, die Frauen waren Freundinnen, Geliebte, Ehefrauen, Gelegenheitsbekannte, Prostituierte. Und es gab auch Vergewaltigungen, sie wurden allerdings hart bestraft. Vgl. Drolshagen: Nicht ungeschoren davonkommen.

249 Bundesarchiv NS 48/29.

250 Bundesarchiv NS 48/29.

251 In den ersten Jahren der Besatzung mussten deutsche Frauen, die in Norwegen schwanger wurden, nach Deutschland zurückkehren. Später konnten sie in Norwegen bleiben und im Lebensborn-Heim Klekken entbinden, vor allem dann, wenn sie die Geburt geheim halten wollten. Gegen Kriegsende verfügte Himmler, dass deutsche Frauen ins deutsche Reichsgebiet zurückzukommen hatten. Vgl. Weissteiner, S. 204 und Heiber, Dokument 261.

252 Vgl. Olsen 2004, S. 186.

253 Auch wenn das Kind bei der Mutter lebte, behielt es der Lebensborn im Blick. Tove Laila S. zum Beispiel wurde ihrer Mutter fortgenommen und zu den Großeltern nach Deutschland gebracht, mit der Begründung, die Mutter sorge nicht richtig für das Kind.

254 Vgl. Olsen 2004, S. 192 ff. Olsen erwähnt 100 Kinder, die von norwegischen Paaren adoptiert wurden, und 370 nicht abgeschlossene Adoptionsfälle. Leider wird aus seinen Angaben nicht klar, ob es sich dabei um Kinder handelt, die im Lebensborn-Heim geboren wurden oder um vom Lebensborn lediglich betreute Fälle.

255 Vgl. Olsen 2004, S. 199–215.

256 Kjendsli: Kinder der Schande, S. 42.

257 Vgl. Rut Brandt: Freundesland, S. 90.

258 Alle anderen Lebensborn-Angestellten, mit denen ich gesprochen habe – mit Ausnahme von Bernhild B. –, arbeiteten am Kriegsende nicht mehr für den Lebensborn. Gerda B. hatte bereits im Herbst 1939 gekündigt, Helga S. Ende 1939, Christine R. verließ Hohehorst ebenfalls in dieser Zeit. Erika B. ging im Herbst 1940, übernahm später allerdings noch einmal eine Vertretung in »Heim Schwarzwald«. Therese K. verließ Hohehorst im Frühjahr 1941,

Beate D. kehrte 1943 nach Deutschland zurück und quittierte ihre Stelle beim Lebensborn.

259 Hillel und Henry sprechen von insgesamt 51 elternlosen Kindern zwischen 2 und 5 Jahren, die bei Kriegsende in Hohehorst lebten (vgl. S. 305). Tatsächlich befanden sich am 8. Mai 1945 in »Heim Friesland«: 33 »Norwegerkinder«, die zwar allein im Heim, aber nicht elternlos waren. Ein niederländischer Junge, dessen Mutter verschwunden war. Ein in Oslo geborener deutscher Junge, dessen Mutter gestorben war. Zehn Kinder von Angestellten, die mit ihren Müttern zusammen im Heim lebten. Drei weitere Kinder gehörten zu einer ausgebombten Bremer Familie, außerdem gab es drei Flüchtlingskinder – alles sechs lebten mit ihrer Mutter im Heim. Am 19. Mai wurde ein deutsches Kind in Hohehorst geboren – es hatte nichts mit dem Lebensborn zu tun, die Mutter war lediglich zur Entbindung gekommen.

260 In Steinhöring wurden ein paar Wochen später Lebensborn-Akten verbrannt und verwüstet. Für die Vernichtungsaktion ist zum Teil der Lebensborn verantwortlich, der nach der Erinnerung von Walburga B., einer Frau, die dort auf die Geburt wartete, große Feuer in Gang setzte und Akten verbrannte. Anita J. erklärte, die Bevölkerung des Ortes habe Feuer gelegt und Papiere durcheinandergebracht. Möglicherweise geschah das bei einer Plünderungsaktion, bei der auch das Gepäck verschwand, das Anita J. dort zurückgelassen hatte. Anita J. selbst war allerdings am Ende des Krieges nicht in Steinhöring.

261 Bernhild B., die 1940/41 Oberschwester in Hohehorst war, erlebte das Kriegsende im norwegischen Lebensborn-Kinderheim Godthåb. Bis Juli 1945 blieb sie dort in ihrer Funktion als Oberschwester und leitete den Betrieb, denn im Heim befanden sich 150 Kinder, die versorgt werden mussten. Bernhild B. erinnerte sich allerdings, nach dem Kriegsende befragt, nur an eine Art Lager, ein Gelände mit Wachposten und eingeschränkter Bewegungsfreiheit, wo sie arbeiten konnte: »Wir hatten immer Pflegebedürftige da, und die haben wir dann versorgt. Aber ich muss ehrlich sagen: Wir sind sehr ordentlich behandelt worden.« Ob sie verhört oder entnazifiziert wurde, wusste die alte Frau nicht mehr. Sie konnte nicht einmal mehr sagen, wie lange sie in Norwegen bleiben musste; sie erinnert sich nur daran, dass noch eine ganze Zeit verging, bis sie nach Deutschland zurückkehren konnte.

262 Ein in Oslo geborener Junge, dessen Mutter gestorben war, sollte zu seinen Großeltern nach Düsseldorf geschickt werden. Es ist

anzunehmen, dass dies vor dem Abtransport der anderen Kinder stattfand.

263 Arne Berge war zu diesem Zeitpunkt in Hamburg eingesetzt. Er übernahm später die Vormundschaft für die norwegischen Lebensborn-Kinder.

264 Vgl. Borgersrud: Overlatt til svenske myndigheter. De norske krigsbarna som ble sendt til Sverige i 1945. Und: Borgersrud: Vi ville ikke ha dem. Statens behandling av de norske krigsbarna.

265 In Kohren-Sahlis, wo 93 Kinder am Ende des Krieges im Heim lebten, fand keine Rückführungsaktion im großen Stil statt. Vielmehr wurde im August 1945 ein Termin festgesetzt, an dem Leute aus der Umgebung ins Heim kommen konnten, um sich eines der Kinder als Pflegekind auszusuchen.

266 Zitiert nach Kjendsli, S. 55.

267 Vgl. Kjendsli: Kinder der Schande.

268 Gerhild M. ist eine Protagonistin in Christiane Ehrhardts Fernsehdokumentation »Brand-Zeichen«.

269 Vgl. Gisela Heidenreich: Das endlose Jahr, Dorothee Schmitz-Köster: Kind L 364, Annegret Lamey: Kind unbekannter Herkunft, Edda Tunn: Kuckucksei. Dazu kommen diverse TV-Porträts.

270 Die heutigen Vorstellungen von einer guten Mutter-Kind-Beziehung wurden erst Jahrzehnte nach dem Krieg in Deutschland populär – stattdessen wirkten die Erziehungsvorstellungen der NS-Zeit weiter: nicht zu viel Nähe, nicht zu viel Zuwendung, feste Regeln, Widerstand gegen den kindlichen Willen etc. Verbreitet wurden sie – auch noch in der Nachkriegszeit – durch das millionenfach gedruckte Buch »Die deutsche Mutter und ihr erstes Kind« von J. Haarer, das 1938 zum ersten Mal erschien.

271 Vgl. Gisela Heidenreich: Sieben Jahre Ewigkeit. Eine deutsche Liebe.

272 Diese Konstellation lässt sich übrigens auch bei Müttern beobachten, die erst spät gefunden werden. Daniela J. und Bernhard Z., die bei Adoptiv- bzw. Pflegeeltern aufgewachsen sind, ist es nicht gelungen, eine engere Beziehung zur Mutter aufzubauen. Zu groß waren ihre Erwartungen und Hoffnungen, zu stark die Ablehnung durch die Mutter. »Ich dachte, du wärst tot«, begrüßte Bernhards Mutter den Sohn bei der ersten Begegnung. Und der Schreck darüber, dass dieses Kind vor ihr stand, war ihr anzusehen.

273 Vgl. Annegret Lamey: Kind unbekannter Herkunft. Die Geschichte des Lebensbornkindes Hannes Dollinger.

274 Von den 93 Kindern, die am Kriegsende in »Heim Sonnenwiese« lebten, hatten 31 eine norwegische Mutter und einen deutschen bzw. österreichischen Vater.

275 Vgl. Dorothee Schmitz-Köster: Kind L 364.

276 Vgl. Elke Sauer: Ist das noch mein Kind.

Sachliteratur

Ackermann, Josef: Heinrich Himmler als Ideologe. Göttingen, Zürich, Frankfurt am Main 1970

Affeldt, Barbara: »Gemütliche Unterwertigkeit« – Ein Kinderschicksal unter der Verfügung des »Lebensborn«. In: Meyer-Hoos, Elke (Hrsg.): Das Hakenkreuz im Saatfeld. Beiträge zur NS-Zeit in den Landkreisen Lüchow-Dannenberg und Salzwedel. Museum Wustrow 1997, S. 217–223

Bar-On, Dan: Die Last des Schweigens. Gespräche mit Kindern von Nazi-Tätern. Reinbek bei Hamburg 1996 (v. a. S. 295–319)

Bäumer, Änne (Hrsg.): NS-Biologie. Stuttgart 1990

Beck, Johannes: Émile R. Irrfahrten. Reisebilder aus der pädagogischen Provinz. Reinbek 1982, S. 186–191

Behnke, Karl: Dorfchronik Löhnhorst. Löhnhorst 1985

Bellmann, Ingeborg/Biermann, Brigitte: Vatersuche. Töchter erzählen ihre Geschichte. Berlin 2005

Biesecke, Katherine: Der Lebensborn. Frauen zwischen Mythos und Macht. Norderstedt 2009

Blendermann, Otto: Herrenhaus Hohehorst. Berlin, Wien, Zürich o. J. (1929)

Borgersrud, Lars: Overlatt til svenske myndigheter. De norske krigsbarna som ble sendt til Sverige i 1945. Telavåg 2002

Borgersrud, Lars: Vi ville ikke ha dem. Statens behandling av de norske krigsbarna. Oslo 2005

Brandt, Rut: Freundesland. Erinnerungen. Düsseldorf, Wien 1994

Breiding, Birgit: Die Braunen Schwestern. Ideologie – Struktur – Funktion einer nationalsozialistischen Elite. Beiträge zur Wirtschafts- und Sozialgeschichte 85. Stuttgart 1998

Buchheim, Hans: Anatomie des SS-Staates. Band 1: Die SS – das Herrschaftsinstrument. Befehl und Gehorsam. München 1967

Burmester, Gertrud/Perthen, Herbert: Lebensbornheim Friesland/Hohehorst. Ein Versuch zur »Local« und »Oral History«. Schriftliche Hausarbeit zur Ersten Staatsprüfung für das Lehramt an Öffentlichen Schulen. Bremen 1981

Chamberlain, Sigrid: Adolf Hitler, die deutsche Mutter und ihr erstes Kind. Über zwei NS-Erziehungsbücher. Gießen 1998
Clay, Catrine/Leapman, Michael: Herrenmenschen. Das Lebensborn-Experiment der Nazis. München 1997
Czarnowski, Gabriele: Das kontrollierte Paar. Ehe- und Sexualpolitik im Nationalsozialismus. Weinheim 1991
Drolshagen, Ebba D.: Nicht ungeschoren davonkommen. Das Schicksal der Frauen in den besetzten Ländern, die Wehrmachtssoldaten liebten. Hamburg 1998
Drolshagen, Ebba D.: Wehrmachtskinder. Auf der Suche nach dem nie gekannten Vater. München 2005
Ebbinghaus, Angelika: Opfer und Täterinnen. Frauenbiographien des Nationalsozialismus. o. O. 1987
Ehrhardt, Christiane: Brand-Zeichen. Kinder aus dem Lebensborn. Bayerischer und Mitteldeutscher Rundfunk 1993. 1995 unter dem Titel »Ruhelos. Kinder aus dem Lebensborn« als ARD-Video.
Engelbracht, Gerda: Der tödliche Schatten der Psychiatrie. Die Bremer Nervenklinik 1933–1945. Bremen 1996
Ericson, Kjersti/Simonsen, Eva: Children of World War II. The Hidden Emeny Legacy. Oxford, New York 2005
Fest, Joachim C.: Das Gesicht des Dritten Reiches. Profile einer totalitären Herrschaft. München, Zürich 1963/1977
Fitz, Diana: Ansbach unterm Hakenkreuz. Ansbach 1994
Frauengruppe Faschismusforschung (Hrsg.): Mutterkreuz und Arbeitsbuch. Zur Geschichte der Frauen in der Weimarer Republik und im Nationalsozialismus. Frankfurt am Main 1981
Gravenhorst, Lerke/Tatschmurat, Carmen: Töchterfragen. NS-Frauengeschichte. Freiburg 1990
Heiber, Helmut (Hrsg.): Reichsführer! ... Briefe an und von Himmler. Stuttgart 1968
Heidenreich, Gisela: Das endlose Jahr. Die langsame Entdeckung der eigenen Biografie – ein Lebensbornschicksal. München 2002
Heidenreich, Gisela: Sieben Jahre Ewigkeit. Eine deutsche Liebe. München 2007
Hellbrügge, Theodor: Zur Prognose des frühkindlichen Deprivations-Syndroms bei Heimkindern. In: Das Deprivations-Syndrom in Prognose, Diagnose und Therapie. Bericht der Arbeitstagung vom 15. bis 17. Mai 1968 für Heimärzte und Heimleiter an Säuglings- und Kinderheimen. Frankfurt am Main 1970, S. 42–59
Heyne, Claudia: Täterinnen. Offene und versteckte Aggression von Frauen. Zürich 1993

Hillel, Marc/Henry, Clarissa: Lebensborn e. V. Im Namen der Rasse. Hamburg 1975

Jacobsen, Hans-Adolf: Der Weg zur Teilung der Welt. Koblenz, Bonn 1977

Kjendsli, Veslemøy: Kinder der Schande. Ein Lebensborn-Mädchen auf der Suche nach ihrer Vergangenheit. Hamburg, Zürich 1992

Klaus, Martin: Mädchen im Dritten Reich. Der Bund Deutscher Mädchen (BDM). Köln 1983

Klee, Ernst: »Euthanasie« im NS-Staat. Die »Vernichtung unwerten Lebens«. 2 Bände. Frankfurt am Main 1985

Klemperer, Victor: Ich will Zeugnis ablegen bis zum letzten. Tagebücher 1933–1945. 2 Bände. Berlin 1995

Knotzinger, Günther: Das SS-Heim »Wienerwald« und die Geschichte des Hauses von 1904 bis zur Gegenwart. Feichtenbach 2001

Köster-Hetzendorf, Maren (Hrsg.): Ich hab dich so gesucht … Der Krieg und seine verlorenen Kinder. Augsburg 1995

Koop, Volker: Dem Führer ein Kind schenken. Die SS-Organisation Lebensborn e. V. Köln, Weimar, Wien 2007

Koonz, Claudia: Mütter im Vaterland. Frauen im Dritten Reich. Freiburg 1991/Reinbek 1994

Krantz, Robert: Das Lebensbornheim Moselland Luxemburg. In: Luxemburgs Kinder unter dem Nazi-Regime. 1940–1944. Dokumentarbericht. Luxemburg 1997, S. 753–796

Lamey, Annegret: Kind unbekannter Herkunft. Die Geschichtes des Lebensbornkindes Hannes Dollinger. Augsburg 2008

Life Magazine, Juli 1945 und August 1945: Super Babies. Illegitimate children of SS men are housed in a German chateau. S. 37–40 und 2–4

Lilienthal, Georg: Der »Lebensborn e. V.«. Ein Instrument nationalsozialistischer Rassenpolitik. Stuttgart, New York 1985/Frankfurt am Main 1993

Lilienthal, Georg: Kinder als Beute des Rassenkriegs. Der »Lebensborn e. V.« und die Eindeutschung von Kindern aus Polen, der Tschechoslowakei und Jugoslawien. In: Dachauer Hefte, 9/1993

Lilienthal, Georg/Hahn, Susanne: Totentanz und Lebensborn. Zur Geschichte des Alters- und Pflegeheimes in Kohren-Sahlis bei Leipzig. In: Medizinhistorisches Journal, Heft 3/4 1992, S. 340–358

Lilienthal, Georg/Pohl, Michaela: Das Lebensborn-Heim Taunus in Wiesbaden (1939–1945). In: Hessische Annalen 103, 1992, S. 295–310

Lisner, Wiebke: »Hüterinnen der Nation«. Hebammen im National-

sozialismus (Geschichte und Geschlechter). Frankfurt am Main, New York 2006
Lück, Margret: Die Frau im Männerstaat. Die gesellschaftliche Stellung der Frau im Nationalsozialismus. Eine Analyse aus pädagogischer Sicht. Frankfurt am Main, Bern, Las Vegas 1979
Maiwald, Stefan/Mischler, Gerd: Sexualität unterm Hakenkreuz. Manipulation und Vernichtung der Intimsphäre im NS-Staat. Hamburg, Wien 1999
Marßolek, Inge/Ott, René: Bremen im Dritten Reich. Bremen 1986
Mascolo, Georg/Schumacher, Hajo: Kinder für Führer und Stasi. Und: Das ist wirklich bodenlos. Wie die DDR drei norwegischen Lebensborn-Kindern ihre Biographien raubte. In: Der Spiegel, 25/1997, S. 72–85
Mausbach, Hans/Mausbach Bromberger, Barbara: Feinde des Lebens. NS-Verbrechen an Kindern. Frankfurt am Main 1979
Øland, Arne: Horeunger og helligdage – tyskerbørns beretninger. Schønberg 2001
Olsen, Kåre: Krigens barn. De norske krigsbarna og deres mødre. Oslo 1998
Olsen, Kåre: Vater: Deutscher. Das Schicksal der norwegischen Lebensborn-Kinder und ihrer Mütter. Frankfurt am Main 2002; als Taschenbuch 2004 unter dem Titel »Schicksal Lebensborn. Die Kinder der Schande und ihre Mütter« erschienen.
Paciorkiewicz, Barbara: Wer bin ich? Die Geschichte eines germanisierten Kindes. In: Das Wort, Nr. 73, 2006, S. 13–25.
Rediess, Friedrich Wilhelm (Hrsg.): SS. Für ein Großgermanien. III. Folge. Schwert und Wiege. Oslo 1943
Reeken, Dietmar von: Lahusen. Eine Bremer Unternehmerdynastie 1816–1933. Bremen 1996
Rommelspacher, Birgit: Dominanzkultur. Texte zur Fremdheit und Macht. Berlin 1995
Sander, Helke/Johr, Barbara: Befreier und Befreite. Krieg, Vergewaltigungen, Kinder. Frankfurt am Main 1995
Sauer, Elke: Ist das noch mein Kind? Köln 1995
Schmacke, Norbert/Güse, Hans-Georg: Zwangssterilisiert, verleugnet, vergessen. Zur Geschichte der nationalsozialistischen Rassenhygiene am Beispiel Bremen. Bremen 1984
Schmidt, Maruta/Dietz, Gaby (Hrsg.): Frauen unterm Hakenkreuz. Berlin 1983
Schmitz-Köster, Dorothee: Der Krieg meines Vaters. Als deutscher Soldat in Norwegen. Berlin 2004

Schmitz-Köster, Dorothee: Kind L 364. Eine Lebensborn-Familiengeschichte. Berlin 2007

Schwarz, Gudrun: Verdrängte Täterinnen. Frauen im Apparat der SS (1939–1945). In: Wobbe, Theresa (Hrsg.): Nach Osten. Verdrängte Spuren nationalsozialistischer Verbrechen. Frankfurt am Main 1992, S. 197–227

Dies.: Die Frau an seiner Seite. Ehefrauen in der »SS-Sippengemeinschaft«. Hamburg 1997

Smith, Bradley F./Peterson, Agnes F. (Hrsg.): Heinrich Himmler. Geheimreden 1933 bis 1945 und andere Ansprachen. Frankfurt am Main, Berlin, Wien 1974

Sozialwissenschaftliche Forschung und Praxis für Frauen (Hrsg.): mitgekriegt. Nationalsozialismus · Krieg · Nachkrieg. Beiträge zur feministischen Theorie und Praxis, Heft 41, 1995

Studienkreis zur Erforschung und Vermittlung der Geschichte des Widerstands 1933–1945/VVN: Heimatgeschichtlicher Wegweiser zu Stätten des Widerstandes und der Verfolgung 1933–1945, Band 3, Niedersachsen II, Regierungsbezirke Hannover und Weser-Ems. Köln 1986

Szepansky, Gerda: Blitzmädel, Heldenmutter, Kriegerwitwe. Frauenleben im Zweiten Weltkrieg. Frankfurt am Main 1986

Thalmann, Rita: Frausein im Dritten Reich. München 1984

The RuSHA-Case. Military Tribunal No. 1, Case 8. In: Trials of War Criminals before the Nuernberg Military Tribunals under Control Council Law, No. 10. Nuernberg October 1946 – April 1949. Volume IV, S. 597–1185; Volume V, S. 1–177

Thürmer-Rohr, Christina: Vagabundinnen. Feministische Essays. Berlin 1987

Tunn, Edda: Kuckucksei. Geschichten eines Jahrhunderts. Berlin 2008

Vinken, Barbara: Die deutsche Mutter. Der lange Schatten eines Mythos. München, Zürich 2001

Wagner, Leonie: Nationalsozialistische Frauenansichten. Vorstellungen von Weiblichkeit und Politik führender Frauen im Nationalsozialismus. Frankfurt am Main 1996

Weissteiner, Evi: Der »Lebensborn« in Norwegen. Innsbruck 2001

Weyrather, Irmgard: Muttertag und Mutterkreuz. Frankfurt am Main 1993

Witte, Peter/Wild, Michael/Voigt, Martina/Pohl, Dieter/Klein, Peter/Gerlach, Christian/Dieckmann, Christoph/Angrick, Andrej (Hrsg.): Der Dienstkalender Heinrich Himmlers 1941/42. Hamburg 1999

Belletristik und Unterhaltungsliteratur

Abe, Rebecca: Das Gedächtnis der Lüge. Ebersdorf 2008
Amon, Michael: Sonnenfinster. Wien 2006
Bauer, Birgit: Im Federhaus der Zeit. München 2003
Berthold, Will: Lebensborn e. V. Tatsachen-Roman. München 1975
Bleisch, Norbert: Kontrollverlust. Rostock 1988
Blettenberg, D. B.: Harte Schnitte. Bielefeld 2005
Brantenberg, Gerd: Am Pier. München 1993
Breznik, Melitta: Nordlicht. München 2009
Friedrich, Joachim: Ana-Lauras Tango. Stuttgart, Wien 2002
Hahn Beer, Edith/Dworkin, Susan: Ich ging durchs Feuer und brannte nicht. Eine außergewöhnliche Lebens- und Liebesgeschichte. Bern, München, Wien 1999
Hegewisch, Helga: Lauf, Lilly, lauf. Frankfurt am Main 2001
Hoem, Edvard: Die Geschichte von Mutter und Vater. Frankfurt am Main 2007
Hrabal, Bohumil: Ich habe den englischen König bedient. Frankfurt am Main 1988
Huston, Nancy: Ein winziger Makel. Reinbek bei Hamburg 2008
Jonuleit, Anja: Herbstvergessene. München 2010
Kirst, Hans Hellmut: Die Nächte der langen Messer. o. O. 1975
Kuckart, Judith: Die schöne Frau. Frankfurt am Main 1994
De Loo, Tessa: Die Zwillinge. München 1995
Ludlum, Robert: The Apocalypse Watch. London 1995
Missfeldt, Jochen: Gespiegelter Himmel. Titanvogeltage. Berlin 2001
Modick, Klaus: Bestseller. Frankfurt am Main 2006
Palm, Carl Magnus: Bright lights, dark shadows. The real story of Abba. London 2001
Strubel, Antje Rávic: Kältere Schichten der Luft. Frankfurt am Main 2007
Voelkner, Benno: Die Schande. Rostock 1965
Wassmo, Herbjørg: Das Haus mit der blinden Glasveranda. München 1984
Dies.: Der stumme Raum. München 1985

Dies.: Gefühlloser Himmel. München 1987
Wochele, Rainer: Der Flieger. Tübingen 2004
Young, Sara: My Enemys Cradle. Orlando 2008

Übersicht über die deutschen Heime des Lebensborn

Heim	Eröffnung – Schließung	frühere Funktion	Kapazität	Erwerb	Heutige Funktion
Steinhöring »Heim Hochland«	15.8.36 – Ende April 1945	Caritas-Besitz, geplant als Kindergarten und Altersheim. Versteigerung. Seit 1934 Nachrichtenschule der SA	30/50 Mütter, 55/109 Kinder	für 55 000 RM vom Land Bayern gekauft	Betreuungszentrum für Behinderte, altes Gebäude abgerissen
Wernigerode »Heim Harz«	Juni 1937 – Mai 1945	Krankenhaus im Besitz der Hebamme Ida Matthießen bzw. der NSV	14/41 Mütter 5/48 Kinder ab 1940	ein Haus für 155 000 RM von Matthießen gekauft, ein Haus von der NSV überlassen	Lehrlingswohnheim Leerstand/ Abbriss geplant
Klosterheide »Heim Kurmark«	Sept. 1937 – Ende 1944 Evakuierung nach »Heim Friesland«?	Erholungsheim im Besitz der AOK Charlottenburg	28/23 Mütter 30/86 Kinder	von AOK Charlottenburg gepachtet, später dringt Lebensborn auf Schenkung	Bis Ende 2006 Geriatrie, momentan ohne Funktion
Bad Polzin »Heim Pommern«	1.5.1938 – 15.2.1945; Evakuierung nach »Heim Taunus« per Flugzeug	Kurhaus Luisenbad	60 Mütter 75 Kinder	Geschenk der Stadtverwaltung Bad Polzin an Hitler; Weitergabe an Lebensborn	Staatliches Sanatorium, Kurzentrum
Hohehorst »Heim Friesland«	1.5.1938 – 5.5.1945; 9.1.1941 Evakuierung nach »Heim Hochland«	privates Wohnhaus	34/40 Mütter 45/63 Kinder	für 60 000 RM von Reichsumsiedlungsgesellschaft gekauft	Drogentherapie

Heim	Eröffnung – Schließung	frühere Funktion	Kapazität	Erwerb	heutige Funktion
Wiesbaden »Heim Taunus«	1.11.1939 – März 1945 Nov. 1941 geschlossen, 1943 als Entbindungsheim wiedereröffnet. März 1945 Evakuierung nach »Heim Franken«	Katholisches Kinderheim (Antonius-Heim)	40/55 Kinder 1943: ca. 30 Frauen	enteigneter Kirchenbesitz	Altersheim, Hauptgebäude abgerissen
Kohren-Sahlis »Heim Sonnenwiese«	1.11.1942 – 14.4.1945	Alters- und Pflegeheim	ca. 170 Kinder	für 1 Mio. RM vom Landkreis Borna gekauft	Wohn- und Pflegeeinrichtung für Behinderte
Nordrach »Heim Schwarzwald«	1.11.1942 – April 1945. Evakuierung nach »Heim Harz«	Lungenheilanstalt		beschlagnahmter jüdischer Besitz	Wohn- und Pflegeeinrichtung für psychisch Kranke
Schalkhausen »Heim Franken 1« »Heim Franken 2«	Sommer 1944 – April 1945. Evakuierung nach »Heim Hochland«	Jugendübungslager/ Jugendgesundungsheim bzw. Heil- und Pflegeanstalten	30 – 50 Kinder		Hotel

Kriegsmütterheim Stettin: Seit Juni 1940 Heim für 108 Kinder und ihre Mütter. Träger Provinzialverband Pommern. Eingerichtet für ledige Lebensborn-Mütter, die trotz Berufstätigkeit ihre Kinder bei sich behalten wollten.

Ausländische Lebensborn-Heime

Heim	Eröffnung – Schließung	frühere Funktion	Kapazität	Erwerb	heutige Funktion
Österreich: Pernitz / Feichtenbach »Heim Wienerwald« zuerst: »Heim Ostmark«	Okt. 1938 – 1.4.1945. März 1945 Evakuierung nach »Heim Hochland«	Lungen-sanatorium	49 Mütter / 83 Kinder	beschlag-nahmter jüdischer Besitz, Entschädi-gungssumme: 6666 RM	Reha-Klinik
Österreich: Oberweis bei Gmunden / Traunsee »Heim Alpenland«	September 1943 – ?		40–50 Kinder aus Osteuropa	beschlag-nahmter jüdischer Besitz	
Luxemburg: Bofferdingen »Heim Moselland«	Mitte 1943 – Ende August 1944. Evakuierung nach »Heim Franken«	Privates Herrenhaus	Ca. 20 Kinder, zum Teil aus Polen, zum Teil aus Mütterwoh-nungen in München	Beschlag-nahmter Be-sitz eines NS-Gegners, in Lebensborn-Akten als »geschenkt« aufgeführt	
Belgien: Wégimont bei Lüttich »Heim Ardennen«	März 1943 – 1.9.1944, Evakuierung nach »Heim Taunus«	Schloss	30 Mütter, seit Juli 1943 20 Mütter / 34 Kinder	Touristisches Freizeit-Zentrum	
Frankreich: Lamorlaye bei Chantilly »Heim Westwald«	6.2. – 10.8.1944. Evakuierung nach »Heim Taunus«				
Norwegen: Geilo »Heim Geilo«	Herbst 1942 – März 1945, danach Verlagerung nach Høsbjør	Dr. Holms Hotell	60 Mütter	beschlag-nahmt	Hotel

Heim	Eröffnung – Schließung	frühere Funktion	Kapazität	Erwerb	heutige Funktion
Bærum bei Oslo »Heim Godthåb«	Febr. 1942 – Mai 1945	Sanatorium	160 Kinder	aufoktroy-ierter Mietvertrag	Reha-Zentrum
Hurdal Verk bei Eidsvoll »Heim Hurdal Verk«	14. 8. 1941 – Mai 1945	Hotel	40 Mütter 69 Kinder		Volkshoch-schule
Hønefoss »Heim Klekken«	1. 5. 1942 – Mai 1945	Hotel	35 Mütter 60 Kinder	aufoktroy-ierter Mietvertrag	Hotel
Hop bei Bergen »Stadtheim Bergen«	1.6.1942 – Mai 1945		20 Mütter 6 Kinder	beschlag-nahmt	
Oslo »Stadtheim Oslo 1 und 2« Kristinelundv. 5 bzw. Olav Kyrrepl. 1	Frühjahr – Dezember 1941 bzw. 1. 2. 1942– Mai 1945	private Wohnung	15 Mütter bzw. 20 Mütter 6 Kinder	beschlag-nahmt	Botschaft
Stalheim bei Voss »Heim Stalheim«	Februar 1943 – Mai 1945	Hotel	100 Kinder	aufoktroy-ierter Mietvertrag?	Hotel
Trondheim »Stadtheim Trondheim«	Herbst 1942 – Mai 1945	privates Wohnhaus	30 Mütter 10 Kinder	Zwangs-räumung	
Brumund dal bei Hamar Høsbjør Hotell	März 1945 – Mai 1945	Høsbjør Hotell	15 Mütter	beschlag-nahmt	Hotel
Os bei Bergen »Moldegård«	Frühling 1943 – Mai 1945	Besitz des geflohenen ehemaligen Staatsminis-ters Mowinckel	80 Kinder	beschlag-nahmt	existiert nicht mehr

Personal, Mütter und Kinder aus »Heim Friesland« und anderen Heimen

Personen, die mit einem * versehen sind, habe ich interviewt, die übrigen Namen und Daten stammen aus Berichten meiner Gesprächspartnerinnen bzw. aus den Archiv-Akten. Die Listen sind bei Weitem nicht vollständig.

Die Namen der Gesprächspartnerinnen wurden anonymisiert, bei den anderen wurde lediglich der Nachname abgekürzt. Die Namen von Personen in leitenden Positionen (Verwalter, Ärzte, Oberschwestern) werden, soweit bekannt, vollständig angegeben.

Heim Friesland

Verwalter

OTTO BACHSCHNEIDER, zuletzt SS-Obersturmführer, Verwalter von Februar 1938 bis Februar 1940. Danach im Kriegsmütterheim Stettin, wahrscheinlich bis Mai 1941. Bis Oktober 1942 in Lebensborn-Diensten. Vater von Inge B., Horst B., Guntram B. und Ursula S.

ERNST GÜNTER HÄUSING, SS-Anwärter, Verwalter 1938 bis 1940, Ehemann von Herta H., Vater von Gebhard und Uwe H.

FRITZ MEYER-SCHMID(T), SS-Untersturmführer, April 1940

FRANZ LANGER, Verwalter 1940 bis Anfang 1943

WALTER DECKER, SS-Untersturmführer, Verwalter von Anfang 1943 bis 3. 3. 1944, danach in »Heim Wienerwald«

LANG – Januar 1944–1945. Möglicherweise Walter Lang, SS-Sturmbannführer, seit September 1941 in der Lebensborn-Zentrale Leiter der Hauptabteilung P, seit Sommer 1943 Leiter des belgischen Lebensborn-Heims in Wégimont, das Anfang September 1944 evakuiert wurde. Danach »Heim Friesland«

Ärzte

DR. HANS-JOACHIM LANG, SS-Untersturmführer, betreuender Arzt (Frauenarzt) 1938–1939

DR. WALTER EBEL – selbständig praktizierender Allgemeinmediziner, betreuender Arzt von »Heim Friesland«, Nachfolger von Hans-Joachim Lang

* ERIKA B. – Lebensborn-Mutter, Mutter von Karl B., Ärztin in »Heim Friesland« vom 15. Februar bis 1. September 1940, Urlaubsvertretung in »Heim Schwarzwald« 1944

ALMUT ROSELIUS – kam 1944 aus Klosterheide nach Hohehorst

Oberschwestern

MARGOT HOLM – Lebensborn-Mutter, auf Oberschwester-Position in »Heim Friesland« Frühling 1938–1939

ANNA HÖLZER – Oberschwester 14. 6. – 15. 11. 1939, gleichzeitig Hebamme

* BERNHILD B. – Oberschwester in »Heim Friesland« seit 1939, vorher in »Heim Hochland«. Von Sommer 1941 bis 1945 in den norwegischen Lebensborn-Heimen Hurdal Verk und Godthåb

LENI VON RADZIEWSKI – August 1942 bis Januar 1943. 1938 bis 1941 NS-Gauoberin im Gau Süd-Hannover-Braunschweig, 1943 Oberschwester in »Heim Hochland«

HELENE LEHRKE – 1942/43

ELSE BERTRAM – Oberschwester 1944/45

ELSE SCHWARTMANN – Lebensborn-Mutter, Oberschwester 1944/45, bis über das Kriegsende hinaus

Hebammen

MARIA H. – April 1938 bis Juli 1939

GERTRUD N. – August 1939

ANNA H. – 14. 6. – 15. 11. 1939, gleichzeitig Hebamme

ANTONIE K. – September/Oktober 1939

MARIA B. – November 1939 bis Februar 1940 und April/Mai 1940

WILHELMINE R. – Dezember 1939, Oktober 1940, März 1945 (Hebamme aus dem nahe gelegenen Schwanewede, die in Notfällen einsprang)

* THERESE K. – zweifache Lebensborn-Mutter, Mutter von Eva S., Gisela S. und Walther K., als Hebamme in Hohehorst von Februar 40 bis März 41, vorher in »Heim Pommern« und »Heim Wienerwald«, eigene Geburten in »Heim Wienerwald« und »Heim Friesland«

MARGARETHE T. – Februar/März 1945

ANNELIESE R. – Mutter von Renate R., Hebamme März 1945, auch noch Juni/Juli 1945 im Heim

Sekretärinnen

* BEATE D. – zweifache Lebensborn-Mutter, Mutter von Paul D. und Bärbel D. Entbindungen in »Heim Kurmark« März 1938 und »Heim Harz« 10. 3. 1941, Sekretärin in Hohehorst April 1938 bis Herbst 1940. 1941 Arbeit in der Lebensborn-Zentrale München. Sommer 1941 bis 1943 in den norwegischen Lebensborn-Heimen Hurdal-Verk und Klekken

KU. – Diktatkürzel

F. – Diktatkürzel

FRAU ST.? bis März 1945

* ANITA J. – zweifache Lebensborn-Mutter, Mutter von Hartwig J. und Helmut J., Entbindungen in Klekken 1942 und in »Heim Hochland« 1945. Sekretärin in Godthåb 1942 bis Herbst 1944, in der Lebensborn-Zentrale Winter 1944/45, »Heim Friesland« März/April 1945 und einige Monate über Kriegsende hinaus

Schwestern

EMMA F. – Stationsschwester 1938

HILDE M. – Säuglingsschwester 1938

HILDE M. – Lebensborn-Mutter, Seitenschwester 1938

* CHRISTINE R. – Lebensborn-Mutter, Mutter von Ulrich R., danach als Schwester angestellt (1938/39), später in der Gärtnerei

EVA W. – Mai 1939 in »Heim Friesland«

* HELGA S. – Säuglingsschwester Herbst 1939

MARGOT B. – 1939

ANNA – 1939

LOTTE J. – 1939

ANNELIESE H. – 1939

ELSE K. – 1939

HILDEGARD? – seit Ende 1939 in »Heim Friesland«

ELISABETH N. – Lebensborn-Mutter, Säuglingsschwester 1939/40

LIESEL G. – NS-Schwester, 1940 in »Heim Friesland«

E. B. – NS-Schwester 1940

E. S. – NS-Schwester 1940

LISSI P. – NS-Schwester, Säuglingsschwester, 1940 in »Heim Friesland«, 1941 in »Heim Kurland«

KLARA – NS-Schwester 1940
BERTA T. – Schwester 1940
EVA B. – 1939
ELKE? – 1939
WALDTRAUD – November 1940 in »Heim Friesland«
BERTA T. –
MARIA K. –
CHRISTA –
ERNA H. – Lebensborn-Mutter, 1945, auch noch Juni/Juli 1945 im Heim
SOPHIE G.-
FELICITAS F. – NS-Schwester, seit Januar 1944 in »Heim Friesland«
LUISE J. – NS-Schwester, seit Januar 1944 in »Heim Friesland«, bis Kriegsende
GERTRUD S. – NS-Schwester, seit Januar 1944 in »Heim Friesland«, bis Kriegsende
LENCHEN E. – 1944
EUGENIE B. – Schwester, 1944 bis Kriegsende
HELENE M. – Schwester, 1944 bis Kriegsende
INGEBORG S. – 1944
RUTH H. – Schwester, 1945 bis Kriegsende
ANNA K. – Schwester, 1945 bis Kriegsende
EDITH S. – 1945 bis Kriegsende
WALTRAUD S. – 1945 bis Kriegsende
LISELOTTE B. – 1945 bis Kriegsende
GUNDA K. – 1945 bis Kriegsende
ELVIRA H. – 1945 bis Kriegsende
GERTRUD F. – Lebensborn-Mutter, Schwester 1945

Vorschülerinnen, Pflichtjahrmädchen

LOLA EBNER – Tochter von Gregor Ebner, 1939/40 Pflichtjahrmädchen in »Heim Friesland«
ILSE I
ILSE II
MARTA
IRMGARD
MARIECHEN
SOPHIE
* GUNDA K. – Vorschülerin, kam Ende 1944 mit Kindern und anderem Personal nach »Heim Friesland«
RITA G. – Schwesternschülerin in »Heim Friesland« 1945?

Andere weibliche Angestellte

TONO A. – Aufgabenbereich unbekannt, von Himmler protegiert, seit 1. 7. 1938 in »Heim Friesland«

HERTA H. – zweifache Lebensborn-Mutter, Mutter von Gebhard und Uwe H., Küchenleiterin 15. 4. 1938 bis 1943, Ehefrau von Ernst Günter Häusing

HILDEGARD S. – zweifache Lebensborn-Mutter, Mutter von Guntram B. und Ursula S., Wirtschafterin (Beschließerin) 15. 4. 1938 bis 1940, später im Kriegsmütterheim Stettin

WERA M. – Lebensborn-Mutter, Beschließerin in Hohehorst 1939 bis 1941

BARBARA R. – Angestellte, Aufgabenbereich unklar, 1945 in »Heim Friesland«

ADELE K. – Wäscherin

HERTA H. – Kleinkinder-Betreuerin, 1939/40

WILMA M. – zweifache Lebensborn-Mutter (?), Mutter von Hartmut M., 1939/40?, Aufgabenbereich unklar

WALLY S. – Lebensborn-Mutter, Aufgabenbereich unklar, 1939

MARTA S. – Lebensborn-Mutter, Mütterschul-Leiterin 1940

LUCIE S. – Lebensborn-Mutter, Bürohilfe 1940

ERIKA N. – Köchin 1942

MARIA G. – Lebensborn-Mutter, Hausangestellte bei Kriegsende 1945

ANNI G. – Lebensborn-Mutter, Köchin bei Kriegsende 1945

IRENE R. – Lebensborn-Mutter, Hausangestellte bei Kriegsende 1945

KLARA S. – Lebensborn-Mutter, Hausangestellte bei Kriegsende 1945

MARIA V. – Lebensborn-Mutter, Erzieherin bei Kriegsende 1945

Andere männliche Angestellte

WILHELM K. – Heizer, Fahrer, Monteur, Ehemann von Adele K.

WILHELM K. – Rottenführer Waffen SS, Gärtner 1938/39, gefallen 1941, Ehemann von Else K., Vater von Carin K., die mit der Mutter bis 1945 im Gärtnerhaus wohnte

ARTHUR N. – Gärtner

JOHANN W. – Schlosser

Frauen, die in Heim Friesland entbunden haben

MARGOT HOLM – Entbindung April 1938

ELFRIEDE S. – Entbindung 1938

* CHRISTINE R. – Entbindung 1938

MARGARETHE R. – Entbindung 1938

MARIA M. – Entbindung 1938
OTTONIE S.- 15 Jahre alt, Entbindung 1939
HERTA H.- Entbindung 1939
META F. – Entbindung 1939
WERA M. – Entbindung 1939
ANNEMARIE D. – Entbindung 1939
ERIKA P. – Entbindung 1939
EMMI – Entbindung 1939
KLÄRE – Entbindung 1939
LUISE D. – Entbindung 1939
MARTA – Entbindung 1939
ANNI – Entbindung 1939
HILDEGARD K. – Entbindung 1939
HILDE – Entbindung 1939
ALMA – Entbindung 1939
GERTRUD K. – Entbindung 1939
HANNI B. – Entbindung 1939
URSULA H. – Entbindung 1939
BERTEL F. – Entbindung 1939
WILHELMINE I (H.) – Entbindung 1939
WILHELMINE II – Entbindung 1939
INGEBORG – Entbindung 1939
ELISABETH H. – Entbindung 1939
MATHILDE – Entbindung 1939
LIESELOTTE D. – Entbindung 1939
ANNELIESE I – Entbindung 1939
ANNELIESE II – Entbindung 1939
HANNA K. – Entbindung 1939
DINA – Entbindung 1939
GRETE S. – Entbindung 1939
ILSE H. – Entbindung 1939
ANNA F. – Entbindung 1939
CHRISTINE P. – Entbindung 1939
URSEL – Entbindung 1939
MINNA G. – Entbindung 1939
RIA – Entbindung 1939
FRIEDCHEN – Entbindung 1939
GERDA – Entbindung 1939
WALLY S. – Entbindung 1939
FRAU H. – Entbindung 1939
POLLY – Entbindung 1939

ELLY – Entbindung 1939
AGNES – Entbindung 1939
JOHANNA B. – Entbindung 1939
CHARLOTTE R. – Entbindung 1939
LUISE S. – Entbindung 1939
LUISE N. – Entbindung 1939
HANNY B. – Entbindung 1939
HEDWIG S. – Entbindung 1939
ELFRIEDE C. – Entbindung 1939
KAROLA T. – Entbindung 1939
ELISABETH F. – Entbindung 1939
ELISABETH K. – Entbindung 1939
HILDE K. – Entbindung 1939
ELFRIEDE T. – Entbindung 1939
ANETTE A. – Entbindung 1939
ERIKA K. – Entbindung 1939
GRETE S. – Entbindung 1939
MAUD H. – Entbindung 1939
LYDIA H. – Entbindung 1939
ADELINE W. – Entbindung 1939
META B. – Entbindung 1939
MARGARETE K. – Entbindung 1939
MARIA N. – Entbindung 1939
KÄTHE B. – Entbindung 1939
LEOPOLDINE P. – Entbindung 1939
RENATE JOHANNA R. – Entbindung 1939
JOHANNA W. – Entbindung 1939, 4. 8. 1939 gestorben
KARLA S. – Entbindung 1939, 9. 8. 1939 gestorben
MARIE J. – Entbindung 1939 oder 1940
MARIA W. – Entbindung 1940, später Säuglings- und Kinderschwester in »Heim Wienerwald«
JOSEFA K. – Entbindung 1940
MAGDALENE P. – Entbindung 1940, Mutter von Ute P.
ELSE E. – Entbindung 1940, Mutter von Gisela E.
KATHARINA B. – Entbindung 1940, Mutter von Gisela J.
ANNA GRETE W. – Entbindung 1940, Mutter von Anne W.
ANNA MARIA SCHUSTER – Entbindung 1940
FRANZISKA B.
LEONIE K.
* ERIKA B. – Entbindung 1940
KLÄRCHEN? – Entbindung 1940

MARIA ANNA H. – Entbindung 1940, Mutter von Roland H.
AENNE – Entbindung 1940
LOTTE – Entbindung 1940
EMMI – Entbindung 1940
ELSE E. – Entbindung 1940
ADELE H. – Entbindung 1940
HELENE M. – Entbindung 1940
META N. – Entbindung 1940
ANNELIESE D. – Entbindung 1940
LIDA B. – Entbindung 1940
ERIKA O. – Entbindung 1940
WILHELMINE K. – Entbindung 1940
ANNELIESE W. – Entbindung 1940
IRMGARD H. – Entbindung 1940, Mutter von Robert H.
INGEBORG v. P. – Entbindung 1940
* THERESE K. – Entbindung 1941
* KAROLA B. – Entbindung 1945, Mutter von Paul K.
IRENE R. – Entbindung 1945
MARIA V. – Entbindung 1945
ANNELIESE R. – Entbindung 1945, nicht mehr im Geburtenbuch »Heim Friesland«
* ANNEMARIE B. – Entbindung 1945, nicht mehr im Geburtenbuch »Heim Friesland«

Kinder

In »Heim Friesland« geboren

HANS-HERMANN H. – April 1938
THURIED S. – Juli 1938, Tochter von Elfriede S.
* ULRICH R. – September 1938, Sohn von Christine R.
HORST-WILHELM R. – Dezember 1938
HEIKE M. – November 1938
KARIN A. – Dezember 1938
ERIKA H. – 1939
MARGRET S. – Januar 1939
JOHANNA H. – Januar 1939
ANNELIES S. – März 1939
ROSEMARIE K. – März 1939
BERND H. – April 1939
BERTFRIEDE – April 1939
RENATE K. – Mai 1939

DORIS B. – Mai 1939
UWE T. – Mai 1939
HANS-DIETER D. – Mai 1939
DORIS F. – Mai 1939
HANS JÜRGEN B. – Juni 1939
ANNA L. – Juni 1939
MICHAEL H. – Juni 1939
* ALINE F. – Juli 1939
JOCHEN W. – Juli 1939
HEIDRUN F. – Juli 1939
GISELA C. – Juli 1939
ULRICH S. – Juli 1939
WALTER-LUDWIG D. – August 1939
* GEBHARD H. – August 1939, Sohn von Herta und Ernst Günter Häusing, bis 1942 in »Heim Friesland«
DIETER K. – August 1939
HANS G. – August 1939
INGRID T. – August 1939
ANNA K. – September 1939
ANTJE M. – Oktober 1939, Tochter von Wera M., Patenkind von Himmler
SUSI K. – Oktober 1939
BÄRBL P. – Oktober 1939
WOLFGANG H. – Oktober 1939
HANS-ADOLF B. – Oktober 1939
SIGRID S. – Oktober 1939
HEIMO ADOLF K. – Oktober 1939
ERHARD H. – November 1939
ALKO M. – November 1939
SILVIA P. – November 1939
ROLF P. – November 1939
VOLKER K. – November 1939
HEIDRUN-CHRISTA N. – Dezember 1939
BÄRBEL B. – Dezember 1939
ROSE R. – 1940
MARGRET – 1940
GUDRUN M. – 1940
KARIN F. – 1940
DIETER W. – 1940
UWE K. – geboren 1940, gestorben 6. 11. 1940
BRIGITTE N. – Januar 1940

VOLKER D. – Januar 1940
* URSEL L. – Februar 1940
HANS W. – Februar 1940
GERLINDE D. – Februar 1940
HANS-JÜRGEN W. – Februar 1940, Sohn von Maria W.
HEIDRUN H. – Februar 1940
KARL-EBERHARD M. – Februar 1940
GISELA E. – März 1940
* GRETE B. – März 1940
RÜDIGER S. – März 1940
DIETER N. – März 1940
UDA D. – März 1940
HELMUT B. – März 1940
* KARL B. – April 1940, Sohn von Erika B., 1941 in »Heim Hochland« und »Heim Kurmark« (bis 1942)
INGRID K. – April 1940
WOLFANG S. – April 1940
WILTRAUD V. – April 1940
JÖRN O. – April 1940
ROLF K. – April 1940
* ANNE W. – Mai 1940, Tochter von Anna Grete W.
* ROBERT H. – Mai 1940, Sohn von Irmgard H.
NORBERT J. – Mai 1940
DETLEF W. – Mai 1940
KLAUS A. – September 1940
RENATE v. P. – September 1940
ROLAND H. – September 1940, Sohn von Maria H., Dezember 1940 gestorben
RENATE R. – Oktober 1940
PETER D. – November 1940
LOTHAR P. – November 1940
KLAUS DIETER S. – November 1940
ELEONORE K. – November 1940
ASTRID HEWE W. – November 1940
HANS DIETER S. – Dezember 1940
HANS-JÜRGEN S. – Januar 1941
WALTHER K. – März 1941, Sohn von Therese K.
* PAUL K. – Februar 1945, Sohn von Karola B.
RENATE R. – 1945, Tochter von Anneliese R.
WILLI R. – 1945, Sohn von Irene R., am Kriegsende mit Mutter in »Heim Friesland«

DIETER V. – 1945, Sohn von Maria V., am Kriegsende mit der Mutter in »Heim Friesland«

In »Heim Friesland« untergebracht

INGE B. – Tochter von Otto Bachschneider und Ehefrau Johanna, 1938 ca. 10 Jahre alt

HORST B. – Sohn von Otto Bachschneider und Ehefrau Johanna, 1938 ca. 6 Jahre alt

* PAUL D. – Sohn von Beate D., geboren März 1938 in »Heim Kurmark«, bis Anfang 1941 in »Heim Friesland«, dann »Heim Hochland«

* CARIN K. – Tochter von Wilhelm K., geboren 1938 in Bremen, 6 Wochen in »Heim Friesland«, danach bis 1945 im Gärtnerhaus des Heims

* HARTMUT M. – geboren 1938 in Hamburg, in »Heim Friesland« 1939/40

GERD B. – Sohn von Gerda B., geboren 1939 in »Heim Pommern«, 1939/40 in »Heim Friesland«

GISELA S. – Tochter von Therese K., geboren 1939 in »Heim Wienerwald«, von 1940 bis Mai 1941 in »Heim Friesland«

* EVA S. – Tochter von Therese K., von 1940 bis Mai 1941 in »Heim Friesland«

ELLA L. – geboren Dezember 1939 in »Heim Wienerwald«

KARIN S. – geboren März 1940 in »Heim Wienerwald«

ROLF P. – geboren Mai 1940 in »Heim Harz«

UWE H. – 1940, Sohn von Herta und Ernst Günter Häusing, bis 1942 in »Heim Friesland«

SIEGFRIED H. – am Kriegende in »Heim Friesland«

DIETER K. – am Kriegsende in »Heim Friesland«

ELKE E. – 1942 in »Heim Harz«, am Kriegsende mit der Mutter in »Heim Friesland«

UTE DAGMAR F. – 1944 in »Heim Taunus«, am Kriegsende mit der Mutter in »Heim Friesland«

HELGA G. – 1941 in »Heim Hochland«, am Kriegsende mit der Mutter in »Heim Friesland«

HELMUT J. – Sohn von Anita J., 1944 in »Heim Hochland«, am Kriegsende mit der Mutter in »Heim Friesland«

GUDRUN S. – am Kriegsende mit der Mutter in »Heim Friesland«

WERNER S. – am Kriegsende mit der Mutter in »Heim Friesland«

WALTER S. – am Kriegsende mit der Mutter in »Heim Friesland«

»Norwegerkinder«, in »Heim Friesland« untergebracht

* JOHANNE MARIE P. – geboren November 1943 in »Heim Hurdal Verk«, später »Heim Moldegård«, später Helga R.

* KARL-HEINZ P. – geboren März 1943, untergebracht in »Heim Godthåb«, später Rainer R.

* TURID W. – September 1943, vorher »Heim Godthåb« und vermutlich »Heim Sonnenwiese«

BRUNO S. – Juli 1942 in »Heim Klekken«

Andere Heime

Andere Lebensborn-Mütter

RUTH G. – Entbindung in »Heim Harz« 1942, Mutter von Rita G.

MARIANNE W. – Entbindung in »Heim Harz« 1943

* GERDA B. – Entbindung in »Heim Pommern«, Mutter von Gerd B., der 1939/40 in »Heim Friesland« lebte. Arbeit als Sekretärin in der Lebensborn-Zentrale in München

HILDE B. – Entbindung 1942, lebte mit Tochter Dietlind im Kriegsmütterheim Stettin

* HEDI F. – Entbindung in »Heim Schwarzwald« 1944, Mutter von Rudolf F.

* LORE P. – Entbindungen in »Heim Kurmark« 1942 und »Heim Taunus« 1944, Mutter von Diethelm P.

MARLIS K. – Entbindung in »Heim Hochland« 1941, Mutter von Herta K.

* WALBURGA B. – Entbindung in »Heim Hochland« 1945, vorher Angestellte beim Reichskommissariat für die besetzten norwegischen Gebiete

CONSTANZE S. – Entbindung in »Heim Hochland« 1943, Mutter von Kerstin E., Niederländerin

ELISABETH G. – Entbindung in »Heim Hochland« 1941, Mutter von Hiltrud G.

ANNEMARIE S. – Entbindung in »Heim Hochland« 1942, Mutter von Ortwin S.

CARLA W. – Entbindung in Niedersachswerfen 1937, Mutter von Wilfried W., übergab Kind in Vormundschaft und Heime des Lebensborn 1938

* MIMI D. – Entbindung in Hurdal Verk, Norwegerin, nach Kriegsende in Deutschland

* HEIDRUN V. – Entbindung Juli 1938 in »Heim Hochland«, später Sekretärin in »Heim Kurmark«
* ERNA O. – Entbindung November 1940 in »Heim Harz«
EDITHA W. – Entbindung 1939 in »Heim Wienerwald«, später Sekretärin in »Heim Pommern«, Mutter von Ingrid W. und Gunter W.

Andere Lebensborn-Angestellte

Oberschwestern

IDA MATTHIEßEN – »Heim Harz« 1937–1938
ELLA BLANK – »Heim Harz«, seit 1939
ANNA DICKEL – »Heim Harz« 1942
GERDA KNIEBE – »Heim Schwarzwald«
JOHANNA VEIEL – »Heim Kurmark« 1938
ERIKA WITTMANN – »Heim Kurmark«, »Heim Sonnenwiese«
ELSE BERTRAM – »Heim Kurmark«
ELSE KRAUSS – »Heim Taunus« 1943
ELSE OVENTROP – »Heim Hochland« 1937–1940

Ärztinnen und Ärzte

DR. MADER – ab 1. 10. 1940 (Kinder?)Ärztin in »Heim Taunus«, 1941/42 »Heim Sonnenwiese«
DR. HILDEGARD FEITH – ab 1942 (Kinder?)Ärztin in »Heim Sonnenwiese«
DR. ROBERT DÜKER – Gynäkologe, 1938–1943 Leiter von »Heim Pommern«, November 1943 Leiter von »Heim Taunus«, vermutlich bis März 1945
DR. NORBERT SCHWAB – Zahnarzt, zuletzt SS-Hauptsturmführer. Seit 1941 Leiter von »Heim Wienerwald«, von Anfang Juni 1944 bis Februar 1945 Nachfolger von Robert Düker in »Heim Pommern«, Februar 1945 mit den Kindern nach Wiesbaden, März 1945 in »Heim Franken«
DR. AUGUST HAGEMEIER – SS-Obersturmführer, Oktober 1942 bis Februar 1943 Leiter von »Heim Schwarzwald«, März 1943 bis Oktober 1943 von »Heim Harz«, bis Juni 1944 von »Heim Pommern«, bis April 1945 von »Heim Wienerwald«
DR. KARL SERNETZ – von November 1938 bis 1940 Leiter von »Heim Wienerwald«
DR. GREGOR EBNER – zuletzt SS-Oberführer, seit 1936 Leiter

von »Heim Hochland«, oberster Arzt des Lebensborn und Vorstand Lebensborn
DR. WERNER LAUMANN – »Heim Kurmark« bis September 1940
DR. G. WESTERMANN – seit 1940 Ärztin in »Heim Kurmark«, zeitweise auch Heimleiterin
DR. BAATZ – »Heim Harz«

Andere Angestellte

* HEDDA R. – 1944 Stationsschwester in »Heim Pommern«
* ELISABETH O. – Schwesternschülerin in »Heim Schwarzwald«
KURT ENGBER – Verwalter in »Heim Schwarzwald«
MARIA Z.- Hebamme in »Heim Hochland«
MARIA S. – Hebamme in »Heim Hochland«
ANNA L. – Hebamme in »Heim Schwarzwald«
EMMA B. – Hebamme in »Heim Wienerwald«, »Heim Taunus«, »Heim Harz«

Angestellte in der Lebensborn-Zentrale

EMILIE EDELMANN – Vormundschaftsabteilung in der Lebensborn-Zentrale
* CAROLA G. – Entbindungen in »Heim Hochland« 1938 und 1942, Mutter von Sigrun G. und Hildegard G., 7 Jahre Lebensborn-Angestellte in der Zentrale, Abteilung Heimaufnahme

Andere Lebensborn-Kinder

Heim Hochland – Steinhöring

* HILTRUD S. – 1937
DORA K. – 1937
* CLAUDIA H. – 1937
* WALTER V. – 1938
* HEILWIG W. – 1938
SIGRUN G. – 1938, gestorben 1938 in München
* SIEGFRIED S. – 1939
* GERHILD D. – 1939
* HERTA K. – 1941
* HELGA G. – 1941
HELGA G. – 1941, am Kriegsende mit der Mutter in »Heim Friesland«

* UTE J. – 1942, bis Sommer 1944 in »Heim Sonnenwiese«
* HILDEGARD G. – 1942
* ORTWIN S. – 1942
* HERMANN G. – 1942
* HANNA V. – 1942
* KERSTIN E. – 1943
* ILSE S. – 1943
HELMUT J. – 1944

Heim Kurmark – Klosterheide

* PAUL D. – 1938, Sohn von Beate D., bis Anfang 1941 in »Heim Friesland«, dann »Heim Hochland«
* ADELE B. – 1939, später »Heim Wienerwald«, »Heim Taunus«, »Heim Harz«
EDDA T. – 1939
DIETHELM P. – 1942
* DANIELA J. – 1942
* VOLKER F. – 1943
HEINZ H. – 1943

Heim Harz – Wernigerode

KARIN-URSULA F. – 1940
* BRIGITTE O. – 1940
ROLF P. – Mai 1940
* INGE D. – 1941
BÄRBEL D. – 1941, gestorben 1941 in München
* RITA G. – 1942
* MARTHA B. – 1942
ELKE E. – 1942, am Kriegsende mit der Mutter in »Heim Friesland«
DAGMAR W. – 1943
* ULF W. – 1943
* HANS B. – 1943
* VOLKER R. – 1944
* UTE V. – 1944
EDDA H.

Heim Pommern – Bad Polzin

DIRK VAN R. – 1939
GERD B. – 1939, Sohn von Gerda B., 1939/40 in »Heim Friesland«
* BIRGIT K. – 1940
JÜRGEN WEISE – Juni 1941, 6. Februar 1942 getötet

BERNHARD Z. – 1942, bis Frühjahr 1943 in »Heim Sonnenwiese«
* BARBARA P. – 1938, 1942 in »Heim Pommern« untergebracht
* ROSI M. – 1942
GERHILD M. – 1943
DETLEFF N. – 1944
* MIRKO S. – 1941
* GUNTER W. – 1943 in Posen geboren, in »Heim Pommern« untergebracht

Heim Taunus – Wiesbaden

UTE DAGMAR F. – 1944, am Kriegsende mit der Mutter in »Heim Friesland«

Heim Schwarzwald – Nordrach

* HERBERT L. – 1943
* GITTA S. – 1943
* RUDOLF F. – 1944

Heim Sonnenwiese – Kohren-Sahlis

HERMANN L. – 1936 in Łódź, in »Heim Pommern" untergebracht, später Roman R.
* WILFRIED W. – 1937 in Niedersachswerfen, seit 1937 »Heim Pommern«, seit 1942 »Heim Sonnenwiese«
ALEKSANDER L. – 1940 auf der Krim, untergebracht in »Heim Sonnenwiese« – 1940, später Folker H.
* ERIKA M. – 1941 in Sauerbrunn, untergebracht in »Heim Sonnenwiese«, später Ingrid O.
* IRENE M. – 1942 in Brüssel, untergebracht in »Heim Sonnenwiese«
HARTWIG J. – 1942 in Klekken/Norwegen, seit Herbst 1944 in »Heim Sonnenwiese«

»Heim Wienerwald« – Pernitz

GUNTRAM B. – 1940
* INGRID W. – 1939
GISELA S. – 1939, Tochter von Therese K., von 1940 bis Mai 1941 in »Heim Friesland«
ELLA L. – Dezember 1939
KARIN S. – März 1940
ELKE S. – 1941
ASTA E. – 1943

Kriegsmütterheim Stettin
* DIETLIND B. – 1942
* URSULA S. – 1942

In norwegischen Lebensborn-Heimen
* GERD F.
* SISS O.
* KARL-OTTO Z. – 1941
* WERNER T. – 1941
* TOVE LEILA S. – 1941
* PAUL H. – 1942
* EINAR B. – 1942
TURID O. – 1942
* OTTO A. – 1942, später Hannes Dollinger
* ELNA J. – 1943
*GISELA HEIDENREICH – 1943
* ANITA K. – 1944

Abbildungs- und Quellennachweis

Herbert Johannes Perthen: S. 87, 88
Bundesarchiv, Außenstelle Berlin, PK/A 117: S. 110
Alle anderen Fotos privat.

Josef Ackermann: Heinrich Himmler als Ideologe. S. 57
BSTU, MfS, BV Magdeburg, AOPK 308/74, S. 16: S. 338
Bundesarchiv, Außenstelle Berlin, NS 2/65: S. 154–157
Bundesarchiv, Außenstelle Berlin, NS 19/1064: S. 182
Bundesarchiv, Außenstelle Berlin, NS 19/204: S. 184/185 – Abschrift der Autorin: S. 185
Bundesarchiv, Außenstelle Berlin, NS 48/30 – Abschrift der Autorin: S. 248
CCC Filmkunst GmbH und Deutsches Filmmuseum/Artur-Brauner-Archiv Frankfurt am Main: S. 19. Mit Dank an Artur Brauner und Dr. Alice Brauner.
Internationaler Suchdienst Bad Arolsen, 80227855: S. 48
Internationaler Suchdienst Bad Arolsen, 80226120: S. 67
Internationaler Suchdienst Bad Arolsen, 80234578: S. 121
Internationaler Suchdienst Bad Arolsen, 80233275: S. 140/141
Internationaler Suchdienst Bad Arolsen, 80229143: S. 149
Internationaler Suchdienst Bad Arolsen, 80229144: S. 162
Internationaler Suchdienst Bad Arolsen, 80229147: S. 163
Internationaler Suchdienst Bad Arolsen, 8023040: S. 216
Internationaler Suchdienst Bad Arolsen, 80237898, 1 und 2: S. 244/245
Internationaler Suchdienst Bad Arolsen, 80224904: S. 294
Köster-Hetzendorf, Maren: Ich hab dich so gesucht … Der Krieg und seine verlorenen Kinder. Augsburg 1995, S. 87: S. 310.
Sterbebuch Standesamt Bremen: S. 241

Alle anderen Faksimilies privat.

DOROTHEE SCHMITZ-KÖSTER
Der Krieg meines Vaters
Als deutscher Soldat in Norwegen
351 Seiten
Mit 43 Abbildungen
ISBN 978-3-7466-8114-6

»Liebe Mutter, hier ist es wunderschön«

Mehr als tausend Briefe, die Vater und Großmutter zwischen 1935 und 1945 wechselten, viele, viele Fotos und immer wieder erzählte Geschichten drängten Dorothee Schmitz-Köster, sich mit den Kriegserlebnissen ihres Vaters auseinanderzusetzen – vor allem mit den Jahren, die er als Wehrmachtssoldat in Norwegen stationiert war. Ihre eigenen Konflikte mit dem Vater nicht aussparend, erzählt sie eine bewegende Familiengeschichte, in die sich die NS-Zeit tief eingeschrieben hat.

Mehr Informationen erhalten Sie unter www.aufbau-verlag.de oder in Ihrer Buchhandlung

aufbau taschenbuch